普通高等教育规划教材

市场营销学

主编 马进军

参编 王志良 王郁琴 张 赞 刘 婷

机械工业出版社

本书秉持前沿性、系统性与应用性的原则加以编写，同时着力强调本土化的特色。特别是站在传统文化的视角对营销理论进行深刻的解读，以从文化传统中找寻理论应用的土壤。本书共14章，主要内容包括：导论，中国本土化营销的核心问题，市场营销调研的基本理论与方法，市场营销环境，购买行为，营销战略开发，目标营销战略，产品策略，品牌策略，价格策略，渠道策略，整合营销沟通策略，营销策划、实施与控制，市场营销新理论。

本书主要作为高等院校经济管理类及相关专业学生教材，也可作为企业相关人员的培训教材及自学参考书。

图书在版编目（CIP）数据

市场营销学/马进军主编. —北京：机械工业出版社，2010.10
（2013.8重印）
普通高等教育规划教材
ISBN 978-7-111-32095-1

Ⅰ.①市… Ⅱ.①马… Ⅲ.①市场营销学-高等学校-教材
Ⅳ.①F713.50

中国版本图书馆CIP数据核字（2010）第192384号

机械工业出版社（北京市百万庄大街22号 邮政编码100037）
策划编辑：曹俊玲 责任编辑：曹俊玲 谢建磊
版式设计：霍永明 责任校对：姚培新
封面设计：张 静 责任印制：张 楠
北京京丰印刷厂印刷
2013年8月第1版·第3次印刷
184mm×260mm·20印张·457千字
标准书号：ISBN 978-7-111-32095-1
定价：36.00元

凡购本书，如有缺页、倒页、脱页，由本社发行部调换

电话服务
社服务中心：（010）88361066
销售一部：（010）68326294
销售二部：（010）88379649
读者购书热线：（010）88379203

网络服务
门户网：http：//www.cmpbook.com
教材网：http：//www.cmpedu.com
封面无防伪标均为盗版

前　言

知识的价值在于对社会实践的反思与反哺！一方面，营销理论来源于对实践活动的观察与总结；另一方面，营销理论又肩负着指导并服务于实践活动的责任和义务。基于这样的认识，本书立足于实践，以社会需求为中心，特别是在把握中国本土特色的前提下，系统全面地介绍市场营销的相关理论观点与创新发展过程。

本书的特点主要体现在以下几个方面：

一是立足于中国的市场环境，展开本土化的营销理论探讨。曾多次担任美国经济学会会长的加尔布雷斯教授曾说过："在那里（中国），我的知识一半是错的，另一半是没用的……我们对中国的很多预言都仅仅是一己的猜想。"这意味着，植根于西方文化土壤的市场营销理论在中国的应用必须充分考虑当地自身的因素，做到与外部环境的一致。因此，本书提取了中国营销的最核心要素——"关系与信任"，并进行了专门探讨，进而围绕这一中心并结合我国实际情况，对市场营销的相关理论进行了本土解读。

二是着眼于营销创新，与时俱进地将营销理论体系系统、深入地进行扩展。当前营销面临的最大特点是"环境的多变"，无论是菲利普·科特勒提出的"超竞争环境"，还是塔勒布提出的"黑天鹅环境"，都不足以描述外在环境变动的剧烈程度。营销的任务在某种意义上就是对外部环境的合理响应，这要求营销理论也必须紧随外部环境的变化进行调整，并适时进行创新。因此，本书对中国营销实践中出现的最新做法，如植入式营销、体验营销等，也进行了系统介绍。

三是强调实践导向，全面引入案例启发教学。案例教学是教授营销知识最重要的方法，本书除了考虑其对实践导向的呼应外，还融入了"PBL"教学模式的思想，使案例教学对实践指导的价值提升了一个层面。

本书适用对象主要是高等院校经济管理类及相关专业学生。本书的编写得到了上海大学重点教材建设专项基金的资助，也得到了上海大学管理学院领导的支持。本书由马进军担任主编，负责本书的组织工作，并对全书进行总纂统稿。在各方面的帮助和指点下，编写人员对教材的整体框架与内容进行了多次讨论与修改，具体编写分工如下：马进军负责第一、十四章的写作；王志良负责第二、七、十、十三章的写作；王郁琴负责第三、四、十二章的写作；张赞负责第五、八、九、十一章的写作；刘婷负责第六章的写作。

本书配有电子课件，凡使用本书作为教材的教师可登录机械工业出版社教材服务网 www. cmpedu. com 注册后下载。

在本书编写过程中，参阅了大量的文献资料。在此，谨向作者和资料提供者表示衷心的感谢。由于编者水平有限，书中难免有不足和疏漏之处，恳请广大读者和专家学者批评指正。

马进军

2010 年 7 月

目　录

第一章

导　论

【学习目标】

□ 了解市场营销的产生和发展
□ 了解市场营销观念的演变过程
□ 理解现代营销观念的精髓
□ 掌握市场营销的八种需求管理
□ 把握市场营销管理过程
□ 理解市场营销学与相关学科的关系

【导入案例】

一提起 iPod，很多苹果的 fans 眼前都会浮现出那款长 10.4cm、宽 6.1cm、重 158g 的音乐播放器的形象。由于采用了成功的营销创新活动，iPod 在美国市场上取得了巨大的成功，在 2007 年底就占领了美国 75% 的市场份额。不仅在美国国内拥有众多的拥趸，在全球也引起了音乐发烧友的疯狂追捧，并占领了全球 30% 左右的 MP3 播放器市场份额。

iPod 营销创新成功的根源在于其创新的整合模式，即“创新地整合了 MP3 播放器 iPod 与在线单曲音乐下载 iTunes，也就是结合了硬件播放与数字音乐下载，从而成为了数字时代随意音乐享受的全方位服务提供者”。换句话说，就是“iPod + iTunes”。

首先，苹果公司发现，新一代的消费者在便携式 MP3 产品消费上，更加喜欢简约、大方和容易操作的产品。因此，iPod 产品的设计就采用了简单的样式、黑白两色经典高雅的颜色和易于操作使用的格式，其中最大的创新是其指触式的音乐菜单控制轮（Scroll Wheel）。较之于以往播放器要点触多个按钮的复杂操作方式，iPod 的这一改变赢得了消费者的好感。

仅仅有良好的基本产品设计还不够，以 iPod 为基础，苹果公司还开发了 iTunes 这一附加产品。使用 iTunes，音乐粉丝们就不再需要购买 CD 与 CD 播放机，也不需要忍受一张 CD 中仅有两三首好听的歌却要付出一整张 CD 价格的代价，也不用担心因是网络下载的音乐没有版权的问题。只要以每首 0.99 美元的价格，便能从 iTunes 网络下载最新单曲，然后再通过一台 99 美元的 512MB 的 iPod Shuffle（可储存超过 100 首单曲），便能随时随地享受最新与最热门的音乐单曲。iPod 从 2003 年 4 月面市以来，已经累积超过 3 亿首音乐单曲被下载，并以年增长率超过 5 倍的速度增加。正因为如此，iPod 在消费者心目中形成了“个性我选择”（也就是消费者拥有最大的自由度）的印象，并成为当今信息消费中非常有生命力的产品。有学者甚至指出，iPod 绝不仅仅是一个“更新换代”的 Walkman，而是一个全新的“物种”：一个将听众转变为“电子人消费者”（Cyborg Consumers）的革命性硬件。

第一节　市场营销学的产生与发展

市场营销学作为一门学科，产生于 20 世纪初，形成于 20 世纪中叶，成熟于 20 世纪 80 年代，目前仍处于不断发展之中。20 世纪是营销领域从孕育、生长到大发展的一百年，也是营销管理思想不断创新与丰富的一百年。

一、西方市场营销学的产生与发展

市场营销学作为一门学科，最早出现于 20 世纪初的美国，其诞生的标志是美国赫杰特齐（J. E. Hagerty）教授于 1912 年出版的第一本市场营销学教科书《Marketing》。从其产生到现在，市场营销学的发展主要经历了四个阶段：形成阶段、应用阶段、变革阶段和成熟与创新阶段。

（一）形成阶段

19 世纪末到 20 世纪 20 年代是市场营销学的形成阶段。这一时期，发达资本主义国家完成了工业革命，生产规模迅速扩大，商品供应急剧增加，使得原来以供不应求为特征的“卖方市场”逐步向供过于求的“买方市场”过渡。

市场的这种转变引起了部分企业家及学者的关注，他们开始研究产品销售问题。与此同时，美国部分大学开始设置市场营销学课程，有些还成立了市场营销的研究机构。1912 年，哈佛大学教授赫杰特齐出版了第一本市场营销学教科书《Marketing》，这本书的出现标志着作为一门独立学科的市场营销学诞生了。

这一时期市场营销学研究的理论基础是传统经济学原理，研究内容也仅仅局限于推销与广告，因缺乏明确的营销观念，故而也没有引起社会足够的重视。

（二）应用阶段

20世纪20年代到40年代是市场营销学的应用阶段。这一时期，由于大规模、高效率的生产，产品大量过剩，市场进入买方市场。与此同时，随着市场营销学研究的深入，一些营销理论也开始在销售过程中被成功应用。人们对市场营销学开始逐步重视，市场营销的研究范围随之变广，其社会影响力也随之变大。

1937年，由市场营销学者和工商界人士共同组成的“美国市场营销协会”（AMA）诞生。它的诞生标志着市场营销学已经不再局限于大学课堂，而是引起了整个社会的兴趣和关注，成为一门实用的科学。这也是市场营销学发展历史上一个重要的里程碑。

这一时期市场营销学的研究和应用仍局限在流通领域，提出的市场营销策略也没有超过商品流通的范围，企业重视的仍然是如何在更大范围内通过推销和广告销售产品。

（三）变革阶段

20世纪50年代至70年代是市场营销学的变革阶段。第二次世界大战结束以后，大量的军工品生产商转产民用品，由于较发达的生产力及较高的生产率，不久民用品生产就大量过剩，许多西方国家出现了经济危机。以美国为代表的西方国家采取了“高工资、高福利、高消费和缩短工作时间”的政策，刺激人们的购买需求。这一政策极大地提高了人们的消费水平，消费水平的变化也导致了消费结构的变化。

市场的变化导致了市场营销学的研究内容及范围的变化，其研究范围突破了流通领域，向上、下游不断延伸，上至生产领域，下至消费领域。此时，一些营销学者立足于买方市场，逐步建立起以消费者需求为中心的理论体系。霍华德首次提出“市场营销管理”，主张从管理的角度来论述市场营销理论及其应用；麦卡锡也首次明确提出“4Ps”营销组合；菲利普·科特勒则全面、系统地阐述了现代市场营销学的理论体系。

这一阶段产生的理论和方法构成了现代市场营销学的主体，实现了从传统市场营销学向现代市场营销学的革命性变革，并为现代营销学的发展奠定了坚实的基础。

（四）成熟与创新阶段

20世纪80年代至今，随着科学技术的日益进步，社会政治经济情况的不断变化，市场营销学进入成熟阶段，在基本理论、学科体系、传播领域等方面都有了重大发展。

自80年代始，随着研究内容的深入，市场营销理论更加完善，出现了许多新观点和新思想，如“大市场营销”、“关系营销”、“绿色营销”、“网络营销”等。这些观点和思想的出现，极大地丰富和发展了市场营销学的理论体系；由基础市场营销学发展出的公共关系学、现代推销学、国际市场营销学等相关学科，也使市场营销学的学科体系更加丰富和完善。

这一时期，市场营销学的发展具有以下两个特点：①以买方市场为中心。生产的相对过剩是市场营销学形成的基础和发展的动力，商品供求关系的变化和买方市场的出现，促使营销观念发生了转变，形成了以满足消费者需求为核心的市场营销战略。②有鲜明的管理导向。市场营销学着重研究企业市场营销管理工作中的战略和决策问题，从管理决策的角度来研究卖方的市场营销问题。

市场营销学发展到今天，已日渐成熟和完善，成为一门贴近实际的应用科学，指导着企业的营销实践活动。

二、市场营销学在中国的传播和发展

新中国成立前，我国商品经济很不发达，市场营销学基本没有得到重视和传播。1933年，复旦大学的丁馨伯先生译编了《市场学》，这是我国最早的市场营销学著作。市场营销学在我国的发展主要经历了引进、传播、应用和扩展创新四个阶段。

（一）引进时期（1978～1983年）

这一阶段，通过我国学者对国外市场营销学著作、杂志和国外学者讲座的内容进行翻译介绍，以及选派学者、专家到国外访问、考察、学习，且邀请外国专家和学者来我国讲学等多种方式，将市场营销学系统地引进到我国，为我国市场营销学的进一步发展打下了基础。

（二）传播时期（1984～1991年）

为了加速市场营销学的发展，1984年1月，全国高等财经院校、综合性大学市场学教学研究会成立。此后几年内，全国各地各种类型的市场营销学研究团体纷纷成立。这一时期，通过学术界的相互交流和切磋研究，市场营销学利用学术团体的力量逐步扩大了其社会影响，并进一步推动了市场营销学研究的发展。与此同时，市场营销学在高校教学中也开始受到重视，有关市场营销学的著作、教材、论文在数量上和质量上都有了很大提高。

1991年，“中国市场学会”在北京成立，学会的成立极大地推动了我国市场营销理论的深入研究和发展。市场营销研究改变了过去只有学术界、教育界人士参加的状况，开始吸收企业界人士参加；其研究重点也由过去的单纯教学研究，转变为结合企业的市场营销实践，结合不同行业和不同分支学科进行研究，并取得了一定的研究成果。

（三）应用时期（1992～1999年）

1995年6月，由中国人民大学、加拿大麦吉尔大学、康克迪亚大学联合主办的“第五届市场营销与社会发展国际会议”在北京成功举行。中国市场营销学者开始全方位、大团队地登上国际舞台，与国际学术界、企业界的合作也进一步加强。1996年3月，全国人大和政协“两会”期间，会议文件首次正式以“市场营销”取代以往常用的“经营”、“销售”等用语。全国人大八届四次会议通过的《中华人民共和国国民经济和社会发展“九五”计划和2010年远景目标纲要》中明确指出，国有企业要按照市场需求组织生产，“搞好市场营销，提高经济效益”；还指出要积极发展“代理制、连锁经营等新的营销方式”，“建立科研、开发、生产、营销紧密结合的机制”。

1997年后，随着经济调整的“软着陆”成功，我国经济出现了“高增长、低通胀”的良好发展态势，以短缺经济为特征的卖方市场初步转变为买方市场。这种转变标志着市场竞争日益激烈，企业也更加需要市场营销理论的指导。于是，市场营销学被越来越多的企业、社团组织所重视，市场营销学进入到应用发展时期。

20世纪90年代后期，市场营销学著作向多样化和系列化方向发展，理论性较强如市场营销理论、品牌运营论、服务营销、绿色营销、整合营销、关系营销、互联网市场营销等方面的著作先后出版；专业性较强如超市、旅游、体育、农业、药品、图书、邮政、航运、银行、保险、房地产等方面的市场营销著作也出版甚多。不少营销学者在市场营销学的中国化方面更是进行了深入的探索，如卢泰宏主编的《营销在中国》、卜妙金著的《中国市场营销》、吴世经等著的《中国市场与市场营销》、胡正明著的《中国营销——对策与创新》等。这些著作对中国国情和市场特征都作了较为透彻的分析，对营销理论在中国的应用情况亦发表了极有新意的见解。

（四）扩展创新时期（2000年以后）

中国的营销学主要是基于西方的市场营销理论，采用的仍然是菲利普·科特勒（Philip Kotler）等西方学者的学说，缺乏中国的营销理论创新；同时，由于中国市场仍属于转型市场，成熟市场中的营销理论、策略和方法不能完全照搬，企业更多的是采用了广告和促销的方式。中国为了适应加入WTO后的经济环境，这些因素都促使中国走上了国际化营销的大舞台，加速了市场营销科学化、国际化、创新的进程。

进入21世纪后，我国营销学术界、大专院校研究机构如雨后春笋般成立（之前只有少量相关机构），中国市场营销理论的创新研究进入了一个新阶段。2001年，中国营销研究中心（CMC）成立，该中心由中山大学卢泰宏教授担纲，开展了中国特色的营销研究，发表了一系列具有中国特色的营销书籍，包括《解读中国营销》、《消费者行为学》（中国版）、《中国消费者行为报告》、《行销中国03报告》、《营销中国2001》、《整体品牌设计》、《实效促销SP》、《广告创意》、《解读跨国广告公司》，并获得了菲利普·科特勒国际营销理论贡献奖。

2005年6月，《营销科学学报》在清华大学正式创刊，这是我国市场营销领域的第一份学报，其诞生标志着中国市场营销学术研究步入了一个健康、快速发展的崭新阶段。2006年1月，中国市场营销研究中心成立。该中心是由我国营销界著名学者、博士生导师郭国庆教授牵头组建的非营利性专业学术机构。中国市场营销进入到发展创新阶段，对顾客满意、全球营销、顾客价值与顾客资产、品牌、服务营销、文化营销、绿色营销、营销伦理等问题进行了深入研究，并取得了一定的成果。

改革开放三十多年来，市场营销理论在我国的传播、研究和应用取得了长足发展。理论的突破、改革的推进、经济的发展以及社会主义市场经济体制的建立，都为我国的市场营销学的研究和应用创造了极为有利的条件。我国应结合自身的基本国情，积极探索和创新发展适合我国市场环境的营销理论，不断推动中国特色市场营销学的发展。

第二节　市场营销观念的演变

一、市场营销观念

市场营销观念是指企业开展市场营销活动的指导思想和经营哲学。它是一种观念，一种态度，一种思维方式。市场营销观念是在一定的历史条件下产生的，并且随着经济的发展、市场的变化和市场营销活动的实践而不断发展演变。纵观其发展演变过程，市场营销观念经历了以产品生产或销售为中心的产品导向的营销观向以满足市场需求为中心的顾客导向的营销观的转变，主要可以归纳为以下五种类型：生产观念、产品观念、推销观念、市场营销观念、社会营销观念。其中，前三种类型被称为传统市场营销观念。

（一）生产观念

生产观念是在社会生产力水平较低的条件下产生的。20 世纪初，物资短缺，产品不丰富，市场呈现供不应求的特点，企业生产的产品都能销售出去并获得利润。生产观念认为，消费者喜欢那些他能买到并且买得起的产品，所以企业应当组织和利用所有资源，集中一切力量提高生产效率和分销效率，扩大生产，增加产量，降低成本。显然，生产观念基于卖方市场，是一种重生产、轻营销的指导思想，其实质就是“我们生产什么，就卖什么”。以生产观念指导营销活动的企业，称为生产导向型企业。

新中国成立后的计划经济年代里，由于社会生产力水平比较低，产品短缺，企业生产的产品不愁没有销路，企业关注的重点是降低成本、提高产量，这在当时也是重生产、轻市场的生产观念的典型实践者。

（二）产品观念

产品观念是以产品为中心，通过提高或改进产品质量和功能来吸引顾客购买的经营思想。产品观念产生于市场产品供不应求的“卖方市场”条件下，认为消费者喜欢高质量、多功能和具有某些特色的产品，企业多凭主观想象而不是为满足消费者的需要而致力于提高产品质量，增加产品功能，并不断精益求精。在这种观念的指导下，企业常常迷恋自己的产品，认为“酒香不怕巷子深”，只要产品好，顾客就会自己找上门来；企业也容易患上“市场营销近视症”，即企业把注意力放在产品而不是市场需求上，以至于可能意识不到产品可能并不符合市场需求，从而导致其销售策略的失败。

（三）推销观念

推销观念产生于 20 世纪 20 年代末，盛行于 20 世纪三四十年代，是资本主义经济由“卖方市场”向“买方市场”过渡的产物。

推销观念认为，消费者通常因为一种购买惰性或抗衡心理而不会主动购买，企业相信产品是“被卖出去的”，而不是“被买去的”。因此，企业必须积极推销和大力促销，以刺激消费者购买本企业的产品。它更多运用的是一种“推”的销售方式，具体表现为

"我卖什么，就设法让人们买什么"。执行推销观念的企业，被称为推销导向型企业。

在这种观念指引下，企业所关心的是如何推销产品，即主要通过广告、人员推销等形式，提高产品销售量，以求增加利润。我国企业在20世纪90年代十分重视产品推销和促销，企业花费巨资通过各种媒体进行广告"轰炸"。如"孔府家酒"在电视上大量做广告，相信现在许多人仍能清晰地记得那句经典广告语："孔府家酒，叫人想家。"

显然，推销观念与前两种观念一样，都是建立在以企业为中心的"以产定销"，而不是满足消费者真正需要的基础上的。

（四）市场营销观念

市场营销观念形成于20世纪50年代，是一种"以消费者需求为中心，以市场为出发点"的经营指导思想，强调对目标市场需要和欲望的准确定位，并通过整合手段比竞争对手更快更好地满足这种需求和欲望。企业必须认真研究市场需求，致力于生产顾客需要的产品，才能在激烈的竞争中生存和发展。其中最为瞩目的是宝洁公司（P&G）针对洗发香波市场的不同需求而设计出的一系列相应产品，并获得巨大的成功。不能不说这是一种"营销观念的革命"，它走出了"以产定销"的模式，开启了"以销定产"的营销新纪元。

市场营销观念的产生是市场营销学的根本性变革，它不仅改变了传统旧观念的逻辑思维方式，而且在经营策略和方法上也有了很大突破。它要求企业贯彻"一切从顾客出发"的原则，以顾客需要和欲望的满足为导向，认真作好市场调研，根据市场需求及企业自身条件选择目标市场，组织生产经营，最大限度地满足顾客需求。

我国的海尔冰箱最初进入法国市场就是以顾客需求为导向的市场营销观念为指导的。当时，法国市场上的冰箱主要来自德国，但是德国制造的冰箱主要强调实用性，而不注重消费者的个人喜好，无法满足法国人求新求异的需要。而海尔公司为法国人定制了一系列供应法国市场的冰箱，投其所好。最终通过法国市场打入整个欧洲市场。

从推销观念发展为市场营销观念，是一种革命性的创新发展；市场营销观念的出现也推动了传统市场营销学发展成为现代市场营销学。

（五）社会营销观念

20世纪70年代以来，随着全球环境破坏、资源短缺、人口爆炸、通货膨胀和忽视社会服务等问题日益严重，要求企业顾及消费者整体利益与社会长远利益的呼声越来越高。针对这些情况，西方市场营销学界提出了一系列新的理论及观念，如"绿色消费观念"、"理智消费观念"、"生态准则观念"等，这些观念都认为：企业生产经营不仅要考虑消费者需要，还要考虑消费者和整个社会的长远利益，即将社会责任融入到企业的市场活动中。这类观念统称为社会营销观念。

社会营销观念强调企业在制定市场营销政策时要统筹兼顾企业利润、消费者需求和社会利益三个方面，强调企业市场营销活动所关联的社会责任、社会义务和商业道德，强调借助市场营销学原理和方法来推进社会事业的发展和社会目标的实现。其基本核心是：以实现消费者满意以及消费者和社会公众的长期福利作为企业的根本目的与责任。

二、现代市场营销观念的新发展

从20世纪末开始，随着社会经济和市场环境的变化，又产生了几种新的市场营销观念，现分述如下：

（一）大市场营销观念

大市场营销观念是菲利普·科特勒在世界经济迈向全球化和区域化的基础上于1984年首先提出的。这种观念不仅仅包括利用传统的营销组合引导消费者需求，更强调了企业应借助政治的、经济的、心理的、公共关系等手段获得当地各方面的合作与支持，以打开和进入目标市场，从战术营销转向战略营销。

大市场营销不同于传统的市场营销观念，其不同点主要表现在以下几个方面：

（1）市场营销目标不同。传统的市场营销观念认为，企业应深入作好市场调查，重点是满足目标消费者的需要，这种需要一般是市场上已经存在的。而大市场营销观念强调的是企业应开发新领域，超前预想消费者需求变化的趋势，开发甚至连消费者自己都没想到的产品，然后采用各种营销手段打开和进入某一目标市场，通过宣传教育来激发消费者新的需求或改变其消费习惯。大市场营销观念的营销目标涉及的范围更广，更多地体现了创新。

（2）处理企业与外部环境的关系的方法不同。传统的市场营销观念主张企业顺从和适应外部环境，而大市场营销观念则主张采取适当措施，积极主动地去影响外部环境，一般采用“拉”的策略。

（3）涉及的范围不同。传统的市场营销，主要涉及消费者、经销商、供应商等，而大市场营销涉及面更广，如立法机构、政府部门、公共利益团体等。

（4）大市场营销是传统市场营销组合战略的不断发展，在4Ps的基础上加上2Ps，即权力（Power）和公共关系（Publication），形成6Ps，从而把营销理论进一步扩展。

许多获得成功的日本企业，都花费大量时间、精力和资金去分析市场机遇，并对目标市场作深入的了解，研究消费者的心理，摸清组织市场营销的活动规律。例如，索尼公司在进入美国市场之前，就先派出设计人员、工程师及其他人员组成的专家组去美国考察，研究如何设计产品才能适应美国消费者的爱好。然后，招聘美国工业专家、顾问和经理等人员帮助索尼分析如何进入市场。在仔细地研究分析市场机遇、确定目标市场之后，日本的企业开始着手制定包括产品、价格、分销、促销、公共关系和政治权力运用等内容的市场营销战略规划。

（二）关系营销观念

1985年，美国营销学家巴巴拉·本德·杰克逊首先提出了关系营销观念。关系营销把营销活动看成是一个企业与消费者、供应商、分销商、竞争者、政府机构及其他公众发生互动作用的过程，其核心是建立和发展与这些公众的良好关系。

关系营销观念强调企业要与有价值的顾客及其他利益相关者建立长期稳定的关系。与传统的交易营销不同，它更注重维持顾客关系，而非单纯地完成一笔交易；重视保持现有顾客，强调顾客服务以提高顾客满意度，提高顾客忠诚度，从而获得长期稳定的利益。

关系营销是21世纪甚至今后更长一段时间的主流营销观念之一，它着眼于建立良好稳定的伙伴关系，最终建立起一个由这些牢固、可靠的业务关系组成的“市场营销网”，以追求各方面关系利益最大化——实现共赢，而追求各方面利益最大化正是关系营销最本质的特征。关系营销理论对企业的健康与良性发展有着十分重要的意义。

海尔集团是世界著名的白色家电制造商，海尔品牌价值曾连续6年蝉联中国最有价值品牌榜首。海尔集团取得如此骄人的成绩，与其重视关系营销观念是分不开的。海尔创立初期的怒砸不合格冰箱事件和20世纪90年代倡导的“星级服务”，成功地向人们展示了其追求高质量产品和服务的信念，树立了良好的品牌形象，赢得了一大批忠诚的顾客。海尔通过不断向顾客传递品牌价值，维系了与顾客的良好关系。海尔还十分重视维护与分销商、供应商等利益相关者的关系，并通过与其他国家的分销商建立战略联盟，成功进入世界家电市场，实现了其跨国战略。海尔集团目前已发展成为一家规模大、渠道广的跨国公司，在世界家电市场上已具有很大的影响力。

（三）绿色营销观念

绿色营销源于对英文“Green Marketing”的翻译，从20世纪70年代至今，绿色营销经历了一个不断发展的过程。绿色营销不仅仅是与保护生态环境有关的活动，如消除一切污染环境的有毒有害成分，拒绝生产危害消费者权益的产品，同时还是企业承担社会责任的一种表现。其目的在于保护生态系统的平衡，维持人类生存环境的稳定，降低企业的生产成本，实现企业利益、消费者利益、社会利益、环境利益的高度统一与完美和谐。但绿色营销并不是对传统市场营销理念的否定，而是基于传统市场营销理念基础上的进一步发展和提高，也是经济全球化和保护自然资源及环境的客观需要。

绿色营销观念认为，企业在营销活动中，要顺应时代可持续发展战略的要求，注重地球生态环境保护，促进经济与生态环境协调发展，以实现企业利益、消费者利益、社会利益及生态环境利益的协调统一。从这些界定中可知，绿色营销是以满足消费者和经营者的共同利益为目的的社会绿色需求管理，是以保护生态环境为宗旨的绿色市场营销模式。绿色营销是21世纪企业营销的必然趋势，也是我国未来企业市场营销的主旋律。

（四）整合营销观念

整合营销观念是系统化思考的结果，它最早是由美国知名营销学教授唐·舒尔茨提出的，强调系统地结合各种营销工具和手段，为顾客的利益服务。整合营销包括两方面的内容：①不同的营销职能，包括销售力量、广告、产品管理、市场研究等必须协同；②营销部门必须和企业的其他部门相协调，正如惠普公司的戴维·帕卡德所说：“市场营销太重要了，不能只把它看做是营销部门的事！”

整合营销的关键在于企业必须以顾客为中心，真正重视顾客的行为反应，通过与顾客的双向沟通，建立长久的一对一的关系，从而提高顾客的品牌忠诚度，在市场上树立企业品牌竞争优势，进而提高企业的市场份额。整合营销还强调企业应重视系统化管理，综合利用所有资源，实现高度一体化营销。

整合营销观念带动了以消费者为中心的4Cs观念的兴起。4Cs观念由美国市场营销学者罗伯特·劳特博恩（Robert Lauterborn）于20世纪90年代提出，其内容见表1-1。

表1-1 4Cs观念

顾客(Customer)	了解顾客的需求
成本(Cost)	企业购买成本,顾客购买成本(货币、时间、体力、精力)
便利(Convenience)	为顾客提供最大的购物和使用便利
沟通(Communication)	重视与顾客进行积极有效的双向沟通,建立基于共同利益的新型企业顾客关系

4Cs观念是4Ps观念的进一步发展。4Ps观念是1964年由麦卡锡归纳的市场营销组合，即产品（Product）、价格（Price）、分销（Place）和促销（Promotion）。4Ps观念是站在卖方的角度来看市场的，而4Cs观念则是站在买方的角度。对于营销人员而言，首先通过4Cs来思考，进而构建4Ps框架，是一种有效的营销理念。

随着经济社会和市场经济的不断发展，除了上述营销观念，服务营销、网络营销、文化营销及体验营销等一系列新兴的营销观念也开始在市场中出现。任何一种营销观念的出现都是与当时的社会经济背景密切相关的，因此，每种营销观念都有其适用范围。而在合适的时机选用合适的营销观念则是企业发展壮大的有效方法。企业的发展离不开现代意义上的市场营销观念。

第三节 市场营销管理及其过程

一、市场营销管理的概念

市场营销管理是指为了实现企业目标，创造、建立和保持与目标市场之间的互利交换关系而进行的分析、计划、执行与控制的过程。也就是说，市场营销管理是为了建立个人和组织的交换关系而规划和实施的产品或服务的构思、定价、分销和促销的过程，包括环境分析、营销活动策划、执行和控制等。这一概念包括如下主要含义：

（1）市场营销管理是一个过程，这个过程以市场交换为基础。

（2）市场营销管理是在特定的经营思想指导下进行的。

（3）市场营销管理要求达到的目的是实现企业所期望的交换。

（4）市场营销管理包括分析、计划、执行和控制等基本活动。

二、市场营销管理的实质与任务

市场营销管理的基本任务，就是为达到企业目标而通过市场调研、计划、执行和控制对目标市场需求的水平、时机和性质进行管理。企业在开展市场营销活动的过程中，一般都要设定一个在目标市场上预期要实现的交易水平，然而实际的市场需求水平可能低于、等于或高于这个预期的需求水平，也就是说，在目标市场上可能需求很小、相当需求或有超量需求，市场营销管理就是要根据这些不同的需求情况制定不同的营销措施。从这种意义上说，市场营销管理的实质就是需求管理。

企业市场营销管理的任务会随着目标市场需求状况的变化而有所不同。因此，市场营销管理者首先要了解目标市场上顾客需求的水平、时机和性质。根据市场的一般情况，消费者的需求状态有以下八种类型，市场营销管理也相应有八种不同的管理任务。具体如表1-2所示。

表 1-2　八种市场需求状况下相应的营销管理任务

需 求 状 况	营销管理类型	营销管理任务
负需求	扭转式营销	扭转需求
无需求	刺激式营销	刺激需求
潜在需求	开发式营销	开发需求
下降需求	恢复式营销	恢复需求
不规则需求	同步式营销	同步需求
充分需求	维持式营销	维持需求
过量需求	限制式营销	限制需求
有害需求	抵制式营销	抵制需求

1. 负需求

负需求是指目标市场顾客不喜欢某种产品或服务，或对该产品感到厌恶，甚至愿意花钱来回避它的一种需求状态。

针对这种需求情况，市场营销管理的任务是实施改变性市场营销策略，即分析市场上消费者不喜欢这种产品或服务的原因，是否可通过产品的科普活动、重新设计和更积极的营销方案来改变市场的信念和态度，使负需求变为正需求。这就是扭转式营销。

2. 无需求

无需求是指目标市场顾客对某种产品不感兴趣或漠不关心的一种需求情况。一般情况下，人们会对新产品或日常不熟悉的物品、主观认为毫无价值的废旧物资、在特定市场上无价值的东西或与人们传统习惯相抵触的产品等感觉到无需求。

在这种无需求情况下，市场营销管理的任务就是采取刺激式营销策略，即通过大力宣传、促销，对产品进行价值更新，提倡新的现代化的生活习惯等市场营销措施，将产品所能提供的利益与人的自然需要和兴趣等联系起来，从而刺激人们对产品产生需求。

3. 潜在需求

潜在需求是指目标市场顾客有强烈的渴求和购买欲望，而现成的产品或服务却无法使之满足的一种需求状态。如老年人需要高植物蛋白、低胆固醇的保健食品，老年人社区午餐服务，适应老年人的休闲娱乐活动等，但许多企业尚未充分重视老年市场的“潜在”需求。

在潜在需求的情况下，市场营销管理的任务是实施开发式营销策略，进行有效的市场营销调研，准确地衡量潜在需求的水平、性质和结构，进而开发出有效的产品和服务以满足其需求，将潜在需求变为现实需求。

4. 下降需求

下降需求是指目标市场顾客对某种产品或服务的需求出现了下降趋势的一种需求状态。这种情况通常是由于产品的市场需求趋于饱和，或者产品特性已经不再适应市场需求现状，或者市场被竞争对手所抢占等原因，从而造成该产品或服务的市场需求相对减少。

对于这种需求状况，市场营销管理者首先应了解顾客需求下降的原因，然后通过寻找或开拓新的目标市场，或改变产品的性能，或采用更有效的沟通方法等手段重新刺激市场需求，即通过创造性的再营销以扭转需求下降的局面，重新恢复市场需求。以传统自行车为例，我们可以从环保、轻便、健身等功能特点着手，对产品进行重新“塑造”，并配合各种营销手段，将骑自行车的理念提升。时下流行的“环保型”折叠车就是通过创意性的设计获得成功的。就此而言，市场营销管理的任务就是恢复式营销。

5. 不规则需求

不规则需求是指市场上的产品或服务在一年的不同季节，一周的不同日期，甚至一天的不同时间，市场需求量出现较大波动的一种需求情况。许多企业常面临着这种产品或服务的需求因季节、月份、周、日、时等的不同而变化造成的生产能力和商品的闲置或过度使用的情况。如铁路客运往往在春节、“五一”、“十一”等法定节假日等出现客运高峰，而在平日里则又较显空闲。

在这种不规则需求的情况下，市场营销管理的任务就是实施协调性市场营销策略，也称为同步式营销策略。如通过忙时高价、闲时低价的灵活定价方式，或闲时加大促销力度以激励购买等营销手段来改变顾客的需求时间模式，使产品或服务的市场供给与市场需求在时间上协调一致，保持同步发展。

6. 充分需求

充分需求是指某种产品或服务目前的需求水平和时间与期望的需求水平和时间相一致的一种市场需求情况，这是企业最理想的一种需求状态。

在充分需求的市场状况下，市场营销管理的任务就是尽力维持这种状况，即实施维持式营销策略。但也应该看到市场是动态的、不断变化的，在这种动态的市场环境中，消费者的需求会不断变化，竞争也会日益加剧，因此，充分需求往往是暂时的。所以，市场营销管理者必须密切关注市场的各种变化，不断改进产品质量并估计消费者的满足程度，同时通过降低成本、保持合理价格，激励推销人员和经销商大力推销等措施来维持目前的市场需求水平。

7. 过量需求

过量需求是指市场上顾客对某种产品或服务的需求超过了企业的供应能力，出现供不应求的一种需求状态。如石油、天然气等能源由于其运用面广及其可替代能源的缺乏性，需求的无限与资源的有限必定带来供求上的矛盾，由于石油、天然气等能源供应短缺，致使很多国家都在积极寻求可替代能源。在过量需求的情况下，企业市场营销管理的任务是实施限制式营销策略，即通过提高产品价格、合理分销产品、减少促销和服务、进行节约宣传等方式暂时或永久地降低市场需求水平。需要注意的是，限制式营销只是适当降低顾客的需求水平或减缓顾客的需求时间，而不是破坏或杜绝顾客需求。

8. 有害需求

有害需求是指市场对某些有害物品或服务以及假冒伪劣商品的需求，如对烟、毒品、淫秽书刊或黄色网站等的需求。

对于这种需求状况，市场营销管理的任务是实施抵制式营销，即大力宣传有害产品或服务的严重危害性，劝说喜欢有害产品或服务的消费者放弃这种爱好和需求。对于香烟这类产品，可以大幅度提高价格或开征消费税，逐步降低直至消除这类需求；对于毒品、色情产品或服务，直接采取措施，杜绝其生产、供应和经营。总之，对于有害需求，企业应借助社会的力量和政府宏观管理的力量，从经济、道德和法律等方面进行综合治理，形成共同的约束机制，以抵制这种需求的蔓延。

三、市场营销管理过程

市场营销管理过程就是企业为实现目标和任务而发现、分析、选择和利用市场机会的管理过程。具体地说，市场营销管理过程包括如下步骤：分析市场机会、选择目标市场、设计市场营销组合和管理市场营销活动。

（一）分析市场机会

市场营销学认为，寻找、分析和评价市场机会是市场营销管理人员的主要任务，也是市场营销管理的首要步骤。在现代市场经济条件下，由于市场需求不断变化，任何产品或服务都有其生命周期，所以每一个企业都必须经常寻找、发现新的市场机会。市场营销管理人员可采取以下方法来寻找、发现市场机会。

1. 收集市场信息

营销人员可通过报刊杂志、参加展销会、研究竞争者产品、召开献计献策会、调查研究消费者的需要等方式来寻找、发现或识别未满足的需要和新的市场机会。联合利华日化公司通过消费者调查发现男士消费者对洗发用品有特别需求，于是，“清扬”洗发水推出清扬男士去屑洗发露，专门针对男士的头皮和发质需求而创。

2. 分析产品/市场矩阵

营销人员可利用产品/市场发展矩阵（见图 1-1）来寻找、发现增长机会。例如，某化妆品公司的市场营销管理人员可以考虑采取如下措施：在现有市场上扩大现有产品香波的销售（市场渗透）；在新市场扩大现有香波的销售（市场开发）；向现有市场提供新型香波或者改进香波的包装、成分等，以满足市场需求，扩大销售（产品开发）；投入服装、家电等行业，跨行业经营多项业务（多元化经营）。实践证明，这是企业寻找、发现市场机会很有效的一种方法。

	现有产品	新产品
现有市场	市场渗透	产品开发
新市场	市场开发	多元化发展

图 1-1　产品/市场发展矩阵

（资料来源：吴泗宗．市场营销学［M］．北京：清华大学出版社，2005.）

3. 进行市场细分

市场营销人员还可以通过市场细分来寻找、发现市场机会。如市场上“海飞丝”洗发水推出海飞丝强根护发型去屑洗发露，专为男士设计，就是营销者进行市场细分的结果。

4. 评价市场机会

市场营销人员不仅要善于寻找、发现有吸引力的市场机会，还要善于对所发现的各种市场机会加以评价，决定哪些市场机会能成为本企业有利可图的发展机会。

在现代市场经济条件下，某种市场机会能否成为某企业的市场机会，不仅要看利用这种市场机会是否与该企业的任务和目标相一致，还取决于该企业是否具备利用这种市场机会、经营这种业务的条件，取决于该企业是否在利用这种市场机会、经营这种业务上比其潜在的竞争者有更大的优势，即能否获得更大的差别利益。

（二）选择目标市场

市场营销管理人员在发现和评价了有吸引力的市场机会之后，还要进行进一步的市场营销研究和信息收集工作，如市场测量和市场预测工作等，并据此决定企业应当生产经营哪些产品，决定企业应当以哪个或哪些市场为目标市场，选择适当的市场营销组合策略为目标市场服务，满足目标市场的需要。

1. 进行市场细分

为了充分把握市场机会，企业必须确定这一机会所对应的最主要的消费群体，这就要求企业事先进行市场细分。细分消费者市场的基础主要有以下几种：①地理细分，主要包括按国家、地区、城市、农村、气候、地形进行的划分；②人口细分，主要包括按年龄、性别、职业、收入、教育、家庭人口、家庭类型、家庭生命周期、国籍、民族、宗教、社会阶层进行的划分；③心理细分，主要包括按社会阶层、生活方式、个性进行的划分；④行为细分，主要包括按时机、追求利益、使用者地位、产品使用率、忠诚程度、购买准备阶段、态度进行的划分；⑤受益细分，主要包括按追求的具体利益、产品带来的益处进行的划分，如按质量、价格、品位进行的划分等。

2. 选择目标市场

市场细分的目的是为了使企业能够有效地寻找到有利于企业发展的市场空间，寻找到企业营销活动的最合适对象，所以，面对细分之后的众多细分市场，企业就要决定进入哪一个或哪几个细分市场，为哪些顾客服务。由于企业资源的有限性，企业应根据自己的使命、目标、资源、优势等，进一步进行市场营销研究，把有限的资源运用到目标市场，最大限度地提供满足该市场需要的产品或服务。

根据企业所选细分市场的多少和对不同细分市场所采取的营销策略的差异，企业选择目标市场的策略一般有市场集中化、选择性专业化、产品专业化、市场专业化和全面市场覆盖五种策略，每种策略都各有其特点和适用性。但不论采用哪种策略，确定目标市场，都可以使企业用较少的营销费用取得较大的经营效益。

3. 确定市场定位

企业尽管选择了适合自己发展的目标市场，并为之制定了相应的营销策略，但并不意味着企业就可以在该市场上自由地发展。因为市场竞争无处不在，所以为了稳定和提高企业在目标市场上的市场占有率和销售增长率，获得较为稳定的顾客群体，企业就必须从各方面为自己的产品打造特色，树立起产品的独特形象，在顾客心目中形成一种特殊的偏爱。这种为使自己的产品在顾客心目中占据独特位置而进行的、创建产品特色的活动就是市场定位。

确定市场定位的方法有很多，常用的定位依据主要是顾客在购买产品时较为重视的一些因素，如产品的属性和利益、质量和价格、用途和档次，甚至包括购买或使用者本身的特点等。只要能形成使自己的产品与竞争者的产品区分开来并被顾客认可和接受的特色，这种市场定位就是有效的。

（三）设计市场营销组合

在选定了目标市场并进行了有效的市场定位之后，企业就必须为满足该目标市场的需要而对企业的各种可以控制的变量进行组合，即设计营销组合。

1. 营销组合的内容

市场营销组合是现代市场营销理论中的一个重要概念，是企业营销战略的一个重要组成部分。美国营销学教授麦卡锡曾指出，企业的营销战略包括两个不同而又互相关联的部分：①目标市场，是指企业在市场细分的基础上，以满足消费者或用户的现实或潜在需求作为经营对象，依据企业自身的经营条件而选定或开拓的特定需要的市场。②营销组合，即企业为了满足这个目标顾客群的需要而加以组合搭配、灵活运用的可控制的变量。营销组合具有四个可控制的基本变量：产品（Product）、价格（Price）、地点（Place）和促销（Promotion），麦卡锡将其归纳为“4Ps”。其中，产品是代表企业提供给目标市场的货物和劳务的组合，包括产品质量、外观、买卖权、式样、品牌名称、包装、尺码或型号、服务、保证等；价格是代表顾客购买商品时的价格，包括价目表所列的价格、折扣、让价、支付期限、信用条件等；地点是代表企业使其产品可进入和到达目标市场所利用的种种方式，包括渠道选择、仓储运输等；促销是代表企业宣传介绍其产品的优点和说服目标顾客来购买其产品所进行的种种活动，包括广告、人员推销、营业推广、公共关系等。

2. 营销组合的特点

根据营销组合的构成要素，企业的市场营销组合具有可控性、动态性、复合性和整体性等特点。

（1）可控性。可控性是指市场营销组合中的各个因素都是可以控制的。企业可以根据目标市场的情况，自主决定生产什么产品，制定什么价格，选择什么渠道，采用什么促销方式，这就形成了企业自己的市场营销策略、战术和方法。但要注意的是，企业的营销活动不仅要受本身资源和目标的制约，还要受到外部各种不可控制的微观和宏观环境的影响和制约，营销管理人员在设计营销组合时，要使之与不可控制的环境因素相适应，只有这样才能保证企业营销活动的成功。

（2）动态性。动态性是指营销组合不是固定不变的静态组合，而是随着环境条件的变化而不断变化的动态组合。虽然营销组合的各构成要素是企业可以控制的，但随着外部环境的变化，企业的产品、价格、分销渠道和促销手段等都必然发生相应的转变，否则就会被市场所抛弃。

（3）复合性。企业营销组合各因素并不是单一的，其中各自又包含若干个小的因素，即企业营销组合是至少包括两个层次的复合结构。所以，企业在设计营销组合时，不但应求得“4P”之间的最佳搭配，还要注意安排好各因素内部的搭配，使所有这些因素达到灵活运用和有效组合。

（4）整体性。整体性是指企业营销组合诸因素之间的关系不是彼此分离的，而是相互依存、互相影响和互相制约的。企业要满足目标顾客的需要、实现经营目标，就必须根据市场环境的特点和企业的优劣势，整合运用各种市场营销手段，形成统一的、配套的市场营销组合，取得整体效应。

（四）管理市场营销活动

企业市场营销管理过程的第四个步骤是管理市场营销活动，即市场营销的计划、组织、执行和控制。这是整个市场营销管理过程的关键性的步骤，因为企业如果没有周密的市场营销计划，市场营销工作就失去了方向和目标。市场营销计划制定后还要靠有效的组织系统去执行和实施，否则就是纸上谈兵，正如彼得·德鲁克所说的“计划等于零，除非它变成工作”。因此，制定市场营销计划仅仅是市场营销管理工作的开始，企业还要花工夫去执行和控制市场营销计划。

第四节　市场营销学与相关学科的关系

从市场营销观念的演变过程中，可以看出市场营销学不是单个体系的发展，它涉及很多其他学科的知识，是在吸取其他学科的相关理论中逐步完善的，并以相关学科的概念、原理和方法为基础不断充实营销理论体系。菲利普·科特勒就曾经说过“营销学是一门建立在经济科学、行为科学、现代管理理论基础上的应用学科”。

一、经济学与市场营销学

市场营销学与经济学有着“天然”的联系，二者都包含有面向市场和消费者的研究理论，特别是以单个企业的生产活动为研究对象的微观经济学，必然与市场营销学的研究领域有交叉的地方，可以为其提供理论分析上的支撑。总之，经济学的许多概念和理论，为市场营销学的发展奠定了理论基石。

（一）微观经济学的贡献

微观经济学中关于消费者行为分析的理论为市场营销学提供了借鉴，其所包含的消费者偏好、无差异曲线、边际效用和机会成本等经济学概念为企业进行市场营销活动提供了分析框架，市场营销学在此基础上发展了一些新的研究与分析工具；另外，微观经济学中关于消费者收入水平、几种市场类型的划分以及个人与市场需求的理论分析同样为市场营销学理论的完善提供了支撑。

（二）产业组织经济学的贡献

产业组织经济学中的一些理论对营销战略的制定有重大的影响；产业组织经济学中关于竞争理论的论述也为市场营销学提供了启示：制定营销战略时不仅要考虑目标消费者的需求，同时也要关注竞争对手的行动；此外，其关于企业定价策略的分析也为营销定价理论的完善提供了参考。

（三）经济学概念对市场营销学的影响

市场营销学中有许多概念是直接从经济学中移植过来的，例如，产品策略、包装策略和品牌策略中就用到了经济学中互补品和替代品的概念；收入弹性、交叉弹性和需求弹性也是营销定价策略中常用的经济学概念；此外，还有零售中有关区位、地租、定价、一体化和经营规模的概念，广告中有关差异化生产的概念等。可见，经济学和市场营销学在很多方面是相通的。实际上，市场营销本身也是一种经济活动，所以，经济学中分析的消费者和企业市场行为都可以为企业的市场营销活动提供借鉴。

二、心理学与市场营销学

市场营销学最主要的研究对象是消费者，它要分析消费者的心理和行为，以此来展开营销活动，成功地实现市场交换。消费者心理分析架起了心理学与市场营销学相联系的桥梁。由于两者研究对象的交叉，逐步形成了一门专门研究营销心理活动的新学科——市场营销心理学。

（一）心理学各学派对市场营销学的贡献

心理学同其他学科一样，在其发展过程中出现了不同的思想学派，这些学派对人的行为有不同的解释。这些侧重点不同的学派理论也为市场营销学对消费者心理行为的定位提供了参考。

由威廉·冯特于1879年创立的“结构主义”学派认为，人的心理由感觉、意象和情感三种基本的心理因素构成。市场营销学者就利用了该学派的本能、欲望和感觉等术语。

约翰·杜威于1900年创立的“功能主义”学派则研究了个体适应环境的调整中心理

经验的重要性，其研究的重点是人的行为而不是意识。这为市场营销学中研究怎样让消费者重复购买提供了借鉴。

奥地利心理学家西格蒙德·弗洛伊德创立的“精神分析”学派则将关注点放在了对无意识的心理过程的研究分析，他提出的许多概念和方法被市场营销学者采纳，用于研究消费者的潜意识从而解释其市场行为。约翰 B. 华生于 1913 年提出了“行为主义”的新概念，其基础是行为来自刺激，行为可以学习并习惯化。按照“行为主义”的理论，人可以有意识地对某种刺激作出反应，消费者对销售刺激也有模式化的反应，可为市场营销学所用。

（二）心理学概念在市场营销领域的应用

心理学中的认知理论和动机理论被市场营销用于消费者购买行为的分析。如何激发消费者的购买欲望，如何提高产品的销售吸引力等，这些问题的答案都可以从心理学的理论中寻找。心理学中对人的知觉、态度、兴趣、体验和记忆的认知过程以及行为动机的诠释，都可以运用到对消费者的行为分析中。

心理学概念与沟通和教育的心理功能有关。某种想法通过知觉、顿悟和直觉被意识接受，通过思考、推理、联想被理解和发展，通过记忆来保留和回忆，通过判断被应用。功能心理学的概念解释了被营销者对营销者渴望传递的信息如何感兴趣的过程和沟通如何成功的过程。此外，心理学的一些概念也被应用到定价、分销渠道和促销中。它对人的认知、情感、记忆等的研究为定价策略、促销策略的制定提供了理论框架。

（三）心理学研究方法的贡献

市场营销学者不仅借鉴了心理学的概念，还借鉴了心理学的研究方法，如利用观察法、实验法、投射法、问卷调查、深度访谈等方法进行市场调查。

三、社会学与市场营销学

现代市场营销学中所提倡的大市场营销观念，要求将社会中很多主体因素考虑进市场营销中，这就要求营销理论研究范围的扩展，将社会的交往理论、文化理论、社区理论等纳入其研究范围。况且，市场营销学本身研究的也是一种关于交换的社会活动，需要运用社会学的一些概念、原理和方法去研究市场营销活动，更好地揭示其中蕴涵的内在规律。现在，市场营销学者越来越重视市场营销活动中参与者之间的社会关系。

（一）社会学观点

社会学的核心观点认为，人是社会人，是一个或多个群体的成员，是某种文化的代表，是他所处的时代环境和文化的产物。人们会随着自身所处社会环境的习俗、制度和价值观的变化而改变，自尊、情感、愉悦和非理性等都是人们行动的社会原因。这些观点和概念也被市场营销学采用。

（二）社会学概念在市场营销领域的应用

社会学的观点主要被市场营销学用于市场分析。社会学中的群体、家庭、社会阶层、文化和亚文化等重要概念是消费者行为分析的重要理论基础。这些因素会影响到消费者的购买行为，也直接影响到营销策略的选择。社会学中的社会动机、社会互动、社会文化变迁等概念也对企业的营销决策有着重要影响，因为企业在一个大的社会背景下进行营销活动，它需要与其他社会主体互动，而社会动机、社会互动、社会文化变迁会影响消费者的购买意愿，会影响消费者偏好的转移。企业需要将这些社会学概念融入到营销策略的制定中，明确消费者的购买选择，及时把握消费者需求的变化。

分析组织市场时所涉及的组织、权利和地位等概念也是社会学的概念。市场营销学从这些概念出发，根据组织市场的基本特点，形成了一个有别于消费者行为分析的分析模式。而在新产品的扩散中，市场营销学还应用了社会学的创新传播理论。该理论认为创新采用者的数量随时间呈“S”形变化，且不同的创新在整个采用过程的时间范围上也可能完全不一样。因此，企业应针对新产品传播的不同阶段制定相应的营销策略，并重视舆论领袖和口头传播的作用。关系和网络这两个社会学概念也在市场营销学中得到了广泛的运用。

四、管理学与市场营销学

管理学和市场营销学都是企业管理重要的分支，尽管二者研究的范围、对象不一样，但二者毕竟属于同一个领域，都是对企业的某些活动进行研究分析，只不过是两个方面罢了，所以二者在某些方面是相通的。市场营销学同样借用了管理学中的某些概念和理论。

从管理学引入市场营销领域的概念有科学管理、任务、职能化管理、科学方法、简单化、多样化和标准化等。科学管理中的工作的形成、员工的挑选和培训、员工和监督者之间的合作等理念应用到了市场营销职能和市场营销机构体制的管理中。一些科学方法如阐明问题、收集信息、得出结论的步骤等则经过修改引入到市场调查中，形成了形势分析、信息调查、制定方案、收集信息等术语。市场营销机构还引入了对采购、计划、检查、人力控制和产品保养实行职能化管理的观念。

五、其他学科与市场营销学

除了以上学科，还有许多其他学科也对市场营销学的发展作出了贡献。如人类学和法学中的一些概念也被市场营销学所运用。总之，市场营销思想的发展是一个兼容并蓄的过程，这些学科都为其发展夯实了基础。市场营销学作为一门独立的学科，具有综合性、边缘性和实践性等明显特征。

关 键 词

市场营销；市场营销观念；目标市场；营销组合；社会营销观念

思 考 题

1. 什么是营销？营销与推销有什么区别？
2. 简述市场导向的市场营销学与传统的市场营销学的区别。
3. 营销管理的任务是什么？
4. 分别举例说明在八种需求状况下分别应采取的营销策略。

【案例分析讨论】

盼盼，法式小面包的创意营销

2005 年之前，盼盼食品虽然已经在食品行业深耕细作了近十年之久，但其在中国食品行业还算不上是一个耳熟能详的知名品牌。但是，盼盼从未放弃探索属于自己的发展捷径。在其他企业大打广告，向品牌发起冲刺的同时，务实的盼盼食品反其道而行之，另辟蹊径，深谋远虑地推进产业结构战略布局，在全国 8 个省份建起了 9 家制造基地和海外朝鲜基地。

在盼盼领导层的高度重视和产品研发部门的艰苦努力下，盼盼在 2006 年初研发出了具有专利技术的创新产品：可以长期保存的烘烤类小面包。烘烤类面包在日常消费中已经相当普及，面包因其富有蛋白质等营养成分，很适合作早餐食品、下午点心及家居、出外旅游的主食。盼盼此次推出的小面包具有一个极大的优势，就是其保存时间长达 9 个月之久，这一点大大突破了常规面包保质期短的局限性。

精准定位

选定烘烤小面包作为新产品之后，盼盼首先要解决的就是产品的定位问题。

食品行业每年都有许多新产品推向市场，但其中很大部分都因为定位不准而夭折。因此，精准的定位对刚上市的新产品尤其重要。

在盼盼领导高层多次的头脑风暴之后，找到了一个能够令大多数人神经跳动的定位——法式小面包。法式小面包，顾名思义，来自法国的面包，而且还是一种小巧方便的面包。这种面包既保留了地道的法国味，更增加了便利和长期存储属性，是适合现代快节奏群体正餐之外的点心首选。基于更深层次的考虑，盼盼没有按常规给这款新产品加一个独特的命名。盼盼分析认为，法式小面包的定位可以囊括所有的小面包概念，可以最大化地借助其他企业的资源。同时，推广一个新的名称需要花费大量的传播预算，盼盼计划把有限的预算放在推广“盼盼”这个主品牌上面。因此，盼盼把这款产品正式命名为“盼盼法式小面包”，法式小面包既是这款明星产品的定位，也是其命名的一部分，这里边有一些中国式的智慧元素存在，这也是此后盼盼法式小面包畅销的重要因素之一。

明星+广告

食品属于快速消费品，讲究的是快上快下、快进快出。必须在最短时间内实施最强有力的爆破轰炸，迅速抢占焦点，只有这样才能顺利地一举切入市场。没有广告、代言明星的推波助澜，一个新产品要从默默无闻到大红大紫确实极其困难。所以，从一开始，盼盼就计划为新的明星产品导入广告及代言人计划，这一点已经没有任何疑义。剩下的就是具体导入哪一个产品代言人，选择哪一些传播平台投放广告。

经过几轮筛选之后，盼盼最后将目标锁定在蒋雯丽身上。蒋雯丽以其知性加感性的出众气质，在高龄学生、青年白领、年轻妈妈三大族群里拥有广泛的影响力和号召力，其形象一直健康自然，极为符合中国人传统的审美观点。随后盼盼进行的抽样调查验证了这一点。另外，蒋雯丽已经成为包括雅仕利、三全食品在内的多家大型食品企业的代言人，其代言的产品基本都比较火爆，深受市场欢迎，由此可见其市场前景之良好。

媒体的投放盼盼也一反常规，并没有选择重中之重的中央电视台作为盼盼法式小面包广告的播出平台。之所以如此，原因主要有两个：一方面，盼盼的总体预算并不是很多，如果投放到中央电视台，要保证传播效果就只能实行脉动式的间歇播出，而这一点明显达不到预期的广告效果，盼盼法式小面包是日常消费的食品，一年四季并没有太明显的淡旺季之分，基本上是天天都需要；另一方面，盼盼也希望推行“品牌根据地”策略，先集中资源做到区域突破，在某些重点市场率先打开局面，营造成功市场榜样，然后再发动全国攻略。

从2006年10月开始，盼盼法式小面包广告正式登陆福建、广西、河南、重庆、安徽、深圳、辽宁七大卫视频道，每天以十多次甚至二十多次的高频率播出。随着蒋雯丽笑脸盈盈地说出那句“法式小面包，还是盼盼好”，盼盼法式小面包很快就响彻神州大地，成为食品行业关注的焦点。

渠道建设

有一流的产品还要有一流的渠道来销售。早在创建之初，盼盼就已经把渠道建设提到一个相当重要的位置来看待。经过近10年的市场筛选和强力扶持，盼盼在全国范围内建立了包括3000多个战略合作伙伴在内的高效、优质的销售网络，基本上覆盖到了国内县级行政区域市场。

产品刚刚上市时并没有出现预期的火爆场面。一方面，代理商对法式小面包这个新产品了解不多；另一方面，每位代理商几乎随时都会面对不同企业的不同新产品，频繁的新产品推出已经严重摧弱了他们的神经，除非看到实效，否则很难引发他们的激情。广告播出一个月之后，局面开始朝着预期的方向扭转，市场上开始出现了极为难得的指名购买场景，这一现象像星星之火一样，迅速点燃了盼盼法式小面包全面畅销的燎原大火。各地销售商开始意识到盼盼法式小面包的重要潜力，纷纷投入到盼盼法式小面包的推广和销售工作中来。随着广告传播的积累、销售商的投入、消费者的认可，盼盼法式小面包这股大火很快燃遍了全国各地。

据统计，2007年5月以后，即便盼盼9大生产基地开足马力、三班轮番生产，各地市场的订货需求依然只能满足70%左右，尚有30%的需求订单无法供应，生产的排单在

6月初就已经排到了8月底。2007年8月，盼盼法式小面包单品单月销售额突破1亿元大关，正式跻身“明星产品亿元俱乐部”，成为近年最成功的休闲食品之一。

（资料来源：《销售与市场》2007年12期，编者有改动）

分析讨论题：

1. 盼盼成功的原因是什么？
2. 盼盼采用了哪些营销观念？
3. 盼盼在推广法式小面包时采取了哪些营销策略？

第二章

中国本土化营销的核心问题

【学习目标】

- □ 了解营销本土化的重要性
- □ 把握营销本土化的本质
- □ 深入把握中国式关系的内涵
- □ 掌握建立信任的特征与建立方法

【导入案例】

近两年，全球汽车行业总体经营情况之黯淡可以用“惨烈”来形容。一片惨淡之中，唯有丰田汽车这边风景独好，延续近几年来的蓬勃之势，2008 年丰田汽车首度超越福特，市场份额跃居全美第二，仅次于通用汽车。

文化认同，让丰田成为“美国车”。“我们需要从更深层面上了解顾客，就要从文化上了解他们，同他们建立情感上的联系，这非常重要。”Farley 这样认为。如今，丰田的营销及推广活动甚至比美国本土的通用和福特汽车更带有浓重的美国色彩。2008 年，为了寻求载货汽车产品在市场上的突破，丰田汽车选择“音乐之路”开创新局面，对美国著名乡村音乐二人组合 Brooks & Dunn 进行为期两年的赞助。这主要是考虑到美国货车或货车司机的主要行驶范围多是乡村公路，音乐是他们漫长路途中不可缺少的伴侣，通过音乐，可以让消费者从情感上、精神层面上接受丰田。

在最有美国味的Nascar赛车，全美橄榄球比赛，甚至巡回垂钓比赛上，都能频频看到丰田的身影。如此不遗余力地向美国文化靠拢，唤起目标顾客文化上的认同，丰田吸引了那些原本可能选择本土品牌的消费者。

据统计，丰田汽车美国市场2008年10月销售量约达19万辆，较2007年同期增长13.6%。目前，丰田也正准备在美国新建两家工厂。

第一节　营销本土化概述

营销学在学科大类归属上是社会人文科学的子内容。社会人文科学因其内含的复杂多样的内在与外显形式而因时因地较有差异，这种差异的本源往往被认为是文化使然。营销学作为源自西方、发展于西方的学科，几乎是随着改革开放的步伐进入到我国的。在我国生根发芽、茁壮成长的这些年里，理论界开始逐渐发现西方的营销理论在我国企业界的应用过程中出现了诸多水土不服的症状：明明在西方很畅销的产品，引进中国却受冷遇；明明在西方很受追捧的模式，在我国却适得其反。种种情况都告诉我们，营销学的发展必须紧紧结合其立足的当地文化土壤，把握当地文化的本质和精髓，进行本土化运营，方能起到指导实践的深层次作用。

一、营销本土化的哲学基础

（一）营销本土化的起源

关于营销本土化的起源有如下三种观点：

一是里安斯等学者认为，营销本土化（Localization）最早是在20世纪60年代作为国际营销的一项重要议题被提出的。艾林德教授率先指出了国际间广告全球标准化还是本土适应化战略的选择问题。标准化的支持者们认为各国间除了人口统计、种族、文化以及心理特征等方面外，消费者基本上是相同的，因此，建立在基本诉求之上的标准化广告能够在不同国度产生出理想的效果。但随后的研究却发现，大部分成功的国际广告活动都是在本土化基础上取得的，本土化问题开始得到理论研究的关注。到了20世纪60年代末，关于本土化问题的研究开始转向跨国公司除广告之外的其他业务领域，如产品、价格、促销等的本土适应问题。研究范畴上的扩大，使得本土化这一研究热点一直延续到现在。

二是以张金杰为代表的主流观点认为，营销本土化问题源于20世纪80年代跨国公司中兴起的“无国籍化”。在到其他国家投资的过程中，由于与东道国政治、文化、经济等方面的差异，跨国公司受到东道国的排斥、疑忌与限制。这种现象在跨国公司向发展中国家投资时表现得尤为明显。为了推动刚刚起步的经济全球化浪潮，同时也是为了获得更高的经济利益，跨国公司积极倡导无国界限制和“无国籍化”。经过十多年的发展后，跨国公司更加明确地提出了“本土化”发展战略。可以说，“本土化”战略是“无国籍化”战略的延续与发展，只不过这种延续与发展，更多的是来自企业内部机制的积极转换，是跨国公司积极作适应性转变的一种重要体现。

第三种观点则认为本土化是全球化发展的产物。著名的哈佛大学西奥多·莱维特教授在其 1983 年发表的《市场全球化》一文中提出“市场全球化”的说法，力主实施全球化标准营销并由此引发了全球化还是本土化的争论。争论过程中，人们逐渐意识到全球化固然能够给企业带来一定的竞争优势，但是随着全球化的发展和竞争的加剧，外国市场变得越来越多变和民族中心主义，如果不能有效地关注外国顾客独特的民族情感与文化特征，那么企业即使能够暂时立住脚跟，也往往很难取得持续发展。在这种情况下，罗马洛浦等学者指出：成功的国际产品与市场营销策略在于“思考全球化，行动本土化”，营销本土化的地位也由此得到广泛认同。

（二）营销本土化的理论基础

营销本土化主要建立在三大理论基础之上：差异化战略、摩擦理论、细分与定位理论。

本土化以全球市场的异质化为前提假设，认为进行本土化的根本原因在于：不同地区、不同种族、不同文化顾客的个性化、多样化需求，客观上要求通过产品的差异化、营销的针对化来满足不同顾客的需要。差异化不仅是营销本土化产生的原因，更主导着本土化的发展方向与路径选择。差异化战略除了承认国别间差异存在的客观性并对此加以响应之外，其价值同样体现在：能够有效地“建立起应对竞争作用力的防御地位……利用顾客对品牌的忠诚以及由此产生的对价格的敏感度下降使企业得以避开竞争”，并获得理想化的绩效。

摩擦理论主要从成本节约方面为营销本土化提供了理论支撑，它认为同质化的全球市场并没有出现，因此，一成不变的营销战略和策略会引起企业总部和分布在各国的分支机构与各国的分销渠道之间不愉快的摩擦，从而产生隐性成本。如果由摩擦所增加的成本超过由规模经济所节约的成本，则采用本土化会更有成本效应。

而细分与定位理论则主要从获取利润的角度出发，认为企业应当根据不同市场的差异确定不同的市场定位，实行差异化定价，实现生产者剩余最大化。另外，还可以充分发挥营销组合的能动作用，因地制宜地构造最优的营销策略组合，从而提高营销效率。

二、营销本土化的基础理论结构

（一）营销本土化的定义

关于营销本土化的定义，学术界众说纷纭。按照角度的不同可以将其归结为以下两种类型：

1. 战略视角的定义

罗马洛浦等学者认为，本土化就是保持在每一新市场采用新战略的一种安排。还有学者认为，所谓“本土化”，实际上就是当事双方所寻求的一种战略协调模式。吉福林在 2004 年指出，本土化经营就是以满足进入国消费者的需要为核心，针对不同国家和地区消费者需求的不同特点开展经营活动的营销战略。也有学者更进一步指出，本土化战略就是更多公司所接受的“全球适应”的主张，是企业力图融入目标市场、努力成为目标市场中的一员所采取的一种战略。

2. 策略视角的定义

有学者认为，营销本土化是指市场营销学说和实践在特定的国家和地区具有的基于该国或该地区市场特征的独特性。本土化是一个过程，是在解决特定国家或地区的市场营销问题过程中逐渐形成的，是市场营销一般原理与方法同特定国家或地区市场环境相适应、相融合的结果。因此，营销本土化是一种策略操作，属于策略层面的局部实施问题，强调的是实施的深度和效率。与该观点相类似，也有学者指出，营销本土化是指将国际营销的基本理论与企业自身的特色及当地的社会文化、消费习俗、政治法规等结合起来，进行理论研究和实际应用，形成自身的营销风格的过程。

应当看到，任何一个概念都可以有许多侧面，从许多角度来理解和解释。一种有长久生命力的定义应该至少能够包容当前的研究内容，并体现出相应的前瞻性。基于这样的认识，我们认为，营销本土化应该是一个综合的概念，它既是一种战略思维，同时也是一种操作策略，营销本土化的主体是事与物，但是这一主体的国际间转移至少需要在整体上对目标受众进行特别的研究与关注，并针对目标受众的关键差异实施营销本土化。

（二）营销本土化研究的本质

一般认为，营销本土化衔接了国际营销活动中当事双方的利益，并因此成为跨国公司解决异国环境障碍的核心。由于营销本土化源于环境差异，因此，普遍的观点认为，营销本土化的本质是适应环境与改变环境的结合——在新的环境中，将企业自身特色与东道国特点相结合，然后对企业营销策略作出相应调整，使得自己的产品能够为东道国消费者所接受。从竞争战略的视角来看，营销本土化在本质上也体现了差异化的思想。通过对客观差异进行适应性调整，企业能够赢得东道国受众心理上的亲近感，并促使他们作出购买决策，而购买行为一旦发生，企业创造的这种优势就很容易稳定下来并成为后续产品推进的基础。营销本土化中所体现的差异化思想同时也是对营销观念的核心在实践应用上的进一步发展。菲利普·科特勒指出，营销观念的核心是需求导向，由于消费需求的差异性，只有针对每个目标群体的具体需求制定营销组合策略，才能“适销对路”，并使顾客的个性需求真正得到满足，也才能保证企业营销目标的最终实现。同时，在倡导营销本土化时，也不能偏废全球标准化的重要意义。完全的本土化意味着产品的属地化设计与生产，会带来较高的开发与生产成本；而全球标准化的最大优势恰恰在于规模经济。针对二者的优劣，斯齐曼斯基于1993年通过实证研究发现，对于跨国公司来说，全球化营销和本土化营销相结合是最理想的营销模式，但这种结合并非是随意的，它会受到诸如东道国环境、营销战略以及营销组合等因素的影响。研究发现，在营销组合中，不同因素对全球化与本土化的要求和适应程度有所差别。一般认为，最易实现全球标准化的是市场战略、产品特点、产品定位；处于模棱两可地位的是品牌、包装、广告；几乎总是本土化的是面向消费者的推销活动、分销以及面向批发商和零售商的推销活动。

综上所述，可以发现营销本土化的本质内涵非常丰富，分别体现在环境影响、营销战略及营销组合因素三个层面。首先，它是企业特色与当地市场环境相适应、相融合的一种活动；其次，营销本土化体现的是差异化的思路，但是差异化并非是绝对的，而往往与全球标准化问题紧密关联；再次，本土化程度应该如何，体现在每一个营销组合因素上都会因各自特点不同而在客观上存在较大的差异。

（三）营销本土化的外延：兼论与全球化的关系

一般认为，本土化与全球化相对应，它们共同构成了国际营销活动的中心议题。因此，在国际营销系统中合理界定本土化的外延，客观上需要在对其与全球化的关系的梳理中得到解决。

在本土化问题研究伊始，二者之间的关系曾被认为是相对立的，原因主要在于以下几点：首先，为学术界所认同的观点是，全球化主要与标准化战略相对应，而本土化则主要与差异化战略相对应。因此，根据迈克尔·波特的战略观，可以认为全球化和本土化只能是二选一的。所以，专家们曾经建议企业在国际营销活动中要么采取全球标准化以追求最低成本，要么采取本土差异化以寻求与东道国消费需求的吻合。其次，从文化层面来看，全球化往往是由一元性的价值——经济力量加以驱动的，其实施的结果却是在不同地域与国家中呈现出多元化开展与矛盾性冲突。而本土化则恰恰是建立在对世界多元价值尊重和认同的基础上的。因此，无论是从战略还是从文化的视角来看，全球化与本土化似乎都是对立的、矛盾的。

然而事实并非如此，正如以上部分所言及的那样，本土化与全球化的关系好比是一对孪生兄弟，它们因对方而存在，并且彼此间相互渗透。实践证明，既不可能有完全的本土化，这意味着企业必须付出巨大的研发投入、生产成本以及营销费用，即便最强大的跨国公司也很难做到这一点；也不可能有完全的全球化，因为语言、分销条件、零售结构、气候、政府管制、文化特征等方面差异的存在，营销组合的全球标准化是不可行的。即便是全球化的倡导者莱维特教授也指出，许多企业试图通过将国内生产的产品和工艺过程不加变动地出口到世界各地——这种标准化的做法迄今为止都以失败告终。从现实情况来看，与全球化相伴的并非是一元性价值观与经济力量的横向扩张，而是差异、多元、民族化、本土化趋势的出现且日渐强化。在全球化与本土化的张力下，催生出一种多元主义文化。对此，亨廷顿也认为，西方现代性的扩张并没有使非西方国家西方化，而是相反，经济和政治上的强大反而助长了非西方国家的民族自信，于是，回归文化传统、寻求民族文化身份的认同成为不可遏制的潮流。这意味着完全的全球化是不可能的。因此，自20世纪80年代末以来，学术界也越来越认识到全球化与本土化是同等重要的。跨国公司应该被鼓励去平衡他们在国际产品设计中所面临的那些冲突性需求。卡普费雷尔1992年指出，国际品牌经营既不应该是全球化的也不应该是本土化的，而应该是全球本土化的（Glocal）。

第二节 中国营销中的关系问题

一、研究背景

营销本土化本身是一个系统性的、内容繁多且极为复杂的问题。对这一问题的有效解决，如能提纲挈领，必能产生事半功倍之效。普遍认为，至少在中国的文化土壤上能够发挥此功效的当属“关系”。

其一，西方经济学中的一个最基本的命题就是：消费者是理性的，据此所发生的交换行为与交易活动也是理智的。但事实上，消费者的消费行为并非都是理性的。那么消费者到底为何会产生这一悖论呢？一个解释就是情感的作用张力使然。而情感一旦形成，就会积淀为关系，并产生滚雪球效应，对交换活动产生诸多影响。

其二，从近些年来营销热点的变迁来看，无论学术界还是企业界，均将关系问题视为市场营销的重要内容之一。Don Peppers 认为，营销的未来在于顾客关系，而营销者未来的工作将是管理这些关系。关系是市场的基础，在这个市场中，顾客寻求的不仅是产品，还包括建议和持续的关怀[㊀]。关系机制的建立被认为是减少交易成本，将交换活动惯例化，提升顾客满意度，规避消费风险的关键所在。

其三，营销关系的形成不在于对交易客体的感情维系，而在于对营销主体的感情寄托。毕竟，营销关系的两端牵涉的是人。而由于东西方文化本源上的差别，其对人的理解是完全不同的。西方人重视个人，推崇个性、自由、独立、解放；而东方人，尤其是中国人，强调社会关系，认为人只有在社会交往中才能体现出其存在意义。因此，这也就决定了在这种文化源头差异的情况下，关系的内涵、作用与地位是需要特殊化操作的。

二、中国的关系的内涵

《现代汉语词典》对关系的解读是人和人或人和事物之间的某种性质的联系。而关系作为一个学术研究对象，往往被认为是“人和人之间通过交往或联系而形成的对双方或多方都产生影响的一种‘心理连接’”，是“在现实社会的实际活动中，通过交往而形成的人与人之间的一种心理联系（包括认知、情感）和相应的行为表现”。在这种情况下，中国式关系就很难与西方关系中的任何一个单词（如 Relationship、Connection、Networking 等）相对应。因此，在西方著述中出现了凡涉及中国式关系的就冠之以“Guanxi”一词，以示区别。

一般认为，关系的维度包括认知、情感和行为三个层面。其中认知维度往往与交换物的客观属性（如质量、外观、性价比等）相关，情感维度往往与对交换物的主观认识（如喜欢、偏好、厌恶等）相关，而行为维度往往是作为结果出现的，表明行为主体对交换物的行为倾向。由此可见，关系的三项维度之间在深度上是呈现递进关系的，但交易活动的达成需要对三方的共同关注，缺一不可。

㊀ 博耶特. 经典营销思想［M］. 北京：机械工业出版社，2004.

三、中国式关系的特征

从文化本源上讲，中国人对关系的重视可以用“天人合一”的思想来加以审读，这一思想强调人的内在和谐、人与人的和谐、人与自然的和谐三方面的内容，也就是说，我们对于关系的理解不能过于狭隘。结合上文对关系的解读可以发现，与西方相比，中国文化强调一个人在一个关系网络中的位置和针对不同的人所应采取的不同态度和行为。具体而言，中国式关系与西方关系的差别主要体现在以下几个方面㊀：

（1）发展关系的基础不同。西方关系的基础是共同的经济利益，而中国式关系的基础是人际关系。

（2）程序不同。西方关系的程序是“生意—关系—生意”，而中国式关系的程序是“关系—生意—关系和生意”。

（3）原则不同。在西方，进行关系营销原则是经济上的长期互利和双赢局面。而中国的人际关系营销则更加注重“情”——亲情和人情，在“情”面前对亲人和朋友会采取特殊的交往原则。

（4）更容易产生道德危机。在西方关系营销中，要有经济利益才能进行交往，通过长期的合作，交易双方感情会逐渐加强。在中国的人际关系营销中，通过礼仪、人情、面子也可以进行交往，其中，人情、面子更是基于中国文化的关系营销所特有的。这也导致了中国的人际关系营销更容易产生道德危机，容易产生“拉关系”和“走后门”现象。

四、中国式关系对营销的启示

1. 以满足顾客的价值需求为核心，体现“仁者爱人”的文化传统

“仁”是儒家思想的核心，孔子推及“仁者爱人”，这是建立关系的最好方法。在营销关系的所有类型中，企业与顾客之间的关系是最重要的，这就决定了企业必须对顾客“仁爱”，让顾客满意。顾客满意就是企业最大的“仁”，企业只有对顾客“仁”，充分满足顾客的需求，尽量增加向顾客让渡的使用价值，真正站在顾客的角度去了解、关心、帮助他们，顾客才能以“仁”来回报企业。

2. 以合作为发展手段，体现“和为贵”的文化传统

“和为贵”，语出《论语》，体现了关系营销中的协调与合作的思想。“和”即“协调”，就是处理好各个利益主体之间的矛盾，以实现组织目标；“和”又意味着“团结合作”，将个体优势合并成团体优势，以创造更大的价值。

3. “以人为本”，处理企业内部关系

“以人为本”强调尊重人的价值，因此，企业需要重视员工在企业价值实现中的关键作用，着力提升员工的积极性、创造性和主动性。企业只有对自己的员工“仁爱”，让员工满意，他们才能以“仁爱”之心回报企业，成为企业长期的关系公众。

㊀ 刘娜．论关系营销和人际关系营销对我国企业的启示［J］．经济研究导刊，2008（7）．

4. 重视“礼尚往来”的风俗传统

“礼尚往来”是指礼节中应该有来有往，现在也指以同样的态度或做法回报对方。中国的关系营销中隐含了“礼尚往来”的传统。事实上，每每逢年过节，商场的打折促销、节庆回馈活动也可以理解为“礼尚往来”的一种体现。这也可以解释为何我国的商场促销要远多于其他国家。

第三节 中国营销中的信任问题

上一节介绍了关系在我国营销中的地位及其特殊性，并站在关系视角上，对我国企业系统发展各方关系提出了相应的指导。然而，关系形成的关键因素是什么？特别是在当前我国社会经济条件下，建立彼此间关系的切入点应在哪里？这是本节将要探讨的问题。

关系一定是在双方或者多方间的互动往来中建立起来的。著名营销学者 Morgan & Hunt（1994）指出，根据关系营销和社会交换理论，信任是企业最珍贵的资产，是企业运作和发展之本。信任是互动与网络方法中重要的维度，也是服务营销、关系营销的基本特点。营销学的概念重心已经从交易型交换（Transactional Exchange）转移到关系型交换（Relational Exchange），而后者恰恰强调通过信任来创建和维系长期的关系。加之我国经济处在转型过程中，快速发展的同时也带来了鱼龙混杂、良莠不齐的情况，消费者的信任感普遍偏低，整个社会信用体系发展滞后，信任就成为当前建构营销关系的重要内容。其内含的原因在于：对于任何缺乏信任的产品或者事物，消费者是绝对不会购买的，信任是认知与了解的首要前提。

一、信任的内涵

1. 信任的定义

信任一般被认为是有效的营销关系的重要前提。有学者进一步提出，信任被认为是建立成功的长期关系的重要前提（Morgan and Hunt，1994）。

信任是个体认为另一个体的言辞、承诺以及口头或书面的陈述为可靠的一种概括化的期望。信任是个体所拥有的一种构成其个人特质的信念，一般人都是有诚意、善良及信任别人的；信任也是交往双方共同持有的，对双方都不会利用对方弱点的信心。信任是一种意识、情感、能力以及品质的综合体。信任不是一种行为（如合作），或者选择（如选择风险），而是一种潜在的心理状态，能够引发这些活动或者这些活动的结果。众多学者的研究表明，信任双方的相似性（如相似的经历、相似的价值观等）是产生信任的最重要来源。韦伯、福山等学者在对中国与西方的信任特点进行比较研究后指出，中国以特殊信任为主。而这种特殊信任扎根于血缘关系，以个人的、家族的或类似家族的关系为基础，形成在人际关系基础上的信任结果。

2. 信任的特性

信任具有以下特性：

（1）主观性。信任依赖于观察者，不同的个体对同一事物的看法会因个体喜好等因素的影响而有所不同。

（2）可能性预期。信任的程度可表示为对事件发生概率的可能性估计。

（3）内容相关。信任是分类别的，是就事物的某个方面（如完成某项任务的能力）而言的。

（4）信任传递衰减性。信任在实体中间具有逐步衰减的传递性。

（5）动态性。信任是变化的，不是一旦形成就永久不变的。

（6）时间滞后性。信任是经过不断的学习和经验积累形成的，更新了的信任度只能在下一次的服务选择中用到。

二、信任的作用

信任在很多方面产生重要的作用。首先，它能促进合作行为，促使交换双方建立起长效关系；其次，它能推动适应性的组织形式（如组织网络）的形成，便利特别工作群体组织的快速建立以及推动对危机的有效反应；再次，它能在交互主体间产生润滑作用，当负面事件发生后，可以减少甚至规避有害的冲突；最后，信任能够减少交易成本，信任度越高，信任双方的交易成本越低。

三、信任建立的方法

Zucker（1986）曾对信任的产生机制进行过研究，并提出了三种信任产生机制：由声誉产生的信任、由社会相似性产生的信任以及由法制产生的信任。

对企业而言，企业在没有购买经历的顾客心目中建立信任的方法可以有以下几种：

1. 提升企业一般化的信誉或者消费者对企业的感知

企业在消费者心里的第一印象很重要，这种第一印象往往是由品牌声誉决定的。品牌声誉对消费者而言是一种保障，因此，品牌口碑越好，也就越能提升消费者对企业及其产品的信赖感和偏好度。这意味着企业必须为自己设定一个高标准，以吸引消费者的信任预期。

2. 提升消费者对安全、隐私与保密的预期

任何人都是风险规避者，消费者也不例外。消费者购买企业的产品首先考虑的是，消费是否安全，质量是否可靠等内容；同时，企业还要保守顾客的隐私和秘密。如果企业不能在这些方面提供有效的保证，那么客户信任是无法形成的。

3. 提供安全保证

提供安全保证，实际上是对消费者权益的一种尊重。企业既可以自己为产品提供安全承诺，也可以积极利用独立的第三方，通过检测、担保等方式，让消费者确信自己的产品是经得起考验的。

4. 鼓励顾客间的口碑传播

由于口碑的影响力巨大，其他顾客的消费体验往往也是影响消费者是否信任企业及其产品的重要方式，因此，企业必须强化客户关系管理，提高顾客满意度，并推进其主动的口碑宣传。

5. 提高与顾客间的相容性

顾客一般乐于与他们所了解、喜欢，以及他们感到有必要联系的企业打交道。所以企业必须了解顾客的喜好特征，特别是要与关键顾客建立好关系，赢得他们的喜爱。

6. 坚持顾客导向

在日益激烈的市场竞争下，顾客的选择越来越多，需求变化也越来越趋于复杂。此时，以顾客为导向换位思考，以顾客为中心来分析问题，帮助顾客解决问题。只有以顾客为中心，才能更好地建立信任感。

如果顾客有过购买经历，那么信任的形成还可能包括以下要素：①订单履行的准确性；②订单履行的合时性；③顾客交互过程的结果；④争端的处理结果；⑤其他沟通方式。

当然，建立客户信任还必须始终如一地坚持企业的行为准则，不要贪图偶尔的便利而改变。坚持一贯原则将会为企业赢得信任的筹码。

关 键 词

本土化；关系；信任

思 考 题

1. 营销本土化的本质是什么?
2. 中国式关系的特点有哪些?
3. 企业应如何在顾客心目中建立信任?

【案例分析讨论】

马狮百货集团（Marks & Spencer）是英国著名的跨国零售集团，以每平方英尺[⊖]销售额计算，伦敦的马狮公司商店每年都比世界上任何零售商赚取更多的利润。马狮百货在世界各地有二百多家连锁店，“圣米高”牌子的货品在三十多个国家出售，出口货品数量在英国零售商中居首位。《今日管理》（Management Today）的总编罗伯特·海伦（Robert Hellen）曾评论说：“从没有企业能像马狮百货那样，令顾客、供应商及竞争对手都心悦诚服。在英国和美国都难找到一种商品的牌子像‘圣米高’那样家喻户晓，备受推崇。”这句话正是对马狮百货全面关系营销取得成功的生动写照。

一、围绕“满足顾客真正需要”建立企业与顾客的稳固关系

有人把关系营销的基本原理简单地理解为“与顾客建立良好的关系，有利的交易自会随之而来”。实际上，为建立关系而建立关系并不是真正意义上的关系营销。关系营销

⊖ 1 平方英尺 =0. 0929030m^2。

倡导建立企业与顾客之间长期的、稳固的相互信任的关系，这种信任关系实际上是企业长期不断地满足顾客需要，实现顾客满意的结果。马狮很早就充分认识到这一点。早在20世纪30年代，马狮的顾客以劳动阶层为主，马狮认为顾客真正需要的并不是“零售服务”，而是他们有能力购买且品质优越的商品，于是马狮把其宗旨定为“为目标顾客提供他们有能力购买的高品质商品”。

准确地把握顾客的真正需要是建立与顾客良好关系的第一步，而能否长期有效满足顾客的需要则是这种关系建立和存在的基础。马狮认为顾客真正需要的是质量高而价格不贵的生活日用品，而当时这样的商品在市场上并不存在。于是，马狮建立起自己的设计队伍，与供应商密切配合，一起设计或重新设计各种产品。为了保证提供给顾客的是高品质的商品，马狮实行依规格采购的方法，即先把要求的标准详细定下来，然后让制造商一一依循制造。由于马狮能够严格坚持这种依规格采购之法，使得其商品具备优良的品质，并能一直保持下去。

马狮要给顾客提供的不仅是高品质的商品，而且是顾客有能力购买的商品，要让顾客因购买了“物有所值”甚至是“物超所值”的商品而感到满意。因而马狮实行的是以顾客能接受的价格来确定生产成本的方法，而不是相反。为此，马狮把大量的资金投入到商品的技术设计和开发中，而不是广告宣传，通过实现某种形式的规模经济来降低生产成本，同时不断推行行政改革，提高行政效率以降低整个企业的经营成本。

此外，马狮还采用“不问因由”的退款政策，只要顾客对货品感到不满意，不管什么原因都可以退换或退款。这样做的目的是要让顾客觉得从马狮购买的商品都是可以信赖的，而且对其物有所值不抱有丝毫的怀疑。

由于马狮把握住了顾客的真正需要，并定下满足顾客需要的严格标准，且又切实实现了这些标准，自然受到顾客青睐，在不知不觉中形成了与顾客的长期信任关系，使企业保持长久的优良业绩。

二、从“同谋共事”出发建立企业与供应商的合作关系

企业，尤其是零售企业，要想有效实现对顾客需求的满足，自然离不开供应商的协调配合。一般来说，零售商与制造商的关系多建立在短期的相互利益上，马狮则以本身的利益、供应商利益及消费者利益为出发点，建立长期紧密合作的关系。马狮把其与供应商的关系视为“同谋共事”的伙伴关系。

马狮非常清楚“顾客到底需要什么”，但马狮也明白，如果供应商不能生产出顾客所需要的质优价廉的产品，便无法满足顾客需要，所以马狮非常重视同供应商的关系。前面提到，马狮为了提供“顾客真正需要”的商品而给供应商制定了严格详细的制造标准，为了有效实现这些标准，马狮也尽可能地为供应商提供帮助。如果马狮从某个供应商处采购的商品比批发商处更便宜，其节约的资金部分，马狮将转让给供应商，作为改善商品品质的投入。这样一来，在商品价格不变的情况下，使得零售商提高产品标准的要求与供应商实际提高产品品质取得了一致，最终使顾客获得了“物超所值”的商品，提高了顾客的满意度和企业的商品对顾客的吸引力。同时，商品品质提高可以促进销售量的增加，使马狮与其供应商共同获益，进一步密切了合作关系。从马狮与其供应商的合作时间上也能

看出，这是一种何等重要和稳定的关系。与马狮最早建立合作关系的供应商时间超过100年，供应马狮商品超过50年的供应商也有60家以上，超过30年的则不少于100家。

三、以“真心关怀”为内容建立企业与员工的良好关系

企业与顾客建立长期信任关系时是作为一个整体出现的，但企业是由若干个员工和管理者组成的，企业内部的关系怎样，直接关系到企业功能的发挥和宗旨的实现。企业内部管理者与员工之间相互信赖和支持的关系是企业作为一个整体与外部顾客建立长期信任关系的基础，离开了前者，后者的建立是不具有可操作性的。

马狮向来把员工作为最重要的资产，也深信这些资产是成功压倒竞争对手的关键因素，因此，马狮把建立与员工的相互信赖关系，激发员工的工作热情和潜力作为管理的重要任务。在人事管理上，马狮不仅为不同阶层的员工提供周详且组织严谨的训练，而且为每个员工提供平等优厚的福利待遇，并且做到真心关怀每一个员工。

马狮的一位高级负责人曾说“我们关心我们的员工，不只是提供福利而已”。这句话概括了马狮为员工提供福利所持信念的精髓：关心员工是目标，福利和其他措施都只是其中的一些手段，最终目的是与员工建立良好的人际关系，而不是以物质打动他们。这种关心通过各级经理、人事经理和高级管理人员真心实意的关怀而得到体现。例如，一位员工的父亲突然在美国去世，第二天公司已代他安排好赴美的机票，并送给他足够的费用；一个未婚的营业员生下了一个孩子，她同时要照顾母亲，为此，她两年未能上班，公司却一直发薪给她。

马狮把这种细致关心员工化成公司的哲学思想，不因管理层的更替而有所变化，由全体管理层人员专心致志地持久奉行。这种对员工真实细致的关心必然会换取员工对工作的关心和热情，从而使得马狮得以实现全面而彻底的品质保证制度，而这也正是马狮与顾客建立长期稳固信任关系的基石。

（资料来源：《销售与市场》1997年第10期）

分析讨论题：

1. 实施关系营销应该专注于哪些主体？
2. 马狮的关系营销给我们带来何种启示？

第三章

市场营销调研的基本理论与方法

【学习目标】

□ 了解信息对企业的重要性

□ 理解营销信息系统及其组成部分

□ 掌握市场营销调研的各步骤

□ 了解原始资料和现成资料的来源以及它们各自收集的方法

【导入案例】

挖掘垃圾的调研

阿根廷动力集团咨询公司在评估了“挖掘垃圾”的调研技术后决定，将其市场监视活动从400家住户扩大到中心城市布宜诺斯艾利斯的1650家住户。该公司的调研结果来自对抛弃的垃圾袋的研究。正如动力集团的研究主任所说：“通过分析被遗弃的容器，我们能够证明这是真正的消费，而并非某人随意说说，或者是在接受调查时某人认为适合的东西。接受这种研究的人不知道我们正在研究他们的垃圾，因此得到的信息是完全客观的。”动力集团咨询公司向客户提供的信息包括品牌份额的上升和下降、主要竞争对手和消费者忠诚度等。公司还提供更深入细致的数据：与消费有关的数据，如哪种食品与特定类型的饮料一起消费；广告的影响方面的数据，如测量垃圾中做过广告的产品数量，一周中每天的产品使用情况。废弃的报纸、杂志等，也能向经销商提供住户能接触什么媒体方面的数据。可口可乐阿根廷公司的发言人说过，我们可以从尼尔森公司获得销售额方面的信息，但这种调查能显示更多有关最终消费的信息。如对一项垃圾数据的分析表明，阿根廷较贫困地区的消费者在周末消耗的高档酒和香槟比较多，而富裕地区的情况正好相反。现在，该公司的客户中有食品和饮料经销商，如可口可乐公司等，并且该公司正在努力吸引保健和美容用品、家具清洁产品和纸张类商品的厂家。

（资料来源：巴里·伯曼等《市场营销教程》）

第一节　营销调研的定义和种类

一、营销调研的定义

菲利普·科特勒将营销调研定义为系统地设计、收集、分析和报告与某个组织面临的特定营销问题有关的各种数据。营销调研通过信息把消费者、顾客与市场决策者连接起来。不管是大公司还是小公司，信息是营销人员和外部环境的一个纽带。通过调研，可以明确处理一些问题所需的信息，并且通过实施调研计划，分析所收集的资料，并提出可能的行动建议，最后把调研结果向有关部门传达。因此，营销调研是作出有效营销决策所需信息的主要来源。在消费者市场，营销调研对生产商尤为重要，因为生产商并不直接面对最终消费者，要使企业的新产品很好地满足潜在消费者的需要，提高产品的销售业绩，增加成功的可能性，市场决策者就必须获得精确、可靠的信息情报。通过调研还可以分析自己及竞争对手产品的销售情况，衡量现有产品的表现，指导促销活动，使营销人员不断调整营销策略，因而营销调研能帮助企业制定有效的市场营销策略。而在组织市场，营销调研则能更好地帮助企业熟悉市场环境，在市场战略方面作出更能把握最新信息的决定。

二、营销调研的种类

根据调研专题的性质和调研目的的不同，营销调研有三种主要的调查方法，分别适用于解决不同种类的问题。

（一）探索性调研

探索性调研通常是最不正式的调研。当调研人员对问题所知较少，或者问题还未被清晰地阐明时，需要额外的、新的、最近期的信息时，进行探索性调研可以获取有关调研问题所需的背景资料，可以帮助澄清或辨认问题，在提出一项主要建议之前，以明确在主题调查中应该重视哪些关键领域。实施探索性调研有许多方法，包括现成资料分析、小组访谈、经验调研等。现成资料分析是搜寻并解释现有的、与调研问题有关的信息，寄希望于现成资料就足够帮助解决问题。小组访谈是把几个人聚集在一起，在主持人的引导下进行无拘束、自由的讨论会，收集与调研问题有关的信息，是一种从有限的访问样本中获得信息的有效方法。经验调研则是从那些对调研问题有关内容有丰富知识的人那儿获取信息。但不管采取哪种方法，探索性调研的目的都是对市场营销问题的本质作初步评估，以便能准确地设计更为详细的调查。

（二）描述性调研

描述性调研的目的在于使市场营销人员更好地了解一个特定因素或问题。描述性调研可以针对相对具体的问题，如某公司想知道其有多少顾客、他们会购买什么品牌的产品及其购买数量、他们能记住哪些广告以及他们对本公司和竞争对手的态度时，可以进行描述性调研。大部分这类调查活动都倾向于采用大规模调查的方法，以使市场营销人员能更好地理解营销问题。

（三）因果性调研

展开这类调研活动的目的是检验一种因果关系，以便于比较准确地预测某种特定行动的可能结果。在因果性调研中，调研人员要考察一个变量是否会导致或决定另一个变量的值，可以用实验法来检测因果关系，但必须保持其他变量不变。如为了证实在广告上投入更多的钱，销售额是否会上升，那么影响销售额的所有其他变量都要保持不变，但这在现实中是很困难的。事实上，市场环境、竞争对手、零售商都发挥着各自的作用，改变着背景条件。在广告上投入更多的钱，销售额是否会上升？描述性调研可以说明广告和销售额两个变量间存在某种联系，但是不能提供足够的证据说明较高的广告投入能否导致较高的销售额，因此描述性调研可以帮助调研人员确定因果性调研的变量。可以做的因果性调研是改变某一个自变量，以观察它对另一个因变量的影响。比如市场营销人员想确认某一降价促销活动是否会带来销售额的提高，在调查过程中，营销人员遇到的一个问题就是所有影响销售量的其他变量都要保持不变。随机抽样可以帮助解决这一问题，即在随机抽取的商店中进行降价促销活动，而其他商店的价格都保持不变，且在这一时期内，正常价格的产品与促销产品都处于完全相同的环境因素影响下，则该产品在两组商店的销售额不同就可能是由这个促销活动引起的。

第二节　市场营销信息系统

营销调研并非决策制定者获得信息的唯一来源，信息也可以由市场营销信息系统的各个组成部分提供。

一、市场营销信息系统的基本概念

市场营销人员不仅应该重视数据和信息的收集，还应重视数据和信息的保存与传播。如果没人知道数据和信息存放在哪里或者需要的人不知道从什么途径获得，那么这些数据和信息无疑是毫无用处的，因此，建立有效的市场营销信息系统是十分必要的。市场营销信息系统是指能够为营销决策及时、准确地收集、整理、分析和评估并分送转达所需信息的人员、设备和程序的总称。市场营销信息系统的作用是满足决策制定者的信息需求，获取其必需的信息，以一定的形式在决策制定者需要信息帮助决策的时候，把信息提供给他们。一个高度复杂的信息系统，如果不能以令人满意的方式，在令人满意的时间，提供满足决策者需要的信息，它就没有存在的价值。

二、市场营销信息系统的构成

市场营销信息系统的组成如图3-1所示。市场营销信息系统旨在了解决策者的信息需求，收集信息并把信息提供给需要制定决策的营销经理。营销经理所需的信息一般来源于企业内部报告、市场营销情报、营销调研和营销分析等系统。

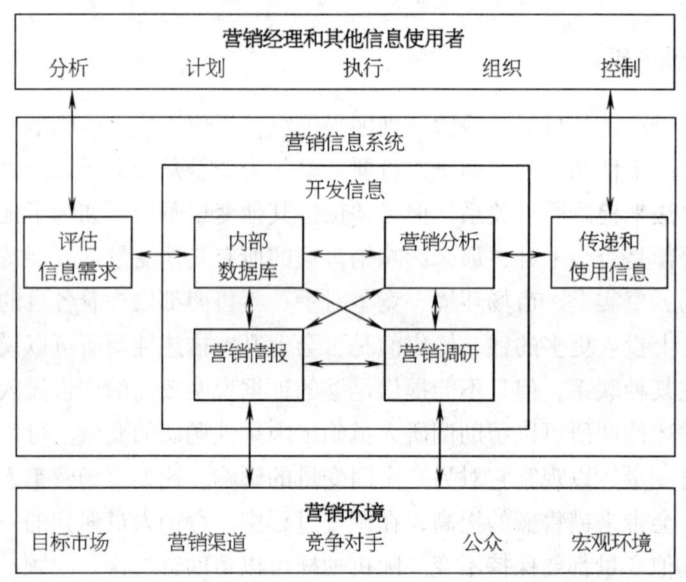

图3-1　市场信息系统的组成

（资料来源：菲利普・科特勒，等．郭国庆等译：市场营销原理[M]．郭国庆，等译．北京：清华大学出版社，2007：93.）

（一）企业内部报告系统

企业内部报告系统收集由内部报表所产生的信息，以内部会计系统为主，辅之以销售报告系统，集中反映产量、销售记录、购买详情等数据资料。在市场营销信息系统未启动之前，内部报告系统产生的任何信息要想有效地帮助决策过程，都需要进行适当的管理加工，并及时传发。

（二）市场营销情报系统

市场营销情报系统的主要职责是对竞争对手和市场营销环境发展的公开可获得的信息进行系统收集和分析。内部报告系统集中于结果，而情报系统则集中于环境中正在发生的情况，并对这些信息进行收集、整理和分析，及时向决策人员提供外部环境变化的日常信息。外部环境信息可使用多种方法，通过多种途径获得，如浏览报纸、杂志和商业出版物，参加各种展销会或商品展示会，观察市场动态，观察竞争对手，也可以从供应商、中间商和顾客那里获得竞争对手及其产品的信息，或者向专门的信息提供机构购买情报等。

（三）营销分析系统

营销分析系统以帮助管理者为目的，其主要职责是使用工具和技术对收集的数据进行评估与分析。计算机在营销分析系统的普遍使用，正在改变着信息情报的使用以及把信息呈现给决策者的方式，也改变着决策者解释信息情报的方式。市场营销情报系统的作用是组织和展现信息情报，而营销分析系统实际上是市场营销人员根据掌握的信息推断出“如果……那么……”之类的结论以帮助决策者作决策。企业一旦收集了大量的信息，就应该把它们存储在大型的数据库中，并采用先进的技术对这些信息进行分析，并就有关问题作出决策。

（四）营销调研系统

营销调研系统的主要职责是系统地收集、记录和分析有关商品、服务、组织、人、地点以及观念营销等具体问题的信息。营销调研系统收集的信息是市场信息系统其他子系统所不收集的。它不同于市场营销调研系统的其他组成部分，它收集特定情况所需的特殊信息，提供了市场营销信息系统的其他组成部分所未提供的信息。它主要是为了解决企业市场营销所面临的某项具体问题而系统地收集有关信息，作出分析和评价，并提出对该问题的研究结果。可以由外部组织实施完成，也可以由企业本身来实施完成。它有开始和结束，是不连续的，所以只有在内部报告系统、市场营销情报系统或营销决策支持系统不能满足合理的信息需求时才推出营销调研项目。

第三节　市场营销调研过程

当一家公司决定开展一项调研项目时，必须系统而条理分明地计划并执行该项目，以便尽可能快速、充分、有效、明确地完成目标。为了保证市场调研的系统性和准确性，调研应依据一定的科学程序进行。市场营销调研的过程分为五个阶段，具体如图 3-2 所示。

图 3-2　市场营销调研的过程

一、调研的说明阶段

市场营销调研的主要目的是通过收集和分析资料，解决企业在市场营销中所存在的问题，针对问题寻求正确可行的改进措施。因此，首先要明确问题和调研目标。

（一）明确问题

明确问题是整个调研过程的第一步，也是最重要的步骤之一，因为它决定着整个调研活动的性质和方向，规定了调查围绕什么展开，并影响着后续步骤的进行以及项目本身的成功与否。问题主要是通过对日常生产营销活动的观察以及对有关资料的分析发现的；另外，还可以从企业内部条件、外部条件和经营目标的动态平衡中去发现问题。企业的营销信息系统可以提供经营情况分析和对客观环境的连续监测所反馈的信息。其中，对经营情况分析的内容主要有以下几个方面：

（1）销售情况分析。企业通过对销售情况进行分类，对目标市场、产品和顾客等进行分析，并与历史情况进行比较，从而发现问题。

（2）商品分销分析。很多问题可以从对商品的分销情况的分析来发现。如某些商品，顾客不能随时买到，就可以对这些商品的分销数量和竞争对手进行比较，通过对批发商和零售商的进货情况的分析来发现问题。

（3）销售业绩分析。通过对销售额、销售费用、利润等的分析以及对销售人员考核和发展新客户的情况等发现问题，因为产品销售的成败很大程度上取决于销售人员的努力程度。

（4）市场份额分析。通过分析本企业产品在同类产品中所占的销售比重，对本企业产品在市场上所占的地位及变化趋势作出判断，从而发现问题。

当然，不论是企业自己组织调研还是委托企业外部的市场调研公司进行调研，都需要明确问题是什么，以及如何把问题转变成调研目标。在这一过程中，如果发现其他需关注的问题，则也应包括在该项目中。如根本问题是“我们的产品销售出现下降”，这可能与销售人员的情绪不高有关，可能与广告支出减少有关，也可能是人们对该产品的态度发生了变化，还应明确与竞争对手的产品相比，消费者是如何评价该产品的。问题一旦明确，就要进行更精确的目标定位。

（二）明确调研目标

在确定调研目标时，应使调研目标严格具体化，以确保调研项目按正确路线展开。一个企业可能面临着许多需要进行决策的问题，有些问题很复杂，需要有系统的决策方法，有些则只要作正式的调研就可以决定。所以，明确的调研目标可以决定方向，也可以使调研人在调研时有一个轮廓，能恰当地区别所收集的数据，并为解释数据提供方便。

所以，在问题确定后，市场调研人员还应对当时企业所处的环境和发展趋势进行分析，其内容包括以下几方面：

（1）全行业生产经营情况。全行业生产经营情况包括同类产品的产量、原材料的供应情况、燃料的供应情况、生产发展趋势及市场价格波动情况等。

（2）产品情况。产品是企业进行市场营销活动的物质基础。产品情况分析包括产品的生产能力、产品的设计、产品的命名、产品的商标设计、产品的包装、产品所处的生命周期、产品的市场占有率等。

（3）分销情况。分销情况包括分销渠道现状、中间商的情况、分销渠道策略的实施是否适应消费者需要等。

（4）促销活动。促销活动包括推销人员的安排和使用情况、推销人员的销售业绩、各种促销措施对消费者的影响以及对产品销售量的影响等。

（5）价格情况。价格情况包括本企业产品的成本、价格与竞争对手的对比情况，目标市场对本企业产品价格水平的反应、各种可能的价格政策对产品销量的影响等。

在了解了背景环境后，为了保证市场调研结果的正确性和实用性，就要确定具体的调研目标，让调研项目朝着既定的方向开展，并尽可能在既定的时间和成本内完成。要在这一阶段获得成功，开展调研的组织成员应做到充分沟通和交流信息，充分了解有关问题。在此，探索性调研就非常有帮助。因为它可以将发现的问题的范围缩小，删除一些不合适的目标，进而确定真正的目标。

二、调研计划的制定阶段

在调研的说明阶段结束后，就应进行调研计划的制定。制定调研计划包括确定调研项目、确定所需资料、选择调查方式、估算调研费用、制定调研进度表等内容。

（一）确定调研项目

为了顺利开展市场调研工作，首先应确定有关的调研项目。市场调研项目应围绕调研目标进行设置。与调研目标有关的因素有很多，但一般应从人、财、物以及时间方面来考虑，不可能把所有因素都作为调研目标。所以，应对所有项目的重要程度进行比较选择重要的项目作为调研目标。此外，在不影响调研结果的前提下，还应综合考虑费用的多少、统计能力的强弱等因素。

（二）确定所需资料

首先，要确定调研需要哪些特定的数据，如何获得这些数据，哪些可以从现成资料中获得，哪些应从实地调研中取得，以及如何分析这些数据。其次，要确定调查方法，包括确定调查地点、调查对象、被调查者数目、抽样方法等。再次，还应根据具体调研项目选择具体调查范围。最后，调查对象的总体定义应明确，要以客观、全面反映消费者的意见为前提。

（三）选择调查方式

常用的调查方式主要有以下三种：询问法、观察法和实验法。

（1）询问法。询问法是以面谈或问卷的方式向被调查者提出询问，以获得所需资料的方法。询问法是一种双向沟通。

（2）观察法。观察法是调研人员直接观察具体的事项作为收集资料的方法，是一种单向的方法。

（3）实验法。实验法是一种最具有科学性的方法。

上述方法将在后文中作详细介绍，在此不作赘述。

（四）估算调研费用

营销调研的目的是为决策提供依据，以保证决策的正确性，提高企业的经营效果。然而，实施任何一项调研项目都是需要费用的，而企业用于市场调研的费用支出则是有限的。调研目标不同，调研项目不同，所需费用也不同，而调研规模、方式对费用更是有着直接的影响。如何使用有限的费用获得满意的结果，是调研部门应认真对待的问题。这就需要调研人员在制定调研计划时必须仔细地估算用于市场调研的各项费用。

（五）制定调研进度表

做好一个调研必须有充分的经费和时间，但一般的市场调研大多没有充分的时间和经费，因此，应尽早完成调研，以减少其费用；反之，如果一再拖延调研时间，不但费用会增加，而且调研结果也可能错误百出。因此，必须制定正确的进度表。合理的调研进度是整个调研工作能否按期完成的有力保证。调研进度的安排应服从于调研项目，应将每个调研项目所要完成的工作内容，所需的人力、费用、时间限定等具体化、明确化。

如果准备开展一项大型调研项目，最好委托一家调查公司来开展这项业务，因为每家调查公司都会提出各种不同的调查计划，然后按照公司常用的调查标准对各调查公司的计划来进行评价，从中作出委托决定。这样，选中的这家调查公司是最能满足公司需要的。因为从它提交的调查计划来看，是最能满足客户信息需求的。

三、调研的实施阶段

该阶段是市场调研的实质性工作阶段，主要是数据的收集，也就是收集现成资料和原始资料。

（一）现成资料的收集

现成资料也称第二手资料，是经过他人之手收集、记录和整理所积累起来的各种数据与文字资料。现成资料包括企业内部资料和外部资料。它们是已经存在并且是企业所获得的数据和情报信息。利用现成资料成本比较低，并且资料收集的速度较快，因而在市场调研中应首先利用现成资料。但必须注意，现成资料必须是最新的，与企业的问题是相关的且是适用的。如果可以获得现成资料并且能解决问题，那么它是一种收集速度快而且较经济的一种方法。但是，在很多情况下，现成资料不能直接使用，或者不能解决全部问题。因此，既要收集现成资料，也要收集原始资料。

（二）原始资料的收集

原始资料也称为第一手资料，是调研人员从实地调研中得到的资料。原始资料要经过筛选、分类和整理之后才能使用，所花的时间长，费用也大。所以，一般是在收集了现成资料后，再去收集原始资料。

调研人员一旦确定所需的信息后，就必须确定从哪个渠道可以最有效地获取该信息。

首先应充分挖掘现成资料，因为和原始资料相比，现成资料的收集所花的费用少、速度快。但现成资料有时不能直接使用，需要再分析，转换成为某一特定项目所需的形式；有时即使现成资料可以找到，也可以转换，但仍可能无法满足调研人员所有的需要。因而仍要收集原始资料，以满足调研人员的需要。

四、资料的整理和分析阶段

调研数据的质量是至关重要的。因为能为企业提供最大价值的还是对数据的分析，也就是要把数据资料转化为有用的信息，所以在市场资料收集完毕后，下一步的工作就是对数据资料进行整理。由于收集的数据资料比较分散、零星，有些可能相互矛盾，为了使资料准确可靠，必须核对校正，删除一些错误资料，筛选掉一些对营销决策不重要的信息，然后根据调研的需要将资料分类。另外，为了编译归档、查找、统计分析的需要，还必须为经过编辑整理的资料进行编码。在调研资料经过加工处理后，就可以对其进行分析。不同复杂程度的软件的使用，使大量数据处理工作变得更加轻松，也提高了分析本身的速度和精度，并且依靠调研者的专业技能，能够辨认出调研结果中隐含的趋势、关系和其他线索，把数据变成有用的信息，为决策者提供依据。

五、编写调研报告以及追踪调研阶段

（一）编写调研报告

调研人员提供的信息，在某种意义上来说必须对决策者有用。调研报告实际上是信息的一种组合，它把调研结果、重要的建议、结论和其他重要信息传递给客户，使客户可以以报告内容为基础制定决策。因此，这一阶段与调研过程的其他阶段同样重要，调研报告是营销调研过程中的重要一环，许多决策者并不参与调研过程，但他们利用调研报告制定业务决策。调研报告如果用十分专业的语言写成，对外行人士来说就很不实用，想通过调研报告作出决策的营销者，希望报告写得明白易懂，因此，调研报告应简明扼要，文字应简练，观点应明确，避免占用决策人员太多的时间。调研报告各方面都应做好，除语言要运用恰当外，图表也成为撰写和解释调研报告的重要因素。现在，各种各样的软件可以提供饼形图、柱状图、曲线图等图解，这些都能帮助决策者理解调研结果中的关键之处。因此，调研报告的正式提交，无论是书面的还是口头的，都要审慎考虑。口头演示在交流理解中可以起到重要作用，但能够明显影响决策者想法的还是报告本身。适当的数据支持不仅可以使报告的演示细致而周密，还可以把与主要发现结果相关的细节展示给客户，增加他们的信心，使他们确信这项调研是严格按照计划实施的。至于报告的格式，则主要取决于调研本身的性质。

（二）追踪调研

调研报告的提交意味着调研工作基本告一段落。但为了了解调研建议是否被采纳以及建议被采纳的程度和产生的实际效果，还应该进行追踪调研。追踪调研的主要内容主要有以下几点：

（1）市场调研报告中的数据是否真实。如果发现有不真实的数据，应及时加以修正，并考虑对决策是否有影响；如果有影响，应及时采取补救措施。

（2）市场调研报告中所提意见是否切合实际。如果调研报告中所提的方案并不能解决实际问题，就要重新花大力气去解决存在的问题。

（3）市场调研报告中所提建议是否被采纳，是全部采纳还是部分采纳。如果在追踪调研中发现决策者没有采纳报告中的建议，就要检查一下报告中的建议是否表达清楚，是否符合决策者的需要，以便有针对性地向决策者提出补充说明。

第四节　现成资料和原始资料的调查

市场调研的资料来源可以分为两大类：原始资料和现成资料。现成资料是他人为其他目的已经加工整理好的信息资料。现成资料获取的成本低，时间短，但适用性较差；原始资料的针对性强，但需投入人力、物力、财力，成本较高。市场调研一般先利用现成资料确定调研的基本方向，然后再收集原始资料进行分析研究。将两种不同来源的信息结合使用能达到更好的效果。

一、现成资料的调查

现成资料主要有两个来源：内部来源和外部来源。企业可以从内部获得现成资料，也可以从外部获得现成资料。

（一）企业内部资料

内部数据资料是市场营销情报系统的一部分。在花时间和金钱去收集企业的外部现成资料和原始资料之前，应先从内部已有的记录中发现有价值的信息。从企业内部可获得销售记录、财务报表、成本分析，以及以往的书面研究报告等。营销者通过分析销售记录可以获得有关公司效率的整体看法，并且找出潜在问题的线索；通过检查每个部门、产品线、商品、地理区域、销售人员、一天中的不同时段、一周的每一天等的销售情况，并将这些数据和以往同期进行比较，可以测量绩效如何；还可以根据顾客的账单，获得关于信用卡交易、各地区的销售额、销售旺季的销量及按顾客分类的销售额等方面的信息。销售分析是公司可以得到的花费少但却重要的营销信息来源之一。企业的财务报表是用非描述性的账户来报告企业的信息，它的主要功能是帮助分析者提出具体的问题。采用比率分析法，调研者可以根据行业标准来比较当前的和前几年的业绩，分析可能出现的问题。以往的研究报告包含着过去市场营销研究工作的成果，它们通常会被储存和保留起来，以备将来之用。

（二）企业外部资料

当调研的事情或问题不能通过企业内部的现成资料解决时，就要运用企业外部的现成资料了。外部现成资料的来源有政府来源和非政府来源。

政府来源包括政府机关、金融机构、统计机构公布的政策、法令、统计资料、人口普查资料等。采用政府资料时，特别是人口普查统计数据时，必须要注明调查的日期。因为政府公开的数据可能会有一段时间上的滞后。

非政府来源主要包括以下几个方面：

（1）国内外公开出版的出版物、书籍、报刊杂志所提供的信息。

（2）市场调研机构、咨询机构、广告公司，以有偿方式向许多客户提供的调研结果等资料。

（3）互联网上公布的信息。互联网上的搜索工具能够帮助调研者找到提供大量信息的具体网址。互联网每天都有数以亿计的信息在流动，它是一个巨大的信息库，包含有大量的现成资料。利用网络收集信息是市场调研未来发展的一个重要方向。

现成资料如果是利用已被收集公布的外部资料或企业内部资料的话，就可以为调研者节约大量的时间，而且成本较低，提供的信息也更加详细。但它也有缺点，如现成资料可能过时，而且现成资料是为其他调研项目而收集的，其存在方式可能不适合或不适用。但不管怎样，现成资料在调查过程中有很多作用，它可以提供一些关于行业与市场趋势等方面的背景信息；有些信息本身可以帮助管理者进行决策；更多情况下，现成资料为进一步开展原始资料的调查提供了切入点。如它提供的信息中指出了主要的竞争对手以及消费者群体，这对原始资料调查中的样本选择有很大帮助。

二、原始资料的调查

原始资料是指为解决目前特定的事情和问题而收集的信息。当现成资料的分析不足以恰当地进行市场营销决策时，就需要收集原始数据。而企业一旦决定要进行原始资料的调查，就必须要明确由谁去收集数据、收集什么信息、应该调查谁或什么、应该采用什么方法去收集。

一家企业可以决定由本企业内部的调研部门去收集数据，也可以委托企业外部的调研公司去实施。用企业内部人员去收集资料的好处在于，他们对企业及企业的产品很了解，并且具有高度的责任感，会连续地收集并储存数据资料。如果委托外部的调研公司，要让调研人员熟悉企业及企业的产品，这点是非常重要的。

应该怎样去收集第一手资料呢？原始资料的调查方法有许多，其中最主要的有询问法、观察法和实验法。

（一）询问法

询问法是将所要调查的事项以当面或电话、书面的方式向被调查者提出询问，以获得所需资料的方法。询问法是市场调研中最常用、最基本的调查方法。询问可以直接从个人处收集数据。收集数据可以是直接的、面对面的访问，也可以通过电话、邮寄问卷和留置问卷、在线调查的方法。

1. 面谈调查

面谈是调查者与被调查者（可以是个体，也可以是群体）之间面对面的会见。调查的地点可以在家中，也可以在办公室、街道上、商场内。面谈调查常用的方式有个人访问和开小组座谈会。

（1）个人访问。这是面对面、很灵活的一种方式，也是获得消费者详细信息的最好的方法。因为通过个人访问，调查者和被调查者之间可以建立起比较和睦的关系，并可以对一些容易混淆的或模糊不清的问题进行有效的沟通。个人访问虽然成本高且速度慢，但是比较灵活，并且能得到详细的信息。营销调查公司可以在购物中心租来的地方进行访问，这些场所有时有适合进行个人访问的空间、录像设备等，能够接近他们所研究产品的潜在顾客。

（2）小组座谈。调查者也可以通过小组座谈这种方式来获得调研信息。小组座谈是指由一名组织者邀请一组具有代表性的消费者或客户自然地、无约束地讨论某些问题。小组座谈的目的在于发现和归纳一些在常规的提问调研中所不能获得的意见和感受。在进行小组座谈前要做好一些前期准备工作，如决定参加的人数，选择什么样的人，用什么方法选择样本，在哪里进行讨论等。

一般而言，参加小组座谈的人数一般为 8 ~ 12 人比较合适，参加的人数过少，往往达不到小组座谈的效果，参加的人数过多则显得规模过大，也比较容易混乱，不易把精力集中在所要讨论的问题上。

小组座谈的参与者的选择是由该次讨论的目的所决定的，参与者最好有一些相似的特征或经验。如讨论的目的是为了听取大家对某一产品包装改进的意见，那么选择的参与者一定要使用过该产品。

要选择优秀的会议主持人。一个好的主持人必须要有良好的观察能力、内在素质及交流技巧。主持人通常要解释会议的目的，并建议一个开放性的议题，然后促进参与者之间的互动，鼓励他们围绕着讨论主题进行讨论。

小组讨论的时间通常以持续 1.5 ~ 3h 为宜。由于小组访谈所获得的信息较多且分散，单靠主持人记录会延缓讨论的进度，因此，调查者通常用摄像机、录音机等工具记录讨论的内容。总体而言，小组访谈有如下优势：

（1）费用相对较少，而且能够很快地洞察到消费者的动机和态度。因可以同时访问几个被调查者，还可以节约时间和人力。

（2）可获得真实的、有创造性的观点。由于调查者与被调查者不是像个人访问一样面对面地提问和回答，气氛比较轻松，会比较自然地说出自己的真实想法和观点。

（3）结构灵活多样，在加强讨论的深度方面比较灵活。

（4）可进行科学的监测。小组座谈允许对资料的收集进行监测，允许客户参与该讨论会的设计及进行过程，并将其录制下来，供分析时用。

然而，小组访谈确实也有它的不足之处，具体表现如下：

（1）容易造成判断错误。即使只获得很少的信息，小组座谈会使人们误认为掌握了全部。

（2）主持人的个人风格导致偏误。主持人是整个互动过程的一部分，主持人不应将自己的任何偏见带进座谈会。

（3）受时间的限制，有时很难进行深入细致的交流。

2. 电话调查

采用面谈调查的方式通常是基于某种需要，如需要让被调查者亲自看到产品、广告说明等，或调查人员有必要看到被调查者完成答题，以确保正确性。如果这些面对面的接触不必要时，则可以选择电话调查。电话调查是由调查人员根据抽样设计的要求，打电话向调查对象询问以获取资料的一种方法。电话调查的优点是收集资料的速度快，一些急需要掌握的资料，如收看电视节目的情况，广告的效果等，用电话访问速度快且成本比个人访问低，还可按拟定的统一问卷提问，便于资料的统一处理。同时，电话调查也有不少缺点，如调查对象仅限于有电话的用户，忽略了没有电话或没有登记电话号码的用户，调查总体不够完整，使调查结果有一定的偏颇；不能询问较为复杂的问题，只有简单的、可以表达清楚的提问才能得到适当的回答；时间不能太长，不宜作深入的交谈，不容易取得被调查者的信任。

在电话调查中，由于没有任何视觉辅助提示或刺激能吸引对方的注意力，可能最多不超过10分钟，因此，问卷的设计就要极为仔细，以确保所要求的信息可以得到答案。电话调查的使用范围很广，对评估市场规模、趋势、竞争各方的份额、广告和促销活动的影响、顾客的满意度等方面尤其有用。

3. 邮寄调查

邮寄调查是指调查人员将预先设计好的调查问卷和表格邮寄给被调查者，请他们填好后寄回的一种调查方式。调查问卷可以在某一销售点散发，或者附加在产品包装中，请购买者填好后寄回。这种方式的优点是调查的区域广，调查对象比较广泛；调查成本低，不需要进行调查员的招聘、培训以及支付报酬等，只要付少量的邮寄费和印刷费即可。但它的不足之处在于回收率较低，调查人员无法控制是谁、什么时候提供答案；被调查者可能误解问卷中某些问题的含义而填写不正确；等待时间长，调查者很难控制回答的过程。

为了尽可能地减少这些局限性，调查人员应仔细设计并预先测试有效的问卷，尽可能地采用简短的问卷，每封信件中要有回邮的信封和邮票，并给那些填好和寄回调查问卷的人提供奖励，以提高问卷的回收率。

4. 留置问卷调查

留置问卷调查是指调查人员将设计好的问卷当面交给被调查者，等填好后，再由调查人员定期收回的一种方式。这种方式的优点主要有：由于是当面送交问卷并说明填写方法，且让被调查者有充分的时间考虑问卷上的问题，可以减少误差；而且可以控制回收时间，提高回收率。但它的缺点在于：调查区域不能太广；费用较高。

留置问卷调查的方式有许多种，可以将问卷送到被调查者的工作地点，要求他们在家完成，然后返回问卷。一些宾馆可以将调查问卷置于客人的房间，并请他们填好后交到结账柜台。一些商店有时会对消费者的购物意向或其他信息作调查，顾客可以在家里完成后，在下一次购物时带来。

5. 在线调查

在线调查是指由市场调查人员将需要调查的问题制作成问卷，然后通过电子邮件传给被调查者，由被调查者填好后发回的一种调查方式。在线调查是一种随着网络的普及而兴起的一种调查方式。在线调查的优点在于：范围广泛，无地区限制；成本低；速度快；传统的调查必须根据被调查者的时间来安排工作，而在线被调查者可以根据他们自己的时间随时参加；可以获得被调查对象的更详细的资料；在线回答新颖、轻松，回复率高等。但是，在线调查也有一些缺点，主要表现在：所获得的信息难以判断真实性；样本对象的局限性，调查对象仅局限于网民，可能带来调查的误差等。

（二）观察法

观察法是调查人员凭借自己的观察能力而不是与被调查者的直接交流获取信息的一种方式。成功地使用观察法，并使其成为市场调研中的数据收集工具，必须具备以下几个条件：首先，所要观察的事件发生的时间应相对较短。例如，在超市里购物，在商场里购买衣服时观察。其次，被观察的行为应发生在公共场所。所需的信息是能观察到的，或者可以从能观察到的行为中推断出来。最后，所要观察的行为应是重复的、频繁的，记忆容易发生错误的。例如，春节前，人们在排队购买火车票时，无法记清他们到底看过几次手表。在记忆容易发生错误时，可借助观察法。

1. 观察法的具体形式

观察法的具体形式有以下几种：

（1）直接观察和间接观察。直接观察是指观察那些正在发生的行为。市场调研中大部分的观察是直接观察。例如，了解购买者在购买食品时作了多少次比较后才决定购买，就是通过观察人们在实际购买时的行为获取相关信息。如果要观察一些隐藏的行为、过去的行为，就只能用间接观察法。使用这一方法时，调查人员应更注意某一行为造成的影响和结果，而不是行为本身。如仓库中存货的变化反映的是市场的销售情况；而要研究各种品牌饮料的销售情况，观察者不是观察各种饮料被消费者购买的情况，而是观察废品回收站、居民小区、饭店、歌舞厅等地扔掉的垃圾内各品牌饮料罐的情况，然后据此判断各品牌饮料在消费者心目中的偏好位置。

（2）掩饰观察和公开观察。掩饰观察是在不为被观察的人、物或事件所知的情况下监测其行为的过程。在掩饰观察中，消费者没有意识到自己正被人观察。掩饰观察的最普遍形式是在单向镜后观察人们的行为。例如，一名产品经理可以在小组访谈中躲在单向镜后观察人们对不同包装设计的反应；也可以装扮成“神秘顾客”，观察销售人员对顾客的服务情况以及服务态度是否和善。而在公开观察中，人们的行为可能有所不同。因为一旦被观察者清楚自己在被人观察，就有可能改变自己的行为，从而导致观察结果的不准确。

（3）人员观察与机器观察。在人员观察中，观察者是调查人员本人或其雇用的人员；机器观察则是用机器取代人员进行观察。在某些情况下，机器观察比人员观察能更容易、更精确地完成工作，如用交通流量统计装置统计车流量，不但更加精确，而且节约成本；用摄像机摄下商店里顾客的行为或者对销售展览的反应，可以更加如实地反映相关情况。

(4) 有结构观察与无结构观察。在有结构观察中，调查人员事先要确定将要观察和记录的范围，设计一份规范的观察表，观察员将注意力集中在所指定的那些特别的内容上，为每一位被观察者填写一份表格。有结构观察的特点是观察过程的标准化程度高，所得到的资料便于整理。无结构观察则对观察员的观察范围、内容等预先不限定，所有的行为都在被观察之列。观察员只是结合实际情况对被观察者的行为作一下记录。无结构观察的特点是观察的灵活性大，可以充分发挥主观能动性，抓住自己认为重要的现象集中观察，可能取得较为深入的资料。无结构观察的缺点在于所得资料不系统，不便于整理和分析。

2. 观察法的优缺点

观察法的优点主要表现在以下两个方面：

(1) 由于被观察对象并不知道自己被观察，因而通常表现得十分真实，因此可以了解到真实可靠的资料。

(2) 偏差程度最低。使用观察法不必对人们进行询问，也不需要他们的合作，可以避免许多由于访问员及询问法中的问题结构所产生的误差。

观察法的缺点主要表现在以下三个方面：

(1) 调查人员无法了解被观察者的动机、态度、想法和情感。因为通常只有行为和自然的物理特征才能被观察到，调查人员无法了解所观察到的行为背后的原因。

(2) 只有公开的行为才能被观察到，一些私下的行为超出了调查人员的观察范围。

(3) 观察到的对象只是一小部分，因此，观察对象是否具有代表性值得考虑。

(三) 实验法

在询问和观察的情况下，调查人员是一个被动的数据收集者，调查人员只能询问人们一些问题或观察他们在干什么；而在实验条件下，调查人员则成了调研过程中积极的参与者。实验法是指市场调查人员有目的、有意识地改变从影响调查对象的若干因素中选出的一个或几个因素，以观察这些因素的变化对调查对象影响的一种方法。

市场调研中的实验性调查，根据实际情况可以设计为实验室实验和实地实验两种。实验室实验是按照一个理想的状态模拟一个营销实验室，利用模拟实验室来调查研究有关的因果关系及其变化情况。一项实验的一个重要方面就是让大多数独立变量维持不变，同时控制一种独立变量，监测它对相关变量的影响。由于环境是人为设计的，因此可能较容易地取得较高水平的内在有效性。调查人员可以掌握并控制互相独立的变量，如价格、促销活动、商品在货架上的位置等，并监视对相关变量（销售量）产生的影响，以此判断相关变量中是否出现了变化。实地实验则是在现实的营销环境中根据调研目的确定实验范围，在尽可能地控制其他变量的同时操纵自变量的变化，以观察和测量自变量对因变量的影响情况。例如，某公司要对某产品是否需要改变包装进行实验。厂商可以在实验室中进行，如建立一家模拟超市，邀请消费者进来，然后观察他们是否被新包装吸引，是否将这种产品拿起来，如果拿起来他们会看多久，他们最终是否会选择它，而不是其他的品牌。但因为环境是人工的，没有办法和真实生活中的一样，因此厂商可以作一个实地实验，在真实的商店中试用新包装。可以在一家商店中进行，前一个月销售旧包装的商品，后一个月销售新包装的商品，然后进行销售量的比较来决定是否改变产品的包装；也可以选条件相似的两组商店，实验期为一个月，其中一组商店销售旧包装的产品，另一组销售新包装的产品，然后比较两种包装产品的销售量，以此决定是否改变产品的包装。

实验法比较科学，可以有控制地分析观察实验对象和其他经济变量之间的关系，所取得的情况和数据比较客观可靠，可作为预测与决策的依据。但在市场调查中运用实验法有一定的局限性，市场经济变量的变化受许多因素的影响，会影响实验效果的评价，调查成本较高，所需时间长，也包含着风险。和其他方法比较，用这种方法调查比较困难。

三、市场调查的技术

（一）抽样调查技术

抽样调查是指一种从调查单位总体中抽取一部分单位作为样本进行调查，以样本所得结果来推断总体的一种调查方法。在大众消费市场，由于成本和时间的限制，无论采用哪一种方法收集资料，要想调查每一个对象，往往是不太可行的，也没必要。因此，要适当地确定调查对象，所选择的样本要具有代表性，否则，调查结果可能不能精确地代表相关人群，由此作出的决定也可能是错误的。因此，调查对象的代表性会直接影响调查资料的准确性。抽样方法大体上分为两大类：①随机抽样，是指按照随机原则从总体中抽取样本的抽样方法；②非随机抽样，是指不是按照随机原则，而是调查人员根据自己的主观选择抽取样本的方法。

1. 随机抽样

随机抽样常用的抽样方法主要有以下几种：

（1）简单随机抽样。简单随机抽样是指对调查总体不做任何分组、排序等先行工作，完全按随机原则抽取样本的抽样方法。按随机原则，总体中的每一个单位在抽选时有相同的被抽中的机会，具体做法有随机数表法和抽签法。在简单随机抽样条件下，抽样概率公式为：

$$\text{抽样概率} = \frac{\text{样本单位数}}{\text{总体单位数}}$$

例如，如果总体单位数为10000，样本单位数为300，那么抽样概率为3%，具体的步骤如下：①将总体的每个单位进行编号，可编号为1～10000；②确定样本单位数，为300；③用随机数表法或抽签法抽取样本。用随机数表法，可从表中任意的一个编号数开始，向上数或向下数或跳跃数选编号，在1和10000之间选出300个样本单位数。这种方法的优点在于简单易行，可以保证总体的每一个单位在抽选时有相同的被抽中的机会。但是，简单随机抽样要有一个完整的总体表，在现实中编制这样一个完整的表是极其困难的。

（2）系统抽样。系统抽样又称为等距抽样，是指将调查总体单位按照一定的标准有序排列，编上序号，根据抽样距离从总体单位中抽取样本的抽样方法。样本距离可以通过下列公式确定：

$$样本距离 = \frac{总体单位数}{样本单位数}$$

如总体有10000个单位，要抽出200个进行调查，则样本间距为10000/200=50。系统抽样的第一个起点可以采用简单随机抽样的方式抽取，在1~50号之内抽选，假定随机抽到的序号是7号，以序号7为起点，依照样本距离50，确定样本单位的编号为7、57、107、157……，直到抽满200家为止；也可以采用计算中心单位的方式，在1~50之间计算中心单位为26号，以26号为起点，依照样本距离50，确定样本单位的编号为26、76、126、176……，直到抽满200个单位为止。系统抽样的优势在于它的经济性。系统抽样比简单随机抽样具有代表性，而且简单易行，又具有统计推测的功能，因此在抽样调查中使用比较广泛。

（3）分层抽样。分层抽样也称为分类抽样，就是将总体单位根据调查目的按其特性分层，然后按比例在每一层中随机抽取部分个体为样本的抽样方法。例如，在进行农村经济调查时，先将农村中的乡镇按山区、丘陵、平原、沿海等自然条件划分为若干层，然后在每层中随机抽取若干农户进行调查。

采用分层抽样的方法可以把差异程度大的各单位划分为若干层，并按性质进行归类，使层内差异小于层间差异，然后在不同层次中分别抽样，使样本单位分布更接近于总体的分布，从而能提高代表性，减少抽样误差。分层抽样具体的做法有两种，一是等比例分层抽样，二是不等比例分层抽样。等比例分层抽样是根据各层次的单位数占总体单位的比例确定各层次样本容量，并按随机原则抽取样本的方法。例如，某县共有20万农户，其中纯务农户为10万户，兼业户为8万户，纯务工户为2万户，使用等比例分层抽样法抽取2000户进行家庭购买力调查。设总体单位数为N，各层单位数为$N(i)$，各层单位数占总体单位数的比例为$R(i)$，按等比例分层抽样方式分配样本单位，则：

$$R（纯务农户）=\frac{100000}{200000}=50\%$$

$$R（兼业户）=\frac{80000}{200000}=40\%$$

$$R（纯务工户）=\frac{20000}{200000}=10\%$$

各层的样本单位数为：

$$N（纯务农户）=2000户\times 50\%=1000户$$

$$N（兼业户）=2000户\times 40\%=800户$$

$$N（纯务工户）=2000户\times 10\%=200户$$

即在纯务农户中应抽1000户，在兼业户中应抽800户，在纯务工户中应抽200户。

不等比例分层抽样不是按照各层中单位数占总体单位数的比例分配样本单位，而是根据其他因素调整各层的样本单位数。因各层大小与其占总体的相应比例无关，因此要使用加权公式。不等比例分层抽样能产生最有效的样本，并为总体提供最精确的和最可靠的估计。

(4) 分群抽样。分群抽样又称为整群抽样，是指将总体各单位按一定标准分成若干个群体，然后按照随机原则从这些群体中抽选部分群体作为样本，对样本群体中的每个单位逐个进行调查的抽样方法。分群抽样适用于总体异质性高，不易确定分层标准，只能依靠地域或外观来划分的总体。分群抽样最典型的方式是地理区域抽样。例如，要从某街道中抽取1000户样本进行调查，这个街道有200个里弄，每个里弄有50户居民，那么就可以在200个里弄中随机抽出20个里弄，把这些里弄的全部户数作为样本进行调查。再如，要在某个城市选取一个由200个家庭组成的样本来进行家访，可以抽取城市中20个住宅区并从每个住宅区中抽取10户人家进行采访。如果这200个家庭是通过简单随机抽样抽取的，它们会散布在整个城市中，很显然，分群抽样可以大幅度降低费用，采访者不需要花大量时间穿梭于各个被调查者之间。但是分群抽样的缺点在于样本分布不均匀，代表性较差。

2. 非随机抽样

非随机抽样常用的抽样方法主要有以下几种：

(1) 便利抽样。便利抽样又称为任意抽样。这种方法选取的样本完全是根据采访者的方便与否来决定的。例如，在街道上随意选取样本访问或在商店的营业现场随意选定一群顾客，向他们了解对商品需求和对商店服务质量的意见。这种调查方式简单易行，可以及时获取必要的信息资料。一般在探索性调研，缺乏经验而又急需真实数据的近似值时，这种方法很实用。

(2) 判断抽样。判断抽样又称为立意抽样，是根据专家的判断或调查人员的主观判断来确定样本的抽样方法。采用这种方法，调查人员必须对总体的有关特征具有相当的了解。例如，要把公司的业务员分三个等级来调查，就由公司经理根据平时的观察主观地进行分级。

判断抽样法是调查人员根据调查需要主观判断选定样本，因此能适合特定的需要，回收率也较高，但容易出现主观判断偏误。一般来说，此方法适用于总体的构成单位极不相同而样本数很小的情况。

(3) 配额抽样。配额抽样是指按照一定的标准和比例分配样本额度，然后由调查员在分配的额度内任意抽取样本的一种抽样方法。这种方法简单又省钱，而且抽出的样本不像任意抽样法那样偏重于某一个地区或某一阶层，只要抽样设计完善，调查人员的素质好，调查结果的可信度和效度就较高。但是，这种方法也有缺点，如只重视量的分配，而对选出的样本没有考虑是否符合条件；有时由于总体的情况不易获得，也难以分配额度。

(4) 滚雪球抽样。滚雪球抽样又称为推荐抽样，是指通过使用初始被调查者的推荐来挑选另外的被调查者的抽样方法。调查者在采访了被调查者后，要求被调查者提供其他可能的被调查者的名单，样本像滚雪球那样越滚越大。此种方法的优点是调查费用大大减少，但因为那些样本来源于最初调查过的人，整个样本很可能有偏差。

(二) 调查问卷设计技术

调查问卷是收集和记录采访信息的一种常用调查工具。一张调查问卷必须具有以下功能：首先，它必须完成所有的调研目标，以满足决策者的信息需要；其次，它必须用可以理解的语言与受访者沟通；再次，它必须便于管理，方便记录受访者的答案；最后，便于编辑、编码和数据的输入。问卷可以用于面对面的调查、电话调查、邮寄调查和在线调查。如果调查问卷设计失败，就无法收集到原本希望获得的数据，那么计划得再好的调查也会失败。为了减少失败，在设计调查问卷时需考虑以下几个问题：

1. 问卷设计的主要过程

问卷是为了解决某调查目标而设计的，因此它包括以下一系列逻辑步骤：

（1）确定调研目的。问卷设计的目的与调研目的相一致，以确定所要收集的正确信息。

（2）确定数据收集方法。每一种收集数据的方法对问卷设计都有影响。如在街上进行拦截访问和入户访问就有所不同，拦截访问有时间上的限制，入户访问时间上比较充裕，访问员可以向受访者解释，因此，问卷的时间设计就不同。

（3）确定问题的形式。数据的收集方法确定下来后，实际的问卷设计过程就开始了。首先要关心的是询问中所使用的问题类型。是采用封闭式还是开放式，视情况而定。

（4）确定问题的用词。问题用词要清楚，避免应答者的误差。

（5）确定问题的顺序和编排。问题的顺序和编排要易于实施问卷和使应答者易于回答。

（6）问卷的评估。一份问卷设计好后，设计人员应再回过来作批评性的评估。如问题是否必要，是否太长，是否包含了调研目标所需要的信息等。

（7）获得客户的认同。问卷的草稿要获得决策者或客户的认同。

（8）试测和修改。在问卷获得认同后，要直接用于现场实施。发现有不妥之处要及时修改。

（9）定稿和印刷。

2. 问卷的组成

根据调研项目的规模大小和内容的多少，问卷可长可短。但无论问卷长短，一份完整的问卷应由以下各部分组成：

（1）问卷的标题。问卷的标题是调研主题的概括说明，可使被调查者对回答的问题有一个大致的了解。

（2）说明词。这是开始询问前的前导介绍词，其内容应包括介绍访问员自己，代表的公司，并强调这是一项调研活动并非是推销，清楚简洁地说明调研的目的、如何填写问卷、注意事项、酬谢方式等。问卷的说明应强调调研工作的重要性，消除被调查者的疑虑，使之产生兴趣。

（3）收集资料部分。这部分是调查问卷最主要的、占用篇幅最大的部分，它主要以提问的形式呈现给被调查者。这部分设计得好不好是整个调查案成败的关键。

（4）被调查者的基本资料。如性别、年龄、职业、受教育程度、婚姻状况、家庭人口等。

（5）调查者的情况。调查者的姓名、访问的时间和地点等，便于检查、整理、复查之用。

3. 问卷设计要遵循的原则

问卷设计得好坏直接关系到能否达到调研目标，因此，在问卷设计时应遵循以下原则：

（1）问卷中问句的表达要短而明确。问句表达应尽量口语化，避免用生僻的或模棱两可的词。如“您常用哪一种剃须刀”中的“哪一种”是指电动剃须刀还是安全剃须刀，还是指某种品牌，含义不明确。

（2）所提问题应是被调查者能够并且愿意回答的。在某些场合，被调查者可能对所回答的问题一无所知，如果问题的表述方式暗示着要被调查者作答，在这种情况下，得到的答案就没有什么价值。另外，许多人认为年龄、收入、受教育程度等是个人隐私，他们也许不愿意或不真实地回答，所以不应该直接问这些问题。此时，可以采取分层次列表的方式，请被调查者指出它是属于哪一个层次的。层次的划分可按调查的需要和当地当时的情况编列。

（3）确定问题的界限，避免混淆。一方面，一个问句只能有一个要点：另一方面，对时间、地点等不要概括，要有一个特定的范围。如对问题“您是否去过某某商场买东西?”回答“去过”，也许是十年前去过，这种答案不是调查者需要的，可以改为“三个月来您是否去过某某商场买东西?”

（4）要争取具体或事实的答案。尽量求取具体的资料，尤其是对于感觉和意见的资料，应尽量要求用事实表示。

（5）协助被调查者，赢得他们的合作。问卷中问题的安排要先易后难，不要第一个问题就让人退缩。

（三）提问的方式

市场调研中的问题主要有开放式问题、封闭式问题。

1. 开放式问题

开放式问题是被调查者可以自由地用自己的语言来回答和解释有关想法的一种问题类型。如“您认为网上订购比零售店有什么优势?”或者“在购买洗衣机时，您认为哪些因素是重要的?”，等等。这些问题没有给被调查者提供可供选择的答案范围。开放式问题经常需要追问，追问是调查人员为了获得更详细的资料或使讨论继续下去而对被调查者进行的一种鼓励形式。因此，采用这种相对不受限制的回答方式可以给人以丰富的想象力和洞察力，能为研究者提供大量的信息，也有助于使广告设计主题和促销活动的文案创作更接近消费者。但是，获取的答案各式各样，在编辑和编码方面费时费力，分析解释也显得很困难。

2. 封闭式问题

封闭式问题是指调查人员事先准备好所有可能的答案，被调查者从中作出选择的一种问题类型。封闭式问题主要包括以下几种类型：

（1）二项选择法。它是封闭式问题的最简单形式。如：

您认为今年的物价上涨比去年严重还是有所缓解？

A. 严重　B. 缓解

这种形式的问题，受访者被限于从两个固定选项中选择，可以快速方便地给出答案。不过这种方法只适合询问简单的事实或意见，而且常常会使调查产生偏差。

（2）多项选择法。多项选择法是指列举几个可能的答案，让被调查者选出最能反映情况、意见的一个作为答案的提问方式。如：

您购买洗衣粉主要注重哪些因素？请选择一个最主要的因素。

A. 去污力强　B. 泡沫少　C. 价廉　D. 不伤手　E. 购买方便

这种形式的问题更适合用在询问意见和动机方面，可以协助被调查者，容易表达，也方便统计分析。但如果提供的问题没有包括所有的可能情况，就可能得不到真实的答案。

（3）量表应答式问题。这是对被调查者回答的强度进行测量的一种提问方式。如：

公共汽车车票涨价，您是否赞同？

A. 极赞同　B. 相当赞同　C. 赞同　D. 无意见　E. 反对　F. 相当反对　G. 极反对

封闭式问题的优点在于首先可以减少调查人员的误差，被调查者只需在选项上打勾或画圈；其次，调查人员出示的选项可提醒被调查者；最后，节省了编码与数据录入的过程和时间。

关　键　词

市场营销信息系统；市场营销调研；原始资料调查；现成资料调查；抽样技术

思　考　题

1. 市场营销信息系统的构成要素有哪些？
2. 在什么情况下企业应该用询问法收集数据？什么情况下用观察法？为什么？
3. 抽样调查技术有哪几种？它们各自包括哪些内容？
4. 简述市场营销调研的各个阶段以及每个阶段的内容。
5. 询问法可分为哪几种？它们各有什么特点？

【案例分析讨论】

J 饭店

波兰某城市有一家J饭店，它是这座城市第二古老的饭店，坐落在古老的波兰皇宫附近，离这座城市的历史景点中心大约10分钟的路程。整个饭店分为四个运作单位，前部为一个三星级饭店，双人房的价格每晚约45英镑；后部为一个二星级饭店，双人房的价格约24英镑，并且全年价格不变。而附近最好的饭店价格在淡季约58英镑，旺季约87英镑。

另外还有一间酒吧，一间餐厅，主要为饭店客人服务。由于客房的价格相对较低，对团体和个人也没有折扣优惠，因此，在夏季，它的主要目标消费者是独立旅游者，而其他时间则是来出差的顾客。J饭店的客房虽比较朴素简陋，却也宽敞干净。但是它缺少服务，如客房服务、搬运工、国际电话直拨服务以及旅游机票的预订业务等；饭店也几乎没有什么促销活动，只是设计了一本多种语言的宣传小册子，以及在一些旅游出版物上做了一些广告，并且和市旅游办公室保持良好的关系，以获得独立旅游者这一稳定的客源，因为旅游办公室为旅游者解决住宿问题。饭店也没有花什么钱来改善饭店的经营条件。

饭店经理知道要想更好地满足独立旅游者的需求，饭店有必要进行改进。他想对独立旅游者进行一次问卷调查，以了解光顾这家饭店的顾客的类型，并且想知道他们希望得到什么样的服务。这位经理请人设计了一份调查问卷，并要求对方在两个月内完成一份数据分析和信息反馈报告。调查问卷在顾客到达饭店办理入住手续时发给他们，附了一份介绍信，用来解释调查目的，并在接待处准备了一只盒子，用来收集填好的问卷。经理希望通过这次的调查分析能在夏季来临之前给他带来一些启发，以便加以改进。

分析讨论题：

1. 你觉得这种调查方法是否适合收集所需要的信息？为什么？

2. 这项调查想要解决的是什么营销问题？你认为，要调查这一问题，饭店经理事实上需要的是什么信息？

第四章

市场营销环境

【学习目标】

☐ 了解外部环境对企业市场营销决策的重要性

☐ 掌握影响企业营销决策的各种环境因素

☐ 了解企业自然环境和技术环境的主要变化趋势

☐ 学会分析企业如何应对营销环境变化

【导入案例】

某跨国集团败走香港

某跨国集团，在全球共有5200多间分店，遍布26个国家及地区，全球的年销售额达363亿美元，盈利达7.6亿美元，员工逾24万人。该集团在我国的台湾、深圳、北京、上海的大型连锁超市，生意均蒸蒸日上。但在2000年9月18日，该集团位于我国香港杏花村、荃湾、屯门及元朗的4所大型超市全部停业，撤离香港。并声明其停业原因是由于香港市场竞争激烈，难以觅得合适的地方开办大型超级市场，短期内难以在市场争取到足够的占有率。

该集团在香港倒闭的责任，从其自身来看：其一，它的"一站式购物"不适合香港地窄人稠的购物环境。其购物理念基于地方宽敞，与香港寸土寸金的社会环境背道而驰，显然资源运用不当。这一点反映了其在适应香港社会环境方面的不足和欠缺。其二，它在香港没有物业，而本身需要数万至10万立方英尺[⊖]的营业面积，背负庞大租金的包袱，同时受租约限制，做成声势时租约已满，竞争对手会以更高租金夺取它的铺位；其原先的优势是货品包罗万象，但对手迅速模仿，这项优势也逐渐失去。除了已开的4间分店外，它还在将军澳新都城和马鞍山新港城中心租用了逾30万平方英尺的楼面，却一直未能开业，这也给它带来沉重的经济负担。其三，它在台湾有20家分店，能够形成配送规模，但在香港只有4家分店，直接导致配送的成本相对高昂。在进军香港期间，它还与供货商发生了一些争执，几乎诉诸法律。从外部来看：其一，1996年它进军香港的时候，正好遇上香港历史上租金最贵时期，经营成本高昂，这对于以低价取胜的该集团来说是一个沉重的压力。并且在这期间又不幸遭遇亚洲金融风暴，香港经济也大受打击，它受这几年通货紧缩影响，一直无盈利。其二，由于香港本地超市集团百佳、惠康、华润等掀起的减价战，给它的经营以重创。作为国际知名的超市集团，它没有主动参加这场长达两年的减价大战，但几家本地超市集团的竞相削价，终于使其难以承受，在进军香港的中途铩羽而归。

任何企业的营销活动都是在一定的动态环境中进行的。市场营销作为企业和外部世界的连接面，必须把外部提供的机遇和企业内部的能力、资源进行权衡。但是，外部世界是复杂的，很多因素影响着消费者基本需求的发展和变化，或抑制着企业在一个竞争环境中满足消费者的需求。因此，企业为了充分了解消费者的未来需求，开发出使消费者满意的市场营销组合，就要求营销人员必须能分析外部环境。环境的变化既可以给企业带来市场机会，也可以形成某种威胁，因此要弄清有哪些因素及其影响。

那么什么是营销环境呢？菲利普·科特勒将营销环境定义为：在营销活动之外，能够影响营销部门建立并保持与目标顾客良好关系的能力的各种因素和力量。

营销环境由宏观环境和微观环境组成。宏观环境是由一系列大范围的社会约束力量构成的，包括人口、经济、自然、技术、政治和社会文化因素；微观环境包含那些与企业关系密切，影响企业服务顾客的能力的因素，包括企业本身、供应商、营销中介、顾客、竞争对手和公众。

第一节　企业的宏观环境

一、自然环境

自然环境是指人类生存和发展所依赖的各种自然条件的总和。全球变暖、淡水资源危机、能源短缺、森林资源锐减、土地荒漠化、物种加速灭绝、垃圾成灾、有毒化学品污染等众多环境问题已经威胁着人类的生存。企业的经营活动会受到自然环境的影响。因此，企业管理人员要密切关注自然环境的变化，营销人员更要关注自然环境中的以下几个趋势：

⊖ 1立方英尺（ft^3）$=0.0283168m^3$。

（一）资源的短缺

地球上的自然资源有三类：一类是无限供给的，是取之不尽、用之不竭的，如空气。第二类是有限但可再生的资源，如森林、农田等，但须防止过量地采伐森林和侵占耕地。世界人口的增长对耕地、牧场、木材的需求量日益增加，导致了对森林的过度采伐，使森林受到前所未有的破坏。据统计，全世界每年约有1200万hm^2的森林消失。我国森林覆盖率只有全球平均水平的2/3，排在世界第139位；人均森林面积0.145hm^2，不足世界人均占有量的1/4；人均森林蓄积量10.151m^3，只有世界人均占有量的1/7。目前，个别地方毁林开垦现象依然存在。第三类是有限的不可再生的资源，如石油、煤和各种矿产资源。随着人类生存和经济活动对石油、天然气和煤炭等矿物能源的依赖性日趋强势，以及矿物能源资源的大量开发，能源产量和消费量不断攀升，全球富含矿物能源资源和能源廉价消费时代已告结束。从探明的储量分析，现在地球上的石油、煤炭的总储量分别为：石油1万亿桶、煤炭1万亿t。按照目前全世界对化石燃料的消耗速度计算，这些能源可供人类使用的时间分别为：石油大约45~50年，煤炭大约100年。因此，在新能源（如太阳能、快中子反应堆电站、核聚变电站等）的开发利用尚未取得较大突破之前，世界能源供应将日趋紧张。此外，其他不可再生性矿产资源的储量也在日益减少，这些资源终究也会被消耗殆尽。那么以矿产品为原料的企业将面临成本上升的问题，所以必须积极从事研究与开发，尽力寻求新的资源或替代品。

（二）污染严重

随着现代工业的发展，环境污染也在增加，如对水、空气、土壤的大量的化学污染，废弃的包装材料的处理，已成为当代社会的严重问题。环境污染最直接、最容易被人所感受的后果是使人类生存环境的质量下降，影响人类的生活质量、身体健康和生产活动，如城市空气污染造成空气污浊、人们的发病率上升等；水污染使水环境质量恶化，饮用水源的质量普遍下降，威胁到人们的身体健康。严重的污染事件不仅带来健康问题，也造成社会问题。随着污染的加剧和人们环境意识的提高，污染引起的纠纷和冲突逐年增加。在我国，污染问题也引起了政府和公众的重视，有关部门也做了大量工作。公众对环境保护的关心一方面限制了某些行业的发展，另一方面也带来了营销机会，如治理污染的技术和设备，不破坏生态环境的新的生产和包装技术等。

（三）政府对自然资源的管理

许多国家的消费者开始关注自己赖以生存的环境，关注自己的消费行为是否造成环境污染，自觉使用以可再生资源所生产的产品，使用带有环保标志的绿色产品。除了公众对自然环境的关心外，各国政府也采取积极措施，制定各种严格的环境保护政策，加强对自然资源的管理，并强制要求企业购买设施和采取措施解决环境问题。我国则把环境保护宣布为我国的一项基本国策，并制定和颁布了一系列环境保护的法律、法规，以保证这一基本国策的贯彻执行。企业必须关注有关法令的限制，严格守法，注意环境保护所提供的营销机会。

二、人口统计环境

人口统计是关于可测量的人口总量、人口结构和人口流动性等方面的研究，包括年龄、性别、种族、职业、居住区等因素。由于人口统计环境与人有关，而人构成市场，人口环境给市场带来的整体性的、长远性的影响可以直接反映在消费者需求的变化上，因而是营销人员必须关注的。

（一）世界人口迅速增长

随着科技的进步和生活条件的改善，人口的平均寿命大大延长，死亡率大大下降。根据美国人口普查机构的调查显示，在2010年2月1日时，全世界的人口已经达到68亿，人口数量排在前三位的分别是中国、印度和美国。到2012年，世界人口总数将上升到70亿，到2050年，将增长到92亿。预计到2025年印度人口数将超过中国。现在增长的人口主要来自发展中国家。全球12亿年轻人中，将近90%来自发展中国家，平均每10个年轻人中就有8个来自非洲和亚洲。未来40年，亚洲、非洲、拉丁美洲和加勒比海地区的人口增长数量约占全球人口增长数量的97%。而美国、加拿大这样的发达国家，人口增长率并不高，人口的增长一半来自本国人口的自然增长，一半来自移民数量的增长。如此庞大的人口为营销者创造了挑战和机遇，人口的增长意味着人类需求的增长，如果人们有足够的购买力，人口的增长就意味着市场的扩大。另外，由于地球上的资源是有上限的，人口的无节制增长必然导致生态环境恶化，森林、草原、耕地等土地资源减少，主要矿产品耗竭。如果人口的增长对粮食以及各种资源的供应形成压力，企业的生产成本就会暴涨而导致利润下降。

我国是世界上人口最多的国家，如果保持20世纪70年代的出生率，我国现有人口数将超过17亿。从1977年实行计划生育政策以来，我国人口增长率有所下降，低于世界平均水平，30年间少生了4亿人口，使人口对环境资源的压力得到缓解。另外，由于规定一个家庭只能生一个孩子，这就意味着父母有更多的钱花在每个孩子的身上，溺爱孩子的祖父母、外祖父母、阿姨、叔叔同样可能为孩子花更多的钱，因此，这是一个没有得到满足、可以盈利的潜在的大市场，会给企业带来很大的机会。

（二）人口年龄结构的变化

预计到2050年，发展中国家人口将增加到79亿，而发达国家变化不大，从目前的12.3亿增长到12.8亿。发达国家的人口出生率低，发展中国家的人口出生率高，年轻人人口基数大，人口增长迅速。发达国家的人口出生率的下降，意味着儿童的减少，这种变化会对某些行业造成威胁，如对经营儿童用品、儿童食品、儿童玩具的企业是一种环境威胁，它们应该积极地寻找新的市场或到出生率高的国家去，或者改行经营；但对经营旅游、旅馆、娱乐业的企业而言就提供了更多的市场机会。发展中国家的人口增长意味着这些国家的消费需求不断增长，市场潜力较大。

全球人口趋于老龄化。60 岁以上人口增长速度最快，全世界现有 60 岁以上老人 6.06 亿，预计到 2050 年将上升到 20 亿，几乎是目前的 3 倍。发达国家的老年人口平均以 1.9%的速度递增，预计到 2050 年，将从目前的 2.64 亿增长到 4.16 亿；发展中国家的老年人口增长率则超过 3%，预计到 2050 年，将从目前的 3.42 亿增长到 16 亿。随着人口的老龄化，一方面，市场对一些青少年用品的需求在减少，对一些高档用品、体育用品的需求也日趋减少；另一方面，市场对老年用品的需求将会不断增加，如医疗、保健用品、旅游等市场的需求，给这些行业的企业提供了机会。

按照国际上 60 岁以上老年人口达到 10%，65 岁以上老年人口达到 7%，即为进入老龄化社会的标准及我国第五次人口普查的情况，2000 年，我国 65 岁以上老年人口已达到 8811 万人，占人口总数的 6.96%，我们已经接近老龄化国家；2005 年底全国 1% 人口抽样显示，我国总人口数达到 13.07 亿人，其中 65 岁以上人口达到 10055 万人，占总人口数的 7.7%。从数据可以推断，我国已经进入老龄化社会。这意味着老年人将成为我国当代社会一个重要的消费群体。近年来，我国老年消费者的收入也在不断提高。老年消费市场的规模，一方面取决于老年人口的数量，另一方面取决于老年人的收入。因为收入的多少直接影响着消费者购买愿望的实现程度，影响着市场规模和消费需求的层次。近年来，我国老年消费者的收入在不断提高；目前，我国城市 60 岁至 65 岁的老年人口中有约 45% 的人还在就业。据中国老龄科学研究中心的一项调查显示，城市老年人中有 42.8% 的人拥有存款；另外，仅退休金一项，2010 年就增加到 8383 亿元，2020 年预计增加到 28145 亿元，并且随着我国老年社会保障制度的建立和完善，我国老年消费者的收入水平在不断提高，这在一定程度上会刺激老年消费市场的发展。有调查显示，我国老年市场年消费需求保守估计也已超过 4000 亿元人民币。因此，为满足老年人的需要而进行相关产品和服务的提供，将为相关企业带来巨大的商业机会。

人口的老龄化还会产生社会问题。人口的老龄化会使就业者的社会负担加重，因为随着老年人口的增加，劳动人口必然相对减少，每一位就业者的平均负担加重，可支配的商品或服务的购买力就可能会相对减少。如日本是世界上长寿的国家之一，日本女性平均寿命达到 86 岁、男性 79 岁，预计到 2050 年女性寿命将超过 90 岁。因此，近年来不少青年人对为老年人交税而影响自己的消费表示出强烈不满。

（三）家庭状况的变化

我国传统的家庭是父系的，从父居住，一个家庭至少要包括父母、子女两代，如果经济富足，寿命较长，也可以上有父母、祖父母，下有儿子孙子，四世同堂。但在今天，传统的家庭已不是家庭类型的主流。

1. 家庭规模发生明显变化，呈现出小型家庭化的趋势

据调查，目前，我国城乡家庭的户人均规模是 3.39 人。近 30 年来我国户人均规模下降了 1.42 人，户均人口规模接近美国、加拿大等发达国家户均 3 人左右的水平。

2. 家庭模式多样化

1 人户和 2 人户在近年来呈现出持续增长势头，1 人户、2 人户和 3 人户的比例从乡

村到镇到城市呈逐步升高的态势，而 4 人以上的家庭则呈现相反的态势。这表明了城市化水平与小家庭以及多样化趋势之间的某种关联。一代户和 1 人户、2 人户的增长在很大程度上说明，除核心家庭外，其他非核心化的小家庭模式，如空巢家庭、丁克家庭、单身家庭、单亲家庭等，正在逐渐构成中国城乡家庭结构的重要内容。

3. 结婚率下降，离婚率不断上升

据民政部提供的有关数据显示，2007 年，与上年相比，离婚登记的增长率高于结婚登记的增长率；2008 年二者持平；2009 年再次出现离婚登记的增长率高于结婚登记的增长率。而绝对离婚对数的数据显示，我国的离婚率正在呈加速攀升的趋势。

家庭状况的变化对消费需求的发展及社会化服务将产生重要影响。随着家庭规模的缩小，家庭数量不断增加，对一般家庭日常用品及家庭耐用消费品数量的需求也会随之扩大。此外，核心化的家庭结构和快节奏的现代生活，将进一步带动人们对餐饮、方便食品、家政服务、托幼服务、老年服务、网上以及电话订购等服务的需求。因此，准确把握消费者的需求，组织相关产品的生产，提供各种服务，不仅能更好地满足消费者的需求变化，也能够给企业带来很多的机会。

（四）人口的地理迁移

人口的地理迁移有国际迁移和国内迁移之分，国内迁移一般比国际迁移更加普遍和频繁，基本上可以分为地区间的迁移和城乡间的迁移两类。

地区间的迁移，即人口在两地区间的流动。如新中国成立后，在国家计划安排下有组织地向东北、内蒙古、新疆、西藏进行了移民。

城乡间的迁移主要是指人口从农村流向城市。发展中国家人口从农村向城市迁移的规模很大。人口不断地从农村流向城市，使城市人口不断增加，甚至形成大城市集群区。人口集中在城市使城市市场迅速增长和扩大，这对零售商业结构影响很大。但从 20 世纪 70 年代开始，不少发达国家大城市的人口增长已出现停滞，人口重新从市中心流至郊区或迁至周围的卫星城镇。如 20 世纪 50 年代后的美国，随着高速公路的发展，加上城市交通的日益拥挤，污染日益严重，许多人纷纷从城市迁往郊区。与此同时，中等城市迅速发展，而且这种趋势还在继续。这种人口动向对企业的一个重要的影响就是在郊区住宅区出现了现代化的购物中心。那些原来在城市商业中心的商家为了生存和发展，纷纷到郊区开设分店。目前，发达国家的国内迁移偏重于城市之间的移民。

我国在改革开放的过程中，如上海等一些城市，中心城区有许多地方实行土地批租、旧区改造、马路拓宽、增加公用绿地，使许多居民家庭从市中心迁往郊区。对这种人口的迁移动向，企业要及时给予重视，弄清变化的趋势及对他们的影响，及时地采取行动。

三、经济环境

经济环境是指企业营销活动所面临的外部社会经济条件及其运行状况和发展趋势。一个国家的社会经济运行状况及其发展变化趋势，会直接或间接地对企业的市场营销活动产生影响。营销的经济环境包括经济体制、市场结构、国民收入和消费者收入水平、消费者支出模式及消费者储蓄和信贷。

（一）经济体制

经济体制有两种：计划经济体制和市场经济体制。这两种不同的体制各有特点，市场经济体制下是高效率、低公平；计划经济体制下是低效率、高公平。这两种体制各有利弊，市场经济体制下的高效率能保持经济的快速增长，低公平则易带来贫富分化的加剧，导致社会的不稳定。计划经济体制下的高公平可以使社会处于一种稳定的状态，但低效率不利于社会经济的快速发展，易导致大锅饭的现象。

不同的经济体制对企业营销活动的制约和影响不同。例如，在计划经济体制下，企业是行政机关的附属物，没有生产经营自主权，企业的产、供、销都由国家计划统一安排，企业生产什么，生产多少，如何销售，都不是企业自己的事情。在这种经济体制下，企业不能独立地开展生产经营活动，因而，也就谈不上开展市场营销活动。而在市场经济体制下，企业的一切活动都以市场为中心，市场细分为高级产品市场、中级产品市场和低级产品市场等，企业就要对这些不同的市场组织生产和提供服务。此外，企业还必须特别重视营销活动，通过营销实现自己的利润目标。

（二）市场结构

市场结构会影响到企业将面临什么样的竞争以及企业的营销活动可能对整个市场产生多大的冲击。以市场上竞争者的数量和规模为基础，可以把市场分为四种类型：完全垄断、寡头垄断、垄断竞争、完全竞争。在不同的市场背景下，企业的经营方式不同。

1. 完全垄断

完全垄断又称“独家垄断”，是整个行业的市场供给完全为独家企业所控制的状态。完全垄断可分为完全政府垄断和完全私人垄断。一直以来，我国在公用事业方面都采用了垄断的方式，如天然气、自来水、电、电话、邮政服务等。不过随着改革的不断深化，政府逐步让某些行业一部分私有化，并且放开竞争。如根据 WTO 的相关协议，从 2006 年 12 月 11 日起，我国通信市场逐步对外开放，外资通信巨头纷至沓来，中国移动和中国联通的市场垄断局面被打破，他们为了适应新情况也进行了内部结构调整，但他们面临的竞争依然有限，因为可能的竞争对手在进入竞争市场时就会遭遇一些阻碍。在完全垄断情形下，企业的供给增加，价格下落，需求增加；反之，企业供给减少，价格上升，产品需求减少。供给影响价格，价格与需求呈反方向变动。从理论上讲，垄断者无需进行市场营销，因为垄断者拥有的是一个被控制的市场，而消费者没有其他的选择，因此，在完全垄断市场条件下，垄断企业垄断了市场供给，并凭借着垄断权力控制了市场价格，消费者只能被迫接受垄断企业控制的市场高价格。这样一来，消费者出高价格购买产品和服务，必然造成消费者利益的重大损失。因此，政府必须采取强有力的措施进行干预，如对垄断企业的产品价格进行调节甚至政府直接定价；或对其征收合理的高额税收，从而降低垄断企业的超额垄断利润；加大对垄断企业的监管力度，及时发现并制止垄断企业对消费者的损害等。

2. 寡头垄断

寡头垄断的显著特点是少数几家厂商垄断了某一行业的市场，这些厂商的产量在全行业总产量中占很高的比例，从而控制着该行业的产品供给。如在超级市场中，消费者看到很多品牌的洗发水，可能会以为在这个行业中存在着充分的品牌竞争，但是，洗发水的大多数品牌都属于宝洁公司和联合利华公司，而不是有多个供应商。寡头们已经花了很多年时间和大量金钱来建立自己的品牌和市场份额，因此，新竞争者的新品牌很难进入一个寡头垄断市场。另外，在寡头垄断市场，由于厂商数目少而且占据的市场份额大，一个厂商的行为会影响对手的行为，甚至影响整个市场。所以，每个寡头在决定自己的策略和政策时，都非常重视对手对自己这一策略和政策的态度和反应。如联合利华降低某产品的价格或向市场推出一个新品牌，或实施一项新的市场促销活动，宝洁公司为了维持相对的市场份额，也必须作出相应的对策。这就使得任何一家企业在作出某项决策的时候，都必须考虑其竞争对手的反应，并对这种反应作出估计。寡头垄断者是独立自主的经营单位，具有独立的特点，但是他们的行为又互相影响、互相依存。这样，寡头厂商可以通过各种方式达成共谋或协作，形式多种多样，可以签订协议，可以暗中默契。

3. 垄断竞争

垄断竞争是一种介于完全竞争和完全垄断之间的市场组织形式，在这种市场中，既存在着激烈的竞争，又具有垄断的因素。垄断竞争市场中存在着较多数目的厂商，彼此之间存在着较为激烈的竞争。由于每个厂商都认为自己的产量在整个市场中只占有一个很小的比例，许多厂商生产并出售相近但不同质的产品，企业强调的是产品的差别优势。

4. 完全竞争

完全竞争市场结构在实际生活中并不容易看到。在完全竞争市场中，存在着许多小型的生产商，他们都销售相同的产品，产品之间是可以相互替代的，而消费者能够无成本地获得充分的信息；但同样地，他们也不能单独影响市场。市场价格是由市场中所有的购买者和供应者的相互作用决定的，但任何一个厂商都不能控制市场价格，每个企业都要用市场既定的价格销售产品。但所有的条件都不可能长期维持，某种垄断竞争或者寡头垄断不久就会出现，如农产品蔬菜市场，有许多小供应商，但购买者比较复杂，买主有的是家庭，有的是批发商和超市连锁店，而批发商或超市连锁店的购买量大，足以影响价格；而且蔬菜本身也各不相同，有的使用化肥，有的不使用化肥，使供应的农产品也有差别，也可能朝垄断竞争方向发展。

（三）国民收入和消费者收入水平

人均国民收入是综合地反映一国经济发展水平、经济实力和人民生活水平的重要标志，反映了一个国家人民生活水平的高低，也在一定程度上决定了商品需求的构成。一般来说，人均收入增长，对消费品的需求和购买力就大；反之就小。个人收入影响着消费者的购买力。这里还要弄清个人可支配收入和个人可任意支配收入两个概念。个人可支配收入是指从个人收入中扣除税款和非税性负担后的余额，它是个人收入中可以用于消费支出或储蓄的部分，它构成实际的购买力；个人可任意支配收入则是在个人可支配收入中减去用于维持个人与家庭生存不可缺少的费用（如房租、水电、食物、燃料、衣着等开支）后剩余的部分。这部分收入是消费需求变化中最活跃的因素，也是企业开展营销活动时所要考虑的主要对象。因为这部分收入主要用于满足人们基本生活需要之外的开支，一般用于购买高档耐用消费品、旅游、储蓄等，它是影响非生活必需品和服务销售的主要因素。通过了解收入的变化，营销人员能够估计市场潜力并根据具体的市场细分提出营销计划。

（四）消费者支出模式

消费者支出模式主要受消费者收入的影响。随着消费者收入的变化，消费者支出模式就会发生相应的变化。这个问题涉及“恩格尔定律”。19 世纪德国统计学家恩格尔根据统计资料，对消费结构的变化研究得出一个规律：一个家庭收入越少，家庭收入中用于购买食物的支出所占的比例就越大，随着家庭收入的增加，家庭收入中用于购买食物的支出则会下降，用于其他方面的支出和储蓄占家庭收入的比重就会上升。推而广之，一个国家越穷，每个国民的平均收入中用于购买食物的支出所占比例就越大，随着国家越来越富裕，这个比例会呈下降趋势。按联合国粮农组织划分富裕程度的标准，“恩格尔系数”在 60% 以上的为饥寒；在 50% ~60% 之间的为温饱；在 40% ~50% 之间的为小康；在 40% 以下的为富裕。近几年，西欧、北欧、南欧、北美的国家和地区，以及日本、澳大利亚和中东石油富国的恩格尔系数显著下降，许多国家甚至降到了 25% 以下，而发展中国家的恩格尔系数几乎都超过 45%，其购买力仍集中于食物消费。据报道，2005 年，我国城镇居民家庭恩格尔系数为 36.7%，农村居民家庭恩格尔系数为 45.5%，按照联合国教科文组织划定的标准，我国城镇居民生活已经达到富裕程度，农村居民生活也已达到小康水平。

（五）消费者储蓄与信贷

人们的收入一般用于现实消费、储蓄等方面。当收入一定时，储蓄越多，现实消费量就越小，而潜在的消费量越大；反之，储蓄越少，则现实消费量就越大，而潜在消费量越小。从我国目前的情况来看，消费者储蓄对现实消费影响的比重最大，企业营销人员应当全面了解消费者的储蓄情况，尤其是要了解消费者储蓄目的的差异。储蓄目的不同，往往导致潜在需求量、消费模式、消费内容、消费发展方向的不同。这就要求企业营销人员在调查、了解储蓄动机与目的的基础上，制定不同的营销策略，为消费者提供有效的产品和服务。

消费者信贷是指消费者凭信用可先取得商品使用权，然后通过按期归还贷款的方式完成商品购买的一种方式。消费信贷的规模与期限在一定程度上影响着某一时限内实际购买力的大小，也影响着提供信贷的商品的销售量。它允许人们购买超过自己现实购买力的商品，从而创造更多的就业机会、更多的收入以及更多的需求。

四、技术环境

技术环境是指一个国家和地区的技术水平、技术政策、新产品开发能力以及技术开发动向等，是把科学、发明与创新的知识应用到营销活动中。技术进步对市场营销的影响更加直接而显著，技术创新不仅能创造出新产品，而且能创造出全新的行业。新技术的创造性应用可以给企业带来一定的竞争优势。因此，营销人员要注意以下几种技术环境的变化趋势：

（一）技术环境的变化非常迅速

技术环境的变化非常迅速，对企业及其产品具有深远的影响。技术进步可以影响产品的生产原料、产品的制造工艺、管理和流通系统、产品的营销以及企业和消费者的沟通。如在许多食品里添加的低热量的人工甜味剂，在希望节食的成年人中就创造了新的市场；汽车尾气对人的身体健康和环境都有危害，消费者向生产商施加压力，迫使生产商开发出人们广泛接受的无铅汽油；计算机技术的发展及其在各个领域的广泛应用，给人们的生活带来了很大的变化，互联网技术的发展，使消费者可以不出家门进行学习、工作和购物，同时，互联网和计算机的应用也改变着企业产品促销和分销的方式，建立购买者和销售者之间的联系，如在线订购，可以更快地接收和处理订单。

（二）新技术带来了无限的机会

新技术产品能开发出大量的新市场。一种新技术产品在市场上初次露面，对企业及最终消费者来说，会显得过于昂贵，而且可能供不应求。随着生产商不断吸取经验教训，改进技术，为目标市场生产专门的产品，大批量生产，并不断降低成本，在顾客购买力允许的范围内，将新技术产品加速导入目标市场。

（三）开发和研究费用

技术创新的来源主要有两种，一是在市场的驱动下，可以在本企业里自主研发，也可以与专业研究机构合作共同进行。项目的规模可能有的非常小，有的非常大；有的是改进现有产品，有的是探索全新的领域。为了让技术达到最好的商业应用效果，研发人员和营销人员必须紧密合作。研发人员可以提供专门技能、解决问题的技巧和创造力；营销人员则可以通过对市场需求的了解，或者通过为一项新产品寻找市场位置的办法，帮助指导和改进生产工艺。二是通过企业外部或市场外部多途径、多方面取得新技术或新技术成果。为其他目的而开发出来的诸如用于学术、医疗或军事用途等的技术，其副产品可能会带来商业上的盈利，如防擦伤太阳镜原来是航空头盔的护目镜、微波炉是雷达系统的派生物。在这种情况下，企业要尽早发现它的潜在应用价值，购买专利，取得使用权，或进一步开发利用这种技术，在出现竞争者以前开发出有市场前景的产品。如美国公司开发了录像机技术，但是日本的索尼公司把这种发明转化为商品，使之成为在过去几十年里最成功的新产品之一。

五、政治法律环境

政治法律环境是指一个国家或地区的政治制度、体制、方针政策、法律法规等外部方面的力量的统称。它影响着企业的市场营销活动，尤其是影响着企业较长期的投资行为。

首先，一个国家的政局稳定与否，会给企业营销活动带来重大的影响。如果政局稳定，人民安居乐业，就会给企业营销营造良好的环境；相反，政局不稳，社会矛盾尖锐，秩序混乱，就会影响经济发展和市场的稳定。其次，各国政府通过制定一些政策对某些特定的行为进行限制，也会对企业的营销活动产生很大的影响。国家立法的目的主要有以下几种：①为了维护企业的合法权益，如《公司法》、《反不正当竞争法》、《税收法》、《广告法》、《商标法》、《价格法》等，都是为了避免不正当竞争，维持良好的市场秩序。②为了保护消费者的合法权益不受侵害，我国对消费者利益的保护立法非常重视，推出了从规定产品的品质、技术标准，到免受不法经营者欺骗等的一系列保障措施。1994 年 1 月 1 日，我国施行了《消费者权益保护法》，明确指出国家保护消费者的合法权益不受侵害，保障消费者合法行使其知情权、选择权、评价权、公平交易权、索赔权等合法权利。③为了保护社会利益，防止环境污染。通过《环境保护法》及相关条例严格限制经济活动的外部性，协调人类与环境的共同发展。随着社会对可持续发展观的进一步认同，企业的经营活动越来越不可回避其应有的社会责任。国家或地方政府所颁布的各项法规、法令和条例等，应是企业营销活动的准则，企业只有依法进行各种营销活动，才能受到国家法律的有效保护。另外，消费者利益集团往往对其群体的消费需求有引导或抑制的作用，从而构成对企业的营销行为和市场地位的压力。在我国影响最大的是 1985 年 1 月在北京成立的中国消费者协会，该协会是对商品和服务进行社会监督的保护消费者合法权益的社团组织。企业在作出营销决策时，必须认真考虑这种动向。企业管理者要了解法律，熟悉法律环境，既可保证企业自身严格按法律办事，不违反各项法律法规，规范自己的企业行为，又能够用法律手段来保障企业的合法权益。

六、社会文化环境

文化是一个群体（可以是国家，也可以是民族、企业、家庭）在一定时期内形成的思想、理念、行为、风俗、习惯、代表人物以及由这个群体整体意识所辐射出来的一切活动。文化是人类群体整个的生活方式和生活过程，任何一种文化都包含了一种生活的理论和方式、理念和认识。它影响和制约着人们的消费观念、需求欲望、购买行为和生活方式，对企业营销行为产生直接影响。社会文化环境是指企业所处的社会结构、社会风俗和习惯、信仰和价值观念、行为规范、生活方式、文化传统、人口规模与地理分布等因素的形成和变动。社会文化环境是影响企业营销诸多变量中最复杂、最深刻、最重要的变量。任何企业都处于一定的社会文化环境中，企业的营销活动必然受到所在社会文化环境的影响和制约。因此，企业应了解和分析社会文化环境，针对不同的文化环境制定不同的策略，组织不同的营销活动。具体可以从以下几个方面着手：

（一）价值观念

价值观念是不同文化类型之间、不同社会之间、不同群体之间乃至不同个人之间的根本区别所在。人们的一切活动都是价值观念的外在表现。不同文化背景下，人们的价值观念往往有着很大的差异。例如，罗马尼亚人喜欢三角形和环形的图案，而德国人喜爱方形胜过圆形，中国人喜爱松、竹、梅等。企业应根据消费者不同的价值观念设计产品，提供服务；企业在销售产品时最好把产品与目标市场的文化传统联系起来。如美国人的时间观念强，因而对能节约时间的产品十分欢迎，但美国的速溶咖啡在拉美一些国家却遭到了妇女的拒绝。再如人们的审美观也体现在对数字、颜色、图案和音乐的喜好或忌讳之中。世界各国各民族都有一些认为吉祥或忌讳的数字，也有一些图好听、图吉利的数字，了解有关这方面的知识，将会给营销工作带来方便。如在0~9这10个数字中，中国人比较喜爱2、6、8、9。2、6、8是双数，“好事逢双”；9是10个数字中最大的，“九九归一”。这些都反映了中国人喜爱某些数字的心理。色彩是人们辨别和认识事物的重要依据，还能够表达一定的情感，世界各民族、各宗教对颜色都有所喜好和禁忌，例如，按我国的传统习俗，结婚时要身着红色服装，以示吉祥；但在西方国家，新娘多穿白色婚纱、礼服，他们认为白色意味着纯洁。在不同的文化环境下，人们对图案有不同的审美心理。如对于花卉，日本人日常生活中忌用荷花，荷花只用于丧事。营销工作者在商品包装、产品的造型以及广告画面上要注意这一点。经营者应该了解人们的好恶才不致于失误。

（二）受教育程度

受教育水平高低影响消费者心理和消费结构，受教育程度不同的消费者对商品的功能、款式、包装和服务也有不同的要求。企业在开展营销活动时要考虑到消费者所受教育程度的高低，采取不同的策略。例如，在文盲率高的地区，用文字形式做广告难以收到好效果，而用电视、广播和当场示范更容易为人们所接受。又如在教育水平低的地区，需要操作使用和维修保养都较简单的产品，而在教育水平高的地区，则需要先进、精密、功能多、品质好的产品。因此，在产品设计和制定产品营销策略时，应考虑当地的教育水平，使产品的复杂程度、技术性能与之相适应。另外，企业的分销机构和分销人员受教育的程度，也会对企业的市场营销产生一定的影响。

（三）宗教信仰

宗教是构成社会文化的重要因素，不同的宗教有着不同的价值观和行为准则，从而影响着人们的需求动机和购买行为。不同的宗教有自己独特的对节日礼仪、商品使用的要求和禁忌。宗教组织在教徒的购买决策中有决定性的影响。世界各地的许多节日也都与宗教有关，节日期间商品销量通常都会大增。企业在营销活动中要注意到不同的宗教信仰，避免由于矛盾和冲突给企业营销活动带来的损失。

（四）消费习俗

消费习俗是指人们在长期的经济与社会活动中所形成的一种消费方式与习惯。不同的消费习俗具有不同的商品要求。企业进行市场营销活动时，必须事先了解目标市场消费者的禁忌、习惯、避讳等。事先了解目标市场消费者的消费习俗，有利于企业组织好商品的生产与销售，也有利于正确、主动地引导健康的消费。

第二节　企业的微观环境

微观环境是指与企业的营销活动直接发生关系的因素。它具体包括企业自身、市场营销渠道企业、顾客、竞争者和公众等。

一、企业自身

企业是组织生产和经营的经济单位，是一个系统组织。企业开展营销活动要充分考虑到企业内部的环境力量和因素。企业内部的市场营销部门不是孤立的，它还面对其他职能部门，如计划、技术、采购、生产、财务、后勤等部门以及高层管理部门。企业内部各职能部门的工作及相互之间的协调关系，直接影响着企业的整个营销活动。营销部门与企业其他部门之间既有多方面的合作，有时也会发生矛盾。由于各部门的工作重点不同，有些矛盾往往难以协调，如生产部门关注的是长期生产的定型产品，要求品种规格少、批量大、标准订单、较稳定的质量管理，而营销部门注重的是能适应市场变化、满足目标消费者需求的“短、平、快”产品，则要求多品种规格、少批量、个性化订单、特殊的质量管理。所以，企业营销部门在制定营销计划、开展营销活动时，要考虑其他部门的业务活动，考虑与企业其他部门的协调。高层管理者是企业的最高领导核心，负责制定企业的任务、目标、战略和政策，营销部门必须根据最高管理层制定的任务、目标、战略等来作市场营销决策和制定市场营销计划。并在最高管理层批准后才可实施。

二、市场营销渠道企业

企业在供产销过程中所联系的机构，通称为市场营销渠道企业，包括供应商和营销中介。

（一）供应商

供应商是影响企业营销的微观环境的重要因素之一。供应商是指向企业及其竞争者提供生产产品和服务所需资源的企业或个人。供应商所提供的资源主要包括原材料、设备、能源、劳务、资金等。这些资源的变化直接影响着企业产品的产量、质量以及企业的利润，从而影响企业营销计划和营销目标的完成。如其所提供的资源的价格的变动会影响企业产品的成本，供应商提高原材料的价格，生产企业如提高产品的价格，就可能影响产品的销路；如果维持价格不变，就会减少企业的利润。因此，企业在寻找和选择供应商时，首先，必须充分考虑供应商的资信状况，应选择那些能够提供质量优良而且价格合理，有良好信用的供应商，并且应与其建立长期稳定的合作关系，保证企业生产资源供应的稳定性。其次，企业要尽可能多地联系供货人，向多个供应商采购，以免在与供应商的关系发生变化时，使企业陷入困境。

（二）营销中介

营销中介是指为企业营销活动提供各种服务的企业或部门的总称。营销中介包括中间商、辅助服务机构等，是市场营销活动中不可缺少的中间环节。如企业资金周转不灵，需要求助银行等。营销中介对企业营销有直接的、重大的影响，只有通过相关营销中介提供的服务，企业才能把产品顺利地送达到目标消费者手中。

1. 中间商

中间商是指把产品从生产商流向消费者的中间环节或渠道，主要包括批发商和零售商两大类。中间商对企业营销具有极其重要的影响，一般企业都需要与中间商合作，以完成企业营销目标。为此，企业需要选择适合自己营销的合格中间商，必须与中间商建立良好的合作关系，必须随时了解和掌握其经营活动，并采取一些激励性的措施来推动其业务活动的开展。而一旦中间商不能履行其职责，企业应及时解除与该中间商的关系。

2. 辅助服务机构

辅助服务机构是指企业营销中提供专业服务的机构，包括广告公司、市场调研公司、仓储公司、运输公司、银行、信托公司、保险公司等，主要为企业提供融资、保险、广告、商品储运、咨询等多方面的服务。这些机构虽然不直接经营企业，但对企业的营销活动会产生直接的影响。企业能否在动态的市场环境中与这些企业建立起稳定、有效的协作关系，对企业任务与目标的最终完成具有重要影响。

三、顾客

顾客是指使用进入消费领域的最终产品或服务的消费者和生产者，也是企业营销活动的最终目标市场。企业的一切营销活动都是以满足顾客的需要为中心的，因此，顾客是企业最重要的环境因素。顾客就是企业的目标市场，任何企业的产品和服务，只有得到了顾客的认可，才能赢得这个市场。顾客可以从不同角度以不同的标准进行划分。按照购买动机和类别的不同，顾客市场可以分为以下几种：

（1）消费者市场。消费者市场是指为满足个人或家庭消费需求而购买产品或服务的市场。

（2）生产者市场。生产者市场是指为生产其他产品或服务，以赚取利润而购买产品或服务的组织。

（3）中间商市场。中间商市场是指为利润而购买商品和服务以转售的市场。

（4）政府市场。政府市场是指为提供公共服务或把这些产品及服务转让给其他需要的人而购买产品或服务的政府机构。

（5）国际市场。国际市场是指国外购买产品或服务的个人及组织，包括外国消费者、生产商、中间商及政府。

企业往往将自己的产品销往不同类型的市场，而每一个市场都有其独特的顾客。这些市场有着不同的需求和购买行为，必定要求企业以不同的方式提供不同的产品（包括服务），从而制约着企业营销决策的制定。因此，企业要认真研究不同顾客群的需求特点、购买动机等，并设法满足市场的需要。

四、竞争者

竞争者是指向某企业所服务的目标市场提供相似的产品和服务的其他企业和个人。任何企业在目标市场进行营销活动时，不可避免地会遇到竞争对手的挑战。而企业竞争对手的状况将直接影响企业的营销活动，如竞争对手的营销策略及营销活动的变化就会直接影响企业的营销，有的甚至直接对企业造成威胁。为此，企业在制定营销策略前必须先弄清竞争企业的数量，竞争企业的规模大小和能力的强弱，竞争企业对竞争产品的依赖程度，竞争企业所采取的营销策略及其对其他企业策略的反应程度等问题。

五、公众

公众是指对企业实现其目标的能力具有实际的或者潜在的利益关系或影响的任何群体。公众对企业的态度会对企业的营销活动产生巨大的影响，因此，企业应采取具体的措施稳妥地处理与主要公众的关系，以便在公众中树立起良好的企业形象，为自己营造和谐、宽松的社会环境。企业周围的公众主要有以下七类：

（1）金融公众。金融公众是指那些影响企业取得资金能力的任何集团，主要包括银行、投资公司、证券公司、股东等。

（2）媒介公众。媒介公众主要包括报纸、杂志、电台、电视台等传播媒介，它们掌握着传媒工具，有着广泛的社会关系，能直接影响社会舆论对企业的认识和评价。

（3）政府公众。政府公众主要是指与企业的一切经营管理活动有关的各级政府机构。它们所制定的方针、政策，对企业的营销活动或是限制，或是机遇。企业在制定营销计划时，必须认真考虑并研究政府政策与措施的发展变化。

（4）民间公众。民间公众主要是指与企业营销活动有关的非政府机构，如消费者组织、环境保护组织以及其他群众团体。企业的营销活动涉及社会各方面的利益，来自这些社团公众的意见和建议往往对企业营销决策有着十分重要的影响。

（5）社区公众。社区公众主要是指企业所在地附近的居民和社区团体。社区是企业的邻里，企业保持与社区的良好关系，为社区的发展作一定的贡献，会受到社区居民的好评，他们的口碑能帮助企业在社会上树立良好的形象。

（6）一般公众。企业需要关注一般公众对企业产品及经营活动的态度。虽然一般公众并不是有组织地对企业采取行动，但他们对企业的印象却影响着消费者对该企业及其产品的看法。

（7）内部公众。内部公众包括企业董事会成员、内部的管理人员及一般员工。企业的营销活动离不开内部公众的支持，企业应该处理好与广大员工的关系，调动他们开展市场营销活动的积极性和创造性。一些大企业还使用业务通信和其他信息沟通方法，向企业内部公众通报信息并激发他们的工作积极性。当企业雇员对自己的企业感到满意的时候，他们的态度也会感染企业以外的公众。

总之，构成企业营销微观环境的各种制约力量影响着企业为目标市场服务的能力，一个企业能否成功地开展营销活动，不仅取决于它能否适应客观的宏观环境的变化，改善微观环境也是同样重要的，这是企业的一项经常性的工作。

关 键 词

宏观环境；微观环境；人口统计；社会文化环境；技术环境

思 考 题

1. 企业的宏观环境和微观环境各有哪些因素？
2. 市场结构的四种主要类型是什么？
3. 人口环境的研究包括哪些种类的信息？
4. 消费者支出模式的变化有什么规律？

【案例分析讨论】

与顾客一起创造价值

宜家公司是瑞典一家著名的家庭装饰用品零售企业，创立于1943年。它从最初的小型邮购家具公司一跃成为在全球各地拥有180多家连锁商店的大企业。截至2008年12月，宜家家居在全球36个国家和地区拥有292个商场（其中258家为宜家集团独自拥有，34家为特许加盟），其中有8家在我国。上海、北京、广州和成都都有宜家公司的分店。

宜家公司在提供种类繁多、美观实用、老百姓买得起的家居用品的同时，还努力创造以客户和社会利益为中心的经营方式，致力于环保和社会责任问题。

在欧美等发达国家，宜家是一家面向大众的家居用品供应商，因其物美价廉、款式新、服务好，受到广大中低收入家庭的欢迎。但中国市场有所不同，中国市场虽然大，但消费水平普遍偏低，原有的低端市场，低价的家具生产厂家竞争激烈，市场接近饱和，国外高价家具很少有人问津。于是宜家公司将目标市场主要集中于大城市，因为那里消费人群密集，消费水平相对较高。由于宜家是全球知名品牌，再加上宜家家具具有的顾客可自己拼装等特点，吸引了不少白领和知识分子阶层，加上其较出色的产品质量，在吸引更多新顾客的同时，稳定了一批老顾客。

由于宜家家具的目标顾客主要为一些高消费人群，所以一个国家和地区的经济环境对其营销战略有着重大影响。

家具的质地很大程度上取决于用材的质量，宜家在制定营销战略时非常重视这一点。但在开发新市场时既要保证家具的质量，又要降低生产成本，所以最佳的选择就是在销售市场的周边寻找自然资源符合要求的地方就地生产。广东东莞市是一个可以供应高质量原料的生产基地，因此，宜家将东莞市作为其在中国的采购基地。

对家具的需求体现出了很强的个性化，所以宜家在国际化的进程中不断注意改变其产品的外形与质地，从而适应不同文化背景下的消费者的需求，如宜家销售的可随意拆卸、拼装的家具，就是宜家努力适应消费者的不同文化和社会背景需求的结果。

宜家每年要印刷几千万份、十多种语言的产品目录分发给顾客，尽管目录中涉及的产品只占公司产品的30% ~40%，但宜家是希望顾客能够明白来宜家不仅可以消费，而且可以有再创造的机会。宜家把供应商也看成自己的顾客，为了最终向消费者提供优质的产品，宜家必须拥有能够提供质优价廉的产品的供应商，因此，宜家在寻找和评估供应商时格外认真。供应商一旦成为宜家系统的一部分，就等于进入了全球市场，他们也成为了宜家的服务对象，能够获得宜家提供的信息、技术和设备等多方面的支持和帮助。

分析讨论题：

1. 请说明企业的发展与环境之间的关系。
2. 宜家的营销为什么能够获得成功？

第五章

购买行为

【学习目标】

□ 了解消费者购买行为模式的一般规律
□ 掌握影响消费者购买行为的主要因素
□ 认识消费者购买行为的不同类型
□ 把握消费者的购买决策过程
□ 了解组织市场的购买行为特征

【导入案例】

佩氏农庄的失策

美国西部的佩珀尔基农庄（简称佩氏农庄）是历史上享有盛名的农庄。20 世纪 70 年代末，这个农庄几乎成了传统和优质农副产品的代名词。1979 年，佩氏农庄准备扩大经营，董事们认为，传统的家庭用餐方式已经衰退，人们需要在无规律的时间里食用味道鲜美、数量不多却饶有趣味的“非正餐”食品。1980 年年初，佩氏农庄推出了夹心膨化型面制糕饼食品，这种食品与三明治相比更能引起人们的食欲，且烹调方便，价格便宜。于是，他们将其命名为“得利”食品。董事们预测，这种食品上市后的第一年，销售额不会低于 4000 万美元这一保本数量。

一年之后，“得利”的销售额只有 3500 万美元，大大低于佩氏农庄的预期。这是该农庄有史以来的第一次严重失利。农庄老板德鲁奇先生承认，消费者并没有真正接受“得利”的新口味；更重要的是，“得利”食品在早期决策中市场定位不明确，是为谁而生产、准备卖给谁。

1982年5月，佩氏农庄的董事们又重新设计新的方案。他们这次决心首先把目标市场找准。一位董事说：“据可靠消息，三部系列电影片《星球大战》将于1983年春天上映，这将赐予我们开发儿童饼干市场的良机。”后经考察，证实了《星球大战》上映的内容和时间，董事会又制定了一个“万无一失”的方案。

就在《星球大战》系列电影第三部上映之际，农庄的“星球大战饼干”批量上市。起初销势看好。时过几个月，形势急转直下，很多超级市场表示不愿意销售这种饼干。他们认为，这种饼干的出厂价太高，他们不得不把零售价定为139美元，这已超过了当时市场上任何一种儿童饼干的价格。对此，佩氏农庄设法降低成本，却又使“星球大战”饼干的一些质量指标低于正常标准，最终，致使超级市场拒收“星球大战”饼干。

在“星球大战”饼干刚刚出现滞销现象的同时，佩氏农庄的董事们又计划引进一种新的高质量产品——非过滤优质苹果汁。他们将新产品在两个地区投入试销，取得了令人鼓舞的成绩。于是，佩氏农庄就地购买了一家大型食品加工厂。1984年年初，印有“佩珀尔基农庄”名称的苹果汁在康涅狄格州铺天盖地上市。但是，当农庄将这种“味美甘润的天然苹果汁”推向美国其他市场时，却招致不幸。那时候，人们对这种未经过滤的、有许多絮状物的水果液体望而生畏；另外，产品名称和广告中没有一点“适宜于儿童”的字样和针对儿童或其父母的劝说。销售不畅迫使农庄以优惠价格出售该产品，而降价又引起了人们对产品质量的猜疑，形成恶性循环。佩氏农庄第三次陷入困境。1984年，农庄的经营利润下降了18%。到1985年，那家巨大的食品加工厂整个关闭，至此，优质苹果汁只能作为自饮的苦汁。

（资料来源：李农勤等《市场营销学》）

第一节　消费需求与消费者购买行为模式

一、消费需求的含义和特点

（一）消费需求的含义

所有为了个人消费而购买商品或服务的个人和家庭一起构成了消费者市场。消费需求又称为消费品市场需求，是指城乡居民、社会集团在消费者市场上获得必要生活资料的有支付能力的愿望和要求。它是市场营销理论研究的主要对象，对有针对性地制定市场营销策略，进而开展有效的市场营销活动具有十分重要的意义。

（二）消费需求的特点

企业为了更好地满足市场需求，就必须了解和把握消费需求的特点。一般来说，消费需求具有分散性、多样性、发展性、可诱导性、伸缩性、替代性等特点；而在目前网络经济和低碳经济的大背景下，消费需求也呈现出一些新的特点，如便利性和绿色性等。

1. 分散性

消费者市场以个人或家庭为购买单位。家庭一般具有空间有限和人口较少的特点，同时，消费品市场丰富的商品供应和方便的购物条件也使得消费者每次购买的数量零星，次数频繁。

2. 多样性

消费者受收入、年龄、性别、习惯、文化、职业和教育程度等多种因素的影响，对商品的品种、质量、价格及其他属性的需求也是千差万别的。

3. 发展性

随着社会生产力的不断发展以及消费者收入水平的不断提高，消费需求逐步呈现出从无到有、从少到多、从低层到高层的发展趋势。人们开始消费过去未曾消费过的高档商品；大量消费过去消费少的高档耐用品；更多的消费是用来满足社会交往和精神生活的需要，而不仅仅是为了满足最基本的生活需要。

4. 可诱导性

由于消费者在一定程度上对所购商品的质量、价格和性能等方面缺乏了解，大多凭借个人偏好作出购买决策，在这种情况下，企业通过开展广告和促销等营销活动可以有效地影响消费需求。

5. 伸缩性

消费者在购买商品数量和品级选择上具有较大的伸缩性。如价格低或收入高时会增加购买；反之则减少购买。不同性质的消费品，其需求弹性或伸缩性也不同。基本的日常消费品需求的伸缩性较小，高档商品或高档耐用消费品等需求的伸缩性则较大。

6. 替代性

不同品种或同一品种的不同品牌的商品之间往往可以相互替代。如洗衣粉销量上升，肥皂销量下降；不同品牌的洗衣粉之间也可相互替代等。

7. 便利性

随着互联网的飞速发展，我国电子商务的发展环境和条件日趋改善，越来越多的消费者开始热衷于网络购物。这是因为网上购物能够为消费者提供极大的便利，如 24 小时可以随时上网购物，不会遇到购物时往返商场的交通堵塞，不需要排队等候而浪费时间等。因此，相对于传统购物，网络购物在时间、空间和使用工具上都表现出便利性和快捷性。

8. 绿色性

无论在国内抑或国际上，受资源约束、环境恶化和气候变化压力不断加大的影响，人们的消费观念正在发生重要变化，消费需求向节能、环保、低碳、绿色方向发展，已成为一个大的趋势，消费习惯和消费行为也因此发生着改变。绿色食品、低碳产品等越来越受到消费者的青睐。

二、消费者购买行为模式

消费需求的特点表明影响消费者购买行为有许多不同的因素。为了有效地从事市场营销活动，必须把握住消费者购买行为的基本内容，即“5W1H”，具体是指消费者购买什么（What）、什么时候购买（When）、在哪里购买（Where）、如何购买（How）、为什么购买（Why），以及由谁购买（Who）。

（一）消费者购买何物

企业应了解消费者的购买客体或购买对象。企业在市场营销活动中应注意了解消费者所购商品的品牌、规格及款式等方面的情况，如计算机的品牌，哪些厂家生产的计算机等。通过了解、评估的结果知道生产计算机各厂家的知名度。此外，还要了解消费者“购买什么”，从中可以很清楚地掌握消费者的偏好，并使其消费需求得到更好的满足。

（二）消费者何时购买

企业应了解消费者在一年中的哪个季节，一个季节中的哪个月，一个月中的哪些天进行哪一类购买行为和需要什么样的商品和服务。了解消费者购买商品所具有的时间特点，对于开发新产品，拓宽销售领域，进而适时满足消费需求有重要意义。比如，饭店在用餐时间宾客盈门；饮品在夏季销售旺盛；月饼在中秋节集中销售等。

（三）消费者何处购买和使用

企业应了解消费者在哪里购买，在哪里使用。在哪里购买，即了解消费者购买某类商品的习惯；在哪里使用，就是了解消费者使用商品的地理环境、气候条件，甚至于使用场所或场合。企业开展市场营销活动前，应充分了解消费者决定在何处购买和使用。了解清楚这些信息之后再进行销售计划的拟定、产品设计和广告宣传等，才会使企业的市场营销活动更有针对性，更好地适应消费者的需求。

据易观国际《中国网上零售市场用户调研报告 2009》研究发现，2008 年里，用户在网上购买过的商品类型中，数码家电产品占的比例高达 46.9%，位居第一；其次是图书音像产品的比例高达 45.9%，再次是包类产品占 40.8%。由此可以了解，消费者习惯于网上购买数码家电、图书音像及包类等产品，而对于其他商品则仍习惯于通过传统方式购买。

（四）消费者如何购买

企业必须仔细研究消费者是如何购买的，据此可以分析出影响消费者购买决策的主要因素。例如，价格是一部分消费者在购买商品时最关注的因素；但另一部分消费者则更看重商品的品牌、商店的知名度、服务等因素；在网络时代下，越来越多的消费者更看重购物的便利性等因素。企业通过认真分析这些因素对消费者购买行为的影响，便可以提供更符合消费者需要的适宜产品和服务，如根据消费者的购物习惯，实体超市或店铺可以考虑提供货物运送和订购服务，以提高自己的竞争力；网络卖家则应当提高物流环节服务的质量和安全性，包括将货物完好无损地送达、服务态度好、时效性高等，使得用户享受到更好的服务。此外，企业还应不断开发新产品，满足消费者没有被满足的需要，拓宽销售范围，这样，企业就能够更加全面地掌握消费需求。

（五）消费者为何购买

企业应了解和探索消费者行为的动机及影响其行为的因素。在现实生活中，当消费者面临同一种类的商品时，往往会选择某个品牌而放弃另一个品牌。这时，企业就需要仔细调查这一购买行为的原因和动机，以便制定相应的营销计划和其他经营决策。

（六）何人担任购买者

企业既要了解消费者是哪些人，又要弄清楚购买行为中的“购买角色”。购买者构成企业的目标顾客。企业要研究消费者的购买行为，就必须弄清楚消费者在购买行动中所扮演的角色，即消费由谁作出购买决定，由谁担任购买者，购买后由谁使用。在此基础上，企业便可以更准确地确定其目标市场，从而更有针对性地实施市场营销策略。

研究消费者购买行为过程中面临的一个中心问题就是消费者对企业可能采取的不同营销策略的反应情况。图5-1中所示的购买者行为的刺激-反应模式（S-R模式）说明了外界营销环境刺激与消费者反应之间的关系。

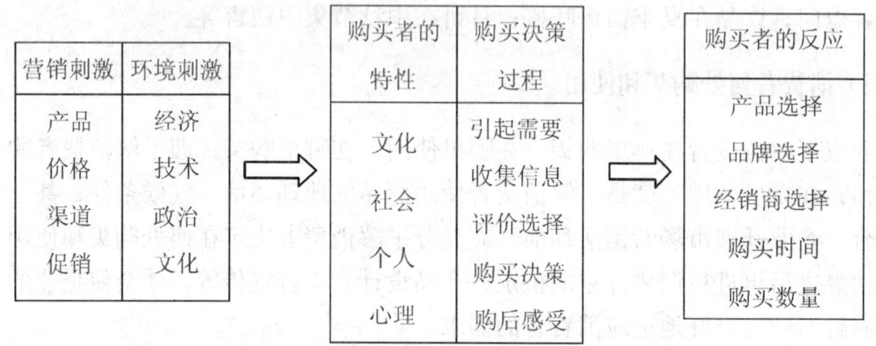

图5-1 消费者购买行为模式

从这一模式中我们可以看出，具有一定潜在需要的消费者受到企业的营销活动刺激和各种外部环境因素的影响而产生购买取向，而不同特征的消费者基于其各自特定的内在因素和决策方式对外界的各种刺激和影响作出不同的反应，从而形成不同的购买取向和购买行为。这就是消费者购买行为的一般规律。

在这一购买行为模式中，外部刺激因素包括营销刺激和宏观环境刺激。营销刺激由四个“P”组成，分别是产品（Product）、价格（Price）、渠道（Place）和促销（Promotion）。宏观环境因素是指消费者购买行为中的外部环境因素，即营销环境中的宏观环境。较有代表性的外部环境因素有经济环境、技术环境、政治环境、文化环境等。此时，消费者被看成一个“黑箱”，外部刺激进入消费者这一“黑箱”中，然后便产生一系列可以观察到的购买反应，包括产品选择、品牌选择、经销商选择、购买时间及购买数量。购买者“黑箱”包括以下两个方面：一个是购买者的特性，表现为对事物的认识、情绪和意志，包括文化、社会、个人和心理等四个层面，主要影响购买者对外界刺激的反应；另一个是购买者的决策过程，其决策不仅受购买者个人特征的影响，而且受购买者的外部刺激因素的影响，从而进一步影响购买者的最终决定。

从心理学的角度来看，消费者的购买行为是一种对外部刺激的反应，这种反应过程是在消费者的心里暗中进行的，不易被外界所察觉。企业通过市场营销活动所发出的营销刺激和外部客观存在的环境刺激共同作用于消费者，被消费者接受后进入消费者的“黑箱”，消费者根据自己的特性处理所接收的外部刺激信息，然后经过心理活动加以转换，最终表现为可见的购买者反应。购买者反应是对产品、品牌、经销商、购买时机和数量作出选择，即购买行为模式的具体表现——“5W1H”。如某甲是一位成熟男性，因工作需要购买一台计算机。由于现在计算机更新换代很快，因此他决定购买目前比较先进的双核计算机；且由于他经常出差，要随时携带，因此他决定购买一款笔记本电脑；由于计算机市场人较多且购物环境不好，又考虑到交通问题，他选择到离家较近的专卖店购买；了解到 IBM 品牌有暑期促销，且考虑到计算机的高品质和良好的售后服务，他决定暑假就购买一台 IBM 笔记本电脑。

第二节　影响消费者购买行为的因素

消费者在市场购买过程中往往表现出不同的行为特征。购买行为是人的社会化的行为，不同的消费者根据其所处外部环境及自身特性等一系列不同因素决定其购买行为。换言之，购买者特征影响消费者的购买行为。

随着商品经济的发展，人们的经济收入大幅度增长，与此同时，市场供应也日益丰富。因此，仅用经济因素已无法很好地解释消费者购买行为之间的差异。本节将介绍影响消费者购买行为的主要因素，主要包括文化因素、社会因素、个人因素和心理因素。

一、文化因素

文化、亚文化和社会阶层等文化因素，对消费者的购买行为具有广泛而深远的影响。营销者必须重视文化因素对企业营销活动的影响，否则，可能会给企业带来巨大的损失。

（一）文化

这里的文化是指某个国家、社会或群体在一定物质基础上的文化背景和文化传统。文化是人类欲望和行为最基本的决定因素，它决定着人们的价值观，使处于不同环境的人们在知觉、偏好、行为等方面具有不同程度的差异。

每个国家、社会或者群体都有自己的文化，文化对消费者购买行为的影响有很大的差异。营销人员必须了解消费者的文化所起的作用，并制定合理的营销策略，若不然，将会给企业带来极大的负面效应。例如，美国 Campbell 公司第一次在英国市场上营销该公司的即食汤时，由于没能及时了解英国和美国主妇之间的文化价值观的差异而遭到失败。美国 Campbell 公司认为英国和美国的文化环境相似，为此把在美国市场上销售过的蔬菜汤和肉汤等按原样出口到英国市场。不仅如此，对面向美国主妇所制作的电视广告节目也毫无修改，直接放映给英国主妇。结果，英国主妇因具有保守的价值观，她们对不需要进一步追加料理过程的即时汤持否定态度。在英国，购买即食汤的主妇一般被认为是不关心其家庭成员健康的主妇；此外，美国 Campbell 即食汤的广告内容不符合英国主妇保守教育子女的观念。其广告内容为：在餐桌上，子女们衰求母亲给他们购买 Campbell 即食汤，母亲为此到商场去购买。但英国主妇们认为，凡事听从子女们的要求去做是滋生孩子坏习惯的主要原因之一[㊀]。

（二）亚文化

每个国家除了存在核心文化以外，还存在次文化，从而形成亚文化群，它是指存在于一定范围内的、具有文化同一性的群体。亚文化包括不同民族、宗教、种族和地区的文化，亚文化群主要包括以下四种：

1. 民族群体

世界上许多国家在长期的发展中都形成了不同的族群。例如，我国拥有 56 个民族，各民族在长期的生产和生活过程中形成了各自不同的民族文化。每个民族都有各自的语言和风俗习惯，因此形成的消费习俗也千差万别，他们的购买行为自然也各有特点。

2. 宗教群体

现阶段，宗教群体分布于世界各国。各个宗教群体如佛教、伊斯兰教、天主教等都形成了不同的宗教文化。不同宗教群体的文化会影响该群体的购买行为。

3. 种族群体

种族是不同肤色的人类群体，如白种人、黄种人、黑种人等，不同种族各有其不同的文化背景与社会习俗，他们的购买行为也各有不同。营销者开展市场营销活动前有必要了解该种族的传统文化，并针对这一特定市场制定特别的策略。例如在美国，黑人在服装、个人护理用品、香水等方面比白人花销更大，而在食品、娱乐等方面花销相对较少。因此，许多著名的国际企业，如欧莱雅、宝洁、可口可乐等都在积极开拓这一市场。欧莱雅先后收购了 Soft Sheen 和 Carson 这两家面向非洲裔美国人的洗发用品生产商，并在芝加哥设立了研究实验室，专门研究黑人发质。

4. 地区群体

同一地区的消费者在收入水平、生活习惯和购买特点等方面有较大的相似之处。而不同地区消费者的购买行为则表现出较大的差异性，如我国南方与北方、沿海与内地等不同地区的人们在购买活动中常表现出不同的特点。

（三）社会阶层

社会阶层是指一个社会的相对稳定和有序的分类，同一社会阶层的成员具有类似的价值观、兴趣和行为。消费者所处的社会阶层会影响其对产品与品牌的选择。中国社会科学院以职业分类为基础，以组织资源、经济资源和文化资源的占有状况为标准，将当代中国

㊀ 闫国庆．国际市场营销学［M］．北京：清华大学出版社，2004：87.

社会阶层结构的基本形态划分出为“十大阶层”，如表5-1所示。

表5-1　中国社会十大阶层

社会等级	社会阶层	所占比例（%）	社会等级	社会阶层	所占比例（%）
1	国家与社会管理阶层	2.1	6	个体工商户阶层	7.1
2	经理人员阶层	1.6	7	商业服务人员阶层	11.2
3	私营企业主阶层	1	8	产业工人阶层	17.5
4	专业技术人员阶层	4.6	9	农业劳动者阶层	42.9
5	办事人员阶层	7.2	10	城市失业和半失业人员阶层	4.8

（资料来源：中国社科院．中国有“十大阶层”［EB/OL］．2005.）

社会阶层是依据职业、收入、教育、居住区域和其他因素综合衡量后划分的。同一社会阶层，人们的购买行为相似，不同社会阶层对商品与品牌的偏好则不同。某一社会阶层的成员在一些社会系统中不能改变其所属的社会阶层，而在有些社会系统中则可以改变其社会阶层归属。为此，营销者应该把营销活动对准他们的消费者，并根据消费者所属的社会阶层进行有效营销。

二、社会因素

每个消费者都属于不同的生存群体，相关团体、家庭、社会角色与地位等一系列的社会因素，使消费者作出不同的购买行为。

（一）相关团体

相关团体对消费者的购买态度、价值观念、品牌选择和认知，以及购买行为都有着重大影响。相关团体可分为主要团体和次要团体。主要团体是对个人有经常性但非正式的相互影响的群体，如家庭成员、朋友、邻居和同事等；次要团体相对更正式，但对个人的影响较次一级，如消费者归属的社会团体、职业团体等。此外，还有一种团体被称为渴望团体，如影视明星、体育明星等。

不同产品和品牌受相关团体的影响程度是不同的。使用中易为外界观察的商品或者高档消费品、烟酒、家具、装饰品等价值较大的商品，受相关团体的影响比较明显。隐私性商品，如卫生用品等家庭使用的商品，因其不易被外界观察到，因而受相关团体的影响较弱。

（二）家庭

家庭是社会中最重要的相关团体，对消费者的购买行为有很大的影响。个人的消费习惯最初基本上都是受家庭成员的作用和影响而形成的，而且可能影响其一生。除此以外，作为最重要的消费者购买决策单位，家庭各成员的态度和参与决策的程度，都会影响到商品的购买。同时，还应注意到家庭各成员所承担的购买角色是会随着生活方式的改变而变化的。营销人员必须仔细地分析家庭各成员在不同商品的购买过程中所起的作用及购买角色的变化，从而引导家庭决策者的购买行为。

（三）社会角色与地位

一个人从属于多个群体，在每个群体中所处的位置取决于他所扮演的角色。每个不同的社会角色意味着承担不同的责任，因而在衣、食、住、行等方面也就有不同的要求，从而对其购买行为产生不同的影响。角色往往又代表着相应的社会地位，所以消费者的购买行为又与其社会地位有关，人们一般都会购买能够反映自己社会地位的商品。

三、个人因素

消费者购买决策还受个人特性的影响，特别是受消费者年龄及所处的家庭生命周期阶段、职业、经济状况、生活方式、个性和自我观念的影响。

（一）年龄及家庭生命周期阶段

年龄常常是影响消费者购买行为的重要因素之一。不同年龄的消费者对不同种类和式样产品的需求偏好不同，而且他们的购买方式也各有特点。例如，青少年消费者受企业广告宣传等外界因素影响大，易出现冲动性购买；中老年消费者则对广告等各种信息缺乏一定的关注，而主要根据个人消费习惯和经验购买。

家庭生命周期即家庭随时间推移而不断成熟所经历的各个阶段。处于不同家庭生命周期阶段的消费者对产品的需求和消费行为也有很大的差异。菲利普·科特勒将家庭生命周期分为九个阶段，本书结合我国国情，在单身阶段和新婚阶段之间增加了备婚阶段。具体情况如表 5-2 所示。

表 5-2 家庭生命周期阶段

家庭生命周期	家庭对产品的需求和消费行为
单身阶段：年轻，单身，恋爱	几乎没有经济负担，新观念的带头人。娱乐导向。大量收入花费在一般厨房用品和家具、食品、社交、娱乐等方面
备婚阶段：准备步入婚姻	消费最高潮阶段。较多地购置成套家具、耐用消费品、高档时装、装修新房等
新婚阶段：年轻，无子女	经济条件比下阶段要好，继续添置一些生活用品，旅游、娱乐消费较高，并为下一代进行积蓄
满巢阶段一：最年幼的子女不到 6 岁	家庭用品采购的高峰期，流动资产少。喜欢新产品，如广告宣传的产品。多购买婴儿日用品、玩具、儿童服装等
满巢阶段二：最年幼的子女 6 岁以上	经济状况较好。对广告不敏感。购买大包装商品，配套购买。孩子的教育费用增加，多购买自行车、课外学习资料、钢琴等
满巢阶段三：年长的夫妇，带着孩子	经济状况仍然良好。一些子女也有工作，不受广告影响。耐用品购买力强，如新颖别致的家具、汽车、旅游用品、非必要品等
空巢阶段一：年长的夫妇，无子女同住，未退休	大都拥有自己的住宅，经济富裕，有储蓄，对旅游、娱乐、自我教育尤感兴趣，愿意施舍和捐献，对新产品无兴趣。多购买度假用品、奢侈品、家用装修用品等
空巢阶段二：年老的夫妇，无子女同住，已退休	收入锐减，赋闲在家。多购买医疗器械，医疗保健产品等
鳏寡阶段：尚在工作	收入仍较可观，但也许会出手房子
鳏寡阶段：退休	收入锐减，需要与其他退休群体相仿的医疗用品，特别需要得到关注、情感和安全保障

（资料来源：王方华，陈洁．市场营销学［M］．上海：复旦大学出版社，2008：127-128．）

市场营销人员应当关注其目标市场所处的家庭生命周期阶段的特点，并为其制定相应的营销策略。当今，营销者除了要关注处于传统的家庭生命周期各阶段的消费者，还应注意其他各种非传统的家庭生命周期阶段的消费者，如晚婚者、丁克家庭、单亲家庭等，这样才能满足不同类型消费者的需求。

（二）职业

从事不同职业的人们对商品的偏好也是不同的。以脑力劳动为主的消费者是书籍、软件等文化用品的主要消费者，购买时具有较高程度的理性，购买决策过程也较全面；主要从事体力劳动的消费者购买商品的理性程度则相对较低。营销人员需确定与其产品相关的职业群体，并据此制定具有针对性的营销计划。

（三）经济状况

经济状况主要包括个人可支配收入水平、个人对消费开支和储蓄的态度以及借贷能力等，此外，还包括当前的经济形势等。经济状况在很大程度上影响着人们的消费需求、支出能力及支出结构。营销者应根据不同商品的属性，并结合消费者的经济状况，采取不同的营销策略。

（四）生活方式

生活方式是指人们生活的形式，集中表现在人们的活动、兴趣及思想见解上。即使同一社会阶层、同一文化、同一职业的消费者也可能具有不同的生活方式。生活方式对消费者的购买行为会产生深刻的影响。营销者可以通过掌握各种生活方式的消费者群体的需求偏好拓展产品销路。

（五）个性和自我观念

个性是个人特性的组合。消费者个性千差万别，如内向与外向、活泼与沉稳等，需求也呈现出较大的差异。营销者在分析某一特定商品的消费者的购买行为时，应抓住购买此类商品的消费者的个性特征。

与个性相联系的另一个概念是消费者的自我观念，又称自我形象，即消费者认为自己是哪种人。不同的自我观念也会影响消费者的需求和购买行为。一般情况下，人们总希望保持或增强自我观念，并把购买行为作为表现自我形象的重要方式。因此，消费者通常愿意购买与自我观念相称的商品。因此，营销者必须首先了解消费者自我观念与其所购商品的关系。

四、心理因素

消费者的购买行为还受动机、知觉、学习以及信念和态度等主要心理因素的影响。

（一）动机

心理学认为，人的行为是受动机支配的，而动机则是由需要引起的，三者之间的关系如图 5-2 所示。每个人在每一个时刻都会有许多需求，如因饥饿、寒冷等不适状态引起的生理需要和由对被了解、尊重或归属的需求而引起的心理需要。但这些需要还不能成为动机。动机是一种推动人们为达到特定目的而采取行动的迫切需要，是行为的直接原因。

图 5-2　需求-动机-行为关系图

心理学家曾提出许多关于人类行为动机的理论，其中较著名的有弗洛伊德的“潜意识理论”、马斯洛的“需要层次论”等。弗洛伊德认为，人们在成长过程中会压抑许多渴望，但这些渴望并不会完全消失，也不会完全被控制，它们会以潜意识的形态出现。因此弗洛伊德认为，人们通常不知道或不能描述影响其行为的心理因素，也就是说，人们并未完全了解自己的动机。

马斯洛的“需要层次论”认为，人的需要以层次形式依次从低级到高级排列，可表示成金字塔形，具体内容如图 5-3 所示。依重要性不同，人的需要可分为以下五个层次：生理需要，即吃饭、喝水等基本的生存需要；安全需要，即保护人身、财产安全和防备失业的需要；社交需要，即希望被群众接受从而有所归属和获得爱情的需要；尊重需要，即实现自尊，赢得好评、赏识，获得承认、地位等的需要；自我实现需要，即充分发挥个人能力，实现理想和抱负，取得成就的需要。马斯洛指出，只有较低一级的需要基本满足以后才会出现较高一级的需要；只有所有的需要相继满足后，才会出现自我实现需要。

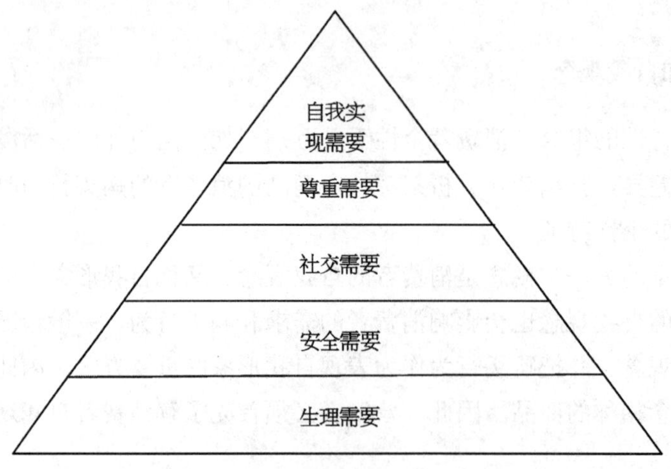

图 5-3　马斯洛的需要层次结构图

这些理论为市场营销者更加深入地理解消费者的购买行为提供了有效的工具，使他们能够了解不同的消费动机与其所销售的商品和服务之间的对应关系，并使处于不同需要层次的消费者的需求得到更好的满足。

（二）知觉

人们在动机的驱使下会随时采取行动，但人们的行动也会受其对客观情况的知觉的影响。知觉是指人们为了解世界而收集、整理及解释信息的过程。处于相同激励、相同动机的两个人的行为可能会完全不同，原因就在于他们对情况的知觉不同。例如，甲认为说话很快、滔滔不绝的计算机推销员过于啰唆、妨碍自己的判断，而乙则认为该推销员非常热情，效果良好。人们之所以会对同样的刺激产生不同的知觉，是因为知觉过程是一个有选择性的心理过程，包括选择性注意、选择性曲解和选择性保留。

1. 选择性注意

人们每天都会面临大量的刺激，但并不是所有这些刺激都会引起人们的注意，人们往往倾向于剔除大部分的信息而仅注意与其当时需要有关的信息。例如，一个准备购买电视机的消费者，就特别容易注意到电视机广告或其他来源的有关电视机的信息，但是对所看到的冰箱、空调广告却难以留下深刻的印象。在当今的“注意力经济”时代，谁能吸引更多的关注谁就能拥有更大的价值，因此，众多企业纷纷聘请影视明星、体育明星做广告，以吸引消费者的眼球。而脑白金的广告则另辟蹊径，通过一句通俗的广告语——“今年过节不收礼，收礼只收脑白金”，并配以老头、老太的芭蕾舞蹈，使得这一广告几乎家喻户晓。

2. 选择性曲解

即使人们注意到了某一外部刺激，但该刺激未必能达到预期的目的。选择性曲解是指人们总会根据以往的经验来接受和理解所获得的信息。这就要求营销人员必须了解消费者的已有想法及这些想法是否曲解了企业所传达的信息，在此基础上，积极引导消费者的购买行为。

如某消费者已倾向购买甲品牌电视，所以他对另一竞争品牌乙品牌电视优缺点的信息会曲解，而得出甲品牌电视更好的结论。

3. 选择性保留

人们对所获得的大量信息不可能全部保留，而主要保留符合他们态度和信仰的信息。某顾客买下了海尔冰箱，他始终认为自己的购买决定是正确的，久而久之，就会只记得这个品牌的优点，而忽略其他品牌的优点。

由于以上三个知觉过程对每个人都是不同的，因此，受到同样刺激的人也可能会有完全不同的反应，消费者的购买行为就会产生较大的差异。

（三）学习

学习是由经验产生的个人行为的变化，即消费者在购买和使用商品的过程中，逐渐积累经验，并根据经验调整购买行为的过程。人类行为大多来源于学习。一个人的学习是通过驱使力、刺激物、诱因、反应和强化的相互影响而产生的。心理学家把驱使力分为原始驱使力和学习驱使力两种。原始驱使力是指先天形成的内在刺激力，如饥饿、口渴等；学习驱使力是指后天形成的内在刺激力，如升迁等。因此，营销者可以将产品销售与消费者的学习过程相结合，使产品与消费者的动机对接，通过驱使力和刺激物及对消费者反应的积极强化等方式创造对产品的需求。例如，哈根达斯冰淇淋的广告语——“爱她，就请她吃哈根达斯”，就利用了人们对爱情的向往这种“学习驱使力”刺激消费需求，并利用哈根达斯冰淇淋作为“刺激物”，表达对她的爱就是作出反应的“诱因”，如果消费者请女朋友吃了哈根达斯以后，女朋友特别满意，则以后还会选择购买，即作出同样的“反应”，这就是反应的“强化”。

（四）信念和态度

通过行为和学习，人们会形成一定的信念和态度，信念和态度反过来又会影响消费者的购买行为。信念是人们对某种事物比较固定的看法，这些看法可能建立在实际知识、观念或信任的基础上。因为信念会形成产品和品牌形象，进而影响消费者的购买行为，所以营销者应该关注消费者对其产品的信念，并及时更正其中存在的不利信念。如许多大企业在汶川地震中慷慨解囊，献爱心，这就为增加企业和品牌在消费者心目中的有利信念，树立良好的企业形象。再如某些产品（如汽车），给予消费者的信念会随着原产地的不同而存在较大差异，如许多车友认为日本车经济省油，美国车宽大舒适，德国车安全且动力强。

态度是一个人对某个客观事物或观念的相对稳定的评价、感觉及倾向。某种态度一旦形成就很难改变。如消费者一旦形成对某种产品或品牌的态度，就会倾向于根据态度作出重复决定。因此，一般情况下，企业应尽量使其产品符合人们已有的态度，而不是设法改变这种态度，因为这要付出相当大的代价。

一个代表性的案例就是中国针灸在美国的流行。20 世纪 70 年代之前，在美国华盛顿、洛杉矶、旧金山等地虽然有不少中医，但精通针灸者却未曾有闻。1972 年 2 月 21 日至 28 日，美国总统尼克松访华，随行记者 500 名，记者詹姆斯·罗斯顿（James Reston）患阑尾炎，在北京协和医院做阑尾切除术，并应用针灸疗法消除术后疼痛，取得成功。在华期间，詹姆斯还参观了针刺麻醉，回美国后即在 7 月 2 日的《纽约时报》撰写有关报道，以大幅醒目标题刊于头版，在美引起了轰动，从而促使美国国立卫生院（NIH）注意到中国的针灸疗法。可见，消费者的某种态度和信念有时也会受到外界环境的影响而改变。企业应积极利用营销手段，引导消费者的信念和态度向有利于企业的方向发展。

总之，文化、社会、个人与心理四个方面的因素是影响消费者购买行为的主要因素。市场营销者应该仔细研究这些因素，并据此制定更加完善的营销策略，从而更好地把握消费者的购买行为。

第三节　消费者购买决策过程

企业在分析了影响消费者购买行为的因素后，还需要了解消费者如何作出购买决策。消费者在购买决策过程中可以扮演不同的角色，实施不同的购买行为。因此，在介绍消费者购买决策过程之前，我们首先介绍购买决策的参与者和购买行为的类型。

一、参与购买决策的各种角色

消费者在购买决策过程中主要扮演着五种不同的角色，具体情况如图5-4所示。

（1）发起者，即最初提出购买某种商品的人。

（2）影响者，即直接或间接影响最终决策的人。

（3）决策者，即对部分或整个购买行为作出最后决策的人。

（4）购买者，即实际执行购买决策的人。

（5）使用者，即实际使用和消费该商品或服务的人。

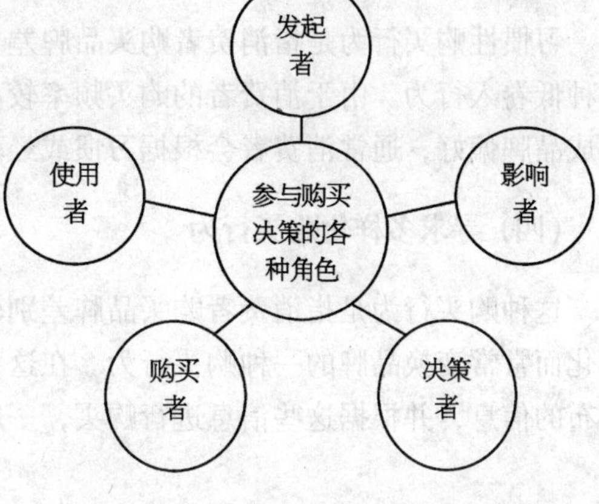

图5-4 参与购买决策的各种角色

以上每一种角色都由家庭中的某一个或几个成员来承担，通常根据所购商品种类的不同进行相应的转换，而且有些商品购买的决策者、实际购买者和使用者往往不一致。如购买玩具时，孩子通常是发起者和使用者，影响者往往是其玩伴，父母则主要扮演决策者和购买者的角色。这些角色在消费者的购买行为中各自发挥着不同的作用。市场营销人员必须搞清楚在购买不同商品时每种角色分别由谁来承担，并分析其在购买决策中的地位，从而运用适当的营销策略，有效地促进商品销售。

二、消费者购买行为的类型

根据消费者卷入购买程度㊀的高低和所购商品不同品牌差异程度的大小，可将消费者的购买行为分为复杂购买行为、化解不协调购买行为、习惯性购买行为和寻求多样化购买行为。

（一）复杂购买行为

这种购买行为通常发生在消费者初次购买品牌差异较大的、单价较高的商品时。在此情况下，对可供选择的品牌，消费者购买前往往会收集大量相关的信息，并据此评价每种品牌商品的优缺点，并形成对品牌的态度，然后作出购买决策。

（二）化解不协调购买行为

化解不协调购买行为通常是指消费者卷入程度虽高，但所购商品品牌差别不大时所发生的购买行为。在这种情况下，消费者通常会花费大量的时间收集有关价格和购买时间、地点等信息，而对不同品牌的信息不太关注。与复杂购买行为相比，此种购买行为的消费者购买所花费的时间较短，但购买后会出现因产品缺陷或其他品牌更优而心理不协调的现象。但此时，消费者为了证明其作出的购买决策是正确的，会积极地寻找与所购品牌相关

㊀ 消费者卷入购买程度即参与购买过程的人数。通常把由一人完成的商品的购买过程称为低卷入的购买行为；而把由上述五种不同角色的家庭成员等多人完成的商品购买过程称为高卷入的购买行为。

的有利信息。

（三）习惯性购买行为

习惯性购买行为是指消费者购买品牌差异很小、价格较低、购买频率较高的商品时的一种低卷入行为。由于消费者的购买频率较高，基本上对此类商品有较全面的了解，并已形成品牌偏好，通常消费者会根据习惯或经验购买这类商品。

（四）寻求多样化购买行为

这种购买行为是指消费者购买品牌差别较大但易于选择的商品时，为了使消费种类多样化而常常变换品牌的一种购买行为。在这种情况下，消费者通常表现出被动接受企业所发布的信息，并根据这些信息进行购买，一般不会形成对品牌的态度。

三、消费者购买决策过程

消费者的购买决策过程一般可分为五个阶段：引起需要、收集信息、评价选择、购买决策和购后感受，如图 5-5 所示。

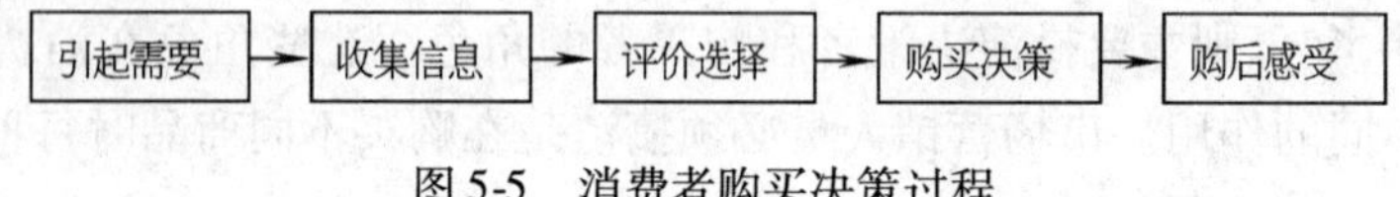

图 5-5 消费者购买决策过程

由图 5-5 可知，购买过程早在实际购买发生以前就已经开始了，并且会一直延续到实际购买之后。这就要求市场营销者应该关注整个购买决策过程，并针对决策过程的不同阶段制定相应的营销策略。

（一）引起需要

人的行为是受动机支配的，而动机又是由需要引起的，因此，需要是购买过程的起点。人们的需要可能是由内部刺激引起的，如饥饿、口渴等需要，会促使人们寻找到供其吃喝的物品；也可能是由外部刺激引起的，如超市里摆放的美味食品和饮料等，也会使人们产生饥饿与口渴等需要；但也有可能是由内外刺激共同作用的结果。

在这个阶段，市场营销者应了解消费者的潜在需要和实际需要，以及哪些因素能够触发这些需要，然后通过制定与这些因素相关的营销策略，唤起和强化消费者的需要。

（二）收集信息

如果消费者的需要很强烈而又存在易于得到的物品，那么，消费者的需要就能够得到满足。但在多数情况下，这种需要可能会留在消费者的记忆中，消费者凭借记忆中的需要提高注意力并积极收集针对该需要的信息。消费者收集信息的多少取决于他的动机的强烈程度、已知信息的数量和质量以及进一步收集信息的难易程度。

在传统经济下，消费者一般通过以下四种来源获取信息：①个人来源，即从家庭、朋友、邻居和其他熟人处获得信息；②商业来源，即从广告、推销员介绍、商品展览与陈列、商品包装、商品说明书等获得信息；③公众来源，即从报刊、电视等大众宣传媒介的客观报道和消费者信誉机构的评级获得信息；④经验来源，即通过触摸、试验和使用商品获得信息。尽管这四种信息来源的相对影响力随产品和消费者的不同而变化，但是总体而言，个人来源是最有影响力的来源，尤其在服务的购买上影响更大，它能为消费者评价商品；商业来源也是主要的信息来源，一般起到告知购买者的作用。

随着网络经济的兴起，消费者获取信息的来源又有了新的变化。网络宣传媒介作为一种新的传播渠道，为消费者提供了广泛的信息，企业不仅可以通过网络进行广告宣传和产品信息的发布，更重要的是能与消费者开展互动。因此，越来越多的企业开始重视网络口碑对消费者决策的影响。中国网络口碑研究咨询公司（CIC）在2008年年末至2009年年初，针对640位BBS/博客用户在北京、上海、广州和成都四个城市进行了抽样调查和系列访谈。该研究发现：81.2%的BBS/博客用户在过去一年实际购买产品时都查询过相关网络口碑，消费者在购买前上网查询其他网友的评论已经成为一种习惯。该研究还表明：良好的网络口碑可以使一个品牌有近50%的机会去改善其原本在消费者心中的不良印象，从而为品牌带来潜在商机。相应地，持续的负面网络口碑也可能使超过四成的消费者放弃原本对品牌的热爱和选择[㊀]。

因此，在收集信息阶段，市场营销者一方面必须仔细识别消费者的信息来源及各来源的重要性，另一方面又必须作好全方位的营销宣传，以便使潜在消费者完成从知觉到坚信的心理转变并作出购买决策。

（三）评价选择

评价选择是购买决策过程中具有决定性的一个步骤。在此阶段，消费者利用收集得来的各种相关信息，对可供选择的产品和品牌进行分析、对比和评价，进而作出选择。

消费者在购买中通常并非使用统一的方法进行评价，而是采用几种不同的评价过程。了解消费者的评价过程之前首先注意以下几个方面：①产品具有诸多不同的属性，每个消费者都把产品看成是一系列产品属性的集合，不同的消费者对产品的不同属性感兴趣；②由于消费者的需要不同，他们对产品的不同属性给予的重视程度也不同；③消费者会形成对各个属性中每种品牌的信念，这种信念与真正的品牌性能可能相符，也可能不相符；④消费者期望的产品满意度随不同属性水平的改变而变化；⑤大多数消费者是通过将实际产品与自己理想中的产品相对比来进行评价与选择的。

总之，不同消费者在不同的购买决策过程中，会采用一种或几种评价程序，形成对不同品牌的态度。对此，市场营销者应通过广告宣传消除消费者心目中与产品的实际属性不相符合的品牌信念，同时还应积极地引导消费者逐渐加大对本企业销售产品优势属性的重视程度，从而不断增强产品的市场竞争力，提高消费者对产品的满意度。

㊀ CIC. 洞察网络口碑主题一：网络口碑在购买决策中扮演的角色［EB/OL］.［2009-06］. http://www.slideshare.net/CIC_China/ss-1601270.

（四）购买决策

消费者通过对可供选择的不同品牌的评价，形成对某种品牌的购买意向。但购买意向并不一定总是引起实际的购买决策。购买决策包括购买何种商品、何种品牌、何种款式、购买时间、地点、数量、价格以及支付方式等许多项目。消费者对某一项目作选择时还会受许多因素的影响与制约，如其他人的态度,如果他所在的团体中与其关系很密切的成员坚决反对购买或给出其他的建议,那么他就很可能改变购买意向。除此之外,现实生活中还会出现许多不可预料的情况,如家庭收入减少或其他方面急需用钱;获知准备购买的品牌存在他所不知的缺点;竞争对手采取有效的营销刺激手段等。这些意外情况会改变消费者基于预期收入、预期价格及预期产品益处的购买意向。而且,消费者也会根据所购商品预期风险的大小采取相应的对策,在预期风险较大时,消费者会暂不购买或改变购买意向。

对此，在消费者的购买决策阶段，市场营销者一方面应向消费者提供更多、更详细的商品信息，以便于消费者作出购买选择；另一方面，应通过提供各种销售服务方便消费者购买，促使其作出购买本企业商品的决策。

（五）购后感受

消费者购买商品后，往往会通过自己使用或者与他人交换意见，对其购买选择进行检验，这便形成了消费者的购后感受。购后感受起到重要的反馈作用，消费者对所购商品形成的态度会影响其以后的购买行为。消费者对某种商品的态度取决于使用前对商品的期望与使用后所觉察到的商品的实际性能作比较后的结果。如果商品的实际性能与之前的期望基本吻合，消费者就会对其购买表示满意；如果超出了期望，就会非常满意。在这两种情况下，消费者很可能会重复购买该商品，并向其他人传达有利于该企业及其商品的信息。而如果商品未达到消费者的期望，他就会对该商品表示出失望和不满，而且期望和性能之间的差距越大，消费者的不满意程度就越高，消费者就会改变之前对该商品的态度，同时还会影响其他消费者的态度，进而在以后的购买中采取行动予以否定。这不仅会使企业损失一部分新顾客，而且也流失了现有顾客。对企业而言，挽留现有顾客是实现销售目标的最佳方式。

针对上述情况，市场营销者应实事求是地描述产品性能，以便使消费者感到满意，或者采取低调描述产品性能以提高消费者对产品的满意度。对于不满意的消费者，企业应建立有效的信息反馈系统，积极主动地征求消费者的意见，了解消费者的态度，从而改善消费者的购后满意度，提高企业的销售额。

第四节　组织市场购买行为分析

市场营销学把市场分为消费者市场和组织市场两大类。顾名思义，组织市场就是以某种组织为购买单位的购买者所构成的市场，包括生产者市场、中间商市场和政府市场。在企业所面临的市场中，组织市场占有重要的地位，企业应充分了解组织市场中各购买者的特点及其购买行为。

一、生产者市场购买行为

生产者市场又称生产资料市场，是指工业、农业和服务业买主购买生产资料用于其他产品的生产和流通，以达到其盈利目的的市场。

（一）生产者市场的特点

相对于消费者市场而言，生产者市场主要有如下几个方面的显著特征：

1. 需求具有派生性

生产者市场需求是由消费者市场需求派生出来的，因此，它属于派生性（或引申性）需求。如果消费者对某企业生产的产品需求下降，那么该企业在生产者市场上的购买量也将减少。

2. 需求的波动性较大

生产者市场需求的连带性和相关性导致其具有较大的波动性，即消费者市场需求的小量波动会引起生产者市场需求的巨大波动。有时消费者需求只增减 10%，而相应的生产者市场需求却会出现 200% 的增减。

3. 需求的弹性较小

一般而言，生产者市场的购买者往往不会因价格的变动而增减其需求，这主要来自以下三个方面的原因：①生产者市场的需求具有派生性，这就制约着生产资料的购销双方，从而相对于消费资料的需求来说，生产资料的需求就显得缺乏弹性；②生产资料的生产加工者不可能经常变动其生产工艺，因此也不会随意更改对某种生产资料的需求：③在生产者市场的购买中，对产品规格、质量、性能、服务及技术指导等均有较高的要求，与这些方面相比，价格往往不是决定购买的主要因素。

4. 专业性购买

生产者市场上的购买者多是受过专门训练的专业人员，他们不易受广告宣传和推销方式的影响，多数属于理智型决策，所以专业性购买通常又称为理智型购买。

5. 市场集中

由于各地的资源、交通等情况不同，竞争将促使某些行业在地域分布上趋于集中，生产的集中又必然导致市场的集中，如我国钢铁行业主要分布在东南沿海一带。

6. 购买活动耗时较长

由于生产资料购买的数量较大，且在交易时对其规格、品种等有较严格的要求，这就使得生产者市场在购买活动中花费的时间比消费品市场长得多。

7. 买卖双方保持长期业务关系

在生产者市场上，卖方往往参与到客户购买决策过程的各个阶段，帮助客户寻找能满足其需要的产品和服务，甚至按客户要求的规格和时间，定期向客户供货，并提供售后服务。生产者市场上的卖方据此与客户保持长期的业务合作关系，从而保持自身产品的市场占有率。

8. 购买决策的集体性

生产资料的购买数量大、价值高、责任重，直接影响着企业生产的成果，因此，购买决策往往需要集体共同商定，进而作出慎重选择。

（二）生产者购买决策的主要类型

1. 直接重购

生产者用户按照过去的订货目录和基本要求，继续向原来的供应商购买产品，就属于直接重购，这是最简单的购买类型。一般说来，企业采购部门主要对自己熟悉并满意的供应商采取这种重复性、惯例化的购买决策。对此，供应商应尽力保证产品质量和服务质量，采取方便客户再购的措施，如建立自动重新订购系统等，以提高客户的满意度。任何一个竞争对手要想夺取这个市场都是很困难的，但可从提供新产品或消除购买者的不满入手，争取先获得小批量订货，再逐步扩大份额。

2. 修正重购

修正重购是指生产者用户为了更好地完成采购任务，就所购产品的规格、价格或供货协议中的某些方面进行修正之后再购买。这种购买类型比直接重购较为复杂，通常涉及更多的决策参与者，需要进行新的调查，收集新的信息，作出新的决策。这对原供应商是个压力，迫使其采取措施维护已占有的市场份额；而对新的供应商则是获取新订单的机会，应抓住时机，扩大销售。

3. 新购

生产者用户初次购买某种产品或服务称为新购。这也是最复杂的购买类型。新购产品主要是大型生产设备、新厂房或办公大楼、办公设备或计算机系统等不经常购买的项目。由于这是一种新的购买活动，买方往往需要获得多家供应商的大量相关信息，通过比较其价格、质量、服务、信誉度等，作出购买决策。由于购买的成本和风险较大，企业通常组织有关专家共同商定如何购买。显然，这种情况也给供应商提供了扩大销售的机会。

（三）影响生产者购买决策的主要因素

生产者用户在制定购买决策时会受很多因素的影响，通常情况下，可以把其归纳为四大类：环境因素、组织因素、人际因素和个人因素，如图 5-6 所示。

环境因素	组织因素	人际因素	个人因素	
需求水平 经济前景 资金成本 供给状况 技术革新速度 政治法律情况 市场竞争趋势	营销目标 采购政策 工作程序 组织结构 管理体制	地位 职权 感染力 说服力	年龄 受教育程度 职位 性格 风险意识	购买者

图 5-6　影响生产者购买决策的因素

1. 环境因素

企业在很大程度上都要受现在和预期的经济环境的影响，如一个国家或地区的市场需求、经济形势、资金成本及市场竞争等情况。当经济形势不佳、市场需求不振时，购买者会停止进行新的投资，甚至退出其所从事的行业。

2. 组织因素

组织因素是指生产者用户自身的有关因素，包括其营销目标、采购政策、工作程序、组织结构、制度体系等，这些因素都会影响其购买决策。

3. 人际因素

人际因素主要是指生产者用户内部的人际关系因素。生产者购买的决策过程比较复杂，参与决策的人员较多，这些参与者在企业中的地位、职权、说服力、感染力以及他们之间的关系都会影响其购买决策。

4. 个人因素

与影响消费者购买行为的个人因素相似，这里的个人因素也包括各个参与者的年龄、受教育程度、职位、性格、偏好及风险意识等。在决策过程中，这些个人因素会影响参与者对要采购的产品和供应商的看法，进而影响购买决策和购买行为。

（四）生产者购买决策过程

以典型的新购产品为例，生产者购买决策过程可分为以下八个阶段：

1. 认识需要

认识需要是指生产者用户对某种产品或服务提出需要，这是购买决策过程的开始，一般由企业的内部刺激或外部刺激引起。内部刺激包括决定生产某种新产品，需要新的设备及原材料；发现过去采购的原材料有问题，需要更换供应商，或寻找更好的货源；设备发生故障，需要更新设备或零部件等。外部刺激包括展销会、广告或供应商的推销人员访问等，促使有关人员提出采购意见。

2. 确定需要

在这一阶段，购买者着手确定所需产品的特征（如安全性、耐用性、价格等）及其数量，并按重要性进行排列。简单的采购任务可由采购人员直接确定，而对于复杂的采购任务，采购人员则往往需要和他人合作来共同确定。

3. 评述产品规格

在明确了总体要求后，生产者用户就要决定所购生产资料的技术指标，对所需产品的规格、型号等作出进一步详细的技术说明，并形成书面材料，作为采购人员采购时的依据。这往往需要工程技术人员作价值分析。价值分析是一种降低成本的分析方法，其目的是在保证不降低产品功能的前提下尽量减少成本，以取得最大的经济效益。

4. 寻找供应商

采购人员通过各种途径寻找合适的供应商，同时对供应商的生产能力、技术水平、供货保障、资信等方面进行调查。因此，供应商应设法提高自己的知名度，如加入“工商企业名录”和计算机信息系统，制定强有力的广告宣传计划，方便购买者查找和联系。

5. 征求供应商建议

这是指邀请符合采购标准的供应商提供有关产品使用说明、价目表、质量标准等方面的书面资料。因此，卖方的营销人员应善于编写产品目录、说明书、价目表等资料，其中还应包含对产品评价的介绍及促销的内容等。

6. 选择供应商

生产者用户按一定的评价标准对每个供应商提供的书面资料进行评价，并在此基础上选择最终的供应商。选择供应商时通常考虑的因素包括：优质的产品和服务、交货能力、企业信誉、坦诚的沟通、产品价格、维修和服务能力、技术帮助和咨询以及地理位置等。一般来说，生产者用户不会仅选择单一的供应商，而是同时保持几条供应渠道，以促使供应商之间展开竞争，从而使自己处于有利的地位。

7. 发出正式订单

选定供应商后，生产者用户即发出订单，订单上列明产品的技术规格、订货数量、交货时间、产品保证和其他有关事项。在商务活动中，对信誉可靠的保修产品，生产者用户往往愿意订立“一揽子合同”（又叫无库存采购计划），和该供应商建立长期供货关系。这样，生产者用户就可以降低或免除库存成本，供应商则可以保持长期的供货关系，增加业务量。

8. 绩效评价

生产资料购进使用后，采购人员应与使用部门保持联系，了解产品使用情况，并要求使用者作出准确评价，并对供应商的履约情况进行考评，以决定今后对各供应商的态度。供应商则应关注该产品的采购者和使用者是否同时使用同一标准进行绩效评价，以保证评价的客观性和准确性。

二、中间商市场购买行为

中间商市场亦称转卖者市场，它是由所有以盈利为目的、从事转卖或租赁业务的个体和组织构成，包括批发商和零售商两部分。中间商市场的实质是顾客的采购代理。市场上的大多数产品都是由中间商送达消费者手中的，仅有少数产品是生产者直接销售的。

（一）中间商的购买类型

中间商的购买行为主要有以下四种类型：

1. 新产品的购买

新产品的购买是指中间商对是否购进以及向谁购进以前未经营过的某一新产品作出决策。在这种情况下，中间商首先要考虑“买”与“不买”，然后再考虑“向谁购买”。采购过程中的主要步骤与生产者市场大体相同。

2. 选择最佳供应商

这是指中间商在确定了需要购进的产品后，寻找最合适的供应商。这种情况的发生主要与两个背景有关：①各种品牌货源充裕，但中间商受条件限制，只能选择经营某些品牌；②中间商准备自建品牌产品，选择愿意为其制造品牌产品的供应商。

3. 改善交易条件的采购

在该采购类型中，中间商希望现有供应商在原交易条件上再作些让步，从而使自己得到更多的利益。在这种情况下，中间商不需要更换供应商，但希望通过这一施加压力的手段，从原有的供应商处获得更有利的供货条件。

4. 直接重购

该采购类型同生产者市场上的直接重购相类似，即中间商按既定方案不作任何修订直接进行采购。

（二）中间商购买方式分析

搭配战略是中间商采购计划中最主要的策略，中间商可选择的品种搭配策略主要有如下四种：

1. 独家搭配

独家搭配即只经营一家厂商制造的产品，如TCL集团成立了“幸福树”电器连锁卖场。

2. 深度搭配

深度搭配即经营许多厂家制造的同类产品，如计算机专卖店同时经营IBM、惠普、华硕等多种品牌的计算机。

3. 广度搭配

广度搭配即经营某一行业的多系列、多品种产品，如国美、苏宁等家电零售商经营空调、洗衣机、电冰箱等多系列产品。

4. 混合搭配

混合搭配即经营多种互不相关的产品，如沃尔玛、家乐福等超市同时出售食品、服装、图书等多种类型的产品。

（三）影响中间商购买决策的主要因素

同生产者市场一样，中间商的购买决策也受到环境因素、组织因素、人际因素和个人因素的影响。在购买过程中，中间商，特别是专业中间商和混合中间商㊀，尤其需要考虑以下几个方面的要素，如表5-3所示。

表5-3 中间商购买决策的决定要素

考虑要素	具体决定内容与要求
销售业绩	产品的销路是中间商生存的根本。在决定是否购买某种品牌的产品之前，中间商首先考虑的是这种品牌的产品过去的销售业绩。而对于新产品，中间商的态度往往比较谨慎，或者采取代销的形式，或者用试销的方式，直到确信该产品确实有销路，才可能大批量购买该产品

㊀ 中间商包括独家代理商、专业中间商和混合中间商三种类型。独家代理商仅购买和出售一种品牌的产品；专业中间商购买和出售超过一种品牌的产品，但都属于同一产品类型；混合中间商则同时购买和出售不相关的多种产品。

（续）

考虑要素	具体决定内容与要求
市场预测	面对复杂的消费者市场需求，只有良好的销售业绩是不够的，中间商还必须有对此产品乐观的市场预测。尤其对于非日常消耗品，如家电，好的销售业绩可能预示着需求市场的饱和。因此，客观准确的市场预测也是中间商在购买决策中必备的一步
库存状况	库存费用是中间商最无可奈何的支出，所以，每一个中间商都希望供应商能够实现最短时间的送货反应，以缩短库存时间，节约库存成本
供应商的交易条件	中间商在购买协议签订时，最希望争取的是优惠的交易条件。这些条件包括价格的折扣、简便的信用条件、付款期的延长、产品促销活动的配合、更多的售后服务等

（资料来源：王方华，陈洁．市场营销学［M］．上海：复旦大学出版社，2008：141-142.）

三、政府市场购买行为

在许多国家，政府机构是产品和服务的主要购买者。政府采购的产品范围极为广泛，目的在于满足自身日常运作的需要以及用于公益事业和公众福利。政府作为一种特殊的组织机构，其购买行为受到其他组织和公众的普遍关注。

（一）政府市场的特点

政府是社会组织的一个极重要的组成部分，政府市场主要具有如下特点：

1. 需求的计划性较强

一国政府开支要列入财政预算，各级政府部门购买什么、购买多少，都要受到财政预算的限制，而且要制定购买计划，还要经过预算、审批等过程。

2. 需求受到较强的政策制约

一国的经济政策对政府集团消费的影响较大。财政开支紧缩时，需求减少，反之则增加。

3. 购买方式多样

政府市场购买方式明显区别于消费者市场、生产者市场和中间商市场。对日用办公用品的购买，往往先选定供应商，然后采取连续再购买的形式定期购买；对价格昂贵的大宗商品，如飞机、汽车等，则采用公开招标的方式竞购；对公共福利品，则容易受到推销商的影响等。

4. 购买需受到社会公众的监督

各级政府机构的开支来自财政拨款，财政拨款则来自于对社会公众的税收。因此，社会公众有权以各种形式对政府机构的购买活动加以监督，要求政府富有效率、公正、廉洁，能以最低标准的购物数量实现政府的各项职能。

5. 购买目标的多重性

这是由政府部门独特的社会职能决定的。各级政府在购买商品时除了考虑质量、性能、价格等经济性因素外，还要追求其政治性、军事性、社会性目标。

（二）政府市场购买过程的参与者

各个国家、各级政府都设有采购组织，一般分为以下两大类：一是行政部门的购买组织，如国务院各部、委、局；省、直辖市、自治区所属各厅、局；市、县所属的各科、局等。这些机构的采购经费主要是财政部门拨款，各级政府机构的采购由各办公室具体经办。二是军事部门的购买组织。军事部门采购的是军需品，军需品包括军事装备（武器）和一般军需品（生活消费品），其中，国防部主要采购军事装备，国防后勤部（局）主要采购一般军需品。

（三）政府购买行为的形式

政府购买一般分为以下两种形式：

1. 公开招标

公开招标是指政府采购办事处邀请合格的供应商对政府决定购买的产品或服务进行投标。政府一般选择出价最低者。如我国的大型公共工程项目，一般就是通过国内外招标而确定供应商的。这种购买形式有利于促进供应商之间的公平竞争，确保交易的公平性，减少腐败现象的发生。但是，其缺点在于招标的周期过长，工作效率偏低，且缺乏一定的弹性。

2. 协议合同

协议合同是指政府负责购买的部门通过同一家或几家供应商接触，并就项目和交易条件与其中一家公司进行直接谈判。这种购买形式往往发生在复杂的项目中，这些项目一般涉及巨大的研究与开发费用和风险，或发生在缺乏有效竞争的场合。对于时间要求紧，涉及范围广的项目，协议合同的形式显得更加有效，它节约了大量准备的时间，减少了采购成本，政府和供应商之间的协议也更加灵活。

关　键　词

消费需求；购买行为；动机；需要层次论；组织市场

思　考　题

1. 什么是消费需求？其特点有哪些？
2. 影响消费者购买行为的主要因素有哪些？举例说明这些因素对购买决策行为的影响。
3. 消费者购买决策一般要经过哪几个阶段？为什么说“银货两讫”后购买行为过程并没有结束？
4. 生产者市场购买行为有哪些主要特点？
5. 政府购买行为的主要形式是什么？

【案例分析讨论】

大宝护肤品：工薪阶层的选择

大宝是北京三露厂生产的护肤品，在国内化妆品市场竞争激烈的情况下，大宝不仅没有被击垮，而且逐步发展成为国产名牌。在日益增长的国内化妆品市场上，大宝选择了普通工薪阶层作为销售对象。既然是面向工薪阶层，销售的产品就一定要与他们的消费习惯相吻合。一般说，工薪阶层的收入不高，很少选择价格较高的化妆品，但他们对产品的质量也很看重，并喜欢固定使用一种品牌的产品。因此，大宝在注重质量的同时，坚持按普通工薪阶层能接受的价格定价，其主要产品“大宝 SOD 蜜”市场零售价不超过 10 元，日霜和晚霜也不超过 20 元。价格同市场上的同类化妆品相比占据了很大优势，本身的质量也不错，再加上人们对国产品牌的信任，大宝很快争得了顾客。许多顾客不但自己使用，也带动家庭其他成员使用大宝产品。大宝还了解到，使用大宝护肤品的消费者年龄在 35 岁以上者居多，这一类消费者性格成熟，接受一种产品后一般很少更换。这种群体向别人推荐时，又具有可信度，而化妆品的口碑好坏对销售起着重要作用。大宝正是靠着群众路线获得了市场。

为了拓宽销售渠道，三露厂采取主动出击，开辟新的销售网点的办法，在全国大中城市的有影响力的百货商场设置专柜，直接销售自己的产品。专柜的建立不仅扩大了销售，也为大宝做了广告宣传。此外，许多省市的零售商也直接到厂里提货，再批发到县乡一级。零售与批发同步进行，使大宝的销售覆盖面更加广泛，在许多偏僻的地区也能见到大宝的产品。

大宝在广告宣传上也取得了成功，其成功在于广告定位与目标市场相吻合。大宝曾经选用体育明星、影视明星做广告，但效果不是很好。后来大宝一改化妆品广告的美女与明星形象，选用了戏剧演员、教师、工人、摄影记者等实实在在的普通工薪阶层，在日常生活的场景中，向人们讲述了生活和工作中所遇到的烦恼以及用了大宝护肤品后的感受。广告的诉求点是工薪阶层所期望解决的问题，于是，“大宝挺好的”，“要想皮肤好，天天用大宝”，“大宝明天见，大宝天天见”等广告词深深植入老百姓的心中。

分析讨论题：

1. 大宝化妆品成功的主要原因是什么？从中能得到哪些启示？
2. 试结合本案例谈谈企业应如何根据顾客的消费心理开展市场营销活动？

第六章

营销战略开发

【学习目标】

□ 正确认识企业战略的重要性

□ 了解营销战略在企业战略中的地位和作用

□ 熟悉企业发展战略规划的内容、步骤与方法

□ 掌握对竞争者进行分析的必要性和分析方法

□ 把握在分析企业竞争地位的基础上，制定竞争战略的方法

【导入案例】

IBM（International Business Machines Corporation，国际商业机器公司，以下简称IBM）自1911年创立起，就致力于提供商业计算设备。在20世纪二三十年代，IBM向商界出租打孔计算设备，并推销配套打孔卡，成为美国最有实力的商用设备企业；第二次世界大战结束后，IBM开发了一系列成功机型，到1984年，IBM税后净收益达65.8亿美元，是当时美国公司的最高纪录。

然而，从20世纪80年代后期开始，IBM的经营状况开始恶化，1991年亏损28.6亿美元，1992年亏损49.7亿美元，1993年1月，IBM股票跌至每股40美元以下，为17年来最低。

事实上，七八十年代，计算机行业的环境已经变化，而IBM并没有感知到。

第一，技术不断进步。大型机方面，市场寿命周期缩短，使开发成本的回收越来越难。个人计算机方面，386芯片已经出现，IBM没有使用，却被康柏公司（Compaq）抢占了先机。

第二，成本不断降低。一方面，成本低廉的日本计算机在80年代开始进入美国市场，另一方面，Dell公司采用的直邮销售的营销模式，大大降低了销售价格。

第三，需求不断变化。IBM曾是大型机的霸主，但是个人消费者的迅速崛起，改变了市场格局。1977年，苹果公司推出了内存少、没有数据库、运行速度慢、计算能力差但价格低廉的个人电脑，获得成功。

1993年4月郭士纳临危受命担任CEO，他提出IBM要做的五件大事：尽快实现盈利、赢得客户信任、强化服务器业务、强化IBM作为整体服务提供商的独一无二的定位、提高响应客户的速度和效率。

在接下来的9年里，IBM经历了两个最为重要的战略步骤：

一是否决了拆分公司的提案，保持了IBM的完整性。按照"客户第一的理念"，一个解体的IBM当然不能向客户提供优质的综合服务；相反，只有维持公司的统一，让同一张面孔面对客户，才更具竞争力。

二是改变了IBM的经营模式，使其经营重点从硬件制造转向提供服务。原先硬件和技术是"第一产业"，服务是"第二产业"，IBM能在当时的潮流中看到：未来十年，顾客将逐渐看重那些能提供整体解决方案——各种计算机零部件的技术整合方案，以及各种技术的企业流程整合方案——的公司。IBM认为，信息技术产业也将变成以服务为主导的产业，而不是以技术为主导的产业。

郭士纳通过绩效工资、以客户为导向等方式很好地执行了制定的战略，通过9年的努力，使IBM在2001年的销售额高达860亿美元，利润总额达77亿美元，股票每股价格一度升至124美元，当之无愧地入选了"财富500强"的前十名，在技术产业界仅次于微软。

第一节　企业战略与营销战略

现代企业在市场竞争中面临着巨大的压力，如何才能在竞争中取得优势，获取成功，需要企业对环境的正确判断以及对发展方向的清晰认识。面临被肢解风险的IBM之所以能起死回生，得益于郭士纳正确的战略指导，以顾客为导向，实行多元化战略，将经营重点从硬件制造转向计算机系统服务，并很好地执行了制定的战略。由此可以看出，企业经营成功与否，在很大程度上取决于是否存在一个符合市场需求的正确的战略作为指导。

一、企业战略

（一）企业战略的概念

"战略"这个概念最初来源于军事领域，指军事方面事关全局的重大部署。现在，战略一语已广泛应用于企业管理、市场营销等领域。企业战略是企业根据外部环境及内部资源和能力状况，为求得自身生存和长期稳定发展，不断获取新的竞争优势，对企业发展目标、达成目标的途径和手段的总体性、指导性谋划。它涉及与企业生存与发展有关的全局性、方向性、长远性和根本性问题。

企业战略一般分为三个层次：企业总体战略、业务单位战略和职能部门战略，其结构如图 6-1 所示。一般来说，企业的战略层次是和企业组织层次相一致的。

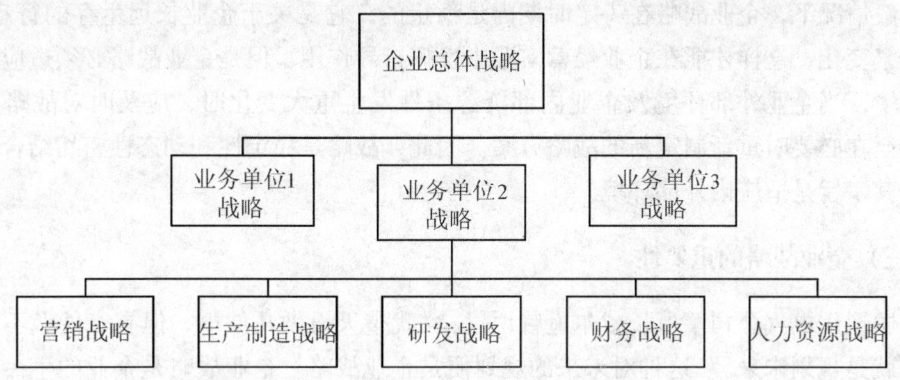

图 6-1　企业战略层次

企业总体战略是企业高层管理人员作出的，它为整个企业确定了长期目标和发展方向。它包括：确定企业的经营理念、长远发展目标、业务范围，安排各业务活动在企业中的比重，合理进行资源分配，规划业务在战略期内的发展方向等。业务单位战略则是由各战略业务单位根据企业总体战略规定的业务组合，各业务的地位和发展方向来确定本业务单位的具体竞争方式和资源使用重点。职能部门战略是由企业职能部门（营销部门、财务部门、生产部门等）作出，在企业总体战略和业务单位战略规定的范围内，将各种职能战略细化为具体的目标，对各部门活动的发展方向进行策划及对各职能活动进行管理，以求业务单位战略的顺利实现。

需要说明的是，这三个层次的战略之间必须形成一个有机整体，各职能部门的战略是为了实现业务单位战略目标而服务，而各业务单位的战略又是为企业总体战略服务的，三个层次必须统一协调，否则，企业总体战略目标是无法实现的。

（二）企业战略的基本特征

企业战略具有以下四个方面的基本特征：

1. 全局性

企业战略体现了企业的发展需要和利益，要解决的是事关企业全局的重大问题，规定了企业今后一段时期内经营活动的指导思想和行动方向。企业是各个业务单位、职能部门彼此紧密配合和有机联系的整体。企业有总体发展战略，各部门又派生出各自的战略，因此，企业战略规划是一个系统工程，通过对各种现象、各个部门局部的分析和研究，全面把握企业整体的活动，追求整体发展利益最大化。

2. 长远性

企业战略的制定是为了谋求企业长期的生存与发展，着眼于未来，指导和影响未来相当长时期的企业战略部署。企业战略并不具体考虑一时的得失和短期利益，它关注的是企业长期的根本利益。其制定的过程是在科学分析现实的基础上，对不确定的未来进行预测和规划。

3. 稳定性与动态性相结合

一般情况下，企业战略在一定时期内是稳定的，它是关于企业长远生存的行动纲领，不能频繁变化，这样才能在企业经营实践中发挥指导作用。但是企业战略必须适应企业内外部环境，当企业外部环境及企业内部资源条件发生重大变化时，应及时对战略进行调整，甚至在必要时重新制定新的战略方案。因此，战略是稳定性和动态性密切结合的行动方案，其宗旨是适应内外部环境。

（三）企业战略的重要性

美国通用电气公司董事长威尔逊曾说过："我整天没做几件事，但有一件做不完的工作，那就是规划未来。"这种对未来的规划便是企业战略。企业战略是企业的生命线，是企业一切工作都必须遵循的总纲，一切业务活动都必须以企业战略规划所规定的使命和目标为转移。

处于现代市场环境条件下的企业，其生存和发展必须具备长远的观点。如果没有企业战略，或者企业战略不够清晰，那么企业的经营运作就没有一个明确的指导，就难以形成满足市场需求、获取竞争优势、达成企业目标的具体策略。如果没有企业战略，就会缺乏一种整体性的策略原则，将不同部门的运作塑造成一种统一的团结力量。海尔集团之所以能以惊人的速度发展，得益于正确的战略指导，它通过名牌战略、多元化战略以及国际化战略，成长为中国家电的著名品牌，并向世界名牌迈进。因此，企业战略的制定与执行已经成为决定企业竞争成败的关键性要素。

二、营销战略

（一）营销战略的概念与内涵

每个企业都包含人力资源、财务、研发、营销等职能部门，每个职能部门都会根据企业总体战略和业务单位战略制定各自的职能战略。因此，营销战略是企业战略的重要组成部分，属于职能部门战略。它是指企业管理者在现代营销观念的指导下，为了完成企业的任务目标，根据企业战略的要求与规范，制定市场营销的目标、途径与手段，规定企业在一定时期内的营销拓展的总体设想和规划。营销战略管理是企业市场营销部门根据战略规划，在综合考虑外部市场机会及内部资源状况等因素的基础上，确定目标市场，选择相应的市场营销策略组合，并予以有效实施和控制的过程。

营销战略的选择，必须从企业实际的市场地位和竞争实力出发，选择相应的市场竞争战略，才能取得成功。市场竞争战略是营销战略的重要部分，能够使企业在市场竞争中有明确的方向，在营销活动中获得主动权，避免风险，确保企业的营销目标得以顺利实现。

企业营销战略的内容包含：选择目标市场和市场定位，确定营销组合方案，制定和实施营销计划，新产品开发，品牌的经营与管理、定价、渠道设计以及市场促销等方面的战略策划。它是企业营销活动的行动纲领，指导企业营销实现持续、平衡发展。

（二）营销战略与企业战略的关系

营销战略并不是孤立存在的，而是企业战略的一部分，它与企业战略的关系表现在以下几个方面：

1. 营销战略必须服从于企业战略

营销战略作为一项职能战略，是企业战略在营销方面的具体化。企业战略是企业发展方向的总纲，营销部门是在企业战略的指导下，在企业战略规定的业务范围内，结合市场营销系统内外部环境而制定出针对各个产品业务的营销战略。因此，营销战略必须坚决贯彻企业的战略意图，遵循企业的使命和任务；营销部门通过有效实施营销战略，将市场营销活动纳入企业战略所预期的方向，进而有效完成企业的总体目标。

2. 营销战略是企业战略的核心和基础

对于现代企业来说，面对复杂的市场环境，满足顾客需要是所有活动的出发点。企业需要了解顾客需要什么，再考察自己能否满足顾客的需要，以及怎样满足。企业掌握了顾客需要，掌握了市场，就能在竞争中掌握主动地位，获得发展。营销战略的制定过程正是发现新产品、发现和评估新的市场机会的管理过程。由于营销部门面向顾客，站在竞争的最前沿，因此，营销规划需要针对复杂的市场环境和快速多变的顾客需求，为占领和开拓市场而进行战略规划，以确保企业的发展适应外部环境变化。因此，营销战略是企业战略体系的核心。另外，企业战略的制定是以市场为导向的，决定了营销战略在企业战略中的基础地位，引导了其他职能部门，如研发、人力资源、财务等部门的战略制定。

3. 营销战略确保企业战略目标的实现

营销战略的正确实施和营销目标的实现，是企业盈利的保证。如果没有正确的营销战略来引导企业发现、满足和拓展市场需求，参与竞争，企业就无法创造利润，其他职能部门的努力也将徒劳无功。因此，营销战略虽然只指向企业的市场营销部门，规划营销系统的运行，但其终极目的是确保企业总体战略目标的顺利实现。

第二节　企业发展战略

企业发展是企业不断成长和壮大的过程，为企业发展所进行的整体性、长期性、基本性的规划就是企业发展战略。它是企业为了使自己的资源、能力同市场环境相适应，加强应变和竞争能力，立足长远，着眼未来，为实现各种特定目标以求得企业生存与发展而进行的总体运筹与计划。企业发展战略覆盖了企业活动的各个方面，规定了企业未来较长时间的发展方向。

一、企业发展战略的制定

企业发展战略规划包含环境分析、界定企业任务、明确企业目标、分析企业业务组合、制定企业发展战略等一系列工作。

（一）环境分析

企业制定战略首先要对其所处的环境进行分析。目前国内外较常用的环境分析方法有SWOT分析法，包括分析企业所具备的优势（Strengths）和劣势（Weaknesses），找出外部环境中的主要机会（Opportunities）和威胁（Threats），并依此来决定企业的目标与战略。这种方法的目的是考察某个业务领域是否适合企业经营，是否能够建立持久的竞争优势。

外部环境分析（O/T分析）是指主要通过对各种宏观和微观因素的分析阐述影响企业未来的外部环境因素，进而认识自身业务的发展前景、市场潜力、盈利空间以及潜在风险等。通过发掘企业所面临的市场机会以及环境中的不利发展趋势，对企业盈利能力和市场地位构成的威胁，对所有的机会和威胁进行排序，分出轻重缓急，使更重要、更紧迫的因素能受到应有的关注。

内部因素分析（S/W分析）则主要是通过与竞争对手进行比较来分析企业的内部条件，了解自身的优势和劣势。作优劣势分析时必须从整个价值链的每个环节，将企业与竞争对手作详细的对比。例如，生产成本是否较低，产品是否新颖，价格是否合理，销售渠道是否畅通等。通过优劣势分析，企业在确定目标和选择战略时能突出自身优势，成功利用机会和应对威胁，也能针对自身弱点采取相应的措施进行补救及改进，防范其成为竞争对手攻击的目标。

结合外部环境和企业内部因素分析的结果以及企业的实际资源能力，可以为企业发展战略的制定提供有力的支持和帮助，帮助企业把握那些能够同企业资源能力很好适应的市场机会，建立相关资源能力，防御那些危及企业竞争地位和未来业绩的外部威胁，进而取得经营上的成功。

（二）界定企业任务

任何企业的存在都是为了完成一定的任务和使命，离开了这些任务，企业也就失去了存在的价值。制定企业发展战略的第一步就是要明确企业的任务。企业任务说明了企业的经营领域、经营思想，为企业目标的确立与战略的制定提供依据。

企业任务回答的关键问题就是“企业的业务是什么”。回答这一问题正是建立在之前的SWOT分析基础之上。一方面，企业要考虑自身的资源条件和优势所在。企业的人力、财力、物力是实现生产和经营任务的必要条件，超越这一条件的企业任务是不可行的。企业任务也要结合自身特定的优势，扬长避短，选择那些自己所擅长的或具有相对优势的业务。另一方面，企业要关注市场环境的变化，因为市场环境的变化会导致社会需求在数量和结构上的变化，企业在界定任务时，要抓住环境变化带来的机会，规避环境威胁。在此基础上，企业才能确定其在特定时期的任务，进而指导战略规划和具体策略的制定，合理地配置资源。尤其当企业经营发展不利时，更应当重新考虑这些问题，对企业的业务及时进行调整，以使企业积极、稳步地向前发展。

不少企业都有自己的“任务说明书”，它不仅可以让公众对企业有清晰的了解，也向企业的每个员工阐明了有关目标、发展方向和机会，使企业员工明确自身的工作价值和工作目标。衡量一个企业任务说明书是否切实有效，应从以下几个方面考虑：

1. 是否明确企业要参与的主要竞争领域

任务说明书必须明确规定企业所处的行业领域、主要产品及应用领域、面对的市场群体和地域范围等。有些企业只参与一种行业的经营，有些则投入多行业的经营；有些企业面对的市场群体是婴儿，另一些企业则面向中老年群体；有些企业是地区性的，只在一个国家或地区经营，而有些则是跨国公司，在许多国家都有经营业务。

2. 是否以市场需求为中心来确定企业的任务

一些企业以产品为中心来描述企业的业务范围，但产品迟早会被淘汰，如生产算盘的企业若确定其任务是生产算盘，当市场上出现计算器时，企业在经营上就容易陷入被动。因此，应该将企业的业务活动看做是一个满足顾客需要的过程，从市场需要的角度来规定和阐述企业的任务，如此一来，企业对市场变化的适应性就比较大，在经营上就能比较主动。如 IBM 公司的任务“适应企业界解决问题的需要”，这样，员工就知道企业要满足的是企业对计算机系统服务的需求，他们就会时刻关注这一需求的变化，及时开发能更好满足顾客需求的新技术、新产品，使企业保持持久的竞争力。

3. 是否具有鼓动性

企业任务说明书要使全体员工从中受到鼓舞，感受到他们工作的重要性和对社会的贡献。如蒙牛集团的企业使命“百年蒙牛，强乳兴农”，索尼公司的使命“体验发展技术造福大众的快乐”，这意味着员工从事工作不仅仅是为了获取报酬，还可为社会发展作出贡献，为消费者提供利益，而这有助于调动员工的积极性和创造性。

4. 是否具体明确，切实可行

任务说明书需要明确企业如何处理与各利益方的关系，如股东、员工、顾客、供应商、分销商等的关系，并将个人自主解释和处理问题的范围加以限制，以使企业员工的行为有章可循，目标能趋于一致。如联想集团规定的企业任务值得参考，“为客户：联想将提供信息技术、工具和服务，使人们的生活和工作更加简便、高效、丰富多彩；为员工：创造发展空间，提升员工价值，提高工作生活质量；为股东：回报股东长远利益；为社会：服务社会，文明进步”。此外，在规定企业任务时也要权衡自身的资源特长，如果强行订立较宽的业务范围而企业却没有能力去经营，也是失败的任务说明书。

（三）明确企业目标

在明确企业任务的基础上，企业还需将其转化为企业各管理层的具体目标。企业目标应该是一整套完整的目标体系，是企业未来一定时期内所要达到的一系列具体目标的总和。它包括企业长期目标，即企业执行其战略时在各阶段所预期的目标，通常超过一个会计年度，也包括短期目标，即时限在一年以内的执行性目标。企业目标的内容是多样的，不仅包括企业绩效目标（如销售量增长、盈利水平提高、市场份额扩大等），还包括社会效益目标（如增加就业机会）和社区影响目标（如改善社区公共环境、与周边居民发展友好关系）。

企业在制定目标体系时应遵循如下几个原则：

1. 层次化

企业首先有一个企业总目标，进而分解成各职能部门的子目标。这样形成一个自上而下、协调一致、相互保证的目标体系。

2. 重点突出

通常情况下，企业想实现的目标往往不止一个，所以要确定一个主要目标，其他目标要服从这个主要目标。如企业将提高市场占有率定为主要目标，就应当注重开发新产品、吸引新顾客，但这可能会引发成本的提高，导致企业利润增长减缓，那么此时，为了提高市场占有率，企业可以将利润增长目标暂缓实现。

3. 定量化

企业的目标要尽可能用数字表示，“4 年内企业生产能力提高 15%”比“提高企业生产能力”更具可考核性，这样有利于在整个管理过程中进行考察和控制。

4. 可行性

企业设立的目标必须切实可行，必须是通过努力后能够实现的。企业在设立目标时要立足于企业的现实资源和能力，同时考虑市场环境的约束，不能制定太高的目标，不利于调动职工的积极性；同样，也不能制定过低的目标，这样会阻碍企业前进和发展。

5. 社会协调性

企业在订立目标的同时也要考虑社会效益，应该有益于增进社会整体利益，与社会经济发展目标相协调。

（四）分析企业业务组合

在将企业任务具体化为一系列目标体系后，就需要将企业的资源在各项经营业务项目之间进行合理分配。大多数企业为了有效规避市场风险，并保持企业有稳定的利润增长源，往往同时经营多种产品或提供多种服务，从而形成自己的业务组合。而企业的资源是有限的，它必须首先保证有良好发展潜力的经营项目以及那些由战略目标所规定要优先发展的经营项目有充足资源，这就不得不削减一些其他业务项目所占用的资源。

为了保证企业能作出正确的投资决策，合理配置有限的资源，保持业务组合与市场变化的适应性，首先要对企业现在所经营的全部业务单位进行分析评估。下面介绍两种常用的业务组合分析方法。

1. 波士顿“市场增长-份额”矩阵

波士顿“市场增长-份额”矩阵（Boston Consulting Group’s Growth-share Matrix）是由美国著名的波士顿咨询集团提出的，简称 BCG 法。波士顿矩阵具体如图 6-2 所示。该矩阵图纵坐标表示市场增长率，即该业务单位所在市场的年销售增长率以 10% 为界分出高低两个区域；横坐标代表相对市场份额，即企业某业务单位的市场份额与其最大竞争对手的市场份额之比，反映了该业务单位在市场上的实力，以 1.0 为界分高低两个区域。如果相对市场份额为 0.1，表明该业务单位的市场份额为最大竞争对手的 10%，而如果相对市场份额为 10，则表明该业务单位的市场份额为最大竞争对手的 10 倍。图中圆圈代表构成企业目前业务组合的业务单位，根据它们各自的市场增长率和相对市场份额确定其在图上的位置。圆圈大小则代表每个业务单位销售额的多少。所有的业务单位可以分为四类，分别是“明星类”、“金牛类”、“问题类”和“瘦狗类”，下面就这四种类型的产品特征进行分析。

（1）明星类。这是市场增长率和相对市场份额都高的业务，往往是同类企业中的领先者。企业为了击退竞争对手来保有市场份额优势并维持较高市场增长率，必须持续向此类业务单位大量投入，因此它并不一定能为企业带来大量现金，而往往是“现金使用者”。

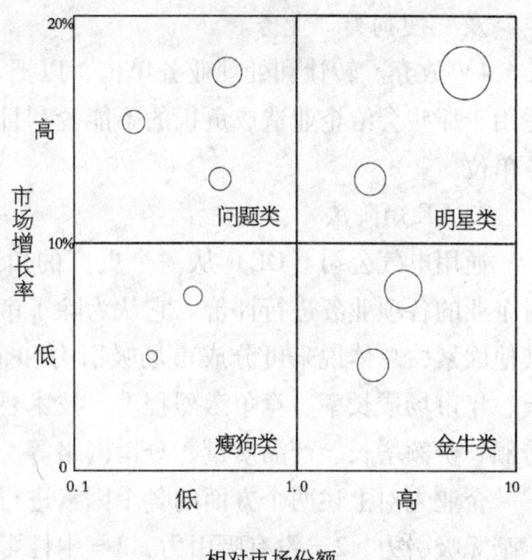

图 6-2 波士顿矩阵

（2）金牛类。这是市场增长率较低而相对市场份额较高的业务，通常是企业最能通过规模效益而获取高额利润的业务，企业在该业务上保持着市场上的领导地位，同时它还能为企业带来大量现金收入，可用以支持其他业务单位的生存与发展，属于现金牛。对企业来说，此类业务越多越好。

（3）问题类。这是市场增长率较高而相对市场份额较低的业务。通常，当企业力图进入一个已有市场领导者的高速增长的市场时，就面临此类业务。企业为了提高市场份额必须投入大量资源，但是这类业务前景并不明朗，可能可以很快提高相对市场份额，转化为明星类业务，也可能由于市场竞争激烈或市场需求变化大而很难提升市场份额。因此，处理此类业务需要管理者谨慎决策。

（4）瘦狗类。这是市场增长率和相对市场份额都较低的业务。这类业务单位可能可以自给自足，也可能亏损，而且市场发展的潜力也不大。企业一般情况下不应保留这样的业务，以免浪费资源。

将企业的所有业务在矩阵图上定位后，就可以明确地判断目前的业务组合是否合理。如果问题类和瘦狗类业务较多，而明星类和金牛类业务较少，则说明投资组合是不合理的，应当加以调整。

以上四类业务单位在矩阵图中的位置并不是固定不变的，例如，当“明星类”业务的市场增长率下降到10%以下时，就会变成“金牛类”业务，从“现金使用者”转变为“现金牛”；“问题类”业务若经营成功，相对市场份额上升到1.0以上，就会变为“明星类”业务。

在分析评估完所有的业务单位后，企业还需根据不同的业务状况来确定每个业务单位的发展目标，进而针对各个业务单位进行投资战略决策。具体有以下四种决策可供选择：

1）发展。增加投入以提高业务单位的市场份额，必要时可以放弃短期利润。其适用于“明星类”业务以及有潜力上升为“明星类”业务的“问题类”业务。

2）维持。尽量保持业务单位的市场份额，以保证其较高的竞争地位。其适用于“金牛类”业务，目的在于为企业带来持续的现金流。

3）收获。通过减少投入降低成本来增加业务单位短期的现金收入，而不考虑长期效果。其主要适用于处于衰退期的“金牛类”业务，以及无发展前途但尚未放弃的“问题类”及“瘦狗类”业务。

4）放弃。转让和处理业务单位，以把企业的资源转移到更有利可图的业务中去。其适用于那些会给企业造成负担的不能盈利且又无发展前途的“问题类”和“瘦狗类”业务单位。

2. GE 矩阵法

通用电气公司（GE）从一个更广的角度提出了一套更为复杂的投资组合分析方法，对企业的各项业务进行评价。它认为除了市场增长率和相对市场份额外，还应该考虑许多其他因素，总体说来可分成市场吸引力和企业业务优势两大类。市场吸引力包括市场规模、年市场成长率、竞争激烈程度、技术要求等因素；企业业务优势即竞争力，包括市场份额、份额增长、产品质量、分销网络等。

企业先对上述两个方面的各个因素进行评分（按五级评分标准，市场吸引力因素：1＝毫无吸引力，2＝没有吸引力，3＝中性影响，4＝有吸引力，5＝极有吸引力；企业业务优势：1＝极度竞争劣势，2＝竞争劣势，3＝同竞争对手持平，4＝竞争优势，5＝极度竞争优势），然后，根据各自的权重进行加权平均，即可计算出两个指标的综合得分。接下来以得出的综合分数为基础，按高、中、低三个等级来评定业务单位的实力和产业吸引力。并据此将业务单位标在 GE 矩阵上，如图 6-3 所示。其中纵坐标代表市场吸引力，横坐标代表企业业务优势。最后，通过对业务单位在矩阵上的位置分析，企业可以选择相应的战略。对于处在左上角的区域，应优先分配资源，采取发展战略；对于处在对角线上的 3 个区域，企业一般采取维持战略，维持现有投资水平不增不减，或者采取有选择的发展战略；而对于处在右下角的区域，企业一般会采取收获或放弃的战略。

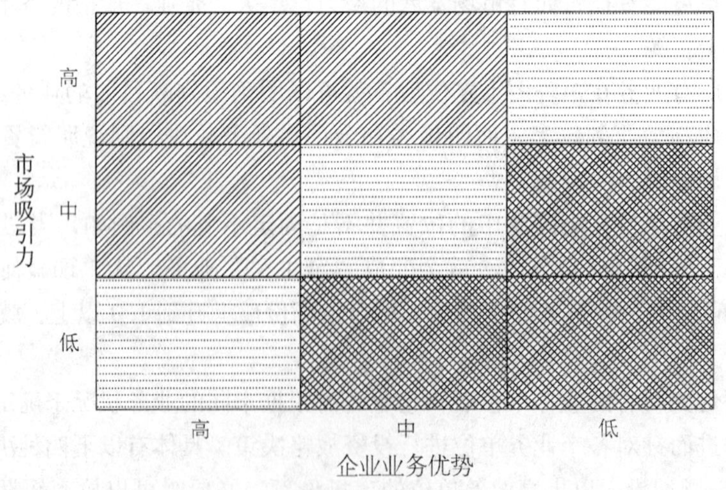

图 6-3　GE 矩阵

相较于BCG矩阵，GE矩阵权衡的因素更为全面，并且其有9个象限，结构更复杂，因此分析也更为准确。但无论是BCG矩阵还是GE矩阵，对于各因素的评估需要耗费大量的资源，评估的准确度也有待考证。因此，企业应该根据自身的资源和能力条件量力而行。

（五）制定企业发展战略

企业除了要对自己现有的业务组合进行评估和规划外，还要对未来的业务发展方向作出战略规划。这是因为市场是不断变化发展的，新的市场会给企业带来更多的发展机会，并且现有的业务组合可能还无法实现企业目标，因此需要对企业的业务组合进行调整，发展新的业务。

企业的发展战略主要有三种类型：密集型发展战略、一体化发展战略以及多元化发展战略。

1. 密集型发展战略

密集型发展战略是企业在现有的业务领域中继续投资和发展。当企业的现有产品或现有市场还有发展潜力时，可以采用密集型发展战略。安索夫（Ansoff）提出了“产品-市场方阵”，为探索新的密集型发展机会提出了3种可供选择的基本战略，如图6-4所示。除了多元化战略外，市场渗透、市场开发和产品开发战略都属于密集型发展战略。

(1) 市场渗透战略。通过采取各种营销措施使现有产品在现有的市场上进行进一步的深入推广，以争取更多的市场份额，取得利润。如可以采取增加广告、促销、人员推销等方式促进现有顾客更多购买本企业的现有产品，吸引竞争对手的顾客购买本企业的产品，刺激潜在顾客购买本企业的产品。

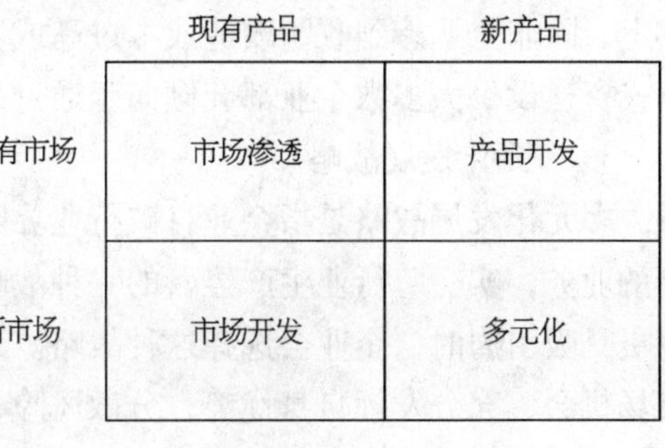

	现有产品	新产品
现有市场	市场渗透	产品开发
新市场	市场开发	多元化

图6-4 安索夫“产品-市场方阵”

(2) 市场开发战略。企业采取种种措施，开辟新的销售渠道，将现有的产品推向新的市场。如进行区域的转移，由地区销售扩展到全国销售，由国内销售扩展到国际销售；或进行消费群体的转移，进入新的细分市场。这些都是有效的市场开发形式。

(3) 产品开发战略。在现有的市场通过开发新的产品或改进现有产品来满足顾客的需要。可以通过增加品种、规格、型号等来满足消费者的需要，进而引起销售额的增长。如海尔公司，最初只生产电冰箱一种产品，现已开发出包括白色家电和黑色家电在内的多种家用电器产品，声誉卓著。

2. 一体化发展战略

一体化发展战略主要是指企业可以通过向所经营业务的上游或下游产业进行延伸扩展。在供、产、销等方面实行一体化后，可以降低成本，提高效率，提高控制能力和企业盈利能力。当企业所处的行业潜力巨大，很有发展前途时，一些资本雄厚的企业会选择这种战略。一体化发展战略的具体形式有以下三种：

（1）前向一体化。这是指企业向前控制分销系统，通过建立自己的垂直分销网络及专卖店，或通过购买、兼并本企业的后续生产及经销企业，向下游产业发展，实现生产、销售一体化。如联想公司开设1+1专卖店，可口可乐公司收购分装商以提高生产和销售效率，都属于前向一体化。

（2）后向一体化。这是指企业向后控制供应商，通过建立或并购原材料供应企业，向上游产业扩展，实现供应生产一体化。例如，乳制品企业蒙牛从原来从奶农处收购牛奶改为自己办牧场，大力推进现代化生态牧场建设，投资建设超大型生态牧场，直接获取优质奶源。还有些大型连锁超市建立自己的工厂，生产出的产品在自己的超市中出售，这些都属于后向一体化战略。

（3）水平一体化。这是指企业通过收购、兼并一些同行业中的竞争企业，或通过与同类企业合资生产经营，来扩大自己的销售量和市场份额。如实力雄厚的青岛啤酒公司收购烟台啤酒和济南啤酒，爱立信和索尼签署协议将双方手机部门合并成一家合资公司，推出新的手机品牌索尼爱立信，这些都属于水平一体化战略。

上述一体化战略都是在市场竞争中实现的。通过实施一体化战略，可以达到优化资源配置和产业结构的目的，从而有利于整个社会经济效益的提高。企业在实行一体化战略时，可以通过自建新企业或新部门来实现，也可以通过收购、兼并现有企业来实现。但事实上，除非企业感到收购改造成本过高或客观上不存在并购可能性时，才会倾向于自己重新投资建设，大多数企业都会倾向于通过并购来实施一体化战略。

3. 多元化发展战略

多元化发展战略是指企业打破行业界限，在与目前经营业务无直接关系的领域去扩展新的业务，实行跨行业生产经营的一种战略。当目前所处行业缺乏发展潜力或发现其他行业更具吸引力时，企业会选择这种战略。通过进入新的行业经营，有助于企业抓住更多的市场机会，充分发挥自身优势，分散风险，提高整体收益，实现企业的业务增长。按企业不同的扩展途径，多元化发展战略具体有以下三种：

（1）水平多元化战略。这是一种以消费关联性为主的多元化扩展，主要是指企业针对现有顾客，进一步开发同目前提供的产品或业务在技术上关联不大，但具有配套和协同作用的产品与服务。如生产化肥的企业投资农药项目；经营酒店的企业成立自己的旅行社；经营百货商场的企业在商场中开办餐厅，这都属于水平多元化。实行水平多元化发展战略的企业由于仍是为原有的顾客服务，市场开拓较为容易，但由于涉足的是一个全新的经营领域，因此也面临着较大的风险。

（2）同心多元化战略。这是一种以资源关联性为主的多元化扩展，主要是指企业以现有的技术、资源和特长为圆心向外扩展，开发和生产与现有产品有关联性的新的产品或服务，开拓新的市场。日本本田公司就是围绕其发动机技术实行同心多元化的一个成功案例，从最初的摩托车制造拓展到如今的农业机械、汽车、赛艇、小型飞机等水陆空全方位领域。实行同心多元化有利于企业发挥原有的技术、经验优势，风险相对较小，容易获得成功。

（3）综合多元化战略。综合多元化战略也称无关联多元化发展战略。这种战略是指企业在与目前业务的技术、产品或市场毫无关联的新业务领域进行投资和开发，吸引新客户。如通用电气的业务涉及金融、家电、医疗设备、电力、文化等三十多个产业。从本质意义上讲，这是一种资本运作，也是最名副其实的多元化发展战略。由于这种战略的风险极大，并不适用于一般企业，只有那些实力雄厚、具有较高声望的大公司采用这种战略的成功可能性会比较大。

多元化发展战略是企业规模扩张的重要手段，许多著名的大企业几乎都是经过多元化扩张才发展成为巨人的，如可口可乐、柯达、万宝路等都是多元化发展战略的获利者。虽然上述多元化战略可以取得很大的竞争优势，但是其风险也是非比寻常的。运用多元化发展战略要求企业自身必须具有拓展业务的实力和管理能力，具有足够的资金支持，具备相关专业人才作保证等。因此，企业选择这些战略必须从企业自身实力出发，慎重决策，不可盲目扩张，否则得不偿失。

二、企业发展战略的实施

在企业选择和制定了相应的发展战略之后，接下来就需要将战略转化为行动，贯彻执行既定战略规划所必需的各项活动。如果精心选择的战略不付诸实施，或组织不利，那么就无法实现既定的目标。这一阶段包括企业发展战略的执行和执行过程中的反馈与控制。

（一）战略的执行

企业发展战略的执行，首先要将战略方案具体化，编制出各职能部门的具体计划，如营销部门要编制营销计划，财务部门要编制财务计划，也就是说，各部门要在企业发展战略的指导下，制定出具体的可实施的方案。接下来则要求企业各部门人员将各自的计划细分成行动单元，确定所需要的资源和相关费用，估计每项行动应持续多长时间，由谁负责等。最后，设计与企业发展战略相适应的组织结构，调整和分配各种可利用的资源，加强企业内各部门的相互合作，建设良好的企业文化亦非常重要，这些都有利于企业发展战略的成功执行。

（二）反馈与控制

在战略执行的过程中，企业内外部因素经常会发生变化，有时外部环境中会出现一些意想不到的变化，或者企业员工由于缺乏必要的能力和认知上的偏差而出现行为上的偏差，使得战略执行无法实现预期的目标。因此，在企业发展战略的实施过程中还需要进行战略的反馈和控制，以确保战略朝着预期的方向发展。这就要求管理者制定一系列的评价和反馈制度，及时了解和检查行动方案的执行情况，将战略实施的实际结果与预定的战略目标进行比较，检查两者的偏差程度。当发现执行中存在问题时，应采取有效措施予以纠正，以保证战略目标的实现；而如果发现现有的战略已不适应目前的内外部环境时，就有必要及时修正企业目标和发展战略，以适应新的环境。这样，新一轮的战略规划过程就又开始了。

第三节　市场竞争战略

在健全的市场经济条件下，没有一个企业可以垄断整个市场。因此，竞争是不可避免的。每一家企业都不可避免地受到竞争者的攻击，同时也可能为了改变自身的市场地位而对其他企业展开竞争攻势。企业为了占有更大的市场，获得更多的资源，取得更高的收益，就需要参与竞争，通过竞争实现企业的优胜劣汰，进而实现生产要素的优化配置。参与竞争并使自己在市场竞争中拥有优势，是企业获得营销成功的关键。为此，企业必须密切注意竞争对手的动向，进而有针对性地采取有效的市场竞争战略来参与竞争。

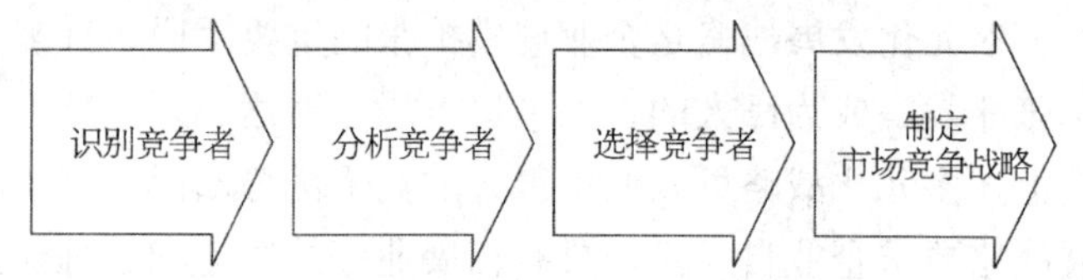

图 6-5　市场竞争战略规划的主要步骤

企业进行市场竞争战略规划的主要步骤如图 6-5 所示。

一、识别竞争者

竞争者是指那些提供的产品或服务与本企业相类似，或可以相互替代，并且以同一类顾客为目标市场的其他企业。识别竞争者看似是一项很简单的任务，可是要辨认出所有的竞争者也并非易事。企业往往只注意当前的竞争者，即那些最接近的、提供价格相当的同类产品或服务给消费者的竞争者，例如，百事可乐是可口可乐的主要竞争者，肯德基是麦当劳的主要竞争者。然而，市场上还存在其他潜在的竞争者，例如，一家航空公司的竞争者不仅限于其他航空公司，随着铁路线路的改进，运力的提高，铁路客运也成为航空公司的竞争者，因为它们都能满足顾客外出旅行的需要。而企业有时会忽略那些潜在的竞争者，这可能会导致企业的失败。

企业应该从行业竞争和市场竞争两个方面来识别竞争者。首先，企业可以从本行业出发来发现竞争者。处于一个行业中的企业，它们提供的产品和服务具有相似性，并可以相互替代，彼此间形成了竞争关系。于是，企业首先需要了解本行业的竞争状况，从本行业出发来发现竞争者。其次，企业还可以从顾客需要的角度来发现实际和潜在的竞争者。那些满足相同顾客需要，或服务于同一目标市场的企业，即使不属于同一行业，也可能成为企业的潜在竞争者。因此，从市场需求的角度更有助于企业在更广的范围内识别竞争者，从而有效地制定相应的竞争战略。

二、分析竞争者

在识别了主要竞争者之后，企业就需要进一步分析每个竞争者的特点，明确他们采取的策略、追求的目标以及优劣势，并据以有针对性地制定本企业的竞争战略。

（一）分析竞争者战略

在特定目标市场推行相同战略的企业，被称为战略群体。比如说，有的战略群体中的企业是以完整的产品系列、中等的价格和良好的服务来占领市场；而另外一个战略群体中的企业则以较少的产品系列、高质量的产品、优质的服务和高价格来占领市场。

一般来说，同一战略群体中的企业间竞争相对更加激烈。通过辨别这些战略群体，企业会发现进入各个战略群体的壁垒并不相同，而一旦进入某个战略群体，该群体的成员就成为其主要竞争者。于是，企业必须认真考虑这些群组成员的实力和特征，以求成功进入并参与竞争。

另外，不同战略群体之间也存在竞争，因为这些战略群体所吸引的顾客群体可能有交叉，每个群体都想扩大自己的市场范围，从而存在争夺市场的竞争。尤其在不同战略群体中的企业实力相当、流动障碍较小时，竞争会更加激烈。有活力的竞争者会不断修订其战略，因此企业必须不断地观察竞争者的战略。

（二）确定竞争者目标

在分析完竞争者采取的战略后，企业还需要明确竞争者的目标，即它们在市场上追求什么。这有助于企业了解竞争对手的行为推动力，估计它未来的发展动向。

虽然企业都尽力追求利润最大化，但是有的企业侧重短期利润，而有的企业则侧重长期利润，它们关注成长，为了最大限度地扩大市场份额，可以接受短期内的较低利润收益。企业的具体市场目标很多，包括市场占有率、现金流量、目前获利可能性等，因此是一个目标组合。每个企业目标组合的侧重点并不相同，企业必须了解每个竞争者的目标重点，才能对其竞争行为作出正确的估计。例如，一个以“低成本”为目标的竞争者，对其他企业降低产品售价会作出强烈的反应，但对其他企业扩大销售渠道或者增加广告投入的反应就不会那么强烈。企业还需密切关注竞争者的发展动向，如果发现竞争者开辟了一个新的细分市场，这就意味着产生了一个新的市场机会；如果竞争者试图进入自己的细分市场，则意味着发生了新的市场威胁，应作出有效的回应。

（三）评估竞争者优势与劣势

企业需要分析竞争者的优势与劣势，这样才能避其锋芒、攻其弱点，制定正确的竞争战略，利用竞争者的劣势来争取自身在市场竞争中的优势地位。竞争者的优势和劣势一般体现在产品、销售渠道、生产经营水平、营销能力、研发能力、资金实力和管理能力等方面。为了分析竞争者的优势和劣势，企业必须收集这些方面的信息。一方面可以通过自己的经验、外界的传闻来对此作出判断；另一方面也可以通过对销售商和顾客进行市场调查，来比较本企业和竞争者的优势和劣势。

三、选择竞争者

在对竞争者的战略、目标和优劣势作出具体分析后，企业应能判断出应该选择哪个竞争者进行集中进攻，而哪些竞争者是应该回避的。企业可以根据以下情形作出决定：

（一）竞争者实力强弱

大多数企业会选择实力较弱的竞争者进行攻击，因为所需的资源较少，但是获利也会较少。不过，再强的竞争者也会有弱点，于是企业有时也会选择较强的竞争者进行攻击，这样有助于提升自己的竞争能力，并有较大的获利空间。

（二）竞争者与本企业的相似度

大多数企业会选择与自己类似的竞争者进行竞争。但是，企业也要意识到，彻底击败与自己类似的竞争对手有时会招来更强劲的对手，对自己反而不利。

四、制定市场竞争战略

企业在分析了竞争者之后，就需要制定竞争性营销战略，以获取竞争优势。

（一）基本竞争战略

美国哈佛大学商学院教授迈克尔·波特在其《竞争战略》一书中提出了三种基本的竞争战略，分别是成本领先战略、差异化战略和集中化战略。

1. 成本领先战略

成本领先战略是指通过设计一整套行动，如建立高效的大规模生产设施、控制管理费用，以及减少研发、服务、广告等成本费用，以最低的成本生产并提供为顾客所接受的产品与服务。成本领先战略的有效执行能使企业可以在与竞争者相同定价水平下获得更大的利润，或者以低于竞争对手的价格争夺市场份额，扩大销售量，以在激烈的市场竞争中赚取超过行业平均水平的利润。沃尔玛不断发展的一个重要原因，就是成功地运用了成本领先战略并予以正确实施。为了做到“天天平价，始终如一”，沃尔玛在采购、存货、销售和运输等各个商品流通环节，采取各种措施将流通成本降至行业最低，把商品价格保持在最低价格线上。又如，美国的戴尔电脑和中国的格兰仕公司也是靠低成本制胜的。

2. 差异化战略

差异化战略是指生产并提供一种顾客认为很重要的与众不同的产品或服务，或功能多，或款式新，并不断地使产品或服务升级，以具有顾客认为有价值的差异化特征，从而获取差异化优势。实行差异化战略有很多方式，可以在工艺、款式、包装、销售渠道、品牌形象、客户服务等方面选择一项或几项标新立异，从而形成较强的竞争力。例如，德国麦德龙公司与一般超市以普通消费者为服务对象不同，其定位为“仓储式超市”，以工商领域的经营者及企业大宗购物为主要客户，实行会员制，只让有会员资格的顾客入场并为他们提供周到的服务，而拒绝不具有会员资格的普通消费者进入超市，这是麦德龙差异化战略的重要组成部分。

3. 集中化战略

集中化战略是指企业选择某一特定的细分市场，集中力量针对该细分市场的顾客需求来生产并提供产品或服务。实行这一战略的前提是企业能够以更高的效率和更好的效果为某一狭窄的市场服务，从而超过在较广阔范围内竞争的对手。企业可以采用两种集中化战略，分别是以低成本为基础的集中成本领先战略和以差异化为基础的集中差异化战略。实行集中化战略的企业，其目标在于在一个狭窄的细分市场上获取低成本优势或差异化优势，从而使企业在该细分市场上建立较为有利的市场地位。集中化战略是最适宜小企业采用的竞争战略，因为小企业虽然规模较小，资金缺乏，管理经验不足，可能没有能力在全产业范围内展开广泛的竞争，但它完全有能力在一个特定的细分市场上，利用自身的优势（如地理位置、特殊的员工等）来获得这一市场的成本领先或差异化优势，从而在这个特定细分市场上获得竞争优势。

（二）不同竞争地位企业的竞争策略

根据企业在目标市场所处的地位，可以将企业的竞争地位划分为市场领导者（Market Leader）、市场挑战者（Market Challenger）、市场追随者（Market Follower）和市场补缺者（Market Nicher）。

在相关产品的市场上占有率最高的企业为市场领导者，在行业中占绝对竞争优势。市场挑战者在地位上仅次于市场领导者，它们为了争取市场主导地位，向领导者挑战，争取取代市场领导者的地位。另外，还有一些在实力上不如市场领导者和市场挑战者的企业，它们安于次要地位，只求维持现有的市场份额，而不期待打破现有的市场局面，便是所谓的市场追随者。最后还有一些服务于大企业不关注的细小细分市场的小企业，即市场补缺者，它们虽然竞争实力不强，但往往由于市场竞争压力小而获得经营上的成功。

以上四种类型，既可以针对企业，也可以针对企业的某种产品或某条产品线。同一企业的不同产品，有可能处于不同的竞争地位，需要不同的竞争策略。

1. 市场领导者竞争策略

大多数行业都有一个公认的市场领导者，如快餐行业的麦当劳、软性饮料市场的可口可乐公司、电子计算机软件市场的微软公司等。它们通常在价格变化、新产品引进、渠道覆盖以及促销力度方面都处于主导地位，其行为在行业市场中具有举足轻重的作用。然而，市场领导者的竞争地位并非固定不变的，因为大多数领导者并不具备法定的垄断地位，它们随时面临其他竞争对手的攻击，如果不保持警惕，采取有效的竞争策略，很容易丧失其市场领导者地位。为了保持行业第一的优势，维护自己的领导者地位，市场领导者通常可采用以下三种竞争策略：①扩大市场总需求；②保持现有市场份额；③在市场规模不变的情况下提高市场占有率。

（1）扩大市场总需求。当市场需求总量扩大时，市场领导者由于其占有最大的市场份额而收益最大。总的来说，可以通过开发新用户、开发产品新用途以及增加使用量这三种途径来达到扩大市场总需求的目的。

每种产品都有吸引新客户的潜力，顾客之所以没有购买此类产品，可能是由于其对产品不了解，或者价格不合理，抑或是缺乏某些性能。这说明，任何一个行业市场或多或少都存在未被满足的需要，企业可以针对不同的情况采取措施，解决潜在的购买问题，将潜在的购买者转化为新的实际购买者。市场领导者可以在三个群体中寻找新用户：想使用但未使用者（市场渗透策略），非使用者（新市场策略），其他地区的潜在用户（地理扩张策略）。

开发产品的新用途也是扩大市场总需求的一个有效途径。例如，美国杜邦公司就是开发产品新用途的一个成功的典型，它的产品尼龙首先用于制作降落伞的合成纤维，然后作为制作女袜的主要原料，再后来成为汽车轮胎、室内装饰、地毯的产品原料。通过不断研究和开发尼龙产品的新用途，使产品销量大增，从而居于世界霸主的地位。

刺激使用者增加产品使用量是另一个扩大市场总需求的有效手段。可以通过消费数量的增加或者消费频率的增加而达到这一目标。例如，牙膏生产厂家建议，不仅要早晚刷牙，最好每次饭后也要刷牙，或者微微增加牙膏口的口径，这都可以增加牙膏的使用量。

（2）保持现有市场份额。在努力扩大市场总需求的同时，市场领导者还必须警惕竞争者，特别是市场挑战者的进攻与挑战，维持现有的市场份额。为了做到这一点，市场领导者可以针对竞争者展开积极的进攻，通过降低成本，不断创新，努力开发新产品，提高服务质量，改善销售渠道效率等来壮大自己的实力，在顾客面前维持竞争优势，争取始终保持行业领先地位。

如果市场领导者不主动展开攻势，就必须严守阵地。为此，他们需要分析判断哪些是必须不惜任何代价严防死守不能放弃的重要阵地，而哪些是可以适当放弃的阵地。当资源、能力有限时，应该集中力量防守重要阵地。采取有效的防御策略可以减少受到攻击的可能性，将攻击的目标引到威胁较小的方面，并可以减弱进攻强度。一般来说，市场领导者可以采用如下六种防御策略：

1）阵地防御。这是一种静态的、被动的防御策略，就是企业在其现有的市场周围采取防御措施，以防止竞争对手侵入自己的市场阵地。阵地防御是最基本的防御形式，但是当前科技日新月异，顾客需求快速多变，单纯地集中资源固守自己目前的市场很可能招致失败，市场领导者必须根据市场变化及时作出调整。

2）侧翼防御。市场领导者通过建立一些辅助性阵地，包括其薄弱的环节，作为防御阵地，或者作为必要时可以进行反攻的基地。竞争对手总是选择较弱的突破口发起进攻，因此领导者企业必须采用合适的侧翼防御策略，防止竞争对手乘虚而入。

3）以攻为守。这是一种积极的先发制人的防御策略，即在发觉某一竞争者对本企业的威胁达到某一危险高度时，赶在竞争对手发动进攻前主动出击，在竞争中掌握主动地位。它可以针对某一竞争者进行攻击，或者对市场上所有的竞争者发起全面攻击。

4）反击防御。市场领导者在受到竞争对手的进攻后，无论是正面进攻还是侧翼进攻，都必须向对方作出反击。它可以选择正面反击竞争者的矛头，也可以找到竞争者的薄弱环节进行侧翼反攻。一个很有效的反击策略就是直接侵入进攻者的主要市场，迫使其撤回力量保卫其领地。

5）运动防御。运动防御策略是指市场领导者将其势力范围扩展到新的市场阵地中去，从而利用这些新领域作为未来防御和进攻的中心。一是进行市场拓展，将注意焦点从现行产品拓展到满足该产品的类似需要上，对现有产品的市场需求进行深度开发。二是进入不相关的市场，实现市场多样化。例如，可口可乐公司虽然已是软饮料行业的龙头，仍不断拓展自己的阵地，如进入酒类市场，兼并水果饮料公司，并涉足塑料制品和海水淡化设备等产业。

6）收缩防御。当市场领导者无力防守所有阵地时，最佳的策略就是进行战略性撤退，主动放弃那些较弱的领域，重新配置资源，将力量集中到较强的、能获取较高收益的市场阵地上。

（3）在市场规模不变的情况下提高市场占有率。提高市场占有率是市场领导者保持自身成长，维持其主导地位的又一重要途径。在许多市场上，市场占有率的很小增长就能带来销售额的巨大增加。然而，领导者在扩大市场占有率的同时，也需要考虑其他一些因素。例如，过分侵占更大的市场会引发反垄断行动；当市场占有率达到一定程度时，再增加市场占有率就会耗费高额成本，使得利润率反而下降等。因此，市场领导者必须以保证收益增加为前提，进而通过提高市场占有率来维持市场领先地位。

2. 市场挑战者竞争策略

市场挑战者在市场上的竞争地位仅次于领导者，它们不断地攻击市场领导者以及其他竞争者，以获取更多的市场份额。一般来说，挑战者有三类进攻对象，一是市场领导者；二是与自己规模相仿但经营不佳、资金不足的企业；三是本地的或区域性的小企业。针对不同的进攻对象，这些挑战者会有不同的目标。挑战领导者意在争夺市场份额，进而夺取领导者地位；挑战实力相当的企业意在扩展更大的市场份额以改变市场地位；挑战力量薄弱的小企业意在击垮竞争对手。

在确定了攻击对象和目标后，挑战者就要考虑采取何种进攻策略。这里有五种可供选择的进攻策略：

（1）正面进攻。正面进攻就是市场挑战者集中全力向竞争对手的主要阵地发动攻击，攻击的是竞争对手的强项而非弱项。采取这一进攻策略要求挑战者具备较强的实力，必须在提供的产品和服务的质量、价格、分销渠道等方面超过竞争对手；否则，采取这种进攻策略必将失败。

（2）侧翼进攻。集中优势力量攻击竞争对手的弱点，此谓侧翼进攻。这一策略适合那些拥有资源比竞争对手少的挑战者。通过分析竞争对手的弱点，找到竞争对手覆盖较弱但具有发展潜力的市场，进而冲击并填补这一缺口，以获取成功。采取侧翼进攻的企业，可以针对竞争者力量较弱的地区市场发动地理性侧翼进攻，以夺取市场份额；也可以通过寻找未被竞争者覆盖的细分市场进行填补，并设法扩大这一市场需求。DEC 曾成功地向 IBM 发动侧翼进攻，推出小型机，当时客户称之为微型计算机，用以抵抗 IBM 强势的大型机。侧翼进攻所需资源较少，与正面进攻相比，成功的概率更高。

（3）包围进攻。这种竞争策略是企业同时对竞争者的正面、侧翼等同时发动全方位的进攻策略。当市场挑战者确定其拥有比被攻击对象更多的资源与优势，并确信可以迅速击破对方时，便可选择这种竞争策略。日本精工公司对美国手表市场的进攻就是采取包围进攻的成功范例。

（4）游击进攻。这种竞争策略是指企业通过对竞争对手不同阵地，发动一系列小型的、间断性的进攻，逐渐削弱对方的市场力量。这一策略适合规模较小、力量较弱的企业向大企业挑战时使用，因其无力发动有效的正面进攻和侧翼进攻，只能针对大企业某个市场发动游击式的减价攻势、密集促销等攻击。但是，若想彻底击败竞争对手光靠游击进攻是无法成功的，还需要更强的攻势作为后盾。

（5）迂回进攻。迂回进攻是指绕过竞争对手现有的市场，并攻击较容易进入市场的一种间接进攻策略。市场挑战者可以开发与现有产品无关的产品，实行产品多元化经营；也可以将现有产品引入新的地区市场，以求多样化发展；还可以进行技术创新，通过开发新技术、新产品来取代现有产品。蒙牛集团对伊利的早期进攻便是采取迂回进攻的方式，伊利的主力产品是高端的利乐纸盒包装，蒙牛就生产低一档次的利乐塑料袋包装；伊利的主战场在一线大城市，蒙牛就从二三线城市做起。

3. 市场追随者竞争策略

并非所有居于次要竞争地位的企业都会向市场领导者或其他竞争者发起挑战，有些企业选择参与竞争但不扰乱现有的市场局面，它们跟随着市场领导者，通过与领导者企业提供相类似的产品，以维持相对稳定的市场占有率。

作为市场追随者企业，也并不是盲目被动的追求市场领导者，它们也需要选择合适的追随策略，稳定现有的目标市场和顾客，努力争取新客户，并需要建立自身独有的优势应对市场挑战者的攻击。以下有三种可供选择的追随策略：

（1）紧密追随。紧密追随企业在尽可能多的细分市场和营销组合领域模仿市场领导者，全面模仿其产品、名称和包装等，但是稍作改变，价格也相对较低。它们寄生在市场领导者的羽翼之下，不冒犯领导者的利益，避免与领导者企业发生正面冲突。

（2）模仿追随。有距离的追随者，在主要方面如产品技术、分销渠道等方面追随主导者，但在包装、价格等方面又有所不同，形成明显的距离。一般来说，这些追随者不主动进攻市场领导者，对领导者并不构成威胁，于是领导者也乐意让这些追随企业占据一定的市场份额。

（3）改进追随。改进追随者在某些方面紧跟领导者，但在其他某些方面进行改变和改进，在追随的同时发挥自己的创造性。这类追随者通过对领导者企业的产品、服务、技术诀窍进行认真研究并进行改良，使之有所提高。它不是盲目跟随，而是择优跟随。改进追随者通常会选择不同的市场销售产品，避免与领导者进行直接竞争。有些改进追随者会成长为未来的市场挑战者。

市场追随者由于没有巨大的市场占有率，因此它们必须关注盈利水平，保持低制造成本和高质量的产品与服务，建立自身的特殊优势，进而在市场上获取高额的利润回报。

4. 市场补缺者竞争策略

每个市场上都存在一些小企业，它们拥有较低的市场份额，服务于某个细小市场或者是大企业所不感兴趣的市场，避免与大公司进行竞争，这些企业被称为市场补缺者。小企业可以通过恰当地运用市场补缺策略获得高额的利润。它们需要找到一个安全而又存在获利空间的细小市场，提供高品质、高溢价的产品和服务，或者是取得较低的制造成本。

市场补缺者最重要的是发展专业化经营来获取生存和发展空间。

（1）最终用户专业化。企业专门向某一类型最终用户提供产品与服务。如英国维珍集团就将所有产品和服务的目标客户群锁定在“不循规蹈矩的、反叛的年轻人”身上。

（2）垂直专业化。企业专门致力于某种垂直的生产-分销价值链。

（3）顾客规模专业化。企业集中力量服务于某种特定规模类型的顾客（小型、中型或大型）。许多补缺者专门为小型客户服务，因为这些客户往往被大企业所忽视。

（4）特定顾客专业化。企业把销售和服务对象限定在一个或少数几个特定的顾客。如企业将它们的所有产品卖给固定的几个企业。

（5）地理区域专业化。企业把业务范围限定在某一地点或地区。

（6）产品或产品线专业化。企业只生产一种产品或者只有一条生产线。

（7）产品特色专业化。企业专业化于生产某一类有特色的产品。

（8）定制专业化。企业按照每个客户的订单定制产品。如一些提供 ERP 软件的公司完全按照购买软件企业的要求定制产品。

（9）质量/价格专业化。企业选择专门服务于低档或高档市场需求，专门生产高质高价的产品或低质低价的产品。

（10）服务专业化。企业专门提供一种或几种其他企业所不提供的服务。

（11）渠道专业化。企业只为一种分销渠道服务，如专门为航空公司的旅客提供食品。

通过专业化的经营，市场补缺者完全可能在激烈的行业竞争中获取理想的收益。然而，由于市场消费需求的转移或者新竞争者的进入，市场补缺者也会面临极大的风险。因此，他们需要不断拾遗补缺，确定多个补缺市场，进而增加企业的抗风险能力和生存机会。

总而言之，在现如今激烈的市场竞争中，全面科学地分析竞争对手状况，进而确定并有效实施正确的市场竞争策略是极其重要的。无论是实力雄厚的市场领导者，还是夹缝中求生存的市场补缺者，关注和研究市场竞争策略，才能在应对激烈竞争的同时，壮大自身的竞争优势，实现企业的经营目标。

关 键 词

企业战略；营销战略；企业发展战略；市场竞争战略

思 考 题

1. 什么是企业战略和营销战略？两者的关系如何？
2. 什么是企业发展战略？其制定主要包括哪几个步骤？
3. 企业应该从哪些方面全面分析市场竞争者？
4. 企业可采取的基本市场竞争战略有哪些？
5. 根据所处的市场地位不同，企业可分为哪些类型？它们各自的竞争策略分别是什么？

【案例分析讨论】

豆浆机市场争夺战

豆浆是中华民族的传统美食，受益于2008年“三聚氰胺”毒奶粉事件的影响，豆浆机的销量大增，从2007年的500万台猛增至2008年的近1000万台。市场销售的火爆，不仅在2008年引来一百多家新企业蜂拥而入，更使得行业内原有企业的竞争再度升级。

九阳股份有限公司的核心业务是豆浆机，从1994年第一台全自动家用豆浆机问世开始，到2008年，其已发展成为为国内豆浆机市场的绝对领导者，占有86%的市场份额，同年，九阳豆浆机的销售收入43.23亿元，利润总额7.34亿元。

美的集团初创于1968年，旗下拥有三家上市公司，十余个品牌，2008年销售收入达900亿元，是中国最大的白色家电生产基地之一。然而这个家电行业的巨无霸因为2001年才进入豆浆机市场，到2008年，其豆浆机市场占有率仍不足10%。

在日益激烈的市场竞争中，双方各显神通。九阳的创始人王旭宁曾称，九阳收入的2/3都用在宣传豆浆文化上，最具代表性的就是九阳豆浆生活馆，顾客可以在馆内学习、体验、互动。目前，九阳在全国共有1300多家豆浆生活馆，其贡献的销售额占公司总额的17%，九阳还首创“豆浆派送”，2008年派送了1.5亿杯豆浆。同时，九阳也一直投入在产品的改进上，文火熬煮等技术获得了国家专利共100多项。九阳目前的营销网络已经覆盖了全国270个以上地级城市、2000个县级城市，拥有8000多个零售终端。

美的集团看中了豆浆机快速成长的行业蛋糕，也不遑多让。2008年11月，美的斥资3亿元在广东顺德建设的料理电器工业园正式启用，工业园共有豆浆机生产线4条，年产能将达到3000万台。此举意在帮助美的豆浆机销售额突破20亿元，市场份额达到35%。美的在电视广告中打出“豆浆机升级了”的信息，欲在消费者心目中树立自己是“新一代”豆浆机的形象，同时推出无网易清洗、直接打干豆无需泡豆等新技术，不断发起攻势。在促销方面，给消费者提供了价格折扣、以旧换新等优惠，加上给经销商的铺货奖励等，打起了一套组合拳。

市场在变，竞争战略也在变，谁是最后的赢家还需要时间来证明。

分析讨论题：

1. 九阳豆浆机作为市场领导者，主要采取了哪些竞争策略？为什么？
2. 美的豆浆机作为市场挑战者，主要采取了哪些竞争策略？为什么？
3. 如果你是一家想进入豆浆机市场的企业的领导者，你会采取哪些策略？为什么？

第七章

目标营销战略

【学习目标】

□ 掌握市场细分的意义、方法与评估原则
□ 掌握目标市场选择的依据与方法
□ 掌握市场定位的内涵与途径

【导入案例】

20 世纪 90 年代，碳酸饮料盛行的初期，汇源公司就开始专注于各种果蔬汁饮料市场的开发。相对于国内零星的中小型果汁生产销售商，汇源公司有着其他公司无法企及的优势，先进的果蔬汁生产设备和优质的加工工艺，保证了每一瓶“汇源”果汁的品质。“汇源”果汁正满足了当时人们对健康绿色饮品的需求，抓住了腾飞的契机，凭借其 100% 纯果汁专业化的“大品牌”战略和令人眼花缭乱的“新产品”开发速度及产品线，先后从鲜桃汁、鲜橙汁、猕猴桃汁、苹果汁扩展到野酸枣汁、野山楂汁、果肉型鲜桃汁、葡萄汁、木瓜汁、蓝莓汁、酸梅汤等，并推出了多种形式的包装。可以说，汇源公司能在竞争初期成为果汁行业的领头羊，关键就在于它的广度细分做法。

随着果蔬汁饮料的市场日趋成熟，加上竞争者云行影从，汇源果汁初期细分的竞争优势不再显著。继 1999 年统一集团推出“鲜橙多”饮品在国内取得成功之后，吸引了众多国际和国内饮料企业的加入，可口可乐、百事可乐、康师傅、娃哈哈、农夫山泉、健力宝等纷纷进入果汁市场。此时汇源公司的市场份额也随着众多敌手的加入而日渐萎缩，尽管汇源将这一切归咎于“PET 包装线的缺失”和“广告投入的不足”等原因，但在重金引进新包装线和打广告之后，市场份额仍然毫无起色，甚至有下滑的趋势。问题的根源远非表面所显现的那般，只是冰山一角。

在市场的导入初期，由于客户的需求较为简单直接，市场细分一般是围绕着市场的地理分布、人口及经济因素展开。但当客户的需求多元化和复杂化时，尤其是情感因素在购买中越来越具有影响力的时候，市场也从有形细分向无形细分转化，即细分后的目标市场无法通过形象的描述来说明。一味地模仿而不去思考，就会造成典型的“营销近视症”，分辨不清顾客的需求是变化的。

汇源公司站在静态的角度看待市场，忽略了顾客需求是会发生变化的，以静态的细分方法应对动态的市场需求，招致了被动的市场竞争局面。

（资料来源：MBA 智库百科市场细分条目）

第一节　市场细分

市场瞬息万变，既复杂又多变；同时，在千变万化的市场中不乏大量伺机而起的竞争敌手，他们或许是可见的，或许是潜伏在暗处等待时机的，也可能是抓住你遗漏市场的……在这种情况下，一个企业若想以有限的人、财、物获得最大化的效益，就必须将自己的事业聚焦在自己最为擅长的市场，为之创造并传递个性化的价值。要想做到这一点，企业必须对市场进行全面且深入的了解和把握，并在此基础上对市场进行类型划分、比较，这就是市场细分的基本内涵。具体而言，所谓市场细分，是采用特定的指标将市场划分为若干个子市场，每个子市场内的消费者具有相似的需要和欲望，子市场间的消费者的需要和欲望则具有明显差异。

一、市场细分的前提

1. 差异性

市场之所以可以被细分且可以进一步被深入细分，关键就在于市场的需求偏好存在绝对差异。这是市场细分的必要条件。

从理论上说，“二八定理”认为 20% 的顾客创造了企业 80% 的利润，这意味着企业的顾客群体并非同质的，而是存在优质客户与欠优质客户之分的。市场细分就是为了帮助企业寻找到这些优质客户，从而更好地实现企业的利润目标。

从社会现实来看，人类的需求也呈现出动态发展，由单一到多元，由标准到个性变化，并且这种变化趋势越来越明显。除此之外，由于地理条件、社会环境、自身特质、种族习惯、世界观等的不同，导致了人们对消费品的需求偏好存在差异。

在这个彰显个性的年代，追求差异，凸显自我成为社会发展的趋势，因此，市场细分指标选择的诀窍就在于找到关键差异点。

2. 同质性

尽管每个人的消费需求都存在绝对差异，但在某些方面又相对同质。这是市场细分的充分条件。

来自相同地域、接受同种教育、拥有同一种族文化和相似的经历以及有着相同或类似的价值观的人们，在一定程度上有着相似的需求偏好。所以企业在看到市场中存在差异的同时，还要看到多元的市场中还存在相同之处。正因为市场的差异性和同质性这对矛盾，才使企业对市场的细分有依可循，才使现今的市场细分得如此细致，推动着营销理论的发展。

3. 竞争激化

差异性和同质性这对形影相随的“兄弟”，加之客观条件——买方市场的全面形成和卖方之间的竞争激化，使得市场细分成为企业发现新“蛋糕”和把“蛋糕”做大的利器。在现代企业管理中，市场细分已经成为一切营销活动的重要手段，不仅有利于企业挖掘新的市场机会，还可以督促企业进行生产改造、流程优化以及新品开发，更可以优化配置企业有限的资源，聚焦于目标市场，全力以赴达成目标。

二、市场细分的基础

（一）消费者市场细分的基础

对不同的企业而言，同样的市场可以有截然不同的细分方式，因为消费者的需求不同、拥有的资源不同、来自的地域也不同、消费观念及个人特质亦不同，换句话说，每个不同的消费个体就是一个市场，这就需要企业为每一位消费者量体裁衣式地制定营销方案。

然而，企业并不可能也不必对每一位消费者进行细分，因为这样的细分给企业所带来的收益是无法弥补细分所带来的成本的，企业不是慈善机构，即使眼前不得利，远期也一定求回报。那么，市场细分的基础是什么呢？细分的变量繁多，不同的市场对应着不同的变量，市场细分的变量大体可分为以下四个大类：地理、人口统计、心理和行为，如表7-1所示。

表7-1 消费者市场细分的变量

地理细分：	
洲域	北美洲、大洋洲、欧洲、亚洲、南美洲
人口密度	大都会、郊区、农村
气候	季风气候、海洋性气候、热带气候、寒带气候、温带气候等
人口统计细分：	
性别	男、女
年龄段	婴儿、儿童、少年、青年、中青年、中年、老年
肤色	白色、黑色、棕色、黄色
宗教信仰	佛教、伊斯兰教、基督教、道教等
文化程度	不识文者、小学、初中、高中、大学、研究生

（续）

心理细分：	
生活方式	方便型、休闲型
性格特质	内向型、外向型、双向型
行为细分：	
时机	普通时机、特殊时机
利益	质量、服务、实惠、速度
品牌忠诚度	浮萍者、转移型的忠诚者、一般的忠诚者、骨灰级忠诚者
使用频率	轻度使用者、中度使用者、重度使用者
对产品的态度	喜爱、认可、无兴趣、拒绝、厌恶

1. 地理细分

地理细分是指通过划分市场的地理区域位置，比如洲、国家、地区、区县、城镇、街道等对市场进行的划分。地理细分由于较为客观且方便易用，因此是常见的细分方式。

企业按地理变量细分市场，往往可以利用当地民俗风情和消费习惯较为相似的特点，有效地开展营销活动，能够做到有的放矢。以我国南北气候差异为例，南方多雨而北方少雨，因此雨伞在南方的销路比北方好，同时南方的雨伞做得比较花俏，这是因为南方的气候所致，雨伞使用较频繁，雨伞生产商就开发了雨伞的装饰功能。地理细分意味着因地制宜，根据不同地域消费者的不同诉求实施营销活动。

2. 人口统计细分

人口统计细分是按照一些较为容易衡量的且与消费者相关的基本变量，如性别、年龄段、宗教信仰、肤色、文化程度等对市场进行的划分。企业可以按照这些细分变量来区分消费群体，进一步挖掘消费者的具体需要和欲望。

以购买个人电脑（Personal Computer，以下简称PC）为例，不同年龄段的消费者会偏爱不同的品牌，如彰显个性的苹果（Apple）、面向学生群体的ThinkPad、经济实惠的联想、追求品质的华硕（ASUS）、追求时尚的索尼（SONY）等。随着PC市场的日益成熟，消费者的需求也呈现多态发展，不同消费年龄段拥有的特质各异，所以追求的PC也不尽相同，青少年可能更倾向于Apple、SONY之类的个性和时尚的品牌；青年人则可能会更倾向于ASUS、ThinkPad等品牌；中年人可能更加注重性价比，倾向于联想、神舟等品牌。

通过人口统计变量，企业可以对一个细分地区的消费者进一步细分，把握消费者的特点，更有效地指导营销活动。由于该细分方式在使用上的便利性，所以被很多企业采用，这也直接导致了其使用效果会受到影响。因此，企业需要结合多个细分变量，全面考虑细分市场。

3. 心理细分

心理细分是按照消费者的生活方式、性格特质或价值观等特点，细分整个消费者市场。即使在同一个人口统计细分市场中，消费者之间的心理特征也存在着差异，他们的世界观、价值观以及对待事物的观点可能会大相径庭。

以大家熟知的麦当劳为例，根据现代人的生活方式，可以将快餐分为方便型和休闲型，麦当劳在这两个方面均有不俗的表现：对于方便型细分市场，麦当劳推出“59 秒快速服务”，即从顾客开始点餐到拿着食品离开柜台的标准时间为 59s，不得超过 1min；而在休闲型细分市场上，麦当劳则将餐厅布置得尽量给消费者带来舒适感，努力使顾客把麦当劳作为一个具有独特文化的休闲好去处，以吸引休闲型细分市场的消费者群。

通过心理细分变量，企业可以准确地定位该消费市场中消费者的心理诉求，进而改进营销组合，把握消费市场的需求动向。

4. 行为细分

在行为细分中，企业根据消费者对一件产品的态度、使用情况、使用反馈等信息对消费者进行群体划分。具体的细分变量包括时机、利益、品牌忠诚度、使用频率以及对产品的态度等。

（1）时机。时机可以是一个时间点，也可以是一个时间段，可以是一天、一周、一月，亦可是国庆假期、圣诞节等。以大学新生入学时期为例，校园的自行车市场会打出购车有优惠同时附赠车锁一把的广告，校园的二手书市场会有大量的旧教科书出售。

（2）利益。消费者会根据每件产品给他们带来的利益来指导他们的购买决策。运用此细分方法的首要任务是了解消费者能从购买的产品中获得哪些主要利益，然后确定寻求这种利益的是哪些群体，接着要了解市场上各竞争对手的产品所带来的利益是怎样的，最后再挖掘市场上未被满足的利益有哪些。以香皂为例，表 7-2 揭示了按消费者的利益追求不同的细分情况。

表 7-2　香皂市场的利益细分

利益细分	人口统计细分	心理细分
去污、杀菌	全部	关注功能
美白	女性	爱好交际，注重仪态
润肤	女性	追求完美

根据上述分析，香皂公司可以利用某一特定分析结果，改进现有的产品线，推出新的满足消费者潜在的或未被满足的需求。

（3）品牌忠诚度。这是指按照消费者对产品的忠诚程度划分消费群体的细分方法。这有利于企业分辨哪些客户是为企业创造大量价值的，从而针对这部分有价值的消费群体开发新的营销组合。消费者的忠诚可能是针对某种具体的商品、某项服务、某个品牌、某家企业。理论上，忠诚的类型可划分为四种：浮萍者、转移型的忠诚者、一般的忠诚者、骨灰级忠诚者。

如图 7-1 所示，品牌忠诚度越高的消费群体为企业创造的价值也越高，因此是企业需要牢牢抓住的资源。根据“二八定理”，20% 的消费群体会给企业创造 80% 的收益或价值，所以图形按照倒三角来摆置，以其所占面积来表示该消费群体的忠诚度给企业作出的贡献。针对不同类型的消费群体，企业应研究自己的骨灰级忠诚者的特征，以确定品牌的战略；研究一般的忠诚者，以识别竞争品牌；分析转移型的忠诚者，以帮助寻找自身薄弱的环节加以改进；对于浮萍者，企业则可以采取多变的营销手段吸引他们，在某些情况下甚至可以考虑放弃此部分顾客。

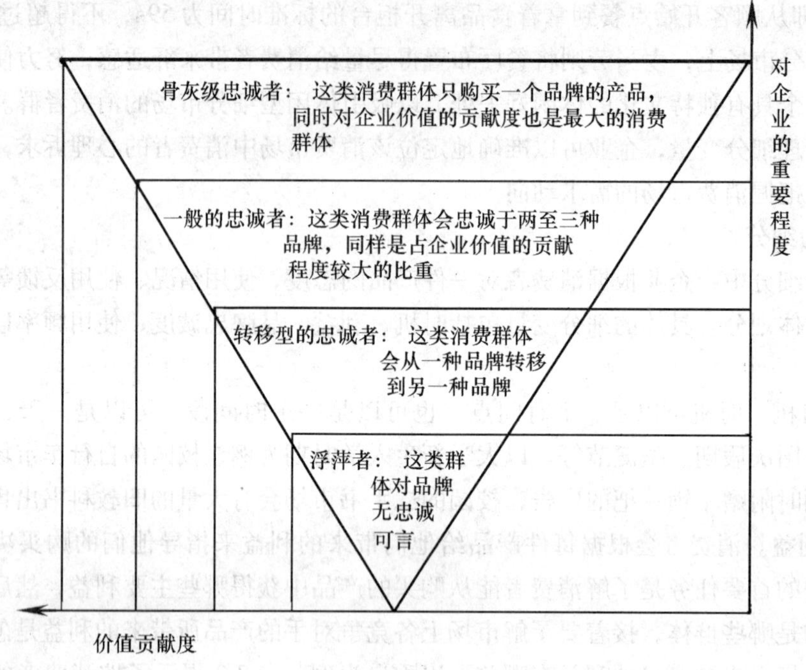

图 7-1 品牌忠诚度细分

（4）使用频率。这是指按照消费者使用产品的情况将消费者划分为使用者和非使用者，然后再将使用者按程度的不同划分为轻度使用者、中度使用者以及重度使用者。通常，重度使用的消费者占整个市场总消费人数的很小一部分，但他们为企业所创造的价值却是中度和轻度消费者所不能比的，占总消费水平的大半，这也是为什么企业重视重度使用者的原因所在。

以信用卡为例，银行的营销人员应该如何有效把握手头客户的需求呢？按照使用频率这一变量模拟一个信用卡的使用频率细分案例。如表 7-3 所示，有 A、B、C 三个信用卡客户，表中列举了他们某一年经过处理的信用卡使用的数据，据此可以将其区分为轻度、中度以及重度三种类型，同时还可以了解该年他们使用各种币种的情况。

表 7-3 信用卡使用频率细分

币种 使用程度	人民币	美元	欧元	其他
轻度使用者	(A,,)	(A,,)	(,B,)	(A,B,)
中度使用者	(,,C)	(,,C)	(,,C)	(,,C)
重度使用者	(,B,)	(,B,)	(A,,)	(,,)

根据上表的数据我们可以确定：客户 A 是一个人民币、美元以及其他币种的轻度客户，而是欧元重度客户，从这点上我们可以判断该客户极有可能是欧洲居民或是常年在欧洲，营销人员也可以根据欧洲人使用信用卡的习惯给客户 A 提供针对性服务，满足 A 的消费体验。客户 B 则是人民币和美元的重度使用者，其他币种的轻度使用者，我们可以作出两种通常的判断：客户 B 要么是一位经常往来于中国和美国的中国居民；要么是一位经常往来于美国和中国的美国居民。那么营销人员可以作两手准备：提供美式和中式信用卡消费服务，由于文化的差异，客户必然会对信用卡消费体验有所不同。客户 C 是各种货币的中度使用者，我们不妨大胆推测，C 可能是一位周游各国的旅行家，营销人员可以为 C 提供便于旅行的各项信用卡增值服务，方便 C 的出行消费，同时提高自身销售额。

综上所述，企业应通过对消费者的使用频率情况进行细分得出的相关信息辅助企业制定下一步的营销计划，在为客户提供完善的服务的同时，提高消费者对企业的信任度，进而实现长期的潜在利益增长。

（5）对产品的态度。按照消费者对产品的五种认知态度：喜爱、认可、无兴趣、拒绝、厌恶，将消费者划分为具有不同特征的消费群，使企业采取针对性的营销策略。对于同一个事物，每个人由于背景、受教育程度、成长环境等的不同，会有不同的看法。讨厌特定产品的消费者，企业即使消耗大量的营销资源，最后也可能是收效甚微甚至根本无效；对该产品没有兴趣的消费者，可以争取他们，让他们重新认识产品，并可以适当地强化产品对他们的益处；认可产品的消费者，企业需要为他们提供内容丰富的营销活动，增加他们对新产品的体验，以至于彻底喜欢上该系列产品，达到“爱屋及乌”的效果。

（二）生产者市场细分的基础

生产者市场的细分变量可以参照消费者市场的细分变量，也可以参照有别于消费者市场的一些细分变量。

1. 最终使用者

最常见的细分生产者市场的方法是按照最终使用者来划分。不同的最终使用者对企业来说是不同的市场，因此营销人员需制定不同的营销方案。如飞机零部件采购，不同的飞机类型所采购的零部件标准不同；房产开发商按照不同的房产功能来采购建筑材料；印刷厂印刷简装版图书和精装版图书所用的印刷用纸不同等。

2. 产品用途

多功能产品的问世反映了使用者对集成功能产品的需求，亦可作为市场细分的基础之一。例如，要在墙上打一个孔，而有打孔功能的产品有普通的凿子和高级点的冲击钻等，企业可以为不同层次的消费者提供不同的产品，但提供的却是同一种服务——在墙上打孔。

3. 消费群体的规模

消费群体的规模大小直接决定了企业所专注的市场的大小。消费群体的规模大小对企业营销资源分配的计划有着重大影响，所以企业区别对待不同的消费群体。按照规模的大小，消费群体可分为核心消费群、基础消费群以及外围消费群，如图 7-2 所示。对核心消费群，企业需要集中大量的营销资源来实现利润最大化；对基础消费群，企业所耗用的营销资源会少些，因为这部分消费者不能为企业创造大量的价值；对外围消费群，企业用的营销目标主要是吸引新的消费者，因开发新客户的成本比维护老客户的成本大许多，所以不会耗用太多的资源。

三、细分市场的类型

市场细分之后的细分子市场具有不同的形态。一般来说，主要表现为同质偏好、扩散偏好和集群偏好三种类型。

1. 同质偏好

同质偏好（Homogeneous Preferences）是指细分后的子市场间的消费者拥有相同或大体相类似的偏好。相对而言，这种类型的市场较少，如食盐、水等市场大体上可以归属于此种类型。如果企业面对的市场是此种类型，那么企业在产品策略上就应采用标准化产品策略，尽量降低生产成本。

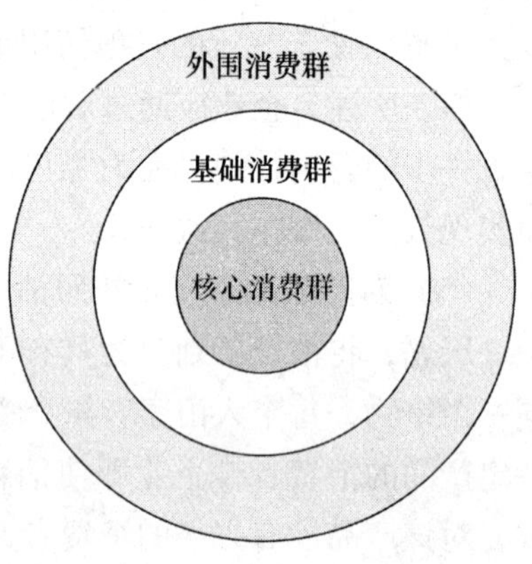

图 7-2　消费群的规模细分

2. 扩散偏好

扩散偏好（Diffused Preferences）是指细分子市场的消费者之间的偏好各有不同，存在显著差异，如糖果、饼干等市场大体上可以归属于此种类型。由于个体间偏好有不同，企业应该采用差异化产品策略，为不同的消费者设计个性化的产品，以满足其独特需求。

3. 集群偏好

集群偏好（Clustered Preferences）是指细分子市场出现了以相同或大致相似偏好的消费者集结而成的群体。以我国不同地区的饮食习惯为例，四川一带以吃辣为名，主要是由于四川盆地地势较低、气候非常潮湿，吃辣可以防治湿气所带来的不适；内蒙古一带，以牛羊肉食为主，由于地理位置决定了他们以放牧为生，只能经常吃牛羊肉。这个市场最大的好处在于集中，企业可以根据某一标准进行划分，选定目标市场，从而做到有的放矢；其不利之处在于当企业资源有限时，选定了一个目标市场进入就意味着失去了其他细分市场份额。

四、有效细分市场的依据

同一个市场往往有不同的细分方法，但是在如此繁多的细分中哪些是有效的？哪些又是没有用的呢？该如何对此加以判断呢？这时，我们就需要评价有效细分市场的依据，衡量该细分方法的有效性。一般而言，评估有效细分市场的依据主要体现在以下五个方面：

（一）可衡量性

可衡量性是指这个细分市场的消费群规模大小是可以测量的，且其购买力和特性是能够为企业所感知的。如果一个市场的规模及其购买力以及购买特质是可以评测的，对企业而言则可以将其作为商业计划可行性的重要参考。

（二）足量性

足量性是指整个细分市场的规模可以达到满足企业生存发展的程度。足量性并不意味着市场规模越大越好，事实上，如果市场规模太大，在初始开发期会吸引大量竞争者的进入，反而不利于自身优势的形成；但市场规模同样也不能太小，一个细分市场的容量达不到获利的程度，不用说发展，生存已是最严峻的问题。最后需要注意的是，市场规模的足量性应该具有持续发展趋势，能够适应企业业务发展壮大的需要，不断拓展、延伸市场规模或者范畴。所以，选择细分市场必须且一定要仔细斟酌该细分市场的规模大小。

（三）可接近性

可接近性是指企业能够有效到达该细分市场并为之提供后续服务。细分后的市场应该是企业可以进入并可以占有一席之地的，不然就成了“入宝山，空手而归”。如果细分后发现竞争者众多，自己无法有效迎击，心有余而力不足；抑或发现了新的机会，可是手头没有可供启动的资源，难有所作为，这些细分都是没有价值的。

（四）差异性

差异性是指细分市场不仅在概念上是可以区分的，并且对不同的营销组合因素和营销方案有着不同的行为或态度反应。如果企业以婚姻状况作为细分变量，而在已婚或未婚的男士中，运动套装的销售反应大致相同或相类似，这样的细分就是毫无意义的。

（五）可行性

可行性是指为达到市场细分的既定目标而制定的计划的可行程度。就细分市场的可行性而言，验证该细分市场的计划的具体可操作性尤为重要。例如，一家冰淇淋生产商雄心勃勃地企图进军老年人市场，最后却以惨败而告终。我们可以试想，老年人爱吃冰淇淋的本来就占少数，经常吃而身体能承受得住的更是少之又少。冰淇淋店的该新细分市场必将覆灭，因为冰淇淋的核心消费群体是青少年，而非处在外围群体的老年人，老年人市场没有规模效应，入不敷出，最后必将宣告失败。

第二节　目标市场选择

当企业面临市场机会时，第一步也是关键的一步是需要准确地进行市场细分。企业在细分市场的基础上，应进一步对各类细分市场进行评估和选择，以确定企业的目标市场。

一、评估细分市场

企业在评估不同的市场时，有四大必须考虑的因素：①细分市场的竞争激烈程度；②

细分市场的规模和增长程度；③细分市场结构的吸引力；④企业的目标和资源。

（一）细分市场的竞争激烈程度

当企业选择一个细分市场并希望能够在此市场有所发展时，首先必须仔细评估其竞争的激烈程度，并且对照自身进行SWOT分析，找出主要竞争对手的优势和劣势，客观地评估自身目前的机会和来自外界的威胁。一个细分市场的竞争激烈程度越大，则该细分市场所剩余的都是残羹冷炙，而且进入风险较大，此时进入需要三思而后行；相反，一个细分市场的竞争激烈程度越小，则说明该细分市场还未被完全开发，“蛋糕”还有剩余，这时进入风险较小。仅仅以竞争激烈程度的大小进行描述还不足以指导企业的实际操作，因此我们需要明确一个问题：竞争的激烈程度该如何评估呢？这里先给出一个定性的算子Ж：

$$Ж = \frac{\text{主要竞争对手的市场占有份额}}{\text{剩余的其他次要竞争对手的市场占有份额}}$$

当Ж>1时，说明此时的细分市场主要的竞争对手已是如日中天，进入该细分市场请三思；

当Ж<1时，说明此时的细分市场尚处在开发的阶段，可以考虑进入，风险较小；

当Ж=1时，此时的细分市场正处在发展的阶段，进入该细分市场成败的机会各占一半，具体视自身情况而定。

（二）细分市场的规模和增长程度

企业评估一个细分市场，必须要关注该市场的规模和增长的程度。由于每一个企业的情况不一样，所细分的市场规模也并不是想当然越大越好、增长速度越快越好，如果市场规模过大，企业没有足够的资源来支持其运作；如果增长速度过快，企业就难以控制事态的发展。所以，一些企业所追求的大销量、高增长、高利润的细分市场，从某种角度上来说是不合理的，企业应该选择适合自身发展的规模和增长的程度。有些情况下，小的也是美的，最关键的一点是要选择适合自身特点的细分市场，而非极致的细分市场。

（三）细分市场结构的吸引力

细分市场可能具备良好的规模和理想的增长程度，但同时也可能在收益方面还有所欠缺，所以企业必须找到一个可以支撑其一直发展的长期市场。在一个细分市场中，强敌林立必然打击积极性，也不利于长期的激励，因此没有太大的吸引力。许多实际的或潜在的替代产品会限制细分市场中的价格和可供获得的利润[⊖]。与此同时，消费者的相对购买力也是影响细分市场吸引力的一个因素。当市场是买方市场的时候，消费者有着更强大的谈判筹码，可以要求卖方提供更好的服务，这时细分市场的吸引力就大大缩减；当市场处在卖方市场时，卖方有更大的筹码与消费者谈判，要求高价卖出，这时细分市场就会有更大的吸引力，吸引卖方。

⊖ 唐豪，魏农建．现代营销管理——原理、方法与案例［M］．上海：上海大学出版社，2004：145.

（四）企业的目标和资源

在满足前面三个条件之后，有着中低竞争激烈程度、适当规模和适度增长程度的细分市场，企业仍然需要结合自身的目标和资源进行细分市场进入前的评估。某些市场短期内虽然可以发展很快，但从长远来看不利于企业的战略发展；有些细分市场可能对企业来说是一份具有诱惑的“小蛋糕”，但是这样做势必会妨碍企业主要目标的达成。所以，在作判断前要仔细辨别企业当前的主要目标，同时还要确认企业自身的资源配置。

评估细分市场并不仅仅指看其发展、吸引力、竞争激烈程度，最重要是能够结合企业当前的目标和资源，作出最明智的选择。如果企业尚缺能在细分市场中与竞争对手角逐的力量，或者由于种种客观原因暂时无法发挥自身的力量，那么该企业进入此细分市场的可能性就很小。一般而言，只有当企业充分认识自身并结合营销大环境与营销资源时，才能有效地进入细分市场。

二、选择目标市场

通过上述对各种细分市场进行评估之后，企业就进入了选择目标市场的阶段。所谓目标市场，是指企业决定进入的、具有共同需要或特征的购买者集合。

（一）选择目标市场的模式

选择目标市场可以分为五种模式，如图 7-3 所示。

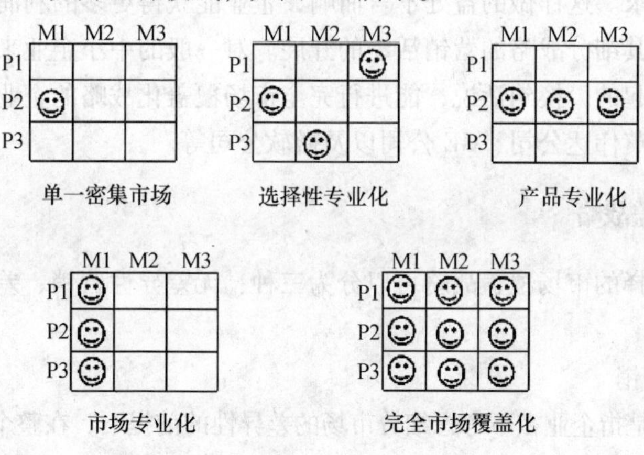

图 7-3 选择目标市场的五种模式

注：图中 M 代表市场；P 代表产品

1. 单一密集市场

单一密集市场是指企业在整个市场上选择单一的细分市场，集中自身资源进行营销活动。这样选择有利有弊，益处在于企业可以通过这个单一细分市场中的分工专业化，不断改进产品、生产工艺、生产管理以及新品开发等，在提供消费者优质的产品或服务的同时，获得丰厚的回报，树立良好的品牌和声誉。例如，东方航空公司专注于民用客运的市场。当然，“把鸡蛋放在一个篮子中”是存在较大风险的，当该细分市场的大环境发生改变时，企业由于在该细分市场专业化程度高，所以在整个系统性的风险面前将不堪一击，这种打击甚至是毁灭性的。就好比炒股票，只买一只股票的风险比多只股票组合的风险大得多。

2. 选择性专业化

选择性专业化是指企业选择多个不相关的细分市场作为目标市场的模式，这些分散的细分市场对于企业来说是有利可图的，客观上可以满足企业求生存谋发展的条件，主观上又符合企业的目标和现有资源，总体看来是可以获利的。此类细分市场组合模式的优势在于可以分散企业所承受的风险，即使企业由于经营不当或系统风险的发生而失去一个细分市场，企业仍然可以运作下去，通过后续的努力挽回之前的失利。

3. 产品专业化

产品专业化是指企业在不同的细分市场中只提供一种产品给消费者。一方面，企业通过这样的策略，可以树立该产品在消费者心中的良好形象和声望；另一方面，企业这样做还可以为今后新产品线的推出作铺垫。同一产品在不同的市场上推广可以有多种营销策略。

4. 市场专业化[⊖]

市场专业化是指企业为满足某个消费群体而提供不同的产品或服务。消费者可以从企业提供的各式产品或服务中任意挑选满意的产品或服务，专业化服务于消费者，使得企业获得该消费群体对企业的信赖，同时企业还可以获得不错的回报，这是一种双赢的局面。

5. 完全市场覆盖化

完全市场覆盖化是指企业为所有细分市场的消费者提供各式各样的产品和服务，以满足各种消费者的需求。这样做的益处不言而喻，企业能获得更多的利润，但企业必须拥有足够的资源来支撑其细分战略的营销活动的开展。对一般的中小企业来说，如此浩大的工程是它们所负担不起的，换句话说，能进行完全市场覆盖化战略的企业一般都是拥有大量资源的大企业。如英伟达公司、GE 公司以及微软公司等。

（二）市场覆盖战略

常见的可供选择的市场覆盖战略可以分为三种：无差异性营销、差异性营销以及集中性营销。

1. 无差异性营销

无差异性营销是指企业在不考虑细分市场的差异性的前提下，在整个市场中只提供一种营销的组合。该战略源于大量营销阶段，即企业大批量生产和销售一种产品给整个市场中的消费者，不考虑消费者的特殊需求，只考虑消费者的共同需求。根据消费者的共同需求，企业尽全力为消费者推出能让消费者满意的营销组合和活动策划。例如，Apple 推出的 iPod 的广告，每期广告在世界任何能接收到电视信号的地方都是一样的，唯一的不同就是广告的字幕——按照英文原版翻译成不同的语言。Apple 的 iPod 通过全球大规模的广告向世人发出体验的邀请，目的在于在消费者脑海中建立一个良好的形象，同时，这样播放相同的广告也使

⊖ 菲利普·科特勒，凯文·莱恩．营销管理［M］．王永贵，等译．上海：格致出版社，上海人民出版社/Prentice Hall 出版公司，2009：240.

Apple 节省了广告制作费用，而节省下的费用则可以为消费者开发更好的产品。

无差异性营销最大的优点是能够有效地控制和节约营销成本，不仅如此，面对整个市场，企业不需要做细分市场的前期工作和规划，从而降低管理和调研的成本。

无差异性营销的弊端是，在整个市场上并不只有一家企业，竞争在所难免，竞争会摊薄企业所获得的利润，摊薄利润的同时也减少了企业的营销资源。此外，整个市场的消费者的需求是不尽相同的，正所谓众口难调，开发新产品而且是符合所有消费者需求的产品，是一件相当具有挑战性的事情。无差异性营销会令企业错失许多发展的好机会，根据连线主编克里斯·安德森（Chris Anderson）提出的“长尾理论”，那些被忽视的细分市场所产生的利润总和可以与主要的细分市场所产生的利润总和相提并论。

2. 差异性营销

差异性营销是指企业选择几个或多个细分市场为目标市场，并为每一个选定的细分市场量体裁衣式地制定营销组合方案。这样，企业就可以在不同的细分市场中满足消费者各式各样的需求，增加消费者对企业的信赖和认同度，同时还可以培养一批忠诚的客户，扩大市场占有率，从而提高销售量。例如，暴雪游戏公司为了满足消费者不同的需求，他们开发了单机版的暗黑破坏神系列游戏、可联机对战的星际争霸和魔兽争霸系列等；可口可乐公司从最初的单一口味和包装的可乐到现在多种口味和功效的可乐、茶饮料、矿泉水以及果汁饮品等。因此，差异性营销最大程度上满足了消费者多变的需求。

如今，已经有更多的企业运用差异性营销。差异性营销有着无差异性营销所不能比的优势，为企业带来大量销售额的同时，还可以最大限度地满足消费者的需求。差异性营销的不足之处在于过度地分散了企业的营销资源，在发生问题的时候，企业可能会顾此失彼，无法有效地分配现有的资源。另外，差异性营销会增加很多成本，如管理费用、渠道费用以及广告促销费用等。综上所述，在考虑进行差异性营销时，必须根据企业自身的实际情况，来判断是用无差异性营销还是差异性营销。

3. 集中性营销

集中性营销亦可称为聚焦营销，是指企业选择一个或多个子市场作为目标市场，用一套营销组合方案，集中力量力争在这些子市场上占有大量的市场份额，而不是在整个市场上占有少量的份额。这就好比是“做大池塘中的小鱼还是做小池塘中的大鱼”的问题。

集中性营销旨在让服务于特定细分市场的企业在该细分市场中取得主导地位。因为企业只专注于该细分市场，而且对此市场的情况和最新的发展动向了若指掌，能更清晰地把握消费者的实际需求，所以企业有足够的底气傲然于该细分市场，做一方霸主。集中性营销能更有效地安排企业的资源，可以统筹兼顾，节约不必要的营运费用。运用得当，企业会有高额的回报。

同样，集中性营销的细分市场也存在着一定的风险，当该细分市场失去有利可图的机会时，打击将是致命的；当此细分市场的竞争激烈程度 Ж >1 时，企业应该考虑自身是否有能力迎接强大的竞争对手的挑战。

三种目标营销战略各有千秋，没有优劣之分，只是适用的情况不同，就像中国象棋中的不同棋子各有各的用处，关键是要学会如何选择使用。在选择不同的市场覆盖战略时，有以下四个需要考虑的因素：

（1）企业的资源。正所谓量力而行，企业应该仔细考虑自身的实际情况，要从实际出发，也不能一味地眼高手低，选择对企业最为有利的战略才是制胜的关键。

（2）产品特性。首先，要考虑产品本身是否存在较大的差异，很小的差异对于细分市场来说意义不大，例如食盐、食糖等可以应用无差异性营销；而汽车、电视机、PC 配件、运动鞋等可以实行差异性营销。其次，按照产品生命周期，可以在不同阶段运用不同的战略：在产品导入期可以运用无差异性营销，提供单一的产品，对产品进行试销，主要任务是开发消费者的需求；在产品成熟期则可以运用差异性营销，维持和扩大销路。

（3）市场特征。市场特征指的是根据一段时间消费者的需求偏好来确定运用的战略，在出现大量的消费者时，因为市场的需求是同质的，可以采用无差异性营销；反之则可以采取差异性营销。

（4）主要竞争对手的战略。通常来说，“知己知彼，百战不殆”。在制定营销战略的时候，必须对竞争对手的战略有所了解，避其锋芒是上上之举，陷于价格“红海”实为愚见。和主要的竞争对手采取相反的战略，有利于企业在细分市场上获得更多的收益，同时又能避开对手的战略，不直接造成敌视的局面。

综上所述，企业应该结合上述四个因素考虑如何运用市场覆盖的战略，走好营销管理的重要一步。

第三节　市场定位

当企业完成了目标市场选择之后，下一步应如何把握这个市场呢？怎样才能在强敌林立的市场中确定企业自身产品和品牌所处市场的位置呢？什么能让企业的产品和品牌处在现在的市场地位呢？答案就在于——市场定位。

一、市场定位的定义

所谓市场定位，是指对企业的产品进行设计从而使其能在消费者心中占有一个独特的、有价值的地位的行动。例如，Apple 向消费者传递的是时尚和个性；肯德基向消费者传递的是快餐；钻石则向消费者传递着珍贵和奢华等。

随着文明的进步和科技的发展，市面上越来越多的产品挖空心思地纷纷向消费者传递着形形色色的信息，令人目不暇接，但是又有多少广告或营销活动让我们深深记住呢？又有多少是让我们产生厌恶而印象深刻的呢？企业在做产品推广之前，应该先思考产品的推广活动到底是要向消费者（受众）传递什么样的信息？是不是别人做广告，我就一定要做？以上种种困惑，归因企业对自己产品没有一个准确的定位。市场定位就是企业建立某种竞争优势的指路明灯，可以帮助企业在市场上占有一定的份额。

市场定位在现今的营销活动中有着重要的意义，不仅可以将定位的概念用在营销上，还可以应用于其他的领域中，范围越来越广。

二、市场定位的主要依据

（一）按照产品的质量、价格和服务定位

着重突出高品质、高价格，例如 SONY 的 VAIO 笔记本电脑，定以高昂的价格向消费者传递高品质和独特的品位；或者着重突出实惠价廉的特点，例如神舟笔记本电脑向消费者传递经济实惠的信息。

（二）按照使用者类型定位

从某种层面上说，可以从使用产品的消费者的角度来判断某个特定产品所带给消费者的信息。换句话说，使用这类产品会给使用者带来什么样的好处，可以向周围传递什么样的信息。如宝马定位于高端或成功人士；金乳钙定位于青少年等。

（三）按照使用场合或特殊功能定位

这是指特定的产品会有特定对应的消费群，这些消费者因为其特定的功能或使用场合而使用该产品。如金施尔康强调的是补充人体每日必需的维生素、矿物质以及微量元素；红桃 K 生血剂向受众传递补血益气的功效；红牛饮品强调为消费者提神醒脑的功能等。

（四）按照强调与竞争对手的属性差异定位

这是指企业通过向消费者传递自己产品或服务和竞争对手存在的差异，并强调该产品的差异对消费者是有益的。如可口可乐针对“节食一族”推出无糖型的零度可口可乐和低热量的健怡可口可乐，以区别其他品牌的传统可乐；Apple 推出 Mac OS X 系统以区别 Windows 操作系统和 Linux 操作系统，让受众体验不同的操作特点。

三、市场定位的步骤

一个企业在选择市场定位的时候，往往会碰到在整个市场上有相同或相似定位的竞争对手，如市场定位是以质量为优选，同时在整个市场又已经存在相似市场定位的企业，那么，如何在相似的市场定位下，做到突出有别于其他企业的竞争优势，凭借着核心优势吸引广大消费者呢？又应如何进行有效地市场定位呢？

市场定位的步骤为：①识别潜在的竞争优势；②选择合适的竞争优势；③向目标市场传达企业的定位理念。

（一）识别潜在的竞争优势

为什么要识别潜在的竞争优势呢？因为消费者一般都注重给他们带来最大满足的产品或服务，也只有最大限度地满足消费者的需求，站在消费者的角度上看待竞争对手的优势和劣势，才能更好地理解消费者整个购买决策的过程，从而提供给消费者更多的附加价值，获得有别于其他竞争对手的竞争优势。市场定位在于使企业的营销活动和竞争对手有区别，也可

以说是另辟蹊径，避其锋芒，使得竞争对手、消费者和企业自身能获得更多益处。

通常，识别潜在的竞争优势可以从产品、服务、人员、渠道以及形象五个方面进行区别。

1. 产品差异化

企业通过向市场提供区别于其他竞争对手的产品，从而获得一定的溢价的竞争优势。当市场上存在大量同质的产品时，提供消费者差异化的产品就有价格加成的优势；当市场上的产品“百花齐放，百家争鸣”时，企业可以提供给消费者更多的评判标准以区别竞争对手。

2. 服务差异化

企业提供给消费者的产品可以是实体，也可以是一种服务。通过向消费者提供不同的后续服务，能够使企业获得有别于对手的竞争优势。随着产品市场的逐渐成熟，能做到的差异的部分已经所剩无几，企业可以考虑在提供实体产品的同时为消费者设计各式有特色的后续服务，如“樱花牌”抽油烟机每年都会上门帮用户更换油网和抽油烟机的维护服务；购买空调器，厂家就会为用户提供送货、安装、调试和维护的服务。

3. 人员差异化

21 世纪是人才的战略时代，企业通过招聘和培训高素质的员工，取得竞争的优势。有高素质的员工服务于企业，服务于消费者，可以使消费者有不同的消费体验，还可以为消费者提供更优质的服务，产生强大的竞争优势。

4. 渠道差异化

越来越多的企业关注到分销渠道的差异化，传统的多级渠道链已不能满足企业更高的利润目标，层层中间环节中的价格加成使得企业直接获得的利润降低，同时消费者也只能买到较高价格的产品。这样一种价格的“牛鞭效应”是企业与消费者所不能接受的，非传统的直销模式颠覆了多级渠道链，砍去所有的中间环节，使企业的产品可以直面消费者，这样，企业在获得较之前更高利润的同时消费者也获得了较之前更低的价格，这是一个完美的非零和博弈模式。当然，直销模式在我国尚处于发展阶段，其在我国的应用也不成熟，具体的情况还请依照实际情况量力而行。企业可以通过建立有别于竞争对手的渠道，获得渠道差异化的优势。

5. 形象差异化

企业的品牌形象在消费者的购买决策中也起着很大的作用，消费者会因为企业品牌所传递出的企业形象来判断是否有意愿尝试购买。企业的形象通过品牌折射出来，因此，建立独特的企业形象有助于企业获得不同于竞争对手的优势。

（二）选择合适的竞争优势

企业在识别出目前的竞争优势后，应准确地选择竞争优势为企业在激烈的竞争中获得利益。企业必须选择其中几个竞争优势，决定推出多少差异以及哪些差异。

在推出多少差异时，企业可以促销一种利益，亦可促销多种利益，但应避免出现定位偏差，造成地位的混乱；在推出哪些差异时，应对差异进行评价，通过差异的重要性、专有性、优越性、可收益性等标准评判与识别差异。

一般来说，企业有以下三种可供选择的选择策略：

1. 避其锋芒策略

该策略指企业可以寻找市场还未被满足的空白部分，避开与竞争者同台竞技，获得空白市场进入的机会，同时还应仔细分析该空白市场是否有利可图、规模是否足够大、发展是否长远等。

2. 共荣共存策略

该策略是指企业把自己的产品定位在竞争者的附近，同竞争者共同满足一个目标市场，不与竞争者发生直接的冲突，但是产品应具有一定的特色。

3. 完全替代策略

该策略是指企业直接向竞争者发起挑战，直至将其赶出目标市场，取而代之，是极具侵略性的市场定位。这样做的企业必须是有着雄厚的实力、详细的市场定位实施规划、强烈的替代愿望和决心以及极具竞争优势的旗舰产品。

（三）向目标市场传达企业的定位理念

这主要是指企业必须清晰地、明确地、准确地把自己的定位理念传达给目标市场的消费者，在消费者心中占有一个特殊的地位。如果在传达的过程中造成误解，与实际情况不符，企业则会被消费者认为言行不一，从而产生对企业的怀疑。为防止诸如此类的情况发生，企业首先必须明确自己的定位理念是清晰的、不会造成误解的；其次要保证传递信息的通道是畅通的，是可以双向交流的。

关　键　词

市场细分；目标市场；市场定位

思　考　题

1. 市场细分的前提是什么？
2. 有效细分市场的依据有哪些？
3. 市场覆盖战略有哪些？
4. 什么是市场定位？如何实现市场定位？

【案例分析讨论】

中国网络游戏产业经过十年的发展，已经形成了巨大的产业规模。网络游戏行业的蓬勃发展也促使用户消费行为、运营商发展策略以及相关政府部门的监管措施发生变化。因此，中国互联网络信息中心（简称 CNNIC）针对中国网络游戏行业发展状况进行用户调研并加以相应分析，力求科学、客观地描述市场，为企业营销、政府监管以及网络游戏相关行业的发展提供决策依据。

本次研究内容的细分主要体现在以下两个方面：首先是数据细化，在调查宏观数据的同时，CNNIC 对网络游戏行业微观层面的研究进一步深入，数据涉及从用户网络游戏使用行为到其相关产业联动的各个层面，目的在于获取能够真正反映市场状况的数据；其次是内容细化，除了调研数据以外，CNNIC 将以数据为基础，对市场变化以及发展趋势进行分析，帮助企业制定营销策略以及帮助政府进行监管。

一、用户规模

2008 中国网络游戏用户调研以 CNNIC 第 23 次《中国互联网络发展状况统计报告》调研为基础，重点针对每月至少使用过一次大型多人在线游戏产品（MMOG）的用户进行了相应调研，数据显示中国 2008 年网络游戏用户规模为 5550 万人。

二、用户地域构成

CNNIC 在本次调研中着重对农村地区网络游戏市场进行了描述，CNNIC2008 网络游戏用户调研数据显示，城镇地区与乡村地区网络游戏用户比例分别为 78.2% 与 21.8%。

三、用户年龄构成

中国网络游戏用户主要集中在 18～25 岁年龄段。CNNIC2008 网络游戏用户调研数据显示，18～22 岁是网络游戏最大的用户群体，占到整体网络游戏用户的 36.0%，23～25 岁以及 26～30 岁用户比例分别为 19.6% 和 18.0%，18 岁以下游戏用户比例为 16.5%，呈现出以 18～25 岁群体为中心，两端年龄为辅助的用户结构。

四、用户学历构成

中国整体网络游戏用户学历偏低。CNNIC2008 网络游戏用户调研数据显示，除在校学生群体以外，中国社会网络游戏用户学历以大学专科和高中学历为主，比例分别为 34.2% 与 32.6%；学历为本科及以上网络游戏用户占到整体用户数的 22.9%。（注：高中学历包括技校、中专以及高级中学）

五、用户收入构成

中国整体网络游戏用户收入偏低。CNNIC2008 网络游戏用户调研数据显示，在整体中国网络游戏用户中，无收入人群占到 31.2%，该人群主要由在校学生构成；收入在 1001～2000 元的用户群占到 25.5%，而收入在 5000 元以上的游戏用户比例仅为 5.8%。

（资料来源：中国互联网络信息中心《中国网络游戏用户调研分析报告》）

分析讨论题：

1. 假设你是一家网络游戏公司的市场企划部的企划主管，根据这份调研报告，结合本章所学的营销知识，为你的公司写一份可行性分析报告。

2. 利用所学知识分析一下，应该如何确定细分市场及选择目标市场？

第八章

产品策略

【学习目标】

☐ 理解产品的概念和整体产品的五个层次

☐ 掌握产品组合的基本要素和产品组合策略

☐ 把握产品生命周期理论与各阶段的营销策略

☐ 了解新产品开发的程序

【导入案例】

有所为，有所不为

澳大利亚奥普卫浴电器（杭州）有限公司是专业从事卫浴电器研发、生产和营销的国际化现代企业。其代表产品“奥普浴霸”在国内外颇受欢迎，仅此一项奥普公司在中国地区的年销售额便超过2亿元。

有些人认为，企业应该从市场的多方面需求考虑，产品发展种类要多而广。而奥普把产品仅仅定位于卫浴电器，其市场发展空间有限，对产品的推广和品牌的发展不利。

奥普公司则认为，作为一个企业，必须集中所有优势，在一个专业的领域内开发经营，这样才能把工作做得系统，做得细致。那种什么钱都想赚、产品开发求大求全的做法是不科学的，是不利于企业长期稳定发展的，这也正是中国许多企业“短命”的原因。奥普集中了所有的技术优势、资源优势、品牌优势，定位于卫浴产品的开发和推广。在奥普的战略报告中可以看到这样的描述："奥普的战略目标是集中优势资源努力建造一个品质卓越、品味高尚、品牌国际化的卫浴电器品牌"。

从表面上看，奥普产品仅仅局限于卫浴电器，其产品开发涉及领域相对较小，但是奥普却在浴室这个小空间里做出了大文章。奥普公司认为在卫生间这个空间里，人是最自然、最需要体会生活品位的，由此而产生的需求也是多种多样的。只要有需求就有市场，只要产品定位准确就有市场空间。奥普 CEO 马悦先生曾描述了奥普产品的使用价值：关注人的生活品质，特别是在卫浴方面的各种需求，强调卫浴中满足深层次需求、细致关怀，最终实现保护人类自身健康的目的，使现代人的生活品质获得显著提升。

另外，奥普在安全性方面的专业技术优势也是它定位于卫浴电器的主要原因。浴室让人联想到的是潮湿，而在潮湿的环境中使用电器就容易给人一种不安全感。所以安全成为浴用电器的重要保障。而奥普在技术上的专业优势恰恰在于制造安全的卫浴电器产品。

在这样的理念指导下，奥普相继开发出系列卫浴产品：继奥普浴霸之后，牙具消毒器、智能电热水器、智能洁身器等系列高安全、高享受、满足消费者深层次需求的卫浴电器即将面市。我们可以通过奥普公司的第一代产品——"奥普浴霸"的开发过程中发现其明晰的战略意图。正是奥普公司对消费需求研究的专注和资源投入的专一，为奥普浴霸从行业开拓者到始终保持行业领先打下了扎实的基础。

（资料来源：中国营销传播网 http：//www. emkt. com. cn）

第一节　产品概述

一、产品整体概念

（一）产品的概念

产品的概念有传统和现代之分。传统的产品概念强调产品特定的物质形态和具体用途；而现代的产品概念不仅包括基本的产品实体这一物质属性，还包括产品的价格、包装、服务、交货期、品牌、商标、企业信誉、广告宣传等一系列有形或无形的特质。正如菲利普·科特勒所言：产品是指为留意、获取、使用或消费以满足某种欲望和需要而提供给市场的一切东西。

从现代市场营销学的角度出发，产品整体概念可以归纳为：能够满足一定的消费需求并能通过交换实现其价值的有形产品和无形服务。有形产品主要包括产品实体及其品质、品牌和包装等；无形服务则包括可以给买主带来附加利益和心理上的满足感及信任感的售后服务、产品形象、企业信誉等。

产品的整体概念由以下五个层次构成：核心产品、有形产品、期望产品、附加产品以及潜在产品。它们之间的关系如图 8-1 所示。

1. 核心产品

核心产品是产品整体概念最基本的层次，是指向顾客提供的产品的基本效用或利益，构成了产品最本质的核心部分。从这一意义上说，消费者购买某种产品并非是为了拥有该产品实体，而是为了获得能满足自身某种需要的效用和利益。如洗衣机的核心利益体现在它能让消费者方便、省力、省时地清洗衣物。由此可见，某一产品能否被市场接受，不仅取决于企业能否提供这一产品，更重要的是取决于它能否给消费者带来某种实际利益并使其需求得到满足。因此，营销人员的首要任务就是从满足消费者的需求出发，在产品中最完整、最全面地体现消费者所需要的核心利益和服务。

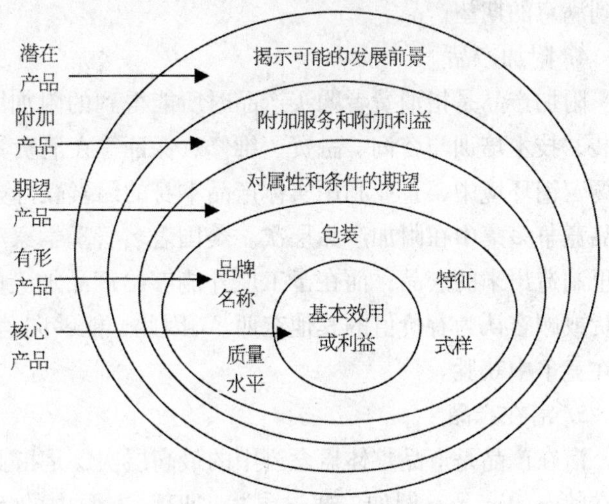

图 8-1　产品整体概念图

（资料来源：邵焱，谭恒，刘玉芳．现代市场营销学教程［M］．北京：清华大学出版社，2007：178.）

2. 有形产品

核心产品只是一个抽象的概念，产品的核心功能需要通过一定的具体形式，如产品的品质、特征、造型、商标和包装等来实现。在这个层次上的产品就是有形产品。有形产品具有以下五个方面的基本特征：

（1）质量水平。这是指产品实体满足消费者需要的可靠程度，是可以用技术参数表现的产品内在本质水平，如水泥的标号表示它能够达到的强度。

（2）特征。满足某种需求的产品应该是多种多样、各具特色的，这样才能满足不同层次、不同爱好的顾客的需要。如餐馆会提供中式、日式、欧式等饭菜。

（3）式样。式样是指物质产品的外观形状、款式，或无形产品如服务的不同表现形式。以出租汽车服务为例，可有日夜服务、事先预约、电话随时要车等多种服务形式。

（4）品牌名称。品牌名称即产品和劳务的名称与标志。如“太太”是一种口服液的品牌名称，“EMS”是一种邮政特快专递业务的名称。

（5）包装。包装是物质产品的盛装容器及装饰。水井坊酒包装共有 15 个项目内容，拥有 6 项国家专利，是目前国内拥有专利最多的酒包装，且一举荣获国际“莫比乌斯”大赛包装设计金奖。

可见，有形产品是核心产品的表现形式，向人们展示的是核心产品的外部特征，它能够满足同类消费者的不同要求。市场营销者应重视产品的包装、造型、商标设计等营销策略。

3. 期望产品

期望产品是指购买者在购买产品时期望得到的与产品密切相关的一整套属性和条件。例如，旅客乘坐软卧火车，期望在支出高频票价的同时，获得舒适干净的乘车环境、周到及时的服务，提供拖鞋、饮用水等。如果旅客支付了高额的票价，却没有享受到期望的产品或服务，那么旅客就会因为期望产品没有被满足而十分气愤，以后可能就不会再乘坐软卧车厢。再如，当你买到一本缺字和错别字很多、体系混乱的书时，你会非常失望，原因在于它没有满足你的期望。因此，只有为顾客提供与其期望一致的产品才能让顾客满意。为此，企业在设计、生产、销售等环节中应充分考虑消费者的利益，从而尽可能地让顾客得到满意的期望产品。

4. 附加产品

附加产品是指消费者购买产品时所能得到的附加服务和附加利益的总和，包括运送、安装、技术培训与咨询、融资、维修、保证等在消费领域中所给予消费者的好处。在现代市场营销环境中，企业利用实体产品本身的因素赢得竞争主动权的机会越来越少，企业的产品竞争多集中在附加产品层次。美国著名管理学家李维特曾说过："新的竞争不在于工厂里制造出来的产品，而在于工厂外能够给产品加上的包装、服务、广告、咨询、融资、送货或顾客认为有价值的其他东西。"因此，能够向消费者提供完善的附加产品的企业必将在竞争中获胜。

5. 潜在产品

潜在产品是产品整体概念当中的最高层次，是指上述四个层次发展成未来最终产品的潜在状态的产品。例如，通过寻找"旧"衣服中的流行元素，使之与流行趋势相结合，消费者的"旧"衣服可以发展成为时尚服装的潜在产品。潜在产品是企业努力寻求满足顾客并使自己与其他竞争者区别开来的新方法，把握住潜在产品的发展方向将有助于取得市场先机。因此，企业应加大研发力度，不断推陈出新，从而实现可持续发展。

产品整体概念的五个层次——核心产品、有形产品、期望产品、附加产品和潜在产品，是不可分割，紧密相连的。产品的整体概念体现了以顾客为中心的现代营销观念，没有产品整体概念，就不可能真正贯彻现代营销观念。企业在对产品整体概念充分认识的基础上，应努力在五个层次上展开营销活动，尽可能地增加产品的价值，降低顾客购买的成本，进而增强本企业产品的竞争力。

（二）产品的分类

按照不同的标准，产品可以进行如下分类：

1. 根据消费者的购买动机和用途分类

根据消费者的购买动机和用途，产品可分为消费品和工业品两大类。

（1）消费品。消费品是指那些由最终消费者购买并用于个人消费的产品。根据顾客的购买习惯，可以将消费品进一步细分为便利品、选购品、特殊品和非渴求品，如图 8-2 所示。

1）便利品。便利品是指消费者频繁购买的商品。换句话说，消费者不愿意也没有必要大范围搜寻去购买这些商品，如牙膏、糖果、香烟、报纸等。它们的价格通常较低，购买时间较短，以方便为主。

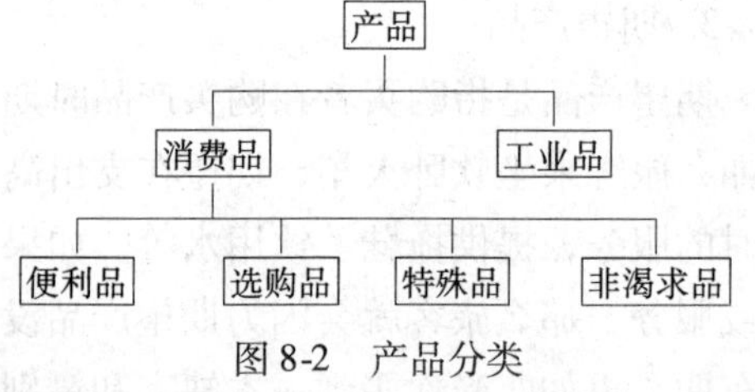

图 8-2　产品分类

2）选购品。选购品是指消费者在选购过程中会仔细比较其适用性、质量、价格和式样等基本方面，且购买频率较低的消费品，如家具、服装、电器等。选购品一般又分为同质品和异质品两种。消费者认为同质选购品的质量基本相似，但价格明显不同，故有选购的必要，如电视机、电冰箱、洗衣机等；相反，消费者则认为异质品的质量是不同的，如服装、家具、住宅等。

3）特殊品。特殊品是指具备特殊性质和品牌识别的产品。如名牌手表、名牌服装、特殊型号的汽车、美食餐馆等。这些产品具有一定的特色，消费者愿意付出努力去购买，但正常情况下，消费者并不比较特殊品，而是花必要的时间到出售所需产品的供应商处去购买。

4）非渴求品。非渴求品是指消费者不知道、不了解或即便了解但一般并不想购买的产品。传统的非渴求品有人寿保险、专业性很强的书籍等。对于传统的非渴求品，消费者对其比较熟悉，但购买的动机不强烈，如大家对保险都有所了解，但很少有消费者主动购买保险产品；为了“推销”非渴求品，许多非营利组织发挥了积极作用。如红十字会通常以血车上街宣传的方式来提醒潜在的血液捐赠者血液的重要性。此外，刚上市的、消费者从未了解的新产品也属于非渴求品。如达能的酸奶、可口可乐的酷儿目前已非常流行，但在刚上市时它们属于新的非渴求品。根据非渴求品的性质，企业需要做大量的广告、人员推销及其他营销努力，才能打开市场。

（2）工业品。工业品是指那些为进一步用于工业生产而购买的产品。根据参与生产过程的程度和价值大小，工业品可分为材料和部件、资本项目以及供应品和服务三大类。

1）材料和部件。材料和部件是指完全参与生产过程，其价值全部转移到最终产品的那些物品，又可以分为原材料以及半制成品和部件两大类。

2）资本项目。资本项目是指辅助生产进行，其实体不形成最终产品，其价值通过折旧、摊销的方式部分转移到最终产品之中的那些物品，包括装备和附属设备。

3）供应品和服务。供应品和服务是指不形成最终产品，价值较低、消耗较快的那类物品。

2. 按照产品的实质性和耐用性分类

按照产品的实质性和耐用性，可以把产品分为耐用品、非耐用品和服务三大类。

（1）耐用品。耐用品是使用寿命较长，通常有多种用途的产品，如空调、洗衣机、服装等。对于耐用品来说，企业一般需要更多地采用人员推销和提供多种服务与保证，如维修、送货服务及分期付款等。同时，企业由于投资较大，也应当有较高的利润。

（2）非耐用品。非耐用品也称为消费品，一般是指具有一种或多种消费用途，产品消费快，购买频繁的产品，如糖果、香烟、啤酒等。对于这类产品，企业必须广设零售网点，使消费者能在许多地方很方便地购买到。企业还应通过大力做广告吸引消费者试用并形成偏好。

（3）服务。服务是一方能够向另一方提供的基本上是无形的任何行为和绩效，并且不导致任何所有权的产生。它的生产可能与实际产品有关，也可能无关。如教育、旅游、银行业务、理发等。

耐用品和非耐用品均是有形的实体商品。与有形产品相比，服务具有不可感知性、不可分离性、品质差异性、不可储存性和所有权缺位等特征。服务营销以提供无形服务为目标，无形性是服务与有形产品最根本的区别所在，由于这种无形性，人们不能像感知有形产品那样触摸、看到、品尝、感觉或听到服务。不可分离性是指服务的生产、销售和消费是同时进行的，这些活动是不可分割的，这意味着服务通常不能像有形产品一样，在某一地点集中生产而在各地分散消费。从服务提供者的角度来讲，服务也是不可分割的。由于服务总是劳动密集型的，而且生产和消费又不可分割，所以它往往不如有形产品那样具有标准化和统一化，而是可变的。服务的差异性导致同一服务者提供的同种服务会因其精力和心情状态等不同而有较大的差异，同时消费者对服务本身的要求也参差不齐，这就使得服务营销工作稳定性差。服务不能储藏且通常容易复制。而且，服务很少以隐藏技术为基础，并且没有专利保护。服务的所有权缺位特征决定了在服务的生产和消费过程中不涉及任何实体的所有权转移。

第二节　产品组合策略

通常情况下，企业为扩大销售，分散风险，增加利润，不可能仅仅经营单一的产品，而要生产经营种类繁多的产品。如美国通用电气公司经营的产品多达 25 万种，宝洁公司所经营的产品涉及织物及家庭护理、美发美容、婴儿及家庭护理、健康护理、食品及饮料等多种类型。当然，企业生产经营的产品也并非越多越好，还应考虑所经营产品之间的协调。这便涉及产品组合的一系列问题。

一、产品组合

所谓产品组合，是指一个企业生产经营的全部产品线和产品项目的组合方式，即全部产品的结构。如某超市经营的家电、百货、鞋帽和文教用品等就是产品组合。产品线是指一组密切相关的产品，这些产品能满足同类需求抑或互补，可以售给相同的顾客群，而且通过同一种类的销售渠道出售，类属同一的价格波动范畴。如某超市的家电或食品等大类就是产品线。产品项目是按产品目录中列出的每一个明确的产品单位，一种型号、品种、尺寸、价格及外观等的产品就是一个产品项目。

产品组合主要包括宽度、长度、深度和关联度四个变化因素。其中，产品组合的宽度是指一个企业拥有多少产品大类；产品组合的长度是指一个企业的产品组合中所包含的产品项目的总数；产品组合的深度是指一个企业产品大类中每种产品项目有多少花色、品种、规格；产品组合的关联度是指一个企业的各个产品大类在最终用途、生产条件、分销渠道等方面相互关联的程度。例如，海尔集团有 40 多个大类 800 多个项目的产品，选取其中的电冰箱、洗衣机、空调和彩电 4 个产品大类，则该公司产品组合的宽度为 4；若空调中包括“小元帅”、“金元帅”、“小超人”、“小状元”和“小公主”5 个产品项目，彩电中包括“探路者”1 个产品项目，则空调的产品组合长度为 5，彩电的产品组合长度为 1；若“探路者”彩电有 3 种花色和 2 种规格，则海尔彩电的深度就是 6；海尔的产品基本上是家用电器，因此其产品组合的关联度较高。

产品组合的上述四个变化因素在市场营销战略中具有重要意义。一般来说，拓宽产品组合，即增加产品组合的宽度，使企业扩大经营范围，实行多元化经营，有利于发挥企业潜力、开拓新市场、提高经济效益、降低环境风险等；增加产品组合的长度和深度，即增加产品项目，增加产品的花色、品种、样式等，可以满足具有不同偏好的消费者的需求，从而吸引更多的消费者，对市场细分策略具有重要的意义；加强产品组合的关联度可以增强企业在某一区域和某一行业的市场地位，发挥和提高企业的技术、生产和销售能力。

二、产品组合策略

企业针对市场的变化，调整现有的产品结构，从而寻求和保持产品结构的最优化，这就是产品组合策略。其中包括扩大产品组合策略、缩减产品组合策略、产品线延伸策略和产品线现代化策略。

（一）扩大产品组合策略

扩大产品组合策略是指扩大产品组合的宽度或深度，增加产品系列或项目。扩大产品组合的宽度即增加一个或几个产品线，扩大产品经营范围。当企业预测现有产品线的销售额和盈利率在未来可能下降时，就必须考虑在现有产品组合中增加新的产品线，或加强其中有发展潜力的产品线。扩大产品组合深度则是指在原有的产品线内增加新的产品项目。其具体方式包括如下四种：①在维持原产品品质和价格的前提下，增加同一产品的规格、型号和款式；②增加不同品质和不同价格的同一种产品；③增加与原产品相类似的产品；④增加与原产品毫无关联的产品。

扩大产品组合，首先可以满足不同偏好消费者的多方面需求，提高产品的市场占有率。其次，还能够充分利用企业信誉和商标知名度，完善产品系列，扩大经营规模。再次，一个企业相对稳定的资源状况是同一定产品数量相适应的。随着企业技术水平的提高或原有市场的缩小，就形成了剩余的生产能力，开辟新的生产线可以充分利用企业资源和剩余生产能力，提高经济效益。最后，扩大产品组合还有助于减小市场需求变动性的影响，分散市场风险，降低损失程度。

（二）缩减产品组合策略

缩减产品组合策略是降低产品组合的宽度或深度，削减一些产品系列或项目，特别是要剔除那些获利小甚至亏损的产品线或产品项目，使企业集中力量经营获利大的产品线和产品项目。缩减产品组合的方式主要有减少产品线数量，实现专业化生产经营；保留原产品线，削减产品项目，停止生产某类产品，外购同类产品继续销售两种。

缩减产品组合的好处有：有利于集中资源和技术力量保留及改进产品的品质；实现生产经营专业化，提高生产效率，降低生产成本；有利于企业向市场的纵深发展，以寻求合适的目标市场；减少资金占用，加速资金周转，最终提高企业的经济效益。

（三）产品线延伸策略

产品线延伸策略是指企业全部或部分地改变其原有产品的市场定位，超出现有的范围来增加它的产品线长度。产品线可以向上延伸、向下延伸或双向延伸。

1. 向上延伸

向上延伸，即企业在原有的产品线内增加高档产品项目。采取向上延伸策略的原因在于：①形成各档产品齐全的完全产品线；②被高档产品的高增长率和高利润率所吸引；③提高企业产品的质量形象。

企业采用向上延伸策略也要承担一定的风险。如那些生产高档产品的竞争者不仅会稳守阵地，而且会向下扩展，向低档产品市场进犯；对于一直生产低档产品的企业，顾客对其能否生产出高档产品表示怀疑；企业的营销者和经销商可能因缺乏才干和必要的培训而不能胜任为高档市场服务。面对上述风险，采取这一策略时，如果处理不慎，还会影响原有产品的市场声誉。如国内一些品牌手机厂商一直定位在中低端，在获得一定的品牌认可度之后，这些企业不惜花费巨资，推出高档手机，企图打入高端市场，但由于产品质量和品牌形象都很难被消费者认可，最终仍以失败告终。

2. 向下延伸

企业最初处于高档市场，随后将产品线向下延伸，发展低档产品，以扩大市场占有率和销售增长率，补充企业的产品线空白。采用这一策略的主要原因有：①在高档产品市场受到攻击时，通过拓展低档产品市场进行反击；②高档产品市场发展缓慢，不得不以开拓低档产品市场来提高企业效益；③采取利用高档产品树立优质形象，而后再向下扩展以扩大产品市场范围；④为占领市场空缺，增加低档产品品种，以防竞争对手的侧击。如精工和西铁城等一些亚洲手表最初定位在高端市场，随后为低档市场推出了手表产品。

企业采取向下延伸策略也有一定的风险，如果处理不慎，会影响企业原有产品的市场形象及名牌产品的市场声誉，还可能会刺激原来生产低档产品的企业转入高档市场而加剧竞争。要成功运用这一策略，还必须辅之以一套行之有效的营销策略，如对销售系统进行重新设置等，这将使企业增加许多营销费用。

3. 双向延伸

双向延伸，即原定位于中档产品市场的企业在掌握了市场优势以后，向产品线的上下两个方向延伸。双向延伸是企业寻求市场领导地位的重要途径。如德克萨斯仪器公司以中等价格和中等质量推出了第一批计算器，随后逐渐在低端上增加机型，夺取了市场份额；它又推出了一种价格较低的高档计算器，控制了高档市场。双向延伸策略使德克萨斯仪器公司占据了袖珍计算器市场的领导地位。但这一策略会使企业受到来自各方面的挑战，对企业各方面的能力都是极大的考验。

（四）产品线现代化策略

某些情况下，企业产品线的广度和深度是适当的，但因产品线的生产形式可能已经过时，所以必须使产品线现代化，以防企业所生产的产品缺乏竞争力。实施产品线现代化策略面对的首要问题就是对产品线应实行渐进式的技术改造，还是一步到位全面改进产品线。渐进式的技术改造可以减少资金耗费，还可以使企业在全面改进产品线之前，观察和了解消费者和经销商对新产品的喜爱情况；但其缺点是易被竞争者所察觉与模仿。相反，一步到位的现代化策略在短期内会耗费较多的资金，但却可以出其不意，击败竞争对手。

第三节　产品生命周期策略

一、产品生命周期的概念

美国哈佛大学教授费农 1966 年提出了产品生命周期理论。所谓产品生命周期（Product Life Cycle），是指产品从进入市场到最后被市场淘汰的全过程。典型的产品生命周期一般可分为四个阶段，即导入期、成长期、成熟期和衰退期。但对于产品生命周期的认识，长期以来，企业和营销人员大都存在着一个误区，即简单地将企业自己销售的产品所处的阶段作为产品生命周期。或反过来，将行业产品的生命周期作为企业销售产品的生命周期。更不用说考虑区域市场的不同阶段了。但产品生命周期有三个层次，即行业产品生命周期、企业产品生命周期和区域产品生命周期。

产品生命周期的长短受到诸多因素的影响，如产品本身的性质和特点、市场竞争的激烈程度、消费需求的变化速度以及产品更新换代的速度等。它不同于产品的使用寿命。产品的使用寿命指的是其自然寿命，也就是产品从投入使用到损坏报废所经历的时间，受产品的自然属性和使用频率等因素的影响。

一般而言，产品种类、产品形式和产品品牌的生命周期各不相同。产品种类具有最长的生命周期。很多产品种类，如食盐、汽车、计算机等产品成熟阶段可以无限期地持续下去，其销售量增加与人口增长率成正比关系。产品形式比产品种类能够更准确地体现标准的产品生命周期历程。例如，BP 机在经历了典型的导入期、成长期、成熟期之后，由于手机的普及而进入衰退期，退出市场。产品品牌相对于前两者而言则显示了较短的生命周期历程。一般来说，品牌生命周期的长短更多地取决于一个企业的营销，包括品牌推广和品牌竞争的成效。

总的来看，自 20 世纪 80 年代以来，随着科技革命的迅猛发展，产品生命周期呈加速缩短的趋势。因此，企业应加快产品开发和更新换代的速度，才能立于不败之地。

二、产品生命周期阶段

产品生命周期各阶段的划分依据是产品的销售量和利润额的变化情况。其通常为一条类似于 S 形的曲线，如图 8-3 所示。

（一）导入期

新产品自投入市场便进入了导入期。此时，由于产品品种少，顾客对产品还不了解，除少数追求新奇的顾客外，几乎无人实际购买该产品，销售量很低。生产者为了扩大销路，不得不投入大量的促销费用，对产品进行宣传推广。该阶段由于生产技术等方面的限制，产品生产批量小，制造成本高，广告费用大，产品销售价格偏高。所以这个时期企业通常不能获利，甚至可能亏损。

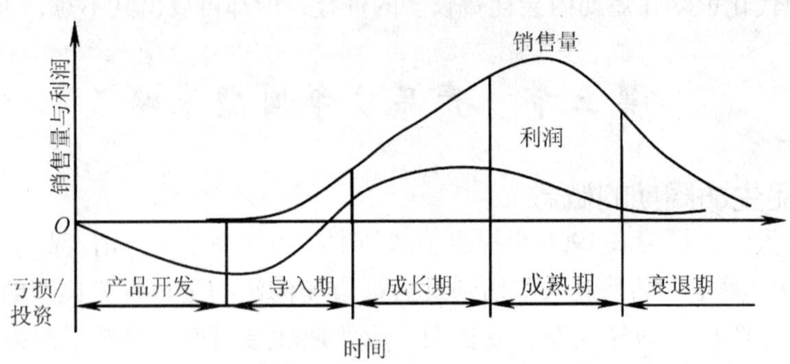

图 8-3　一般产品生命周期曲线图

（二）成长期

成长期是产品通过试销，效果良好，得到市场的快速接受，销售量开始迅速增长的时期。该阶段生产成本大幅度下降，利润迅速增长。与此同时，竞争者看到有利可图，纷纷进入市场参与竞争，使同类产品供给量增加，价格随之下降，企业利润的增长速度逐步减慢。

（三）成熟期

经过成长期之后，随着购买产品人数的不断增多，市场需求已趋于饱和，市场竞争逐渐加剧。此时，销售量增长减慢，但由于产品完全定型，生产技术也完全成熟，产品生产批量大，成本降低，销售量达到峰值。而后期为了在竞争中保护产品，市场营销支出增加，企业利润增长值接近于零。

（四）衰退期

由于科技的发展以及消费习惯的改变，产品在市场上已经老化，不能适应市场需求，产品的销售额急剧下降，利润大幅跌落。在该阶段，市场上已经有其他性能更好、价格更低的新产品满足消费者的需求。此时，成本较高的企业就会由于无利可图而陆续停止生产，该类产品最后完全退出市场，结束其生命周期。

（五）产品生命周期其他形态

在现实经济生活中，并非所有的产品都呈现S形的产品生命周期。美国市场营销学者柯克斯发现了6种不同形式的产品生命周期，斯旺和林克发现了11种，特林斯和克劳弗德发现了17种。其中，常见的几种特殊形式有风格型、时尚型、热潮型和扇形，如图8-4所示。

1. 风格型

风格是人们活动的某一领域中出现的主要的和独特的表现方式。风格一旦产生，可能会延续数代，根据人们对它的兴趣而呈现出一种循环再循环的模式，时而流行，时而又可能并不流行。

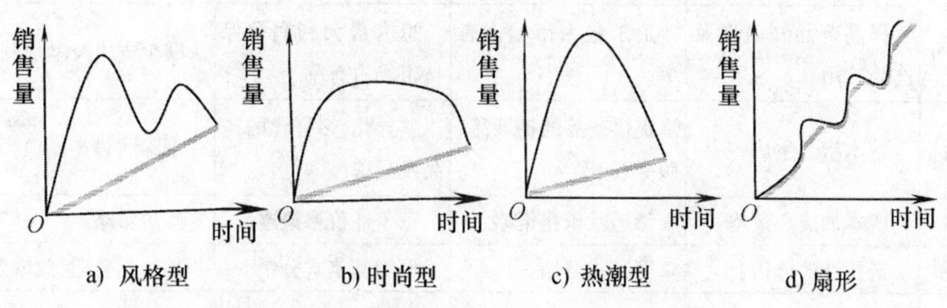

图 8-4　常见的几种特殊形式的产品生命周期

2. 时尚型

时尚型是指在既定领域里为大家所广为接受且流行的一种风格。时尚型的产品生命周期要经过四个阶段：刚上市时很少有人接纳（导入阶段）；但接纳人数随着时间慢慢增长（模仿阶段）；终于被广泛接受（大量流行阶段）；最后缓慢衰退（衰退阶段），消费者开始将注意力转向另一种更吸引他们的时尚。

3. 热潮型

热潮型是指那些迅速进入公众视线的时尚，俗称时髦。热潮型产品的生命周期往往快速成长又快速衰退，是主要原因是它只能满足人类一时的好奇心或需求，所吸引的只是少数寻求刺激、标新立异的人，通常无法满足更强烈的需求。风靡一时的“呼啦圈”就属于这种产品。

4. 扇形

扇形产品生命周期主要是指产品生命周期不断地延伸再延伸，这往往是因为发现了新的产品特性、找到了产品的新用途，或者寻求到了新的市场和用户。因为不断向前，多次增长，从而形成了状如“扇形”的产品生命周期。

此外，还有一些异常的产品生命周期曲线。一些产品一进入市场便很快消失；有的产品则有很长的成熟期；还有的产品在进入衰退期后能通过大量促销或产品重新定位返回到增长期等。

三、产品生命周期各阶段的特点与营销策略

产品在不同的生命周期阶段具有不同的市场特征。因此，企业必须根据这些特征来制定相应的营销策略，如表 8-1 所示。

表 8-1 产品生命周期各阶段的特点与营销策略

	阶段	导入期	成长期	成熟期	衰退期
特征	销售额	低	快速增长	缓慢增长	衰退
	利润	易变动	利润上升	高利润	利润衰退
	现金流量	负数	适度	高	低
	顾客	创新者	早期使用者	中间多数	落后者
	竞争者	稀少	渐多	最多	渐少
营销策略	营销目的	提高产品知名度及产品试用	追求最大市场占有率	追求最大利润及保持市场占有率	减少支出及增加利润回收
	产品	基本型为主	提供产品的扩展品、服务、担保	差异化,多样化的产品及品牌	剔除弱势产品项目
	价格	成本加成法策略	渗透性价格策略	竞争性价格策略	削价策略
	分销	选择性的分销	密集式分销	更加密集式分销	排除不合适、效率差的渠道
	广告	争取早期使用者,建立产品知名度	在大量市场中建立知名度和兴趣	强调品牌差异及利益	维持品牌忠诚度
	促销	大量促销及产品试用	利用消费者需求增加,适当减少促销	增加对品牌转换的鼓励	将支出降至最低

(资料来源:MBA 智库百科网)

(一)导入期的特征及营销策略

导入期是新产品进入市场的最初阶段。该阶段中,由于消费者对产品还十分陌生,企业必须通过各种促销手段把新产品引入市场,力争提高产品的知名度。同时,导入期的生产成本和销售成本相对较高,企业在给新产品定价时不得不考虑价格因素。根据上述特点,在导入期,企业营销的重点应主要集中在促销和价格方面。此时,企业一般有如下四种可供选择的营销策略:

1. 快速撇脂策略

快速撇脂策略即以高价格和高促销费推出新产品。采取高价格的目的是在销售中尽可能地获得高额利润。高促销费是让顾客相信即使以高价购买该产品也是物有所值的,而且,花费巨资促销还可以加快产品的市场渗透。如果能够成功地实施这一策略,企业就可以赚取较大的利润,并获得较高的市场占有率。但实施该策略需具备一定的市场条件,即潜在市场上的大部分消费者还不了解该产品;目标顾客具有求新心理,急于购买新产品,并愿意出高价购买;企业面临着潜在竞争者的威胁,想快速地建立良好的品牌形象,促使顾客对该产品产生偏好。

丰田汽车在2002 年全面进军中国市场时曾采用快速撇脂的营销策略,即以高价格、高额促销投入,树立产品形象和高档形象,在保持高额利润的前提下以稳健的节奏逐渐占领市场。

2. 快速渗透策略

快速渗透策略即以低价格和高促销费用推出新产品。该策略可以使产品以最快的速度进入市场，有效地限制竞争对手的出现，为企业带来较大的市场占有率。该策略的适应性很广泛。适合该策略的市场条件有：产品市场容量很大；消费者对这种产品不太了解，对价格又十分敏感；潜在竞争比较激烈；随着生产规模和销售量的扩大，产品的单位制造成本可迅速下降。

2004 年夏季，联想集团利用快速渗透策略，推出四款基于 AMD SEMPRON（闪龙）芯片包含显示器及光驱的超低价“圆梦”系列计算机，其中价格最低的一款仅 2999 元，打破了广大地市级消费者对计算机消费的价格局限，开始了融化冻土的“全民计算机”计划。2004 年 10 月 20 日，联想宣布启动规模将达 1000 所乡镇中小学的“圆梦快车千校行”活动，对广大乡镇地区青少年学生进行直接面对面的计算机基础硬件及应用等方面的教育。有媒体报道称，截至 2004 年 12 月下旬，联想“圆梦”系列计算机在全国的销量已经突破 100 万台，大获成功。

3. 缓慢撇脂策略

缓慢撇脂策略即以高价格和低促销费用将新产品推入市场。实行高价格的目的在于能够及时收回投资，获取利润；低促销的方法则可以减少营销费用。采用这种策略可以获取大量利润。该策略主要适用于以下市场条件：市场规模有限，竞争威胁不大；大部分潜在的消费者已经熟悉该产品，他们愿意出高价购买；没有激烈的潜在竞争。

4. 缓慢渗透策略

缓慢渗透策略是企业以低价格和低促销费用推出新产品。低价格有助于市场迅速地接受新产品，低促销费用又能使企业减少费用开支，降低成本，以弥补低价格造成的低利润或者亏损，从而实现更多的净利。在下列情况下，企业可采用这种策略：市场容量很大；消费者对商品有所了解，同时对价格又十分敏感；有相当的潜在竞争者准备加入竞争行列。

西安《侨声时报》是陕西省侨联主办的一份公开发行的周报，从 1995 年 1 月创刊到 1997 年 6 月惨淡经营。1997 年华圣集团注资 1000 万元将其改为《华商报》，并采取了一整套营销方案，取得了成功。创造这个奇迹的重要推手之一就是它的缓慢渗透定价策略。《华商报》上市之初，零售定价为 0.5 元，虽然同类报纸也是此价位，但《华商报》的版面大于其他在位报纸。这种渗透策略使得《华商报》被市场逐渐接受、认可。在消费者的忠诚度已经形成后，2000 年《华商报》将零售价格提高为 0.8 元，2008 年再涨到 1 元，很好地体现了缓慢渗透定价的策略[⊖]。

（二）成长期的特征及营销策略

产品进入成长期后，越来越多的消费者开始接受并使用，企业的销售额直线上升，利润增加。在此情况下，竞争对手也会纷至沓来，威胁企业的市场地位。因此，在成长期，企业的营销重点应该放在保持并且扩大自己的市场份额，加速销售额的上升方面。另外，企业还必须注意成长速度的变化，一旦发现成长的速度由递增变为递减时，必须适时调整策略。此时，企业可以采取以下几种营销策略：

⊖ 许加彪．商品特质、市场结构与《华商报》的渗透定价策略分析［J］．新闻大学，2009（4）．

1. 改进产品

企业可集中力量改进产品的质量，赋予产品新的特性，并在商标、包装、款式、规格等方面作出改进。可增加新样式和侧翼产品，避免单一品种孤军作战，进而提高产品的竞争力，尽可能地满足顾客不同的需求，从而既扩大了销售量，又限制了竞争者的进入。

2. 开辟新市场

企业可通过不断细分市场，发现新的尚未满足的细分市场，并积极开拓这一市场，以吸引更多的消费者，扩大市场份额。还可通过创名牌、建立产品信誉来拓宽市场。

3. 密集分销

企业还可进入新的分销渠道，利用尽可能多的分销渠道销售产品，扩大商业网点，争取最大的销售量。

4. 适时调整价格

在成长期，市场需求量较大，但在适当时企业可以降低价格，吸引更多对价格敏感的顾客，以增加竞争力。当然，降价可能暂时减少企业的利润，但是随着市场份额的扩大，长期利润还可望增加。

5. 广告重心的转移

企业在广告宣传上应从介绍产品过渡到建立产品形象，建立消费者对产品的信任感，进一步提高企业产品在社会上的声誉。

（三）成熟期的特征及营销策略

产品进入成熟期后，有的弱势产品应该放弃，以节省费用开发新产品，但同时也要注意到成熟产品可能还有其发展潜力。有的产品就是由于开发了新用途或者新的功能而重新进入新的生命周期。因此，企业不应该忽略或者仅仅是消极地防卫产品的衰退。成熟期企业可采取的主要策略有以下几种：

1. 改进市场

改进市场即通过扩大顾客队伍和提高每个顾客的使用率来提高销售量。改进市场的主要途径有：通过努力寻找市场中未被开发的部分，如使非使用者转变为使用者；通过宣传推广，促使顾客更频繁地使用或每一次使用更多的量，以增加现有顾客的购买量；通过市场细分，努力进入新的细分市场；争夺竞争者的顾客。

2. 改进产品

通过改变现行产品的特性，吸引新用户或增加现有用户使用量。其具体方法有：质量改进，即增加产品的功能性效果，如耐用性、可靠性、速度及口味等；特性改进，即增加产品的新特性，如规格大小、重量、材料质量，添加物以及附属品等；式样改进，即增加产品的美感。

3. 改进营销组合

改进营销组合是提高销售额的重要途径，即改变市场组合因素，以增加销售量。如通过降价优惠或提价显示质量提高来提高销售额；通过增加广告开支或重新设计广告策略提高广告效果，刺激销售；通过提高现有渠道的分销能力和开拓新的分销渠道提高销售额；采用多种促销方式提高销售额，运用上述手段以达到保持市场占有率的目的。

（四）衰退期的特征及营销策略

产品进入衰退期后，产品老化造成市场疲软，销售困难，但企业不能草率决策，必须研究产品在市场的真实地位，然后决定是继续经营下去还是放弃经营。对于进入衰退期的产品，淘汰并非唯一的策略，此时，企业可采用的主要营销策略有以下几种：

1. 维持策略

维持策略，即企业在目标市场、价格、销售渠道、促销等方面维持现状，直到这种产品完全退出市场为止。当企业在该市场占有绝对支配地位，且产品竞争者退出市场后该市场仍有一定潜力时，通常可采用这一策略。这样可利用产品分销网、品牌等培植企业的另一个产品，从而保持企业与市场的联系。

2. 收缩策略

收缩策略，即企业有选择地降低企业投资水平，放弃前景不佳的顾客群，同时加强有持久顾客需求的小的细分市场的投资势头。如果把所有的营销力量集中到一个或者少数几个细分市场上，以加强这几个细分市场的营销力量，也可以大幅度地降低市场营销的费用，以增加当前的利润。

3. 放弃策略

放弃策略包括立即放弃策略和逐步放弃策略。立即放弃策略是指当企业现有产品并无潜在市场机会或新一代产品已经上市且前途看好时，应当机立断放弃老产品，把企业的生产条件、广告宣传等转移到新产品上。逐步放弃策略是指企业逐步压缩衰退产品的产量，把资源集中在最有利的子市场和渠道上，放弃没有盈利机会的市场。

第四节　新产品开发策略

一、新产品的概念与分类

（一）新产品的概念及特征

新产品是指，与老产品相比，在一定的地域内第一次生产和销售的，在产品结构、用途、性能、材质、原理等某一方面或几个方面具有显著改进、提高或独创的产品。新产品是一个相对的概念，在不同的时间、地点和条件下具有不同的含义。我国将新产品规定为在结构、材质、工艺等某一个方面或几个方面对老产品有明显改变；或采用新技术原理、新设计构思，从而显著提高产品的性能或扩大了使用功能的产品。

从新产品的概念中可以看出，它应具备下列一个以上的特点：①具有新的原理、构思或设计；②采用了新材料，使产品的性能有较大幅度的提高；③产品结构有明显的改进；④扩大了产品的适用范围。

除具有一般产品的特征之外，新产品还具有以下特征：

1. 创新性

新产品往往具有新的原理、新的构思和设计、由新的材料和新的元器件构成，具有新的性能、用途等创新或改进内容。

2. 先进性

新产品必须在技术上先进，性能、质量、能耗等技术经济指标要比老产品有明显的提高。

3. 继承性

任何发明创造或新产品，都是在以往知识积累的基础上孕育产生的。

（二）新产品的分类

新产品有多种不同的分类方法，常见的主要有以下几种：

1. 按新产品的新颖程度分类

按新颖程度，新产品可划分为全新产品、换代产品、改进产品和仿制产品四类。

（1）全新产品。全新产品是指应用新原理、新技术、新结构和新材料研制出的市场上从未有过的产品。全新产品往往伴随着科学技术的重大突破而诞生，它具有其他类型新产品所不具备的优势。例如，它具有明显的新特征和新用途，能促使传统生产和生活方式的改变；另外，它还可以取得发明专利权，受国家法律保护。

（2）换代产品。换代产品是指在原有产品的基础上，部分地采用新技术、新材料等，使结构性能有显著提高的产品，如计算机的更新换代。现代科学技术的发展以及消费者需求的日益多变，为企业产品更新换代提供了良好的条件。

（3）改进产品。这是企业常用的新产品开发方式，即在原有老产品的基础上进行改进，使产品在结构、功能、品质、花色、款式及包装上具有新的特点或新的突破。改进后的新产品，其结构应更加合理，功能应更加齐全，品质应更加优质，能更多地满足消费者不断变化的需要。

（4）仿制产品。仿制产品是企业对国内外市场上已有的产品进行模仿生产，而对企业来说是第一次生产的或在本地区第一次上市的一种新产品。开发这类新产品，企业无需技术上作太大变化或改动，但在掌握需求潜量、市场竞争潜力等方面却有较高的要求；否则，难免会遇到风险。

2. 按新产品的地域范围分类

按地域范围，新产品可划分为国际新产品、国家新产品、地区新产品和企业新产品四类。

（1）国际新产品。这是在国际上第一次试制成功并投入市场的新产品。这类新产品如有重大价值，国家应予以重点保护与支持，企业应申请专利以防其他国家侵犯，从而维护其竞争优势。

（2）国家新产品。其他国家已试制成功并投入使用，而在本国尚属初次设计、试制、生产并投入市场的新产品。这种新产品能够填补国内空白，提高一国产品的竞争力。

（3）地区新产品。在国内其他地区已试制成功，并投入市场，但在本地区尚属初次试制和生产的产品。发展这类新产品要认真进行市场研究，慎重决策，以防重复生产导致国内市场供过于求。

（4）企业新产品。在本地区其他企业早已生产销售、本企业初次开发生产并销售的同类产品。这种新产品更要注意市场需求动向，盲目上马常会导致重大损失。

3. 按新产品的开发方式分类

按开发方式，新产品可划分为技术引进新产品、独立开发新产品和混合开发新产品三类。

（1）技术引进新产品。这是指直接引进市场上已有的成熟技术制造的产品，这样可以避开自身开发能力较弱的弱点。

（2）独立开发新产品。这是指从用户所需要的产品功能出发，探索能够满足功能需求的原理和结构，结合新技术、新材料的研究独立开发制造的产品。

（3）混合开发新产品。这是指在新产品的开发过程中，既有直接引进的部分，又有独立开发的部分，将两者有机结合在一起而制造出的新产品。

二、新产品开发的意义

随着科学技术和消费者品位等的快速变化，产品生命周期越来越短。企业为了自身的生存与发展，必须不断开发新产品，以迎合市场需求的快速变化。对于企业而言，开发新产品的意义主要有以下几点：

（1）开发新产品有利于促进企业成长。这是因为新产品开发一方面能使企业维持或提高市场占有率；另一方面，能为企业带来更多的盈利机会。如果企业不开发新产品，没有适销对路的产品推向市场，就无法长期生存下去。美国三位学者对美国企业所作的一份调查报告显示，许多主管预期公司未来五年的利润有40%必须来自于新产品。

（2）开发新产品有利于维护企业的竞争地位，维持企业的竞争优势。任何产品只要进入成长期后期，就会产生丰厚的利润，同时也会招致大量的潜在进入者进入竞争行列。在这一竞争激烈的市场环境中，顾客选择余地增多，忠诚度降低，这势必造成企业利润空间的大大缩小。此时，企业应该抢夺先机，开发新产品，更好地满足消费者的需求，打开市场销路。

（3）开发新产品有利于充分利用企业的生产和经营能力。开发新产品可以使企业的产品项目增多，产品组合丰满，设备利用率提高，使企业不存在生产能力和经营能力剩余的现象，提高资源利用效率。

（4）开发新产品有利于企业更好地适应市场营销环境的变化。在经济、社会迅速发展的今天，企业所面临的各种市场营销环境因素变化很快，消费者对产品的需求不断变化，产品流行趋势不断调整，产品更新速度日益加快，款式不断推陈出新。企业如果不及时开发新产品以适应变化的市场营销环境，就会面临被淘汰的风险。

三、新产品开发的程序

在新形势下，对企业而言，新产品开发是必需的，但此项工作是要冒很大风险的。对此，企业应认真策划新产品开发计划，并为找到和开发新产品建立系统的新产品开发程序。开发新产品的程序一般分为八个步骤，即产生构思、筛选构思、概念的形成和测试、制定营销战略、商业分析、产品开发、产品试销和正式上市。如图 8-5 所示：

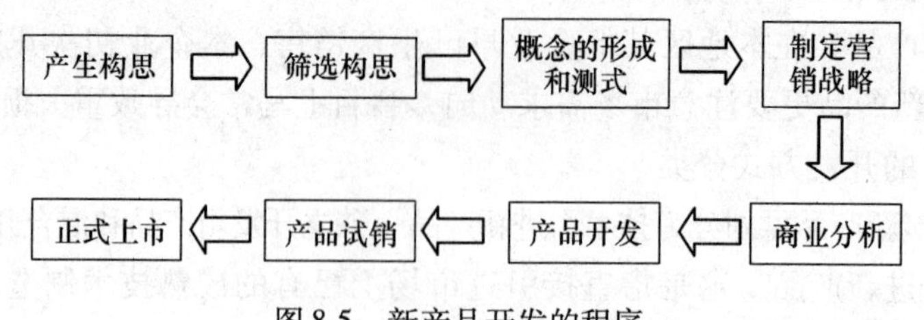

图 8-5 新产品开发的程序

（一）产生构思

新产品开发过程是从构思开始的。构思又称创意，是指对新产品的设想。市场需求是开发新产品的出发点，新产品构思的主要来源主要有以下几个方面：一是用户；二是销售者；三是科技人员；产品构思的其他来源包括中间商人、企业生产人员和管理人员，乃至竞争对手。产品构思的内容包括产品使用目的、基本功能、产品大致轮廓和大概制造方法等。

产品构思过程中可采用的方法包括如下六种：

（1）产品属性排列法。该方法是将现有产品的属性一一排列出来，然后探讨改良某一种属性，从而在原有产品的基础上发展新产品的方法。

（2）关联法。此方法是通过列举几种不同的产品，将它们联系起来进行组合或延伸，从而产生新的构思。

（3）结构分析法。此方法是将一个问题的结构进行分析，然后审查结构的各个方面之间的关系，再进行各种自由联想，形成新的创意。

（4）问题分析法。此方法主要是通过分析消费者使用产品中出现的问题，形成新的构思。

（5）头脑风暴法。这是由一群人（一般 6 ~ 10 人）进行讨论，会上畅所欲言，彼此激励，相互启发，从而形成更多更好的构思。

（6）征集意见法。该方法通过问卷调查、召开座谈会等方式了解消费者需求，征求科技人员、发明人员等的意见，形成构思。

（二）筛选构思

筛选构思的目的是对第一阶段产生的所有构思方案“去粗取精”，以尽力减少高昂的开发成本。在筛选构思时必须考虑两个重要因素：一是构思的新产品是否符合企业的目标，如利润目标、销售稳定目标、销售增长目标和企业总体营销目标等；二是企业是否具备足够的实力来开发所构思的新产品，这种实力包括经济和技术两个方面。

（三）概念的形成和测试

在这一阶段要将产品构思发展成产品概念，即用有意义的消费者术语对构思进行详尽描述，如用文字、图形、模型等来阐述。如下面的构思：有一种粉状的牛奶添加剂，用于增加营养和口味。现提出问题：①谁使用这一产品（儿童、少年、青年人、中年人、老年人)；②该产品的主要利益是什么（营养、口味、提神、保健）；③该产品用于何种场合（早餐、午餐、晚餐、夜宵等）。根据提问可形成多种概念，如概念1：即早餐饮料，是专为想迅速取得营养早餐而不需自己烹制早餐的成年人制作的；概念2：美味小吃饮料，供儿童作为午间点心饮用；概念3：健康补品，供老年人在深夜就寝前饮用。

然后，通过测试来了解消费者对这些产品概念的态度。如向消费者描述产品概念后，提出诸如下面的问题，以征求意见：你是否清楚并相信该产品概念的利益；你是否认为该产品解决了你的某个问题或满足了某一需要；相对于价值而言，价格是否合理；你是否（肯定、可能、可能不、肯定不）会购买该产品；谁可能会使用这一产品；使用频率怎样。消费者的回答将帮助企业确定吸引力最强的产品概念。

（四）制定营销战略

经过测试的产品概念确定后，企业需要拟定一个将新产品投放市场的初步的营销战略报告书。报告书由以下三个部分组成：

（1）描述目标市场的规模、结构和行为；该产品在目标市场上的定位；开始几年的销售额、市场份额和利润目标。

（2）概述新产品第一年的计划价格、分销策略及营销预算。

（3）描述预期的长期销售额、利润目标以及不同时期的营销组合策略。

（五）商业分析

管理层对产品概念和营销策略作出决策后，就可以分析该产品概念的商业吸引力了。商业分析的焦点主要集中在利润上，但对社会、市场所承担的责任等问题也不容忽视。企业应通过审查类似产品的销售历史和调查市场意见来估计该产品的销售量；还应通过对最低和最高销售量的估计来预测风险的大小；预计好销售量之后，进一步估算产品的期望成本和利润，包括市场营销、市场研发、制造、会计和财务成本。

（六）产品开发

产品概念通过商业分析后，就进入产品开发阶段。该阶段的任务是把通过商业分析的产品概念交由企业的市场研究与开发部或者工艺设计部等部门，研制开发成实体产品。产品开发阶段要求加大投资。产品研究与开发部门开发一个或多个产品概念实体形式，并从中选择能满足消费者要求、功能要求和预算要求的一种产品原型。该部门还要对所选择的原型进行一系列功能测试和消费者测试。功能测试是为了确保产品的安全有效；消费者测试则是为了收集消费者对产品的意见、建议和偏好等。

（七）产品试销

新产品的试销是把经过鉴定的样品少量投入生产，按企业所制定的营销策略计划，将产品小范围投放市场，以观测用户的反映，并把用户的意见及时反馈，对新产品作进一步的改进后再试销。这个过程有时要反复多次。产品试销的规模取决于两大方面：一是投资费用和风险大小；二是产品试销费用和时间。投资费用和风险越高的新产品，试销规模应大一些；反之，试销规模则可小一些。就市场试销费用和时间而言，所需试销费用越多、时间越长的新产品，产品试销规模应越小一些；反之，则可大一些。

（八）正式上市

新产品经过试销获得成功后，即可正式上市。在正式上市之前，企业还要作出四项决策，即新产品的推出时机、推出地域、目标顾客及营销策略。

1. 推出时机

企业应选择推出新产品的正确时机，根据产品需求的季节性因素，可考虑新产品应季上市，以增加销售量。同时，还应考虑新旧产品的交替，若新产品上市过早，会加速原有产品的老化；若新产品上市太迟，会因新旧产品都不盈利，给企业造成损失。一般情况下，当老产品由成熟期进入衰退期时，新产品便可大量投放市场，力争既能满足顾客需要，又能使企业提高或保持原有的市场占有率，获得较好的经济效益。

2. 推出地域

推出地域即企业要决定新产品的上市地点。选择将新产品推向某一地区、多个地区、全国市场抑或国际市场。对不同规模的企业而言,其选择的上述地点是不同的。小企业可选择某一中心城市推出新产品,迅速占领市场,然后再逐步扩展到其他地区;大企业则可选择先在一个地域推出,然后再逐步扩展,也可在全国各地同时上市,迅速占领全国市场。

3. 目标顾客

企业应针对最理想的顾客群制定分销和促销策略等。新产品的目标顾客有早期试用者中的经常使用者、用户中有影响力者、潜在消费者三类。对不同类型的消费者应采取不同的策略，从而获得高销售额，以吸引潜在购买者。

4. 营销策略

企业需针对产品特点和不同的消费者选择相应的营销组合。在营销组合中分配营销预算并安排营销活动的合理次序。

关 键 词

产品；产品组合；产品线；产品生命周期；新产品

思 考 题

1. 怎样理解产品整体概念的五个层次？
2. 什么是产品组合？产品组合策略有哪些？
3. 产品生命周期可分为几个阶段？各阶段应分别采取什么策略？
4. 阐述新产品开发的程序。

【案例分析讨论】

斯沃琪：唯一不变的是我们一直在改变

瑞士机械表一向以精美华贵而君临天下，然而20世纪70年代，日本的精工、西铁城、卡西欧等品牌突然刮起电子表和石英表的强旋风，一下子占领了世界钟表市场，强烈冲击着传统的瑞士机械表在世界表坛的霸主地位。在不到10年的时间里，瑞士钟表在世界市场的份额从1974年的43%降至1983年的不足15%。

1984年，面对日本同行的兴起，两家瑞士钟表制造商合并为SMH集团。该集团依靠斯沃琪（SWATCH），在20世纪80年代初推出全塑电子手表，1991年，SMH集团生产了8000万只手表和其他计时产品，到1992年，数量增至差不多一亿，并成功地将瑞士在世界钟表市场的占有率提升到53%，而且还在继续提升。那么SWATCH的产品开发历程又有什么独到之处呢？

SMH集团的领导者赫雅克认为，瑞士表尽管在产品成本上与日本表存在差距，但手表除了简单的计时功能外，还可以像时装一样成为时尚艺术品。在他的带领下，瑞士钟表业大胆创新，不断改进新型电子手表，将手表的外壳变成了一件件色彩绚丽的艺术品。他还委托国际著名的商标设计所，将这一手表新品定名“SWATCH”，名字中的“S”不仅代表它的产地瑞士，而且含有“Second-watch”即第二块表之意，表示人们可以像拥有时装一样，同时拥有两块或两块以上的手表。这正如赫雅克所倡导的，SWATCH不仅是一种新型的优质手表，同时还将带给人们一种全新的观念；手表不再只是一件昂贵的奢侈品和单纯的计时工具，而是一件“戴在手腕上的时装”。

SWATCH在价格上始终奉行低端策略，因为通过市场调查，SMH发现消费者可以接受瑞士表相对日本、香港产品更贵一些的价格，瑞士手表这种产品上的差别优势，使得即使日本劳动力成本为零，瑞士手表仍会有市场。因此，赫雅克大胆提出进入低价市场。随后，为实现这一目标，SMH对生产制造工艺进行改进，并实现了一系列突破。例如，把手表零件从155个减少到51个，减少转动部分，也就降低了损坏概率，并且组装手表所需人手也少多了；新建自动装配线，每天能生产3.5万块SWATCH手表和上百万的零部件，劳动力成本从30%降到10%；保证质量，手表的返修率一般是不到3%，而SWATCH手表的返修率不到1%。

产品质量是企业生存和发展的根本，价廉物美的产品才是受欢迎的产品。SWATCH价格虽然只有40美元到100美元不等，但它质量优良，重量轻，能防水防振，电子模拟，表带是多种颜色的塑料带，充满了青春活力，可以和任何高档手表相媲美，从而打破了人们“便宜没好货”的传统观念。

为了在手表市场上站稳脚跟，SWATCH始终保持与时俱进的风格。最关键的是，SWATCH的设计师并不是坐等灵感，跟随潮流，而是洞悉先机，预先估计即将出现的潮流。事实上，整个创作过程于一年前已经开始：首先产生基本的意念，然后按照大家共识的工作原则加以发展。这种由生产上的要求主导的创作动力，是 SWATCH 享有“潮流先锋”美誉的原因之一。正如SWATCH 一直强调的风格：“我们唯一不变的是我们一直在改变。”公司每年都要向社会公开征集钟表设计图，根据选中的图案生产不同的手表系列，其中包括儿童表、少年表、少女表、男装、坤表、春天表、夏天表、秋天表、冬天表，后来又推出了每周套装，从星期一到星期天，每天一块，表面图案各不相同。由于公司的产品不断翻新，迎合了社会不同层次、不同年龄、不同爱好、不同品味的需要，因此深受广大消费者的欢迎和喜爱，销售量年年攀升，市场份额不断扩大，公司的效益自然也越来越好。

如今，SWATCH 手表已经成为了世界各国青少年的腕上宠物，它早已不再是简单地发挥计时作用，而是代表了一种观念、一种时尚、一种艺术和一种文化。

分析讨论题：

1. “手表不再只是一件昂贵的奢侈品和单纯的计时工具，而是一件‘戴在手腕上的时装’”。SWATCH 是如何改变消费者对手表的看法和使用习惯的？

2. “持续的产品创新是企业保持活力的关键”，从本案例中你得到什么启示？

第九章

品牌策略

【学习目标】

☐ 了解品牌的含义和作用

☐ 掌握如何进行品牌定位和品牌设计

☐ 熟悉如何组合运用品牌策略

☐ 把握如何进行品牌的保护与管理

【导入案例】

VANCL 携韩寒诠释平民时尚，互联网品牌战激战正酣

2010 年 6 月，服装网购品牌凡客诚品（VANCL）再次斥巨资加大户外广告投放力度，这是继同年 5 月 VANCL 在北京公交候车停灯箱广告投放之后的又一轮更为猛烈的投放。据悉，此次投放将全面覆盖北京、上海两地的地铁、公交，投放力度较 5 月份加大五倍。作为 VANCL 品牌代言人的韩寒也首次出现在户外广告之中。

业内人士认为，目前各大互联网品牌推广战役激战正酣，淘宝、京东等企业大幅加大了品牌推广费用。VANCL 在户外媒体的持续大手笔投入不仅对互联网投放是必要补充，同时韩寒广告中诠释的“平民时尚”、“大众时尚”将吸引大量线下潜在用户。

“爱网络，爱自由，爱晚起，爱夜间大排档，爱赛车，也爱 29 块的

T-SHIRT，我不是什么旗手，不是谁的代言，我是韩寒，我只代表我自己。我和你一样，我是凡客”。韩寒代言凡客的广告一出现在北京、上海的站牌广告中，就迎来大量舆论追捧。

目前流行的微博客上，韩寒、凡客的粉丝纷纷将拍下的韩寒版凡客站牌广告上传。有网友说，此版广告较好地契合了韩寒个人品牌和凡客企业文化的诉求。在他看来，韩寒自身的品牌形象为“与众不同、颇具公民精神”，与凡客诚品一直倡导“大众时尚、平民时尚”的主题相契合。

互联网络上的品牌，似乎并不满意仅仅成为互联网上的标签。据悉，凡客此次的广告投放策略就是包围线下目标人群：在互联网广告覆盖上万家大大小小的网站，形成广泛影响力后，覆盖到白领、普通百姓们上下班的必经之路，实现线下线上的全覆盖。

2010 年，电子商务行业对于品牌推广的投入力度明显加大。先是淘宝和湖南卫视联合斥资 1 亿人民币投资的电视网购节目《越淘越开心》成为每晚网购秒杀族们的喜爱；后有京东商城赞助中超联赛，通过体育营销实现其“大众化品牌”的梦想。

分析人士认为：“网上销售的品牌服装，大多是传统服装企业的网上销售产品，真正由网店或网上服装工厂推出的品牌少之又少。而凡客诚品这样一个出身互联网的服装企业引入明星代言方式，表明一种新的营销模式正在崛起。或许可以预计的是，如果这样的明星代言策略能够成功，将产生示范效应，助推整个网购行业快速进入品牌时代。”

（资料来源：IT 商业新闻网 http：//www. itxinwen. com，有删减）

第一节 品 牌 概 述

一、品牌的含义

品牌在现代市场营销中有独特的魅力，不同的专家和机构对其进行了不同的定义。美国市场营销协会（AMA）对品牌的定义是：品牌是一种名称、专有名词、符号、标志或设计，或是它们的组合运用，其目的是用以辨别某个销售者或某群销售者的产品及服务，并使之与竞争对手的产品和服务区别开来。

品牌包括三个组成部分：一是品牌名称，即品牌中可以用语言称呼的部分，一般是某种名称或专有名词，如劳力士（ROLEX）、耐克（NIKE）、福特（Ford）等。二是品牌标志，即品牌中可以被识别但不能用语言称呼的部分，通常是一些符号、标志或图案如麦当劳的标志是一个金黄色拱门形状的“M”等。三是商标。商标是一个法律术语，是经向政府有关部门注册登记后获得了专有权并受国家法律保护的品牌或品牌的一部分。

此外，著名的营销大师菲利普·科特勒认为品牌表达了六个层次的含义，分别是：

1. 属性

品牌可以使人联想到产品的某些属性。如奔驰意味着高昂的价格、尊贵的气质、精准可靠的性能和优雅的外观。

2. 利益

属性必须能够转化为某种功能利益或情感利益，即品牌能够给消费者带来某种满足。如劳力士精准可靠的性能这一属性可以转化为功能利益，即消费者拥有了劳力士手表就可以有准确的时间，防尘防水，不用经常更换手表；而其高昂的价格和尊贵的气质则体现了情感利益，即消费者通过佩戴劳力士手表可以体现自己的尊贵地位，受到别人的尊重；优雅的外观则同时体现了功能利益和情感利益，一方面优雅的手表可以作为饰品来美化自己，另一方面又使消费者受到别人的关注。

3. 价值

品牌同时也说明了生产者的价值观念。如宝马代表着德国企业对产品质量和设计的高标准的追求。

4. 文化

品牌是某种文化的代表，可以是一个企业文化的体现，也可以是一个行业文化甚至一个国家或民族文化的体现。可口可乐总裁曾经说过："我们向世界出售的并不仅仅是99.7%的糖水，而是一种美国文化。"

5. 个性

品牌会反映一定的个性，使消费者产生某种浮想。如使用"动感地带"套餐的多为在校学生，因为"动感地带"这一品牌体现了年轻人朝气蓬勃的精神状态。

6. 使用者

品牌可以表明该产品使用者的类型，如阿玛尼作为知名西装品牌，适合有身份、有地位的商务人士。

可见，品牌绝不是一个名称或图案，而是一个复杂的标志。企业需要建立同时具备六层含义的品牌，并使消费者能够识别这六个方面，即建立一个深度品牌，这样才能从根本上与竞争对手的产品或服务区分开，更好地通过打造品牌来实现差异化。

二、品牌的积极作用

随着市场经济的发展，品牌的作用日益显现，逐步由单一识别功能向多功能发展，对消费者、生产者乃至整个经济社会都起到越来越大的作用。

（一）品牌对消费者的作用

品牌对消费者的作用主要体现在方便购买、降低成本和风险、增加效用等方面。

1. 品牌便于消费者选择商品，降低购买成本

品牌提供了产品的来源和属性等信息，而消费者通过对不同品牌产品的使用或了解，会对不同的品牌产生不同的认识，建立对某种或某些品牌的信任，在购买产品时就可以借助品牌来选择产品。这样，一方面可以减少消费者对不同产品进行比较分析的时间和精力，另一方面可以减少寻找尝试合意产品所花费的时间和费用，从而从整体上降低了消费者的购买成本。

2. 品牌有助于消费者降低购买风险，维护自身权益

消费者在购买或使用某一产品时会面临不同种类的风险，如功能风险、人身安全风险等，我们称为购买风险。这些风险产生的最主要原因就是信息不对称，而消费者对于品牌产品特别是信任的品牌产品有比较充分的了解，可以在最大程度上降低购买风险。当产品出现问题时，消费者通过品牌可以很容易找到厂家，从而更好地维护自身权益。另外，社会舆论对于品牌也有广泛的监督，迫使企业保障消费者的权益。

3. 品牌可以体现消费者的身份和价值

使用不同品牌的产品可以体现不同消费者的社会地位和价值观念。成功人士一般不会使用低端品牌，工薪阶层也很少使用高端品牌。消费者购买的品牌不仅要适合自己的需要，更要符合自己的身份，一些品牌已成为某种身份的象征或代言。

（二）品牌对生产者的作用

品牌对生产者的作用主要体现在增加无形资产、形成产品差异化和树立企业形象等方面。

1. 品牌是企业极具价值的无形资产

品牌对于企业的最大效用就在于，它是企业最为重要的无形资产，甚至比实物资产更重要。一个经典的例子就是可口可乐总裁曾多次说过："即使我的工厂被大火毁灭，即使遭到世界金融风暴，但只要给我留下可口可乐的配方，我还能东山再起，还能重新开始，这是因为可口可乐的品牌作用。"原因在于，一方面，品牌可以通过商标注册的形式得到法律的保护，使其他竞争者无法模仿使用；另一方面，企业可以使消费者形成品牌忠诚度，而品牌忠诚是企业在技术普及和市场成熟的环境下抵御同行竞争，维护自身市场份额的有力武器。

2. 品牌有利于企业实行产品差异化和市场细分

品牌有利于企业实行产品差异化，便于进行市场细分和市场定位。一个企业可以根据消费者差异化的个性和需要建立多个不同风格的品牌，并在不同的细分市场推出不同的品牌，尽可能多地占有市场份额。

3. 品牌有助于树立企业形象

品牌有助于树立企业形象，促进产品销售，扩大产品组合。品牌可以帮助消费者记住产品特征和生产企业的标志，当某一品牌给消费者留有好感时，就在消费者心中树立了企业的良好形象，从而可以达到促销的目的。另外，当企业开发新的产品时，可以利用成功的品牌扩大产品组合，进行产品延伸。如白色家电的领军企业海尔集团，就通过品牌树立了企业的良好形象，在推出新的产品时总能够迅速打开市场，从最初的冰箱到洗衣机和其他家电，再到手机、计算机等，一进入市场就能为消费者所接受。

（三）品牌对经销商的作用

品牌除了对消费者和生产者有重要作用外，对经销商的经营活动同样具有重要作用。

1. 品牌有利于经销商选择适销对路的产品

经销商作为中间商，只有选择消费者认可的产品才能成功将产品转卖出去，获得利润，因而，经销商面临和消费者一样的选择产品的问题。品牌可以作为经销商的选择工具，帮助其选择消费者满意和认可的产品。

2. 品牌有助于经销商进行市场定位

经销商的市场定位与其经营的产品和品牌有直接的关系，如上海港汇广场主要经营的是高端奢侈品牌，而上海一百则主要经营大众品牌产品。

3. 在经营生产者的品牌同时，经销商可以形成自己的品牌

经销商通过采取品牌化策略，创造有特色的自有品牌，可以赢得消费者的认可和信赖，获得更大的市场份额，如零售业巨头沃尔玛、家乐福以及麦德龙等都已形成自己的品牌，并获得了消费者的信任。

（四）品牌对社会的作用

品牌作为企业营销策略组合的一部分，在现代市场经济活动中对整个社会所起的作用也日益显著。

1. 品牌有利于促进产品质量的提高

企业的品牌会受到社会舆论的监督，如果企业产品的质量不合格，就会招致消费者的负面评价，在社会舆论的作用下使品牌形象受到极大损害，从而导致企业的产品乃至企业本身为消费者所抛弃，甚至退出市场。因此，企业为了维护品牌形象，必须提高产品质量。

2. 品牌有助于加强社会的创新精神

品牌代表了产品的基本属性，代表了企业的形象，企业之间的竞争更多地体现为品牌之间的竞争。企业要赢得竞争，仅靠加大广告和公关投入是不够的，最根本的是要加大研发创新，提高产品各方面的性能，不断推出新产品，以适应消费者的需求变化，这样才能使品牌富有竞争力，从而在客观上促进整个社会技术的进步和创新精神的加强。

3. 品牌有利于维护社会的公平竞争

品牌，尤其是商标，是受到法律严格保护的，企业由此获得了专有权，当遭遇仿冒和盗用时，可以维护自身的合法权益，因而品牌有利于维护和促进社会的公平竞争。

三、品牌的负面效应

以上我们从消费者、生产者、经销商以及整个社会四个方面阐述了品牌在现代经济生活中的重要作用。但从辩证法的角度看，任何事物都是利弊兼具的，对品牌的不恰当使用也会带来负面效应。品牌的负面效应主要表现在以下三个方面：

1. 过度品牌化造成产品和市场的过度细分

企业在实行品牌化战略时可能会同时就同一种产品推出多个不同的品牌，而各产品之间的差异性很小或者基本是同质的，这样就会造成企业产品和市场的过度细分，而且可能

导致企业不同品牌之间的竞争，造成企业资源的内耗。

2. 过度品牌化会导致企业的广告、包装等成本提高

企业在推出每一个品牌时都需要进行大量的广告和公关投入，以树立自己的品牌形象，而每增加一个品牌给企业带来的边际收益是递减的，过度品牌化必然导致企业的边际成本大于边际收益。

3. 品牌会强化人们的等级观念

品牌代表了一定的文化，体现了消费者的身份和社会地位，有些品牌甚至成了某一特定阶层的象征。例如，奔驰、宝马已成为社会成功人士的象征。因此，对品牌的盲目追捧可能会强化人们的等级观念，不利于社会和谐。

第二节 品 牌 定 位

一、品牌定位的含义

“定位”这一概念最早是由营销大师艾·里斯和杰克·特劳特提出的，他们认为“定位即如何在预期顾客的头脑里独树一帜”。而品牌定位就是在选定的目标市场上树立独特的品牌形象的过程，其实质或者说目标在于实现差异化。

具体而言，品牌定位其实就是对品牌进行设计，从而使它在消费者心目中占有一个独特的、有价值的位置的行动，或者说是建立一个与目标市场有关的品牌形象的过程与结果。[㊀]这种差异化体现在两个方面，一是选择不同于竞争对手的目标市场，二是为消费者提供不同于竞争对手的产品利益。

二、品牌定位的策略

企业在进行品牌定位时可以根据消费者的需求，并结合产品、企业以及整个行业和市场的具体特点采取不同的策略。

（一）利益定位策略

企业可以根据自己的产品给消费者带来的利益进行定位，这既包括根据功能利益定位，也包括根据情感利益定位。

强调产品所能够带来的功效是品牌定位的常见形式。而在具有多种功效的情况下，企业往往突出强调的是最能体现差异性的一点，如宝洁公司的每一个洗发水品牌都有不同的功能定位，海飞丝强调“去头屑”，飘柔突出“飘逸柔顺”，而潘婷则以“健康、亮泽”为卖点。

情感利益定位是将情感因素融入品牌，获得消费者的共鸣和认同，从而建立起消费者对该品牌的喜爱和忠诚。如喜之郎的“水晶之恋”果冻就巧妙地将爱情融入到品牌定位之中，一句“明天的明天你还会给我买水晶之恋么”引起了无数青年男女的共鸣。

㊀ 乔春洋. 品牌定位［M］. 广州：中山大学出版社，2005.

（二）竞争者定位策略

竞争者定位即通过将自身产品与竞争对手的产品进行比较，突出自己产品特点的方式进行品牌定位，主要有以下三种形式：

（1）领导者定位。即企业强调自己产品在同类产品中的领先地位。如香飘飘杯装奶茶就以“全球销量遥遥领先”、“3亿杯销量”、“绕地球一圈”等简洁、直观的数字作为广告词来向消费者表明自己在杯装奶茶的行业领先者的地位；“好空调，格力造”也体现了领导者定位的策略。

（2）跟随者定位。即企业将自己与同类产品中的知名品牌联系起来，使得消费者能够更快地熟悉自己的品牌。企业为了在消费者心目中形成明确位置，不一定总是要想方设法占据某个领域的第一。一个典型的例子就是美国艾维斯汽车租赁公司。20世纪60年代，艾维斯汽车租赁公司只是美国出租车市场上第二大公司，与赫兹汽车租赁公司在规模上还有很大的差距，但艾维斯汽车租赁公司却直面自己的劣势，大胆地对消费者说“我们是第二，所以我们更努力”，从而在消费者心目中建立起一个谦虚上进的企业形象。艾维斯汽车租赁公司从此稳稳占据第二的位置，也使“第二”理论名扬天下。而蒙牛的“为民族工业争气，向伊利学习”也有异曲同工之妙。

（3）区别定位。即企业提供不同于主流产品的另类产品，将自己的产品定位于“非主流”。如面对可口可乐和百事可乐在美国碳酸饮料市场的垄断，七喜采用逆向思维，把自己定位为非可乐碳酸汽水，从而与可口可乐和百事可乐建立起区隔，反而获得了成功，成为美国碳酸饮料市场上第三大品牌。创造性的区别定位为七喜创造了一个全新的市场。

（三）“性价比”定位策略

“性价比”定位也就是通常我们所说的质量价格组合定位。这种定位策略可以是为了迎合消费者追求物美价廉的心理，宣称自己的产品物超所值，如雕牌通过“只选对的，不买贵的”表明自己物美价廉的品牌定位；也可以采用高价格、高品质的定位，高档次的品牌传达了产品高品质的信息，而往往通过高价位来体现。大部分名贵产品采用的都是这种品牌定位策略，如奔驰、LV、德芙、哈根达斯等相对于其同类产品都采用了高质高价的定位策略。

（四）文化定位策略

文化定位是指将文化因素融入品牌之中，通过文化上的差异性进行品牌定位。文化定位可以提高品牌的内涵，使品牌的差异性更强。白酒行业是运用文化定位策略较多也较为成功的行业，如金六福是“福”文化，小糊涂仙是“糊涂”文化，孔府家是“家”文化，剑南春是“唐”文化。而被誉为“中国白酒第一坊”的水井坊与中国文化结合最为紧密，它在品牌定位时通过川酒文化、窖址文化、原产地域文化三个文化核心点的聚焦诉求，定位为“中国最古老的酒坊”，其品牌宣传语“穿越历史，见证文明——水井坊，真正的酒”，展示了酒文化穿越中华五千年文明史的浩然之气，流传甚广。

（五）概念定位策略

概念定位是指使产品、品牌在消费者思维中形成一个新的概念，甚至造成一种思维定式，以获得消费者的认同，使其产生购买欲望。如在PDA行业里，商务通运用概念定位，创造了一个营销的神话，“手机，CALL机，商务通一个都不能少”给出了清晰的定位，以致消费者认为PDA即商务通，商务通即PDA，商务通也从此坐上了行业老大的宝座。另一个概念定位的成功案例是“脑白金”，其品牌本身就创下了一个概念，“收礼只收脑白金”的广告语容易让消费者形成诱导式购买。

（六）USP定位策略

USP是英文“Unique Selling Proposition”的缩写，中文意思为“独特的销售主张”。USP定位策略是指依据品牌向消费者提供的独一无二的利益进行定位。运用此定位，在同类产品品牌竞争激烈的情况下，可以突出自己品牌的特色和优势，找到适合自己的独特位置，满足消费者对产品的差异化诉求。如农夫山泉在品牌定位时就以“有点甜”的独特属性从众多的矿泉水品牌中脱颖而出，而乐百氏突出强调“27层净化”也同样是采取了USP定位策略。

（七）消费者定位

消费者定位是指直接以产品的消费群体为诉求对象，突出产品专为该类消费群体服务，来获得目标消费群的认同。把品牌与消费者结合起来，有利于增进消费者的归属感，使其产生“我自己的品牌”的感觉。如金利来定位为“男人的世界”，哈药的护彤定位为“儿童感冒药”，而百事可乐定位为“青年一代的可乐”。

三、品牌定位应注意的问题

品牌定位是企业运用品牌策略，进行品牌化过程中的关键环节，对企业品牌竞争乃至整个营销策略的成败具有重要影响，企业在进行品牌定位时需要注意以下两方面的问题：

（一）正确理解品牌定位与产品差异化的关系

品牌定位的实质是实现差异化，但不完全等同于产品差异化。产品差异化主要是生产者对现有产品的变异求新，以实现与竞争者产品的差异，其差异化主要是通过产品本身的性能和质量等有形因素来实现的。而品牌定位不仅要实现产品差异化，更要实现品牌差异化。随着市场竞争的日益加剧，同一行业中各企业产品的差异化越来越难以形成，因此更加注重利用产品的风格、文化、个性等无形因素及其给消费者带来的精神和情感利益，而不是仅仅利用有形因素及其给消费者带来的物质和功能性利益，就成了企业竞争的理性选择。可见，产品差异化不是品牌定位的全部内容，它是品牌定位的基础或手段。品牌定位是全新的、更高层次上的营销思路与营销战略。

（二）正确处理品牌定位与品牌整合营销传播的关系

品牌定位从产品开始，除了产品定位以外，品牌整合营销传播过程中的广告诉求也是品牌定位的重要内容。品牌广告诉求作为企业与消费者沟通的主题，是品牌个性的重要体现，没有目标顾客认同的诉求主题，品牌定位也难以实现。但是，过分夸大广告诉求的作用，而仅仅以品牌广告诉求来认知品牌定位也是片面的。没有与广告诉求相一致的产品，就不能维持广告宣传的生命力和效果。因此，品牌定位是以产品定位为基础，以广告诉求定位为保障，通过各种营销手段的整合运用塑造品牌形象的过程。品牌定位最终所体现的让消费者所感知的品牌形象与个性是产品定位与宣传定位的有机结合。

第三节　品牌设计

既然品牌是一种名称、专有名词、符号、标志或设计，或是它们的组合运用，那么品牌设计主要就是通过对品牌名称、标志的设计，树立起一定的品牌形象，扩大品牌的知名度和影响力。此外，形象代言人的选择也成为现代品牌设计的一个重要内容。

一、品牌名称设计

品牌名称中可以直接用语言称呼的部分是品牌识别中的一个重要因素。品牌名称对于品牌的作用不仅仅在于帮助记忆，更重要的是能够强化定位，扩大品牌的影响力。一个好的品牌名称可以构成品牌的竞争优势，知名品牌大多有一个好的品牌名称，如可口可乐、奔驰、宝马、娃哈哈等，都是易记易读、令人印象深刻的品牌名称；同样，一个坏的品牌名称可能会毁掉一个品牌。知名服装品牌金利来（Goldlion）最初在我国香港推出时直译为“金狮”，但其粤语发音近似为“尽输”，而香港人又非常讲究吉利，所以销售情况一直不好，后来其创始人曾宪梓先生将“金狮”按英文发音改成“金利来”不仅叫起来响亮，而且吉祥，很快“金利来”成为了畅销品牌。

（一）品牌名称设计的基本原则

在进行品牌名称设计时，需要坚持五个基本原则，即合法原则、易读原则、易记原则、适应性原则和有意义原则。

1. 合法原则

合法原则一方面要求品牌的名称应当符合法律法规的规定，不能在名称中含有法律禁用的内容。《中华人民共和国商标法》（以下简称《商标法》）和《中华人民共和国商标法实施细则》（以下简称《商标法实施细则》）中明确规定了商标或品牌名称中不能含有的内容。另一方面要使品牌名称能够受到法律的保护，避免遭到冒用和侵权，因此及时进行商标注册是十分必要的。电视剧《刘老根》热播后，许多商家纷纷抢注“刘老根”这一商标。本来，刘老根是辽沈演员在辽沈地区打造的品牌，应该是辽沈地区注册“刘老根”商标最多，但实际上恰恰相反，“刘老根”商标绝大部分被南方一些企业抢注，这不能不说是辽沈企业的一大损失。

2. 易读原则

品牌名称就像人的名字一样，应当好听易读，不能起一些拗口的名字，这样才能在消费者心中留下深刻印象。如娃哈哈、喜之郎、心相印，都是朗朗上口的品牌名称。

3. 易记原则

一个品牌要想提高消费者对其的忠诚度，首先要让消费者记住。所以易记原则是品牌命名时应当遵守的一个重要原则。要做到易记，一个品牌需要具备以下几个特征：易读、独特、联想。

首先，正如前文所述品牌名称应当是好听易读的，一个难读的品牌名称是难以被消费者记住的。例如 Coca-Cola 刚进入中国市场时被翻译成“蝌蝌啃蜡”既难读又难记，无人问津。后来改名为“可口可乐”才逐渐流行起来，时至今日这一品牌名早已深入人心。

其次，品牌名称应当是独特的。一个大众化、一般化的品牌名称也是难以在消费者心中留下深刻印象的，因为过于普通的名字难以与其他厂商的产品进行区隔，易于混淆，而像海尔、诺基亚这种独特的名称则更容易被记住。

再次，品牌名称应当能使消费者产生联想。能够产生联想的品牌名称更容易记忆，就像记单词采用联想法记忆会更有效率一样。如奔驰、宝马可以令人很自然地联想到道路上飞奔的汽车。

4. 适应性原则

品牌名称的适应性一方面是指品牌名称适用于不同的语言和文化，特别是世界主要国家或地区的语言和文化；另一方面是指品牌名称可以适应时代和市场的变化。

索尼公司原名东京通信工业株式会社，即使简化之后再翻译成英文也显得比较累赘，所以公司改用了任何语言都可以读成“索尼”的“Sony”作为自己的公司名和产品的品牌名。在公司改名过程中曾准备将名字定为“Sonny”，即“小家伙”的意思，但其发音类似于日语中的“损”，犯了“不吉利”的忌讳，所以公司最后去掉了一个字母，采用了没有特定含义又易读易记的“Sony”。可见品牌名称既要适应不同的语言又要适应不同的文化。

很多百年名牌，虽历经岁月的洗礼和时代的变迁，但品牌名依旧沿承下来，如万宝路、福特、五粮液等，在一代又一代消费者心中留下了深刻的印象。

5. 有意义原则

品牌名称要有意义，是指品牌名称应当是具有一定含义的，能带给消费者某种情感上的利益。如沃尔沃代表着“安全”，奔驰则代表“高贵”。没有意义的品牌无法使消费者产生情感上的共鸣，即使易读易记，随着时间的流逝也终将被消费者所忘记。

（二）品牌名称设计的具体策略

进行品牌名称设计时可以采用的具体策略有很多，常见的命名策略主要有以下几种：

1. 企业名命名策略

顾名思义，企业名命名策略就是以企业的名称或企业名称中的关键字或英文缩写作为其产品的品牌名称。如海尔集团旗下的品牌大多冠以“海尔”两字：海尔电冰箱、海尔空调、海尔计算机以及海尔手机等。而 Ba-yerische Motoren Werke 即巴伐利亚发动机公司以其公司名称的缩写 BMW 作为其产品的品牌名，也就是我们所熟知的“宝马”。以企业名命名可以使消费者了解产品的厂商是谁，扩大企业的知名度。其风险在于一旦某一个产品出现问题，那么整个企业都会受到直接的负面影响。

2. 地名命名策略

地名命名策略大多以企业所在地或创始地的名称作为品牌名称。如青岛啤酒、茅台酒等都是以企业所在地来命名的。借助地名，特别是著名的地名来设计品牌名称，可以扩大品牌的影响力。但以地名来命名的品牌大多是在历史上形成的，而现在根据《商标法》和《商标法实施细则》的规定，不能以县级以上行政区划和外国知名地名来作为品牌名称。当然也可以采用变通的方式，如“蒙牛”就很容易让人想到“风吹草低现牛羊”的内蒙古大草原。

3. 物名命名策略

物名命名策略主要是以动物名或植物名来命名。采用这种命名方式的产品可能与相应的动植物有关联，也可能毫无关系。如著名的计算机品牌“Apple”就与苹果本身毫无关系，而“两面针”牙膏就是以两面针为原料的。

4. 人名命名策略

人名命名策略主要是以企业创始人或发明人的名字来为品牌命名，这种命名方式在中外都比较常见。这种命名策略有些是利用名人效应来扩大品牌的知名度，如“李宁”、“乔丹”就是利用体育明星的公众影响力来扩大品牌的影响力。而多数以人名来命名的主要是一种纪念意义，如福特汽车、Levis 牛仔裤在创立之初并没有名人效应，仅仅是作为对企业创始人的纪念。

5. 数字命名策略

采用数字命名策略的原因是不同的，如 7-11 便利店采用数字命名是因为其营业时间是上午 7 点到晚上 11 点，而 4711 香水则是以其发明人的门牌号作为品牌名的。但以数字命名的效果却是相同的，因为数字简明易记，而且阿拉伯数字是全球通用的，易于推广，所以采用数字命名的效果一般都很好。当然，数字与文字相结合的命名策略也是可取的，如“三星”、“双星”、“七喜”等。

6. 功效命名策略

功效命名策略的优点在于突出强调了该品牌的产品能给消费者带来的利益。如“飘柔”洗发水就突出了其能使头发飘逸柔顺的功效，“永久”自行车表明了质量卓越、持久耐用的品质，而“好记星”、“泻痢停”等同样都以品牌名突出了产品的功效。

7. 外文命名策略

采用外文命名策略事实上是利用了本国消费者对外国产品大多抱有好奇心的心理，特别是在中国这样的发展中国家，外国产品尤其是欧美产品，往往代表着高品质的产品，采用外文命名往往有意想不到的效果。如步步高公司推出的 OPPO MP3 播放器和手机就是采用了外文命名的策略，英文名加上韩式风格的广告宣传，使很多消费者误认为这是一个时尚的韩国品牌，从而在销售上获得了巨大成功。

8. 定位命名策略

定位命名策略就是根据市场定位和目标客户群的选择来进行品牌命名的策略。采用这一策略可以直接表明该品牌的产品的目标消费群是谁，定位清晰，可以使目标消费者产生认同感。如“太太口服液”就直接表明自己是为已婚女性设计的。

9. 新词命名策略

采用新词命名策略主要是通过独特性来吸引消费者的注意，而且不易被竞争者模仿。这种命名方式在欧美比较常见，如“Kodak（柯达）”“Sony”（索尼）就都是企业自创的单词，我国的“全聚德烤鸭”也是采用了新词“全聚德”作为自己的品牌名称的。

二、品牌标志设计

相对于可以直接用语言表达的品牌名称而言，品牌标志是一种“视觉语言”，能够更加形象、更加生动地表现出品牌的内涵，是企业形象和产品特征的一种象征。

（一）品牌标志设计的基本原则

品牌标志是以图形、符号等形式来表示品牌的，是一种应用广泛的视觉传播要素。在进行品牌标志设计时应当遵循以下五条基本原则：合法性原则、识别性原则、吸引性原则、适应性原则和特征性原则。

1. 合法性原则

这是品牌标志设计应当遵循的最基本的原则，任何品牌标志都不能包含法律禁止的内容。例如，我国规定，一般的品牌标志中是不可以含有国旗、国徽等图案的。

2. 识别性原则

品牌标志至少应当是可识别的，作为品牌的视觉要素，品牌标志应当设计得简明清晰，不能过于复杂和模糊，使人难以识别。耐克品牌的一勾，可以说是最简单的标志了，但正是这种最简单明了的标志给人留下了深刻的印象。

3. 吸引性原则

品牌标志应当是独特的、好看的、富有视觉冲击力的，能够起到吸引消费者的作用。在进行品牌标志设计时，一方面要符合美学的标准，如很多品牌标志都采用了对称图形、鲜艳的色彩和美好的事物作为品牌标志的组成部分；另一方面要突出标志的独特创意，产生视觉冲击，如三菱汽车的标志就很有视觉冲击力。

4. 适应性原则

品牌标志应当能够应用在各种传播媒介上，可以通过各种材质制作出来，如麦当劳的“M”形标志可以做成挂饰、玩具，印在餐具上、衣服上。当然在现代技术条件下，做到应用广泛并不困难。另外，一个品牌标志除了有一个标准的形态外，还应有变体的设计形态，如阿迪达斯的品牌标志就有两种。当然一个品牌不一定要有多种标志，也可以通过颜色、阴阳等变化设计标志的变体。

5. 特征性原则

品牌标志的设计还应体现企业自身的特征，如摩托罗拉作为一家通信设备制造商，其标志就是棱角分明、尖峰突起的“M”，与麦当劳的拱门型“M”标志截然不同，体现了自己的特点。

（二）品牌标志设计的具体策略

在具体进行品牌标志设计时，不仅要考虑技术性的问题，还要考虑策略性的问题；不能把品牌设计等同于艺术设计，在具备艺术性的同时还要能够实现营销的目的。标志设计策略可以大体分为说明性设计、象征性设计、说明性与象征性相结合三种，企业可以根据实际需要进行选择。

1. 说明性标志设计策略

说明性标志设计策略是以说明企业或产品特征为目的的设计策略。如康师傅的品牌标志就是一个胖胖的厨师，说明这是一个食品生产企业；而娃哈哈的品牌标志就是一个笑哈哈的小孩，说明了产品是以儿童为目标消费者的。

2. 象征性标志设计策略

象征性标志设计策略是以表达某种价值或情感为目的的设计策略。耐克(NIKE)希望自己的产品能给运动员带来胜利,所以其著名的钩形标志的灵感就来源于胜利女神的翅膀。

3. 说明性与象征性相结合的标志设计策略

很多品牌标志既有说明性又有象征性，比较常见的是以品牌名称或名称中的英文字母为基础设计出的品牌标志。如大众汽车公司的德文是 Volks Wagenwerk，意为大众使用的汽车，其标志中的 V 和 W 为全称中第一个字母，同时其标志又像是由三个用中指和食指作出的“V”组成的，表示大众公司及其产品“必胜-必胜-必胜”。

三、形象代言人的选择

在当前信息爆炸和信息不对称的条件下，消费者难以也没有精力去详细了解一个品牌的信息，所以一个新的品牌在树立品牌形象的过程中，仅靠有创意的品牌名称和品牌标志已不足以吸引消费者。因而，为品牌选择形象代言人成为当前比较流行和有效的营销手段。品牌形象代言人的选择是否合适，会直接影响到品牌的形象。要注意的是，选择形象代言人和拍广告是有区别的，代言人不仅参与广告拍摄，而且要参与品牌宣传推广的全过程。形象代言人的选择主要有两种方式：一是名人代言，二是虚拟代言。

（一）名人代言

采用名人代言的目的就在于利用名人的社会影响力来进行品牌推广，扩大品牌知名度，使品牌能够较快地在消费者心中树立起形象。一般的名人代言都是选择娱乐明星或体育明星，但是在选择名人代言时要注意人物特征与品牌特征的结合。如请乔丹作为篮球或篮球鞋的代言人是合适的，若请乔丹代言女性化妆品则大为不妥。动感地带的形象代言人的选择就十分恰当。作为一个主要面向 80 后和 90 后的移动品牌，选择周杰伦等充满活力的为广大青年人所喜爱的娱乐明星作为形象代言，可以与品牌特征有机结合，增强用户的认同感，成功地树立了品牌形象。

（二）虚拟代言

虚拟代言是指以虚拟的人物或动物等形象作为形象代言人。这种代言多出现在以儿童或青年为目标市场的品牌中。如“大大卷”泡泡糖就是以一个虚拟的动画人物“大大超人”作为形象代人，“海尔”的形象代言人就是虚拟的海尔兄弟。采用虚拟代言人的最大优势在于企业可以根据品牌的特征量身定制一个合适的虚拟代言人，而且以卡通等形式出现的虚拟代言人更具有亲和力。

第四节　品牌策略组合

品牌策略是企业营销策略的一个重要组成部分。品牌策略运用得是否得当直接影响到企业营销的整体成效。品牌策略可以分为品牌有无策略、品牌归属策略、品牌统分策略、多品牌策略以及品牌延伸策略和品牌再定位策略，需要合理搭配，组合运用，品牌策略组合流程图如图9-1所示。

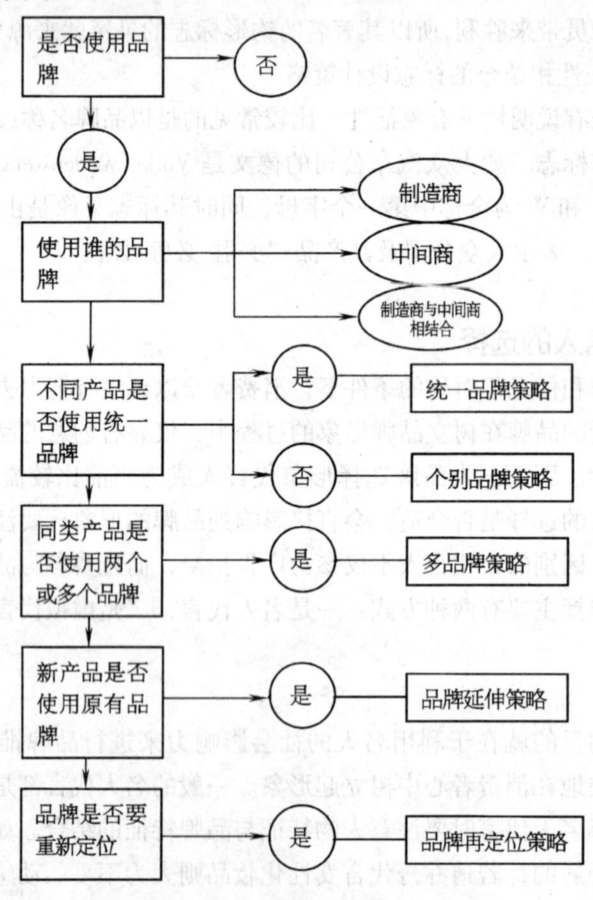

图9-1　品牌策略组合

一、品牌有无策略

品牌有无策略是指企业需要决定是否为产品使用品牌。品牌一方面对生产者和消费者都起到了积极的作用，但另一方面也可能会带来更高的成本，所以是否使用品牌，需要结合企业和市场的实际情况进行决策。

（一）需要使用品牌的情况

一般情况下，大多数商品应当使用品牌，特别是日常使用的产品。因为品牌可以对不同厂商的同类产品，以及同一厂商生产的不同特色的同类产品进行有效区分，实现差异化；同时，注册商标后的品牌受到法律的保护，可以避免竞争者对产品特色的仿冒。

（二）可以不使用品牌的情况

可以不使用品牌的产品主要是大宗商品、原材料等，如石油、沙石、煤炭等；另外，工艺简单，主要用于中间品的产品如玻璃瓶、吸管、纽扣等，也可以不使用品牌。这些产品不使用品牌的原因在于：原材料或中间产品的购买者不是最终消费者，其往往对原材料和中间产品的属性和质量有比较充分的了解，因而不需要通过品牌进行辨别。

当然还有一些小企业为了节省成本，通过低价优势进行竞争，也会选择不使用品牌，但这将不利于企业的长远发展。

二、品牌归属策略

在企业决定使用品牌后，还需要决定品牌归属的问题，即品牌应当属于谁。品牌归属主要有以下三种情况：①采用制造商的品牌；②采用中间商的品牌；③两种品牌同时使用。

（一）制造商品牌策略

制造商品牌也称生产者品牌或全国性品牌，是目前市场上主导性的品牌类型，大多数制造商都选择使用自己的品牌。使用制造商品牌可以保持生产经营的独立性，可以全面地掌控品牌的各种属性，最大限度地获得品牌带来的利益。但是生产者使用自己的品牌也需要承担设计、推广、管理和维护品牌的高昂成本。

（二）中间商品牌策略

中间商品牌也称为经销商品牌，是随着大型批发商和零售商出现而产生的品牌类型，如家乐福、沃尔玛等大型零售商都有使用自己品牌的商品。使用中间商品牌的优势在于：一方面，制造商可以节省品牌成本；另一方面，在企业（特别是不知名的企业）进入一个新的市场时，由于知名度较低，可能难以开拓市场，这时借助知名中间商的品牌影响力可能是一种有效的营销手段。但是采用中间商品牌的副作用也很大：一是制造商可能会丧失生产经营的独立性，沦为中间商的“加工车间”，特别是对于缺乏市场势力的中小企业而言，这将不利于其长远发展；二是制造商采用中间商品牌后，不能获得品牌带来的利益，虽然可以节省品牌成本，但所获得的利润也会减少。

（三）结合使用策略

将两种品牌策略结合使用的目的就在于扬长避短，将短期目标与长期目标结合起来。企业一方面在总体上使用制造商品牌，树立自己的品牌形象；另一方面在新进入的市场上暂时借用中间商的品牌，等到产品有了销路，为消费者所熟悉后再使用制造商品牌。这样既有利于短期的市场开拓，又有利于保持生产者的独立性和长远发展。

三、品牌统分策略

品牌统分策略是指企业需要考虑对其全部种类产品使用统一的品牌，还是对其不同种类的产品使用不同的品牌。如海尔集团的产品包括冰箱、空调、洗衣机、个人电脑以及手机等，都统一使用了“海尔”这一个品牌；而宝洁公司对其旗下的洗发水、纸尿片、牙膏和洗衣粉则使用了不同的品牌。

统一品牌策略即单一品牌策略，是指企业对其全部产品使用统一的品牌。根据企业单一品牌实施的范围不同，还可以将单一品牌策略进一步细分为线内单一品牌策略和跨类单一品牌策略。其中，线内单一品牌策略是对同一种类但具有不同特征的产品使用相同的品牌，如统一集团旗下的各种饮料都采用“统一”品牌，就属于线内单一品牌策略；而跨类单一品牌则是对不同种类、不同产品线的产品使用同一品牌，如联想集团的笔记本、上网本和手机等产品都使用“联想”这一品牌。

使用单一品牌的好处在于：可以给消费者留下深刻的印象，利用已有品牌的知名度使新产品迅速打开市场，同时还可以节约成本。海尔公司在由单一的冰箱生产商扩展为白色家电帝国的过程中，单一品牌策略为其迅速向其他家电产品市场渗透提供了有利支撑。然而，使用单一品牌策略也可能带来“一损俱损”的风险，一种产品产生了品牌危机可能会导致整个企业陷入困境。

不同种类的产品可能有不同的特征，使用不同的个别品牌可能更为合适，如纸尿片和牙膏不适合同时使用“佳洁士”这一品牌；此外，使用个别品牌可以分散风险，当一种产品出现问题时不至于严重影响到企业的其他产品，如某一品牌即使洗发水出现了问题，其对洗衣粉也不会造成较大冲击。但个别品牌的使用会增加企业的成本，企业每进入一个新的产品领域，都需要重新投入大量资金树立新的品牌形象，之后还需投入大量的人力和资金维护品牌形象。

因此，在进行统分品牌策略的决策时，可以考虑以下两个标准：

（1）企业的某一品牌是否已具有足够的知名度。如果企业的某一品牌已经具有足够的知名度，那么企业可以使用统一品牌策略；如果没有，那么企业可以考虑为不同类型的产品设计不同的品牌，不要把鸡蛋放在一个篮子里。

（2）企业的不同种类的产品是否具有相近的质量水平，即是否都处于同一档次上。如果企业的所有产品都是高档品，那么企业可以使用统一的品牌；但是当企业不同种类的产品的档次不同时，就不能采用统一的品牌，因为低档产品会影响品牌的形象，使消费者对企业的高档产品产生怀疑，使得企业品牌定位模糊。

四、多品牌策略

多品牌策略是指企业对于其生产或经营的同一种产品使用两个或两个以上品牌的策略，其目的是提高市场细分的强度，尽可能多地覆盖细分市场。

多品牌策略的优势主要在于：可以提高市场占有率；分散品牌风险，避免出现一损俱损的情况；可以更方便地满足消费者的差异化需求，便于企业进行市场细分。宝洁公司是多品牌策略运用成功的企业，仅其在中国市场上销售的洗发水就有“海飞丝”、“飘柔”、“潘婷”和“沙宣”等品牌。通过多样化品牌策略，宝洁公司成功地细分了市场，满足了消费者的差异化需求，取得了巨大的成功。

但是品牌的数量并非多多益善，过多的品牌数量会增加企业的成本，将战线拉长，分散企业的资源；同时，企业的各品牌之间可能会发生内战，特别是当企业的多个品牌之间的差异不十分明显时，更容易发生“同室操戈”的情况。

企业在实施多品牌策略时，需要结合自身情况和市场特征；在进行市场细分后，对其经营的每一品牌分别进行品牌定位、品牌传播、渠道构建和管理维护。

具体而言，企业首先应当根据市场需求的差异性将市场细分为具有一定差异的子市场；其次，应根据每一个子市场的需求特征进行多品牌规划，定位适应于不同子市场的品牌，注意避免同一子市场上的品牌重叠；再次，在不同的市场上，根据品牌定位，通过广告、诉求主题等一系列推广手段，进行品牌传播；而后，不同的品牌之间可能存在质量、档次等方面的纵向差异，因而企业应当针对不同质量和档次的品牌制定不同的价格，更重要的是构建不同的分销渠道，如同一企业旗下的不同档次的化妆品应当通过不同的零售业态进行销售，高档品牌应当在高档百货或专卖店销售，而低档品牌则应通过超市等大众化的渠道销售；最后，针对每一品牌，应当分别进行管理和维护，如宝洁公司的品牌经理制度就采取为每一品牌设置一个独立的品牌经理的管理方式。

五、品牌延伸策略

品牌延伸策略是指企业将原有的品牌名称运用到一个新类别的产品上，即将现有成功的品牌用于新产品或改良产品的一种策略。具体而言，品牌延伸有三种类型，即专业化延伸、一体化延伸和多样化延伸。

（一）专业化延伸

专业化延伸是指将品牌延伸应用于与原产品在生产技术、销售渠道和目标市场等方面具有密切关联的产品上，即沿着生产的横向一体化的轨迹而进行品牌延伸。如联想集团将“联想”这一品牌由 PC 延伸应用到手机，TCL 集团将“TCL”这一品牌由电视机延伸应用于 PC，都属于专业化延伸。

（二）一体化延伸

一体化延伸是指将品牌延伸应用于原产品的上下游产品上，即沿着生产的纵向一体化的轨迹而进行品牌延伸。如三星集团将“三星”品牌由液晶电视延伸应用于上游产品液晶显示面板，联想 PC 生产商将整机品牌延伸应用于上游零配件，都属于一体化延伸。

（三）多样化延伸

多样化延伸是指将品牌延伸应用于与产品关联极低或完全无关的产品上。如娃哈哈集团将“娃哈哈”由饮料产品延伸应用于童装就属于多样化延伸。

品牌延伸策略的优势主要在于：可以利用原有品牌的影响力来推广新产品，即所谓的“品牌伞效应”，节省建立新品牌的成本，强化原有品牌的形象，扩大市场覆盖面。但是品牌延伸也可能带来负面效应。如果新产品与原产品在种类、档次等方面差距很大，那么品牌延伸可能会造成人们对品牌认知的模糊，甚至会毁掉企业花费巨大成本树立起来的品牌形象。常见的情况是，原本生产高端产品的企业将品牌延伸到低端产品，会使得偏好高端产品的消费者不再选择该企业的产品。如果原有品牌是不成功的，那么沿用原品牌也会对新产品的推广产生不利影响。

六、品牌再定位策略

品牌再定位就是对品牌重新定位，旨在摆脱困境、使品牌获得新的增长与活力。它不是对原有定位的一概否定，而是对原有品牌定位的一次扬弃。

品牌再定位的原因主要有以下两点：

1. 原有定位是错误的

企业的产品投放市场以后，如果市场对产品反应冷淡，销售情况与预测差距太大，这时企业就应该进行市场分析。如果是由品牌原有定位错误所致，就应该进行品牌的重新定位。如王老吉原来的定位是“中药凉茶”，而消费者普遍认为“是药三分毒”，药是不能无故经常饮用的。为此，王老吉将自己重新定位于“预防上火的饮料”。定位于饮料的王老吉在 2004 年成功登入肯德基的柜台，与百事可乐等国际饮料品牌站在了同一起跑线上。

2. 原有定位已不符合市场和企业发展的现状

随着企业的发展，其原有的定位可能制约企业对新市场的开拓。此外，由于市场环境的变化，特别是竞争对手的发展变化，使得企业原来的定位与新的市场环境难以融合，或者失去原有的定位优势。因此，企业为了进一步的发展，往往需要调整和改变原有定位。如宜家刚进入中国市场时是定位于高档时尚的形象，但随着中国家居市场的逐渐开放和发展，消费者逐渐发生了变化，那些既想要高档次又付不起高价格的年轻人也经常光顾宜家。宜家意识到需要改变原有的高端定位，将目标客户转为那些家庭月平均收入 3000 元以上的工薪阶层，重新进行定位，并将其在中国销售的 1000 种商品进行降价销售。宜家希望通过重新定位复制其在欧美取得极大成功的“家居便利店”的定位，扭转其在中国市场销售量逐年下降的趋势。另一个品牌再定位的例子是莲花公司，当莲花 1—2—3 试算表在获取成功后，遭遇了微软 Excel 的攻击，后来公司将软件重新定位为“群组软件”，用来解决在联网计算机上的同步运算，使莲花公司重获生机，并获得了 IBM 的青睐。

在进行品牌再定位决策时，前文所述的具体的定位策略仍然是适用的。关键是要结合市场和企业自身的具体情况，衡量再定位所需的成本和所能获得的收益，正确作出是否需要进行再定位的决策。

第五节 品牌保护与管理

品牌形象的树立不是一个一劳永逸的过程，而是经过定位、设计和一系列品牌策略的组合运用树立起来的。品牌形象树立后还需要长期的保护和管理。

一、品牌保护

品牌保护是指对品牌的所有人、合法使用人的品牌实行资格保护措施，以防范来自各方面的侵害和侵权行为，包括品牌的经营保护、品牌的法律保护和品牌的社会保护三个组成部分。

而从企业自身的角度看，品牌保护是指企业利用各种手段保护自己对品牌的所有权和使用权，维护自己合法的品牌利益，防范各种侵权行为。

（一）品牌保护的原因

品牌保护的原因就在于避免品牌受到侵权。常见的品牌侵权有两种情况，一是假冒和仿制，二是商标恶意抢注。

1. 假冒和仿制

假冒和仿制是现代经济中迅速蔓延的“瘟疫”，被称为仅次于毒品交易的世界第二大“公害”。假冒和仿制产品不仅严重损害了消费者的利益，也对被假冒和仿制的品牌造成了恶劣的影响，损害了品牌的形象。在假冒泛滥，而消费者无法辨别的情况下，消费者只能进行“逆向选择”，放弃对该品牌的购买，使品牌所有者的利益受到严重损害。

2. 商标恶意抢注

商标恶意抢注主要是指非品牌所有者在境外恶意地抢先注册某些境内品牌的商标。这种情况主要是针对某些知名品牌或竞争对手的品牌。恶意抢注使得抢注者可以打着法律的旗号侵害品牌所有者的权益，是品牌所有者应当高度重视的一个问题。

由于我国市场经济起步较晚，企业大多缺乏品牌保护意识，往往等到需要开拓国际市场时才想到在境外注册商标，给人留下了可乘之机。特别是很多“老字号”商标和一些名优品牌在境外被大量抢注。例如在 2006 年，试图开拓欧洲市场的王致和食品集团发现自己拥有的“王致和”商标和使用了几百年的标识，早在 2005 年就被德国一家名为“欧凯”的公司抢注，直到 2009 年 4 月才最终胜诉。根据国家工商管理总局提供的数据，从 20 世纪 80 年代至今，共发生了二千多起中国出口商品的商标在海外被抢注的案例，每年造成无形资产的损失达到 10 亿人民币。

（二）品牌保护的手段

品牌保护需要企业提高品牌保护意识，积极运用法律维护自身的合法权益，具体的品牌保护手段主要有以下几点：

1. 高度重视商标注册

商标注册是最基本也是最重要的品牌保护手段，是运用法律保护品牌的前提。只有经过注册的商标才能受到法律的保护。现在，一般企业都会注意到商标注册的问题，但是重视程度不够，还存在许多不足。

首先，企业只注重首次注册。商标的注册不是一劳永逸的，而是存在有效期的。当有效期满时，需要及时续展，一旦过了规定的期限而没有续展就会被注销。

其次，企业只注重境内注册。注册商标的法律效力存在地域限制，大多数中国企业缺乏国际注册的意识，这也是中国品牌在海外大量遭到抢注的重要原因。企业可以在境内注册的同时，依据《马德里协定》申请国际注册，或预先在可能进入的国家或地区进行注册，以免遭遇抢注。

再次，企业只注重单一注册。品牌是名称、标志、符号等的组合，在进行商标注册时，也不应仅进行名称注册，图案和符号等也需要注册。此外，企业还可以同时注册多个近似的商标，作为防御商标，防止他人注册相似的商标进行混淆，使消费者产生误解。例如娃哈哈集团在注册娃哈哈商标的同时还注册了“娃娃哈”、“哈娃娃”和“哈哈娃”三个防御商标。

2. 密切关注市场，积极应对侵权

企业应当密切关注市场动向，及时发现假冒和仿制的产品，以及商标抢注的情况。在发现遭受侵权后，企业应当运用法律武器积极应对。中国企业在应对假冒和仿制的问题上一般是比较积极的，但是对于商标抢注的问题，特别是境外抢注，中国企业大多反应消极。例如前文中提及的德国“欧凯”公司，还在德国抢注了洽洽瓜子、老干妈、白家粉丝、今麦郎等中国知名商标，但截至2009年4月也只有白家粉丝表示要和“欧凯”对簿公堂。

3. 加强自身品牌建设，提升品牌形象

通过法律手段是实现品牌保护的主要途径，而企业通过加强经营管理，提高品牌知名度，也将有助于品牌保护。就像吃药是治病的主要途径，而加强锻炼，增强体质也将有助于疾病的预防和治疗一样。

例如，当市场上出现了价低质差的NIKE运动鞋时，那么大部分消费者首先想到自己买到的可能是假货，因为NIKE在消费者心中的形象是质优价高的，这样NIKE受到的不利影响就不会太大；而如果出现了价低质差的某种不知名品牌的运动鞋，那么一般的消费者由于不了解该品牌，可能认为该品牌的运动鞋就是价低质差，从而严重损害了该品牌的形象。可见假冒产品对知名品牌和一般品牌的不利影响的程度是不同的。此外，根据《保护工业产权巴黎公约》中关于“驰名商标特殊保护”的有关规定，当驰名商标被恶意抢注时，通过法律收回的可能性会更大。

二、品牌管理

品牌作为企业的一项无形资产和企业的实体资产一样，需要进行合理有效的管理，使这项无形资产能够保值增值。

品牌管理包括一个品牌从产生到消亡过程中，企业的一切与品牌有关的经营管理活动，可以分为静态管理和动态管理。品牌静态管理是对品牌的命名与设立；品牌动态管理则是对品牌形象的塑造和品牌资产的构建，是全过程的管理。品牌管理离不开组织保障和危机处理，因此，以下将对品牌管理组织与品牌危机管理进行介绍。

（一）品牌管理组织

品牌管理组织形式的选择对于品牌管理的效率有着重要的影响。常见的品牌管理组织形式主要有业主负责制、职能管理制、产品品牌经理制、类别品牌经理制和企业品牌经理制。每种形式都各有优缺点及不同的适用范围。

1. 业主负责制

20 世纪 20 年代以前，业主负责制是西方企业主要的品牌管理制度。业主负责制下的品牌设计、决策及部分实施细节都由业主或公司最高领导者亲自负责。业主负责制的优点是决策迅速、便于协调，但这种高度集权的管理方式的缺点也是显而易见的，品牌管理的成败全系于一人的决策是否正确。

2. 职能管理制

这种品牌管理制度在西方盛行于 20 世纪 20 年代至 50 年代。职能管理制下的品牌管理职责由企业各部门在其权责范围内分别承担，并由企业统一领导和协调。这种品牌管理组织形式的优点体现在：通过授权的方式使企业高层可以有更多的精力和时间处理战略层面的事务，能够通过各部门协调进行品牌管理。其缺点在于：各部门分别承担不同的职责可能造成沟通不畅、相互推诿的情况，可能难以有效整合企业各部门的资源集中力量进行品牌管理。因而，这种品牌管理组织在企业品牌数量较少的情况下可能较为适用，但当品牌数量增加时，其缺陷就会日益暴露。

3. 产品品牌经理制

产品品牌经理制是宝洁公司于 1931 年最早提出并实施的。产品品牌经理制下的品牌管理采取一人负责一个品牌的方式，即企业为每一个品牌安排一个品牌经理，由其制定相应的品牌战略规划，并组织协调企业生产、财务及营销等各部门围绕品牌战略规划开展工作。这一管理形式有利于增强品牌的市场导向性和部门间的协调性，树立品牌长期发展和整体形象。但这一形式下的各品牌内部竞争激烈，各部门协作不足，缺乏统一规划和领导，品牌经理的权力过大容易滋生腐败。

4. 类别品牌经理制

类别品牌经理制是宝洁公司在 20 世纪 80 年代末推出的一种新的品牌管理组织形式，主要是为了解决产品品牌经理制下同类产品品牌内部竞争的问题，它把企业的产品进行分类，按照产品的大类委托经理。但是针对产品品牌经理制下存在的其他问题，该制度难以有效解决。

5. 企业品牌经理制

企业品牌经理制是目前最新的品牌管理组织形式，主要是为了应对日益激烈的市场竞争环境和高昂的品牌创建与管理费用，同时也是为了进一步解决产品品牌经理制不断暴露的缺陷。在这种管理组织形式下，企业品牌经理负责制定品牌管理战略，确立母品牌的核心价值和定位，规划整个品牌系统，对各品牌进行系统管理、协调发展，使系统中的各品牌能够相互支持，集中力量强化企业形象。

（二）品牌危机管理

品牌危机是指在企业发展过程中，由于内部问题或外部冲击引发的威胁到品牌形象的突发性事件，该事件会引起一系列不良反应，对品牌乃至整个企业的生存和发展造成极坏影响。品牌危机对于品牌和企业的影响是巨大的，很多知名品牌或企业就毁于一场品牌危机，然而有“危”必有“机”，也有很多企业通过采取有效的措施成功地渡过了危机并取得了更大的发展。所以，采取有效措施，积极应对危机，对于维护品牌是十分重要的。

1. 注重品牌危机预警管理

由于品牌危机是突发性事件，所以建立一套有效的预警制度就显得十分必要。预防危机比危机发生后再解决要更加有效。

预防危机首要的是识别出可能导致品牌危机发生的要素，采购、质量、销售和售后服务等每一个环节，以及政府、媒体等外部条件，都蕴涵着导致危机的因素，企业需要找出各环节可能发生的问题，提早进行改进。例如，生产线的老化和故障等可能导致质量的不合格，引发消费者对品牌的不信任；或者企业本身没有问题，但因为媒体不明真相的宣传炒作也会影响到品牌的美誉度。所以企业不仅要加强自身的经营管理，也要构建起一个友好的外部环境，尤其是和政府、媒体的关系。

其次，企业应当做好预警方案。事先做好方案，以在危机时从容应对。在制定预警方案时，可以通过对企业内部的调查和外部的考察收集相关的信息，并结合企业过去的经验或其他企业的教训，预估可能发生的危机，采取相应的措施。

2. 加强品牌危机应对管理

当品牌危机发生时，企业应当积极应对，一要反应迅速，二要态度诚恳，三要统一口径。

首先，危机发生后，企业应当在第一时间采取应对措施。品牌危机造成的危害是连锁的、不断加深的，企业反应越慢，受到的损失就会越大。2001 年 9 月 3 日，中央电视台“新闻 30 分”曝光了南京冠生园“陈年馅料做新饼”的恶性事件，一夜之间，全国各地大小超市的冠生园月饼纷纷下架。由于品牌管理意识的淡薄，南京冠生园既没有及时公开道歉，也没有向消费者作出符合情理的解释，不仅损害了自己，也使得全国数十家冠生园“受到株连”，导致当年全国的月饼行业受到严重损失。

其次，应对危机时，企业的态度应当诚恳，善于沟通，勇于承担责任。在危机发生后，不论是否有责任，企业都应当态度诚恳。在事实不明的情况下，媒体和公众都是同情处于弱势的消费者的，如果企业态度不够诚恳，即使没有责任也会遭到媒体的炮轰。例如，在三株口服液的危机事件中，三株集团一味强调自身利益、忽略消费者权益的态度和行为，遭到了媒体的集体炮轰，在事实澄清前就已轰然倒塌。而如果责任原本就在企业一方，企业就更应该诚实以对，在信息和传媒技术高度发达的今天，掩盖事实和态度蛮横都只会激化矛盾。

最后，在处理危机的过程中要动员全体员工，调动员工的凝聚力，使整个企业能够团结一致。在对外宣传时也要统一口径，有一致的观点，不能出现自相矛盾的情况。

3. 作好品牌危机恢复管理

即便顺利渡过了危机，企业也必须进行反思，总结经验教训，做好各项改进工作，避免危机的再次发生。

(1) 危机过后，企业应当尽快恢复正常的生产经营活动。在危机中，企业的生产经营活动必然会受到不同程度的冲击，因而，企业在危机过后应迅速地进行调整，使一切回到正常状态。

(2) 企业要对危机进行反思和总结。在恢复生产经营的过程中，企业应当结合危机事件，对企业各方面工作的不足之处进行调整，做好新的预警方案。

(3) 企业应当重振品牌形象。品牌危机不可避免地损害了企业原有的品牌形象，在危机过后，企业应当通过改进生产、广告、公关等多种手段重振品牌形象，恢复品牌的美誉度和忠诚度。

关 键 词

品牌；品牌定位；品牌设计；品牌策略；品牌保护；品牌管理

思 考 题

1. 什么是品牌？品牌有哪几个层次的含义？
2. 品牌定位有哪些策略？
3. 品牌的设计原则有哪些？
4. 请描述品牌的决策流程。
5. 什么是品牌危机？如何应对品牌危机？

【案例分析讨论】

“动感地带”的品牌定位

2003 年 3 月，中国移动通信全面推出“动感地带”（M-ZONE），这是与“全球通”和“神州行”并列的 GSM 数字移动电话服务品牌。“动感地带”是为年轻人度身定制的，其目标用户群非常明确，即ARPU（每用户月花费值，Average Revenue Per User）值中低，但数据业务比重高，15~25岁的年轻一族。

针对年轻客户群的移动通信需求，中国移动整合品牌形象、价格、渠道、营销和服务，建立年轻客户群对“动感地带”品牌的归属感，树立创新进取的公司形象。M－ZONE是中国移动的第一个“客户品牌”，动感地带是应移动通信市场的发展及竞争对手动向而产生的，这一全新品牌的推出对中国移动的业务组合及市场竞争态势产生了重要的影响。

所谓移动通信新品牌，实际是对传统移动电信服务的重新定义和包装。动感地带的主要卖点在于品牌内涵、服务和价格。

“动感地带”定位在“新奇”，“时尚、好玩、探索”是其主要的品牌属性。“动感地带”不仅资费灵活，同时还提供多种创新性的个性化服务，给用户带来前所未有的移动通信生活。

“动感地带”这一全新的客户品牌采用新颖的短信包月形式，其最大的卖点就在于短信套餐，同时还提供多种时尚、好玩的定制服务。为配合这项业务的推广，中国移动以STK卡为载体，可以容纳更多的时尚娱乐功能。

动感地带的星座运势、娱乐新闻将目标直指时尚前卫的少男少女们，随时将偶像的最新动态、演艺界的头条新闻发送到他们的手机上。“动感地带”可以把下载服务加入到手机卡中，让你随意寻觅喜欢的待机图片和铃声。动感地带将强大的聊天工具也完美地移植到手机中，少男少女们走在路上也能Q！

动感地带代表一种新的流行文化，仅从名字上我们就能感受到澎湃的活力。年轻充满激情，碰撞迸出火花，动感地带给你提供了一个展现自我的舞台，不怕好动，就怕你不动。它具有时尚要素，像Hip-Pop、街舞一样符合年轻人的口味，用不断更新变化的信息服务和更加灵活多变的沟通方式来演绎移动通信领域的“新文化运动”。它用创新的手段拓展了通信业务的外沿，将无线通信和时尚生活融为一体，引领了令人耳目一新的消费潮流。

分析讨论题：

1. 请结合本章所学内容阐述中国移动对于“动感地带”这个品牌运用了哪些定位策略？

2. 如果中国移动计划推广一个针对老年用户的新品牌，试讨论应当如何进行品牌定位和品牌设计？

第十章

价格策略

【学习目标】

□ 掌握企业如何制定产品或服务的上市价格

□ 学习企业在面对复杂多变的社会经济环境时，应如何适时地调整价格

□ 熟悉当企业面对竞争对手的价格策略时，应如何做出相应的应对策略，应如何调整价格以适应市场的竞争

【导入案例】

2003 年 3 月，中国移动通信全面推出“动感地带”（M-ZONE），这是与“全球通”和“神州行”并列的 GSM 数字移动电话服务品牌，其目标用户群非常明确，即 ARPU（每用户月花费值 Average Revenue per User）值中低，但数据业务比重高，15 岁到 25 岁的年轻一族。M-ZONE 是中国移动的第一个“客户品牌”，这一品牌的推出对中移动的业务组合及市场竞争态势产生了重要的影响。

动感地带是因应移动通信市场的发展及竞争对手动向而产生的。一方面，“客户品牌”是为了吸引新客户，扩大市场份额，“圈”住消费者；另一方面，这也是应对竞争对手（如小灵通、联通）市场侵蚀、并开创中国移动的“试验基地”的需要。而究其根本原因，则是移动通信行业中巨大的用户基数是支撑运营商发展的关键因素。首先，为了实现

技术设备的充分利用和成本的节约，运营商需要有足够的用户数来保持设备的运营水平，而这也是运营商之间进行资费竞争的基础。其次，根据网络效应原理，移动通信服务的价值及对网外用户的吸引力会因市场份额的扩大而呈指数级增长。再次，足够的用户基数可为将来通过数据增值服务或其他新的服务方式激发 ARPU 值增长打下基础。因此，出于扩大用户基数的目的，中国移动开始打造动感地带这一全新品牌。

所谓移动通信新品牌，实际是对传统移动电信服务的重新定义和包装。动感地带的主要卖点在于品牌内涵、服务和价格。而其目标顾客——大约 15 ~ 25 岁的以学生为代表的年轻群体所能自由支配的费用有限，对价格较敏感且数据业务使用量大。所以，如何运用定价策略，吸引并圈定这部分顾客，是中国移动各举措中最重要的一环。动感地带通过灵活的定价措施对目标市场进行了有效细分，而其短信“批发”及分级定价方式也在有效提高用户基数的同时增强了运营商的获利能力。

（资料来源：人大经济论坛《动感地带定价策略分析》）

第一节　影响定价的因素

价格是一个企业生存发展永恒的话题，意味着可以给企业带来收入，并支持当前的运营与新产品、新市场的开发和开拓，如何在市场上制定合理的价格成为众多企业关心的问题。制定价格关乎企业和品牌能否顺利地进入市场，影响企业获利的大小以及价格之外给消费者带来的附加价值等。影响企业制定价格的因素有很多，有企业产品的目标定位、消费者的需求、品牌的附加利益、产品的质量、产品的成本、产品的分销渠道、竞争对手的价格策略以及其他因素。种种因素的加总，使得定价对企业来说尤为重要，应避免“一招失而满盘皆输”的局面或者难以恢复到之前的市场地位。例如，2010 年的杀毒软件市场可谓“付费”与“免费”对垒的局势，以“付费”为首的卡巴斯基、金山、瑞星、江民阵营对峙以“免费”为首的奇虎 360、AVG、Avast、微软阵营。同样是杀毒软件，不同的定价对整个市场是一个巨大的挑战，消费者对于杀毒软件的生产商的价格策略的反应也是各有区别，有的偏向于品牌的号召力，有的则更看重其杀毒的功能，还有的则关注其价格的高低。

所以，价格不只是一个单单的数字，其背后隐藏着各种因素。单独存在的价格是没有太大意义的，只有对价格附加特殊的意义，才可以使企业获利，消费者获益。在这个信息不对称的市场上，价格是买卖双方交流的媒介，企业可以根据制定价格后产品的销量进行适当的调整，而消费者可以通过价格的变化选购合适的产品以满足自身的需求。

接下来，我们就开始详细地为读者介绍主要的影响定价的因素，它分为企业产品的目标定位因素、消费者需求因素、成本因素、竞争对手定价策略因素以及其他因素。

一、企业产品的目标定位因素

面对竞争日益激烈的市场，企业如何做到自己的定价能让消费者接受，又怎么通过自己的定价来传达给消费者特定的信息。影响企业定价的关键因素之一就是企业产品的目标定位，不同的企业有不同的定位。产品不同、企业所处的环境不同、加之产品的质量工艺等的不同，造就了市场上多元的定价。由于每个企业的目标不同，我们可以归纳出以下一些基本的类型，供读者思考：

（一）谋求生存的目标定位

在激烈竞争的市场上，当企业的产能过剩，加之利润被越来越多的竞争对手摊薄时，企业开展的营销活动不得不为了企业自身的生存而考虑，利润的高低对于企业来说不是首要问题，能保持企业的正常运作已经算是万幸。此时，企业必须在价格上作出一些妥协，制定较低的价格来抵充每天生产产品的固定成本和可变成本，以维持企业的正常运作，只有这样才能为将来的发展腾飞打好基础。如近来的金融危机，影响着人们生活的方方面面，不少企业面临着赤字、停产、倒闭的威胁，为了维持企业正常的运作，不得不对自己的产品的价格进行调整。

（二）当期利润最大化的目标定位

每个企业在制定价格时都会要求当期利润最大化，即不考虑企业将来的发展而只注重当前的利益，通过制定一个能使当期利润最大化的理想价格，获得优厚的回报。当然这需要以下几个前提：①企业只注重当前的利益，而这种利益能够使企业甘愿为之冒风险，换句话说，这种短期的行为可能会给企业的成长带来阻碍，企业却不加以考虑。②这样做必定要求企业能很好地了解市场对本企业产品的需求，有了需求才能保证产品能被销售出去，才能为企业赚得利润。③企业不考虑其他影响因素，撇开竞争对手的策略以及其他影响，强烈地关注当期利润最大化。这种定价策略非常适合当企业的产品处在衰退期或者属于瘦狗类产品的地位，在产品的市场寿命将近时，尽量把当期的利润最大化，作好收割的准备，以支持企业其他产品的市场开发等。

（三）当期销售收入最大化的目标定位

销售收入最大化的前提在于：企业必须能够准确地认清自己产品的市场需求状况。这意味着企业的价格调整必须要结合需求弹性，并结合其具体特点来决定到底是调高价格还是调低价格。Apple 公司的总裁乔布斯采取前者，他一直将 Apple 产品定位高端，高昂的价格为 Apple 公司带来了不菲的销售额，同时因为品牌效应，利润也很可观。

（四）最高销售增长的目标定位

这种定价策略就是“市场渗透”策略，通过销售的快速增长使产品的边际成本下降，站在整个产品的生命周期看，实现总的销售额最高。销售的快速增长意味着企业要通过调低产品的价格来促进销售，同时要求市场上的消费者对价格是极为敏感的，否则就等于在做无用功。在销售增长的同时要保证长期的销售额最大，还必须把生产成本和分销渠道的成本降下来；如若不然，在低价和高成本之下，企业也难有喘息的机会。在实行低价的同时，不可避免地会与竞争对手开展价格大战，造成红海泛滥的局面。

（五）快速撇脂的目标定位

何谓快速撇脂，打一个形象的比方，就是我们煮生牛奶的时候，牛奶的最上面一层会浮有厚厚的奶脂。企业在推出新产品的时候，快速地把最高层次的消费者利润从中撇出来，获得最丰厚的收益。如英伟达（Nvidia）公司2009年推出的高端显卡GTX295，上市价格为549美元，按当时的汇率来算应该折合人民币3999元左右，英伟达公司瞄准那些电脑DIY发烧友以及游戏发烧友，撇取高额利润。当销量有所下降，企业就会进行针对下一层次消费者的降价，这样逐级开展撇脂，以实现在每一个层级的消费者中获取的利润最大化。当然能达成这种目标，必须具备以下几个前提：

（1）最高层次的消费者具有相当的规模，企业能从中获得高额利润。

（2）通过高价能抵充生产所带来的较高的成本，并且有余。

（3）在产品导入期，没有太多的竞争对手。

（4）确保在每一层级消费者中都有市场需求，不会因为其他对手的新产品而转移。

（5）高昂的价格彰显产品的质量，能为企业获得优质产品的口碑和形象赞誉。

对新产品的定价策略其实就是一种与竞争对手的博弈，双方在信息对称的市场进行价格的搏杀，并考虑如何在一定的时期内获得溢价的利润。撇脂策略大多用在高新科技产品、消费奢侈品等。

（六）质量领先的目标定位

企业通过高价来彰显自己产品的质量以及产品与其他企业产品的区别，以高昂的定价向消费者传递“我们的产品是高质量的，您的购买选择绝对没有错”的信息。如一向以高价标榜的SONY，它的产品大多数都定位中高端，显示其产品卓越的品质，当然其质量也是不错的，即使在金融危机的时候，降价幅度也没其他品牌大。坚持以质量作为高价策略的前提是要有超越同行业的卓越的技术和生产工艺，没有这些技术和工艺的支持，一切定价策略都是空谈，这样不仅会造成产品的市场份额损失，同时会在消费市场落得不诚实、不负责的企业形象，其打击可能是致命的，甚至是毁灭性的。

（七）非营利的目标定位

并不是所有的机构和企业都追求利润，这中间不外乎一些非营利的企业或机构，他们的定价不是集中在营利方面，这些机构或企业，如大学、社会敬老院、群众自发的非政府组织等，是通过国家的拨款、企业家的捐赠以及一些其他手段获得运营的经费来维持其生存与发展的。其非营利的性质决定了他们的定价策略，当然他们服务的对象与营利企业或机构有所不同，所以定价策略也相去甚远。

由于各个企业的环境、背景、资源、人员等的因素各不相同，使得定价目标也不同，才有了上述这些定价策略。如图10-1所示，每个圆的面积代表了企业的规模，他们各自选择不同的定价策略，如C企业更看重质量，认为只有优质的产品才能吸引消费者。一言以蔽之，企业的属性决定了企业的定价目标。

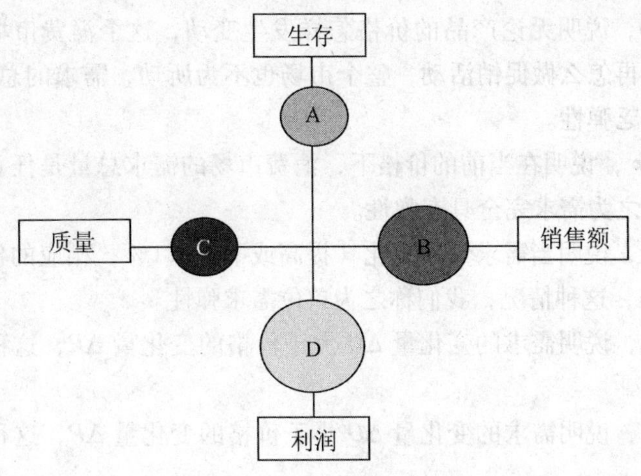

图 10-1 企业产品的目标定位

二、消费者需求因素

消费者的需求是影响企业定价的关键因素之一，没有需求就没有市场，没有市场一切都等于零。企业在了解自己的产品的同时，还需要了解消费市场对该产品的需求，只有知己知彼，才能百战不殆。

（一）产品需求的价格弹性系数

产品价格受到市场需求的影响，即受产品供给与需求相互作用的影响。一般而言，当产品的消费需求大于供给时，价格会偏高一些；当消费需求小于供给时，价格会下降一些。换言之，价格变动影响了市场的总需求，从而影响销售量，进而影响企业目标的实现。此时，企业制定价格就必须清楚价格变动对市场需求的影响程度的大小，而反映这种影响程度大小的指标就是产品的价格需求弹性系数。所谓产品的价格需求弹性系数，是指由价格的相对变动而引起需求的相对变动的程度大小。一般可以用下式表示：

$$\begin{aligned}\text{需求弹性系数} &= \text{需求量变动百分比}/\text{价格变动百分比} \\ &= (\Delta Q/Q)/(\Delta P/P) \\ &= (\Delta Q/\Delta P)\cdot(P/Q) = E_d\end{aligned}$$

式中，$\Delta Q = Q - Q_1$，$\Delta P = P - P_1$；Q 为原来的需求量，Q_1 为变动后的需求量；P 为与 Q 对应的原始价格，P_1 为与 Q_1 对应的变动后的价格；E_d 为需求弹性系数。

关于 E_d 值的说明：

（1）E_d 的值可能为正，也可能为负。正负号仅仅代表着 ΔQ 与 ΔP 变化的方向或相同或相反，所以，在接下来的讨论中，为方便比较各种产品之间弹性系数的大小，我们考虑 $|E_d|$。

（2）$|E_d|$ 因产品不同而不同。

（3）需求从 Q 降到 Q_1 和 Q_1 升到 Q 的需求价格弹性系数是不同的，需要另作计算。

(4) $|E_d|$ 的值可以分为以下五种不同的情况，详细如图 10-2 所示。

1) $|E_d|=0$，说明无论产品的价格怎样发生变动，这个消费市场的需求仍未发生一丝变化，即企业再怎么做促销活动，整个市场也不为所动，需求的总量没有任何改变，称之为需求完全匮乏弹性。

2) $|E_d|=\infty$，说明在当前的价格下，消费市场的需求总量是任意变动，不受约束的，这种情况，称之为需求完全具有弹性。

3) $|E_d|=1$，说明当需求量每变化（提高或下降）1%，相应的价格也会随之变化（提高或下降）1%，这种情况，我们称之为单位需求弹性。

4) $|E_d|>1$，说明需求的变化量 ΔQ 大于价格的变化量 ΔP，这种情况称之为需求富有弹性。

5) $|E_d|<1$，说明需求的变化量 ΔQ 小于价格的变化量 ΔP，这种情况称之为需求匮乏弹性。

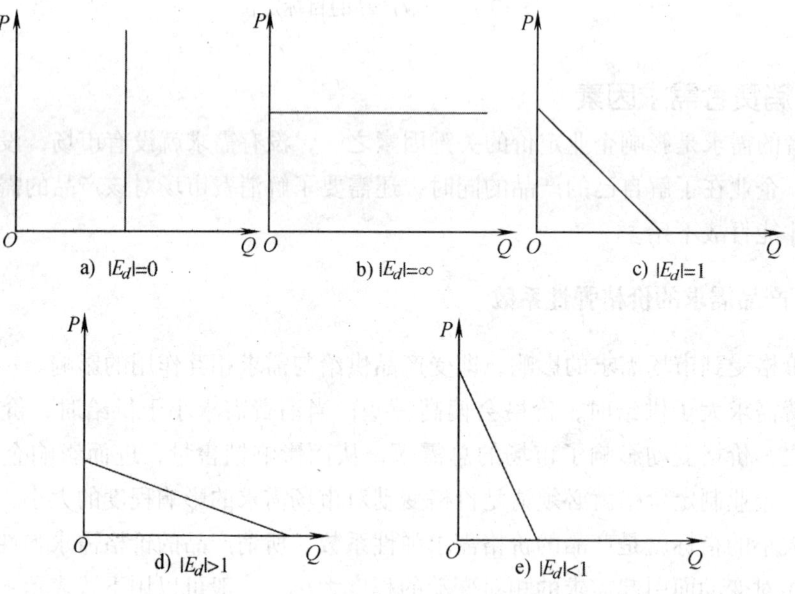

图 10-2　需求的价格弹性定性图

决定产品的需求价格弹性的四要素（即产品的性质）主要有：

(1) 该产品的替代品或同类竞争产品的数量。当该产品的同类竞争产品或者替代品较少时，则该产品的需求价格弹性较小。

(2) 消费者对价格的敏感度。如果消费者对价格的高低都不敏感，那么可以认为需求的价格弹性很小；反之，当消费者对任意的价格都比较敏感，则可以认为需求的价格弹性可能比较大。

(3) 消费者改变消费习惯的敏感度。如果消费者对改变消费习惯或寻求低价时表现得更为敏感，那么需求的价格弹性可能就很大。

(4) 消费者对整个环境的认知程度与价格的关系。当消费者对所处的经济环境有深入的了解，可能由于经济的萧条以及产品设计存在缺陷等因素，消费者认为高价是不容易被接受的，奉着现金为王的信条，绝不轻易消费，那么可以认为需求的价格弹性可能会很大。

（二）影响消费者对价格认知敏感程度的因素

对不同的消费者而言，影响他们对价格认知敏感的因素也各不相同，而且不单单是由单一的因素所决定的。正所谓“人是复杂的动物”，影响的因素势必也是一个多元的结合体。换言之，每个消费者所面临的是一个既定的多元因素的大框架，当消费者因这些因素中的某一因素发生改变或与其他因素互为作用，那么整个多元的因素组合就发展了新的变体，消费者对价格认知的敏感度也随着这些因素组合而变化，或敏感或拙钝。这些因素我们可以归为以下几种：

（1）独一无二的价值。产品所能给消费者带来的价值越是独一无二的，消费的价格认知敏感度就越小，甚至可以为拥有该产品而甘愿付出高昂的溢价。

（2）替代品的品牌知名度。替代品的品牌知名度越高，消费者就会有更多的选择，会根据价格进行比较，因此对价格的认知敏感度也越大；替代品的品牌知名度很低，也就意味着消费者对替代品知之甚少，因此选择的余地也就越小，进而对价格认知敏感的程度也就越小。这主要是由于市场信息不透明所造成的非对称信息，造成了一部分消费者能获得更多的产品信息，有更多的选择；而另一部分消费者获取相对少的市场信息，造成对替代品的了解比较肤浅，囿于没有更多的选择，所以对价格更为不敏感。

（3）对替代品的权衡能力。当消费者无法进行自己所需的产品与替代品之间的权衡利弊的比较，那么他只能通过价格媒介来判别两者之间的差异，也就是说，价格高的产品认为是好的，并深信不疑，那么对价格的认知敏感度也就越小；相反，如果消费者有足够的能力权衡这两者之间的优劣，换句话说，正因为能够辨别差别，才能对价格有不同的看法，敏感程度也就越大。

（4）消费者的可支配收入。消费者的可支配收入越多，意味着其有更多的钱去消费，那么消费者对价格认知的敏感程度就越小；反而言之，当消费者的可支配收入是很有限的，那么他们会选择将钱用在更为实用的方面，对价格也比较在意，因此他们对价格认知的敏感程度也就越大。同样，我们还可以通过恩格尔系数（Engel's Coefficient）大致判断消费者家庭的整体购买力，进而断定消费者的价格认知敏感程度。

（5）消费者获得的利益。如果消费者从产品中获得的利益比他们在购买之前所付出的成本小得多，那么消费者的注意力就会从价格转移到获得的利益上，因此对价格的敏感程度也越小。

（6）产品的性价比（Price/Performance Ratio）。性价比指的是性能与价格之间的比例关系，用来权衡产品客观的可买性上做的量化。性价比 = 性能/价格，反映了单位付出所购得的产品性能。因此，产品的性价比越高，消费者对价格越敏感；性价比越低，消费者对价格越不敏感。

（7）成本转嫁。当消费者购买的产品的成本一部分可以转嫁给企业，那么消费者对价格认知的敏感程度就越低。

（8）二次购买的情况。当消费者购得产品需要和之前购买的产品配套使用才有更好的效果时，那么他们对价格的敏感程度也就越低；反之，不能组合或配套使用，则他们对价格的敏感程度就会越高。

（9）产品质量。当消费者对某种产品的质量有详细的了解，或是从其他人使用该产品的反馈了解，那么他们对该产品质量的主观评价越高，则对价格的认知敏感程度就越低。

（10）产品维护条件。当产品的维护条件比较严格，且消费者还缺乏相应的维护知识时，那么他们对产品的价格认敏感程度就较低。

三、成本因素

企业在定价的时候不得不考虑的一个重要因素就是成本，因为企业的定价底线也就是成本，只有满足收支平衡才可以继续将企业运营下去；而企业是希望发展的，总是希望能够制定最高额度的定价，所以企业的定价区间在成本至最高额度的价格之间。企业应该制定一个合理的价格，不仅可以弥补生产、渠道分销以及销售所带来的成本，同时还能得到推出新品的风险溢价，以支持企业的发展。

企业的成本分为两种，一是固定成本（Fixed Costs），二是可变成本（Variable Costs）。固定成本指的是不随着生产或销售收入变化而变化的成本。这部分成本不会因为企业生产所耗费的物质资料或销售收入变化而变化，也就是在既定的生产设施不发生改变的情况下，该成本每月是不变的，所以称为固定成本，包括生产设备总值的每月分摊、厂房的租金、员工的工资等费用。可变成本指的是随着企业生产的产量或销售收入的变化而发生改变的成本。如 Nokia 公司生产一部数字移动电话，所耗费的物资包括数字移动芯片、摄像头、塑料、手机显示器、电路板、软件等，每一部数字电话的成本可以看做是固定的，因此，生产多少就决定了 Nokia 公司的成本增加了多少。这个成本的总量就称之为可变成本。

总成本（Total Costs）指的是固定成本与可变成本的加总。平均成本（Average Cost）指的是该产量水平下的单位成本，等于总成本与产量的比值。

为帮助企业更好地把握定价，企业的定价者必须深谙不同产量水平下成本的变化趋势，只有做到胸有成竹，才能准确把握成本走势的脉搏。

这里可以通过虚拟一个企业的生产情况来说明这一点。假设一个手机生产企业，其生产固定规模为每日 1000 台。如果每天产量低于 1000 台时，那么平摊下来的单位成本将会很高。但当生产企业的日产量达到 1000 台时，由于固定的成本更多地被分摊到 1000 台的产量上从而使得平均成本降低了；然而，如果产量大于 1000 台，即超出了企业的产能负荷时，该企业的短期平均成本会提升，由于高负荷运作势必造成员工疲倦降低生产效率，同时过度生产给设备带来的损伤导致设备加速老化，也会造成总成本上升，如图 10-3 所示。从长远的观点看待这个问题，企业的生产规模并不是一成不变的，因为企业是需要发展的，仍然停留在一定的产量上，那么有很大可能该企业前途是比较曲折的。通常来说，根据市面上大部分成功企业的情况来看，一个企业要谋生存求发展，必须思变，变当然是因为发展的需求和自身发展的诉求两方面共同作用的结果。既然企业的规模从长远看是会发生改变的，那么成本的变化也就会有所不同，根据每一个最低的平均生产成本点，我们绘制了长期平均成本曲线，如图10-4所示。

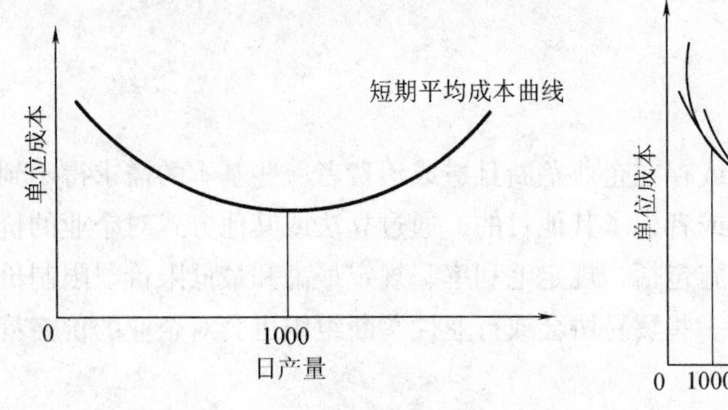

图10-3 短期平均成本曲线

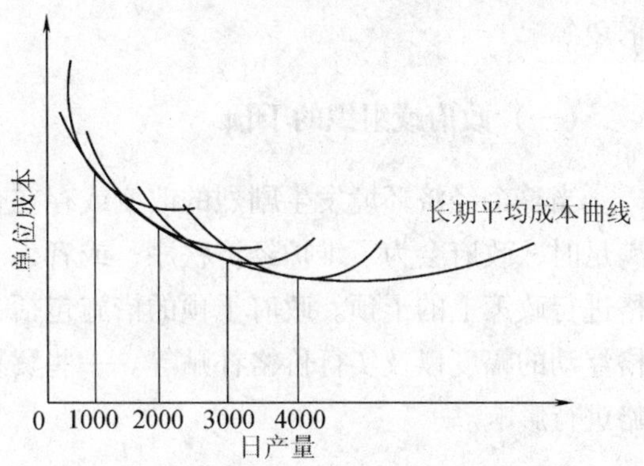

图10-4 长期平均成本曲线

根据图10-4所示，我们可以看到，日产2000台时，其单位成本比生产1000台要低；当生产4000台时，我们可以发现这个产量的单位成本比小于4000台的产量都低；然而当日产量超过4000台时，由于长期平均成本的上升抵充了一部分效益，使得效益下降。所以企业在制定价格前，应该充分了解其生产的特点，牢牢把握该企业在不同时段的生产条件与生产的规模，做到有效的监控，保持企业内部资金的“生态平衡”。

通过上述虚拟案例，我们可以认识到，一个企业在制定价格的过程中，因为企业自身的情况以及管理上的因素，其短期平均成本曲线是有阶段性的，不同的阶段代表了企业不同的生产规模；与此同时，我们还可以观察企业的长期平均成本曲线，这上面的每一点都代表了某一阶段企业的短期最优平均成本，无数的点汇集成了一条长期的平均成本曲线。企业可以根据他们特有的长期平均成本曲线来决定他们的生产规模，配合企业的战略规划，运筹帷幄之中。

四、竞争对手定价策略的因素

对企业来说，消费市场是多元且复杂的，存在着许多竞争对手，在制定价格的时候，必须借鉴其他对手的定价策略。古语有云：“知己知彼，百战不殆”。企业应了解竞争对手的生产成本，以便分析自己的定价是否具有竞争力，抑或在同样的价格下，是否具有成本上的优势。对竞争对手为什么可以制定出这样的价格进行分析，对照自己企业在哪方面还有所欠缺，哪方面是可以扬长的，应该向竞争对手学习什么，从而做到取长补短。

在了解对手的策略的重要性的同时，我们必须时刻牢记我们身处的是一个瞬息万变的市场，每一种定价策略都具有一定的时效性，换句话说，一个产品在其不同的生命周期的定价策略是不同的，把握竞争对手的定价策略必须又准又快，而且需要评估对手这样做的市场时机是否合理，自身的条件是否达到以及未来的趋势是否看好等。

五、其他因素

企业的定价策略很大程度上受成本、消费者的需求以及竞争状况的影响，还会受来自外界的其他多种因素的影响。这些因素包括政府或组织的干预、消费者的心理以及企业的形象等。

（一）政府或组织的干预

当整个经济环境发生剧烈的改变或存在企业垄断且造成消费者一些基本的需求得不到满足时，政府会为了维护经济秩序，或者为了其他目的，通过立法或其他方式对企业的价格进行政策上的干预。政府干预的措施包括：规定毛利率、规定最高和最低限价、限制价格浮动的幅度以及实行价格补贴等。一些贸易协会或行业性垄断组织也会对企业的价格策略进行影响。

（二）消费者心理

制定价格考虑的因素不仅是表面可以看得到的，而且还必须对看不见的消费者心理加以考虑。当面对为消费者熟知的产品时，消费者往往按照这样一种心理来判断产品的优劣：一分价钱一分货，价格高的产品当然就是好的，从经验上把价格和产品所能给他们带来的价值画上等号。消费者的心理是复杂且不合逻辑的，甚至某些时候当一些产品在涨价，就去疯狂抢购，如2008年一段时间内消费者抢购食用油，只是价格一高再高，最后国家为稳定民心出台政策，限制食用油价上扬。因此，在研究消费者的心理时，要谨慎、仔细分析消费者这样做的动机是什么，进而了解他们心理变化的规律，这样有助于制定合理的价格。

（三）企业形象

有时候，企业根据企业理念和企业形象设计的要求，需要对产品价格作出限制。例如，企业为了树立热心公益事业的形象，会将某些有关公益事业的产品价格定得较低；为了形成高贵的企业形象，将某些产品价格定得较高等。

第二节　主要定价方法

企业定价的主要方法包括成本加成定价法、目标收益定价法、感知价值定价法、价值定价法、竞标定价法以及随行就市定价法。

选择合适的定价方法是企业定价策略的重要环节，在给定了消费者的需求函数、企业的成本函数以及竞争对手的定价后，不难发现成本是企业定价的底线（又称地板价），竞争对手的产品定价是参考或参照物（又称中间价），而消费者对产品的价值评估是定价的最高目标（又称天花板价格）。

一、成本加成定价法

成本加成定价法（Makeup Pricing）是所有定价法中最常用也是最经典的定价方法，是指企业在产品的单位成本上增加一个预期的加成来计算产品价格的方法。其公式如下：

$$单位成本=可变成本+\frac{固定成本}{销售总量}$$

$$加成价格=\frac{单位成本}{1-预期利润率}$$

假设一体育用品生产企业有如下的成本和预期的销售总量：

单位可变成本　　20 元

固定成本　　500000 元

预期销售总量　　20000 件

根据上述条件可得，该企业的单位成本为：

$$单位成本=可变成本+\frac{固定成本}{销售总量}=20+\frac{500000}{20000}元/件=45元/件$$

假设该企业预期的利润率为 25%，那么根据上述条件，可得该企业产品的加成价格为：

$$加成价格=\frac{单位成本}{1-预期利润率}=\frac{45元/件}{1-25\%}=60元/件$$

当该体育用品企业向分销渠道商每件产品收取 60 元的同时，可以从中获取 15 元的利润。依此类推，当这类一级分销商在收到这批产品时，会用相同的加成方法将产品转售给次一级的分销商，经过多次的加成之后，最后到消费者手中的真正的价格是 N 级分销商分享利润后的价格。可以想象，这样做的好处是养活了更多的分销商，弊端是消费者在购买产品的时候不得不为这些中间环节的利润买单。正因为这种弊端的存在，所以需要完善，随之而来的新的营销方式就是直销。直销的概念是把这些中间环节去除，把中间的加成利润与消费者共享，这样不仅企业能够获得更多的利润，消费者同时也会以比较低的购买价格获得同样价值的产品，从而真正实现非零和博弈的宗旨，双方的关系不是对立的，而且双方获得的利益并不是建立在另一方的损失上。

成本加成定价的计算比较方便，在保证被市场接受的同时能够获得预期的利润，也使得市场上大部分企业的定价基本趋于相似，减缓竞争的激烈程度；此外，成本加成定价法的另一个通常的弊端在于忽视了需求和竞争。

二、目标收益定价法

目标收益定价法指的是企业通过制定一个预期投资回报率来实现预期利润的价格。在成本的基础上，企业努力追求预期利润。其公式为：

$$目标收益价格=单位成本+\frac{预期回报率\times投资的成本}{销售总量}$$

如果在上一个例子中加入一个新的假设，假设该体育用品企业投资的成本为200万元，那么利用目标收益定价法可以得到：

$$目标收益价格 = \left(45 + \frac{25\% \times 2000000}{20000}\right)元/件 = 70元/件$$

当该体育用品生产企业对其预期的利润率和销售总量有准确的判断时，企业就可以达到目标。在使用该定价方法的时候，大多数企业都注重盈亏平衡点的销售量（亦称为保本销量）和保利销量，如图10-5的保本（利）图示。

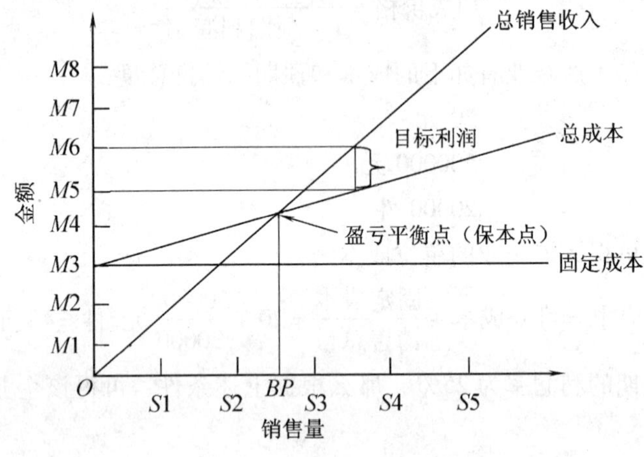

图10-5　保本（利）图示

图中，*M*代表金额，*S*代表销售量，*BP*代表了盈亏平衡时的销售量。

从中可以看出，无论销售量怎么变化，固定成本一定是固定不变的，总成本是可变成本与固定成本函数的加总，是随着销售量的改变而改变的，具有线性关系。图中的盈亏平衡点即是总成本与总销售收入的交点，与之对应的销量是*BP*。当销量 $< BP$ 时，说明总成本大于总销售收入，也就意味着企业处于亏本的状态；而当销量 $> BP$ 时，说明总销售收入大于总成本，换言之，企业处在盈利的状态。保利销售量的计算公式如下：

$$保利销售量 = \frac{总固定成本}{单价 - 单位可变成本}$$

$$保本销售价格 = \frac{总固定成本}{保本销售量} + 单位可变成本$$

三、感知价值定价法

感知价值定价法指的是站在消费者的角度评估和考虑企业定价的方法，将消费者的认知价值作为定价的基础，从消费者对企业产品的主观感知的判断出发，与以成本为出发点不同，考虑制定令消费者可以接受的价格的方法。认知价值一般包含消费者对产品的主观印象、公司的售后服务、维修服务、客服支持以及产品更新升级等因素。企业所需要做的是让消费者感受到企业在广告或其他媒体上宣传的价值，并且不断地对企业的消费群体加强这种信息与服务的刺激，以强化产品在消费者心中的地位。

四、价值定价法

价值定价法指的是企业向消费者提供物美价廉的产品，以获得消费者的青睐，进而培养消费者对企业的忠诚度。价值定价法是那些深陷“红海”企业的福音，消费者不单单要的是低价的产品，而是期望在低价的同时保证产品的质量，也就是说，企业不能降价降质，给消费者带来廉价低质的产品，降价的代价不应该以牺牲质量为代价，重点是吸引更多的消费者，打开销路。

每日低价、折扣低价是重要的价值定价法的形式。目前此种形式运用最多的应该是超级市场类的零售行业，如迪亚天天、伍缘折扣超市、沃尔玛超市等。运用这些定价方式的承销商通常为保证每周价格的稳定性而制定一个固定的低价，同时在产品促销和特卖方面就很少进行，保证长期利益的均衡。采用每日低价主要是考虑将促销的成本省去，转而给消费者提供价廉物美的产品，一方面，企业自身可以获得更多的利益；另一方面，消费者可以真正从中收益，刺激消费。

五、竞标定价法

竞标定价法指的是竞争对手之间为了一个项目制定价格进行角逐，价低者可以获得该项目的定价方法，主要用于工程合同中的竞标。竞标的企业必须深知自己企业的实力，同时需要有足够的经验，能结合竞争对手的实际情况进行评估，在竞标过程中逐步作出些让步，一般用的是预期的利润来制定的价格。如果企业忽略其他需要考虑的因素、不惜一切代价来竞标，就可能欠妥当。

六、随行就市定价法

随行就市定价法指的是企业的定价基准不是以企业的成本制定的，而是以竞争对手的价格为基础，针对其主要的竞争对手采取相同、较高的或较低的价格的定价方法。企业的价格完全取决其在市场上扮演的角色地位，如果企业自身是一个实力欠佳的小企业，那么扮演的是市场的追随者，就应该根据市场领导者的价格的变化而进行调整，牢牢依附市场领导者，避免发生正面冲突；如果企业扮演着市场补充者的角色，专注于市场领导者不太重视的细分市场，制定合理的价格，这样既保全了自己企业在细分市场的发展，也避免了与领导者产生摩擦。

第三节　价格调整策略

当企业制定完价格之后，必须投入更多的精力来监控自己的价格，并根据市场的变化及时作价格的调整。价格的调整就好比是一个生命的过程，在产品生命周期的不同阶段进行价格的调整，直至产品进入最后的衰退期乃至退市。价格的调整策略多种多样，包括地理定价、价格折扣和折让、促销定价、差别定价、产品组合定价以及薄利多销定价等。

一、地理定价

地理定价指的是针对不同国家或地区的消费者进行不同的定价的方法。地理定价一般用于两类情况：一是企业为弥补产品运往边缘（远）地区所耗费的运费而给那些地区的消费者制定较高的价格；二是不同的付款方式决定了企业给予不同消费者不同的价格。

（一）FOB 原产地定价

FOB 原产地定价指的是卖方将产品装到原产地的运载工具之前这段时间的费用和风险由卖方承担，买方要承担一切运输途中的损失和相关费用以及风险。其优点在于卖方只需要保证在装到运输工具上时的产品是完整无缺的就可以了，省去了许多麻烦；不足之处在于将风险全部转嫁给买方，使他们承担较多的运费和风险，容易失去较远的消费群体。

（二）统一交货定价

统一交货定价是指企业对所有地区的消费者实行统一的价格和运费，并且运费按照平均运费计算的定价策略。其优点在于路途较远的消费者能享受更加低廉的运费，从而使购买的成本下降；不足之处在于对距离较近的消费者而言，要承受额外的运费，致使他们的购买成本上升，令他们的满意度下降。

（三）区域定价

区域定价是指企业将其消费者市场划分为若干个区域，并针对不同区域的消费需求制定不同的价格的策略，换句话说，每个大区内是统一定价，每个大区的价格又是不同的，如果差距较大，投机者就可以进行跨区的套利。

（四）起始点定价

起始点定价是指企业通过指定一个城市或地区作为计费的起始点，按照这个起始点到消费者所在区域的距离计算运输费用的定价策略。就好比我们乘坐计程车一样，从你上车的起始点计算到你目的地的车费。

（五）免运费定价

免运费定价是指企业为了促使交易的达成，增加销售额，降低总平均成本弥补运费，为消费者提供免运费服务的定价策略。如卓越亚马逊网上书店的免运费送货上门的服务。

（六）对销贸易

对销贸易（Counter Trade）是指建立在互惠互利的基础之上，由买卖双方达成协议，买方在支付全额现金之后，卖方同意在规定的时间内将其大部分或全部产品销售所得在卖方所属国消费的定价策略。例如，俄罗斯在支付卢布给百事可乐公司换得可乐原浆之后，百事可乐公司同意按照一定的价格购买俄罗斯的伏特加酒在美国当地销售。

对销贸易有多种形式，包括易货贸易、补偿贸易、反购或互购、转手贸易和抵消，但在我国对外经贸活动中常用的是易货贸易和补偿贸易。

二、价格折扣和折让

所谓价格折扣，即企业或生产商对规定时间、地点内购买的消费者进行直接的价格减让。价格折让是指在某种既定条件下的促销性优惠。

该定价策略主要是企业需要加速现金流的循环，使企业有足够的现金运营下去，因此鼓励消费者大量购买，尤其在产品的销售淡季，为确保资金链的正常，企业及时修正产品的价格，以促进销售增长。如在换季的时候，厂商为回笼资金降价打折出售羽绒服。同时需要注意的是，企业需要仔细计算打折的程度，确保有利可图。

折扣可以分为四类，加上折让，共计有五个方面：

（一）现金类折扣

此类折扣主要是鼓励消费者提前付款，并给予一定的现金形式的优惠策略。也就是说，越早付款的消费者可以得到比晚些付款的消费者更多的优惠，如“3/15，30 付清”，是指付款的最后期限是购买之后的第 30 天，如果消费者能在 15 天内付清款项，则可以享受 3% 的优惠。

（二）数量类折扣

这类折扣主要是指企业为刺激消费者大批量购买产品而给予的一种价格上的优惠，同时，量越大则给予的优惠也越大。这样，企业可以用大量的销售增长弥补优惠带来的成本；而针对不同批量的消费者给予不同的优惠差价，也能够激发消费者购买的欲望。

（三）功能类折扣

功能类折扣亦可称为贸易折扣，是指生产企业为其产品流通渠道的各个成员提供不同的折扣，按照成员在流通中所具有的不同功能，给予相应的优惠。换言之，在两个扮演相同功能角色的流通成员之间，他们接受的折扣优惠是同质的。

（四）季节折扣

季节折扣主要是指企业为了促进换季产品的销售而给予消费者一定的折扣优惠，以支持企业在产品的销售淡季的运营。如旅游公司在每年的旅游淡季推出较旺季更低廉的线路价格，促进淡季的销售，以维持企业日常的运营。

（五）折让

折让是指企业为了吸引消费者购买产品而给予一定额度的价格优惠。如某些商场开展手机以旧换新活动，企业提供给中间经销商一定的折让换购基金支持换购活动，增加产品的销售和广告效应。

三、促销定价

促销定价是指企业为了刺激消费者购买产品，有意将某些产品的价格定得比市面上的低的策略，有些时候可以采用非常手段——低于产品成本进行销售。通常可以分为如表10-1 所示的五种类型。

表 10-1 促销定价分类

促销定价类型	类型描述
1. 抛砖引玉式定价法	此方法亦可称为低于成本出售定价，主要用于百货商场和大卖场。它是指营销人员将某些产品作为其他产品销售增长的敲门砖，故意以较低的价格，甚至是低于成本销售，吸引消费者的注意力，以带动其他产品的销售，来弥补促销的成本，达到总体上的有利可图
2. 特定事件定价法	该方法是事件营销的一种，是指企业在某个特定的节日或具有特定意义的日子里，制定一种特定价格吸引更多的消费者。例如，新年的年货特卖会、情人节特价品等
3. 信用消费定价法	此方法是指消费者在购买产品时，企业可以为消费者提供低息贷款，允许消费者按期偿付一定的本息，直至还清为止。如东方 CJ 推出的购买计算机可以分 12 期付款，即每个月偿付一定款项，一年之后该产品的所有权和使用权都属于消费者
4. 售后服务合同担保	该方法是指企业为消费者提供更长期的低价，甚至是免费的保修维护服务以促进销量
5. 心理定价法	该方法主要是指企业根据价格对消费者产生的心理效应，向消费者诉说产品的某种特质。该方法有以下三种具体方法： （1）整数定价：以整数向消费者说明产品的完整性 （2）尾数定价：将产品的售价加上尾数，让人有精打细算的感觉。同时，价格是奇数是偶数会有不同的反响。例如，产品定价 999.99 元，就会让消费者感到 1000 元不到，区分不同的价格量级 （3）习惯定价：为了迎合消费者，按照他们形成的某种习惯定价，为其带来方便和亲切感。例如，当一产品的尾数为 8，按照我国某些地区的习惯，认为 8 就是“发”，是一个吉祥的数字

促销定价一般来说是一种帕累托最优的情况，即在不使任何人的境况变坏的情况下，也无法使得某些人的境况变好。从某种意义上说更像是一个零和博弈，在市场份额有限的情况下，市场上的竞争对手所用的促销定价手段不是起效就是无效，一方的收益是建立在另一方的失利之上的。

四、差别定价

差别定价其实就是差异化的定价方式，是企业根据不同的消费群体、不同的产品、不同的地理环境、不同的文化等因素制定不同的价格的方法。差别定价一般可以分为以下四种：

（一）顾客细分定价

根据不同的消费群体对同样的产品或服务制定不同的定价。例如，游乐园里为小朋友特定的儿童特价票等。

（二）产品规格定价

不同产品的规格代表了不同的生产成本，所以在定价方面也有所不同。例如，我们喝的牛奶有不同的口味、规格等，其价格也是各不相等。、

（三）形象差异化定价

这是指企业把同质的产品包装成不同的形象，从而制定不同的价格的方法。换言之，产品在内容、用途和功能上是完全一样的，但是通过包装成不同的式样，企业设置不同的价格，以树立不同的形象。

（四）差别时间定价

差别时间定价是指企业根据不同的时间段或时间点制定不同的价格。例如，2009 年最炙手可热的3D 电影大作《阿凡达》，在双休日制定较高的价格，限制过多的消费者，以免造成播放设备损伤；而在工作日则制定相对较低的价格，因为这段时间的消费者比较少，以较低的价格吸引消费者，并不包括消费者非理性的追逐。

实行差别定价的前提条件有以下几点：

（1）市场有足够的细分空间，也就是说消费者对产品的需求程度比较明显。

（2）在不同的价格细分市场之间不存在套利现象，即价格低的市场的产品不能有足够的投机利润流向价格高的市场。

（3）高价的细分市场处于绝对的优势。

（4）消费者满意这种定价策略。

（5）差别定价的成本必须低于差别定价的收入。

五、产品组合定价

产品组合定价是指企业把若干种产品组合成一组产品，并分别为产品组里的产品制定合适的价格，达到一组产品利润最大化目的的定价方法。通常有如表 10-2 所示的六种定价的方法。

表 10-2　产品组合定价分类

产品组合定价类型	类型描述
1. 产品线定价法	这是指在一群相关的产品中制定一系列价格，由最低价至最高价，价格的差距宜适中，还应考虑竞争对手的价格，让消费者适应企业的定价。如彪马的运动鞋系，不同的款式有不同的价格差距，满足需求各异的消费者

（续）

产品组合定价类型	类 型 描 述
2. 选择特色定价法	这是指企业生产各种具有特色的产品以供消费者在购买时选择。例如，在购买苹果笔记本电脑的时候，经销商会推荐专业做苹果笔记本的 Moshi 贴膜，并以随机另购有优惠吸引消费者选择购买
3. 附带产品定价法	这是指企业在消费者购买主要产品的同时，提供配套使用的附加产品，这些附加产品的定价往往会高于主要产品
4. 两段定价法	此定价法常用于服务类产品，当消费者支付某项服务的基本费用之后，如果消费超出了基本服务的规定，就必须额外再另加费用。例如，典型的移动 M-Zone 流量套餐，5 元 30MB/月，如果超出流量则 0.02 元/KB
5. 副产品定价法	这是指当某些企业的生产中会产生副产品，而这种副产品对某些消费者是有价值的且能满足他们特殊的需求，因此可以以此为定价依据。例如，养蜂场生产蜂蜜的同时，也会产生蜂蜡，而这种蜂蜡比蜂蜜的价值更高，有一定的医药作用
6. 套装产品定价法	这是指企业将一组产品组成一组套装，以较低的价格销售给消费者，以刺激多个单品的销售量，鼓励消费者消费。例如，每当开学之际，文具店都会推出文具套装以吸引学生购买，套装比单品购买更便宜

产品组合定价就是化零为整，进行产品的重新定位，以更实惠的价格促进销量，改善单品卖不动的窘境。

六、薄利多销定价

薄利多销定价主要是指产品在首次定价的时候，企业有意识地以相对低廉的价格刺激需求，促产降本，达到长期利润最大化或进一步市场渗透的定价策略。“薄利”指的是单位产品的利润水平保持在较低的水平；“多销”指的是在低价的攻势下促进销售量的增长。

（一）薄利多销的目的

（1）确保企业的长期利润达到最大。

（2）通过低价进一步抢占市场份额。

（3）以较高的设备利用率带来的边际贡献弥补固定成本。

（二）薄利多销的前提

（1）产品的需求弹性 E_d 必须大于 1，也就是说产品是具有弹性的，价格的改变能带动更多的需求。

（2）企业的生产规模是可以改变的，在扩大产量的同时可以满足趋于饱和的产能。

（3）产能增强后的净销售收入增量要大于成本的增量，即边际收入大于边际总成本。

（4）企业的经营效果应该以长期总利润最大为目标。

关 键 词

定价策略；定价方法

思 考 题

1. 什么是快速撇脂？其前提有哪些？

2. 假设工艺品生产企业有如下的成本和预期的销售总量：

单位可变成本	15 元
固定成本	300000 元
预期销售总量	15000 件

（1）预期利润率为 20%，试用成本加成法计算其定价。

（2）如果该企业的初始投资为 150 万元，试用目标收益法计算其定价。

【案例分析讨论】

广东格兰仕集团成立于 1992 年 6 月，原是一个生产羽绒的乡镇企业，后改生产微波炉。当时中国市场上有天津 LG、苏州三星、上海松下等几家寡头企业，但是短短几年，到 2000 年 6 月，格兰仕的全国市场份额达 74%，出口量占行业总量的 85% 以上，全球市场占有率达到 41%，处于垄断地位。其重要原因就是格兰仕奉行“低成本、低价格”战略。其有以下三个重要的显著特征：

一、价格下调幅度大

格兰仕的降价策略是：要么不降价，要么就大幅度地降。所以每次降价幅度都在 20% 以上，甚至达到 40%。如非烧烤型微波炉的市场零售价 1996 年初为 1500 元/台，到 2000 年 5 月降至 600 元/台以下；烧烤型微波炉的降幅更大，从 1999 年 1 月的 2800 元/台降低到 2000 年 5 月的 950 元/台，如此高的降价幅度在消费者心中产生了震撼。

二、降价策略多样化

格兰仕的降价策略每次都有所不同，有时是全面降价，有时是调低一个系列或者一种规格型号。1997 年 10 月，全线下调价格；1998 年 8 月，只调低 17L 的规格；2000 年 6 月调低其黑金刚 WP750 系列等当时市场最畅销的高档微波炉，降幅达 40% ~50%；居世界最高档的微波炉高效热风对流型、高智能化大屏幕菜单式、全不锈钢高智能化旋钮码也降到了 1000 元/台以下。格兰仕副总经理俞尧昌说：“此举将促使中国微波炉行业进入收割阶段，同时使其他大型企业进入微波炉市场的信心受到打击，并要将某些国外著名品牌逼至千里之外。”

三、与其他促销攻势配合联动

格兰仕的每次降价活动都配合有大量的沟通宣传，再加上其他促销措施，使降价效果达到最佳。2000年6月，在大幅度降价的同时，实施疯狂赠送活动。500～850元的中档新世纪系列买一送八，赠品价值300元左右；800～950元的黑金刚系列买一送十四，赠品包括电风扇、微波炉用品、手表、围裙等，价值总计600元；买1000元以上的高档产品则买一送十五，赠品价值800元左右，每隔半个月将减少一件赠品，活动截至8月份结束。

格兰仕的每次降价，都取得了较好的市场效果。1995～1998年格兰仕连续四年蝉联全国市场占有率冠军。

2000年10月，格兰仕投资20亿元进军空调冰箱制冷业，3～5年内年产空调800万台、冰箱500万台。明确宣布将继续“克隆”微波炉的降价模式，坚持专业化生产和薄利多销策略，产品价格将为同类竞争产品的一半左右，此举再次成为公众关注的焦点。媒体对此褒贬不一。

（资料来源：无忧商务网《格兰仕价格屠夫》）

分析讨论题：

1. 格兰仕微波炉为什么能实施低价格战略？
2. 格兰仕在制冷业“克隆”低价战略前景如何？

第十一章

渠道策略

【学习目标】

□ 了解分销渠道的含义和功能

□ 把握分销渠道的不同类型

□ 熟悉不同的分销渠道成员

□ 掌握如何设计分销渠道和进行渠道管理

【导入案例】

戴尔渠道模式渐入佳境

2009 年 9 月 18 日，戴尔首家旗舰体验店在上海漕溪路和肇家浜路上全新开张的百脑汇二期商城一楼开业，总面积达 205m²。体验店包括了戴尔消费业务的全部品牌，店内还设有五个互动品牌概念区，其中包括一个专为中小型企业客户打造的服务专区。全新的戴尔旗舰体验店提供了“一站式”的购买通道，并将陆续在中国其他一线城市推出。

2009 年年初，戴尔大中华区宣布对商用产品和消费产品的渠道进行整合，将原有的中小企业解决方案中心（店面）划到消费业务部门旗下，与消费产品店面进行统一管理。在戴尔内部，这个新的渠道管理部门被称为 IDD，即一层戴尔分销架构。

戴尔在中国市场的五家总代理（神州数码、翰林汇、长虹佳华、讯宜、天音）并不仅仅只是传统的分销商，戴尔给他们的定位是资金物流的平台，在实际的运作中与戴尔一起承担销售和管理下游的成百上千家KA（核心经销商）的职能。

IDD之所以在半年多的时间就得到了渠道商的认可，最关键的环节就在于戴尔搭建了一个健康的渠道架构体系。另外，戴尔的渠道政策更规范，更有计划性，这对渠道商的稳定发展是非常有利的。

截至2009年9月，不算国美、苏宁等3C卖场，戴尔自己的零售店面已经达到6000余家，覆盖了80%的区域市场。当然，由于市场竞争的加剧，渠道商们仅依靠销售PC或者笔记本电脑已经赚不到更多的利润，这也促使戴尔必须为渠道合作伙伴寻找更多的赚钱方式。

戴尔在中国市场也作了很多的尝试，比如鼓励渠道商们开展BTO（定制化产品）业务，不但可以直接给他们发货，还给渠道商返点；针对小企业的需求，戴尔也推出了适合他们的解决方案；在售后服务方面，戴尔也不断引入渠道商加入，这些新的业务都可以为他们增加利润。

戴尔采用越来越多的渠道模式“贴近”中国消费者：签约国美、苏宁两大3C卖场，在这两大3C卖场中进行销售；中国市场拥有六千余家渠道商，覆盖了一到六级市场，80%的区域可以购买到戴尔产品；戴尔和最受年轻消费者欢迎的购物网站——淘宝网、当当网及支付宝建立了紧密的合作关系；作为戴尔的DNA，戴尔直销模式中的网站和800电话也为消费者和戴尔建立起更便捷的通道。

（资料来源：电脑商情报 http：//www. cbinews. com）

第一节　分销渠道概述

由于生产者和消费者存在一定的空间距离，所以，在产品生产出来之后，生产者需要通过一定的方式将产品供应给消费者，即通过一定的分销渠道，在合适的时间和地点，以合理的价格将产品销售给消费者。

一、分销渠道的含义

分销渠道是指在某种产品或服务由生产者向消费者的转移过程中，所有取得该产品或服务的所有权或帮助该所有权转移的企业和个人的集合。其中，构成分销渠道的企业和个人，被称为渠道成员。

分销渠道的含义包括以下四个层次：首先，分销渠道的起点是生产者，终点是消费者和用户；其次，分销渠道的积极参与者是商品流通过程中各种类型的中间商；再次，在分销渠道中，生产者向消费者或用户转移产品或劳务；最后，分销渠道是指某种特定产品从生产者到消费者或用户所经历的流程。

与分销渠道相关的一个营销概念是市场营销渠道。市场营销渠道是指配合或参与生产、分销和消费某一生产者的产品和服务的所有企业与个人的集合。

分销渠道和市场营销渠道的区别主要在于两者包括的渠道成员的不同，分销渠道的成员主要包括生产者（渠道起点）、商人中间商（取得所有权）、代理中间商（不取得所有权）、消费者（渠道终点）；而市场营销渠道的成员包括供应商、生产者、商人中间商、代理中间商、辅助商（包括运输商、仓储商、广告商等）和最终消费者。即市场营销渠道的成员要多于分销渠道，他们可以配合产品和服务的生产、分销与消费，而不一定直接参与。

二、分销渠道的功能

分销渠道的功能主要在于通过各渠道成员的专业运作，以最有效率的方式弥补生产者与消费者之间的时空间隔。菲利普·科特勒认为，分销渠道的功能包括信息、促销、谈判、订货、融资、承担风险、占有实体、付款和所有权转移。本书综合多种观点，认为分销渠道的主要功能有以下三个方面：

（一）物权转移功能

分销渠道最主要的功能是实现商品或服务及其所有权的时空转移。不同于生产商在产品制造功能上的专业性，分销渠道中的各类中间商在实现产品的时空转移及最终将产品的所有权转移到消费者这一功能上具有专业性。此外，通过调研、促销、接洽、融资、物流等具体工作，能更有效地实现这一过程。

（二）信息中介功能

分销渠道成员通过调研、接洽以及日常经营活动，可以收集到有关各渠道成员、竞争者和消费者的信息，并通过分销渠道向上下游传播，能够缓解信息不对称的局面，使生产者及时准确地了解消费者对产品种类和数量的需要，并节省消费者的搜寻成本。

（三）风险分担功能

传统工业企业的生产都是标准化的大批量生产，而作为最终购买者的消费者的需求往往是个性化和小量化的，这就造成了生产者的存货决策可能会带来一定的风险，如各种自然或人为事件导致的货物损失，或商业周期导致的货物滞销等。中间商通过批发等形式从生产商处获得部分商品的所有权则可以分担生产商的货物风险。

三、分销渠道的类型

分销渠道根据不同的标准可以分为不同的类型。分类依据主要有渠道层次、渠道宽度和渠道成员关系，如图 11-1 所示。

（一）按渠道层次分类

在产品由生产者向消费者的转移过程中，任何一个对产品拥有所有权或负有销售责任的机构，就叫做一个渠道层次。分销渠道的分类可以按照渠道层次的数目来划分。渠道层次的数目决定了渠道的长度。根据渠道层次，可以将分销渠道划分为短渠道和长渠道。在消费品市场和工业品市场中，分销渠道的长度表现不同，分别如图 11-2 和图 11-3 所示。

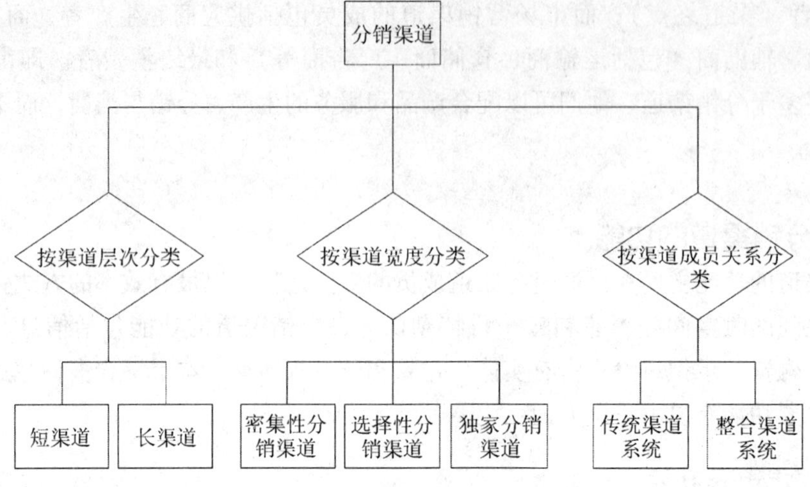

图 11-1　分销渠道类型

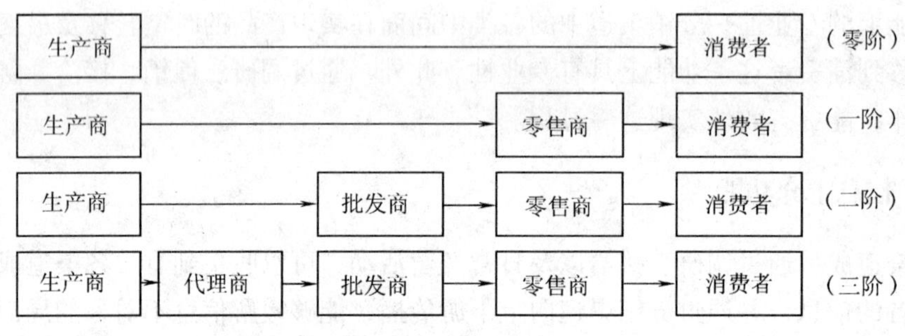

图 11-2　消费品分销渠道

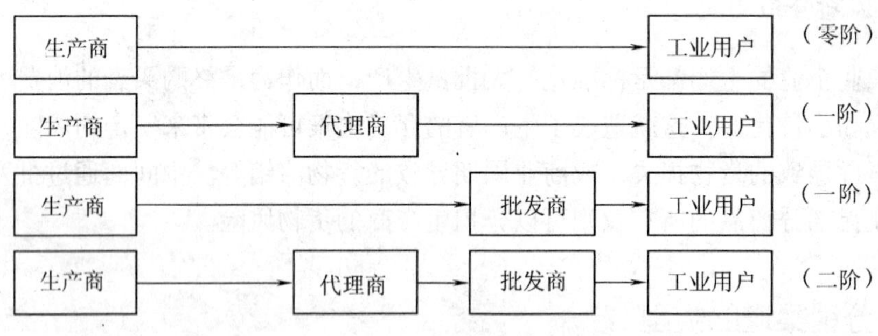

图 11-3　工业品分销渠道

1. 短渠道

短渠道是指包含的渠道层次为零个或一个的分销渠道，可分为零阶渠道和一阶渠道。

零阶渠道，即直接分销渠道，是指产品不经过任何中间商，直接由生产商转移到消费者的分销渠道。零阶渠道主要适用于工业品的分销，因为某些大型设备或高科技设备的安装具有专业性，或者用户对产品的要求具有特殊性，不适合经由中间商进行销售，生产商需要直接将产品销售给最终用户。某些消费品也采用直接分销的方式，典型的是传统农副产品的销售；此外，由生产商的销售人员直接进行推销，或通过电话销售和网络直销等现代通信方式进行直接销售也较为常见，如安利、戴尔等都是著名的采用直销模式的企业。

一阶渠道是指生产商在将产品卖给最终消费者时需要经过一个中间商的分销渠道。对于工业品市场而言，可能是代理商或经纪人；而在消费品市场上，则主要是零售商。当生产商规模很小或零售商规模很大时，都有可能绕过批发商而直接进行交易，如沃尔玛、家乐福等大型超市往往直接从生产商处进货。

2. 长渠道

长渠道是指包含的渠道层次等于或多于两个的分销渠道，可分为二阶渠道和多阶渠道。

二阶渠道是指包含两个层次的中间商的分销渠道。工业品市场上的二阶分销渠道一般包括代理商和批发商两个层次；而消费品市场上的二阶分销渠道包括的一般是批发商和零售商。

多阶渠道是指包含的层次多于两个的分销渠道。常见的是三阶渠道，相对于二阶渠道，工业品的分销渠道一般是多了一层批发商或零售商，而消费品的分销渠道则是多了一层批发商。

渠道层次越多，相应的渠道管理问题就越复杂，渠道成本也就越高。因而，对于生产商而言，渠道并非越长越好。

（二）按渠道宽度分类

渠道宽度是指分销渠道中每一层次所包含的同类型的中间商的数量。数量越多则渠道越宽。根据渠道宽度，可以将渠道分为密集性分销渠道、选择性分销渠道和独家分销渠道三种。

1. 密集性分销渠道

密集性分销渠道是指在分销渠道的同一层次上选用尽可能多的中间商，以实现市场的密集覆盖。密集性分销渠道主要适用于消费品中的便利品和工业用品中的供应品，这类产品购买频率高，用户花费时间少，需要通过密集性分销渠道来满足消费者的需要。如牙膏、洗发水等日化用品在大多百货公司、超市、便利店都有销售。

2. 选择性分销渠道

选择性分销渠道是指生产商根据自身需要和一定的标准为某一渠道层次挑选合适的中间商。选择性分销渠道主要适用于消费品中的选购品和特殊品以及工业用品中的零配件。如家电产品和计算机等一般都设有专卖店。

3. 独家分销渠道

独家分销渠道是指生产商在同一层次的分销渠道上仅选择一个中间商。相对于密集性分销渠道与选择性分销渠道，独家分销渠道有利于生产商树立品牌形象及对渠道和市场的控制，但市场覆盖密度很低。能够采取独家分销渠道的一般都是具有很强品牌优势的生产商，如苹果公司的IPhone手机在多个国家采取的就是独家经销的方式，在美国由AT&T

独家经销、在法国由 Orange 独家经销、在德国由 T-Mobile 独家经销。

（三）按渠道成员关系分类

根据渠道成员间关系的密切程度，可以将分销渠道分为传统渠道系统和整合渠道系统。

1. 传统渠道系统

传统渠道系统中的渠道成员之间相互独立，关系松散，没有一个渠道成员对其他成员拥有全部或足够的控制力。在传统渠道系统中，各渠道成员在相互持续的讨价还价中维持渠道关系，他们从自身利益最大化而不是渠道整体利益最大化出发，往往造成其他渠道成员利益和渠道整体利益受损的结果。但这种渠道系统为渠道成员提供了较大的自由，渠道成员进退灵活，也无须承担太多义务。实力较弱的中小企业较乐于采用这种渠道模式。

2. 整合渠道系统

整合渠道系统是指各渠道成员通过一体化整合而形成的分销渠道系统。根据整合的方式不同，可将整合渠道系统分为垂直整合渠道系统、水平整合渠道系统和多渠道系统。

（1）垂直整合渠道系统。垂直整合渠道系统是指由生产商、批发商和零售商等具有纵向关系的渠道成员按照一定的形式组成一个统一的系统，并在系统内实行统一管理，协调分销计划。垂直整合渠道可由生产商控制，也可由批发商或零售商控制。图 11-4 显示了传统渠道系统与垂直整合渠道系统的比较。在垂直整合渠道系统内，各成员可以属于同一家公司，即公司式渠道系统；成员间也可以通过合同方式组成一个系统，即合同式渠道系统，如专卖特许授权等；还可以由某一有足够控制能力的企业对整个分销渠道系统进行协调管理，主要是对渠道中的供应、定价等进行控制，即管理式渠道系统。如宝洁公司在中国曾对一级批发商、二级批发商和零售终端定出了三个不同的价格区间，全国分销商都必须按这套统一价格发货，不得逾越，否则将受到宝洁公司的罚款处分，甚至被取消分销资格，这就属于管理式分销渠道。

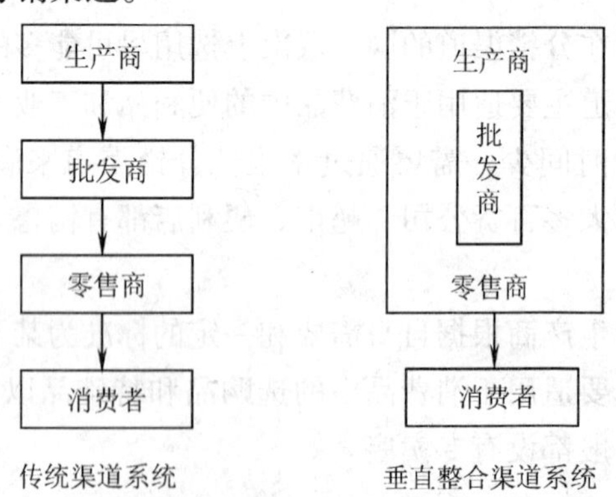

图 11-4　传统渠道系统与垂直整合系统的比较

（资料来源：菲利普·科特勒．市场营销［M］．俞利军，译．北京：华夏出版社，2003：243.）

（2）水平整合渠道系统。水平整合渠道系统是指分销渠道中同一层次上的两个或两个以上的渠道成员横向联合，共同开拓渠道和市场，共担风险。组成水平整合分销渠道系统的原因可能是单个企业缺乏独立开拓市场的能力，也可能是单个企业不愿独自承担经营风险。如上海百联集团就是由一系列百货商店、超级市场和专业商店水平整合而成的大型零售集团。

（3）多渠道系统。多渠道系统是指生产商在同一个或不同的市场上采用多条分销渠道的分销体系。采用多条分销渠道有利于扩大产品的市场覆盖，降低渠道成本，但各渠道间可能会出现冲突，增加渠道管理和控制的难度。采用多渠道分销系统，既可以是生产商通过两条以上的竞争性分销渠道销售同一品牌的商品，也可以是生产商通过多条渠道销售不同品牌的差异性商品。如联想的分销渠道包括实体店和网络销售，而实体店又包括专卖店、大型商场、专业性卖场等不同形式。

图 11-5 展示了多渠道系统的不同形式。在该图中，生产商通过向消费者邮寄商品目录或者以电话方式直接销售给消费者细分市场 1，并通过零售商间接向消费者细分市场 2 销售产品；对于工业用户细分市场 1，生产商通过代理商和批发商间接销售，并通过自己的销售力量向工业用户细分市场 2 销售。

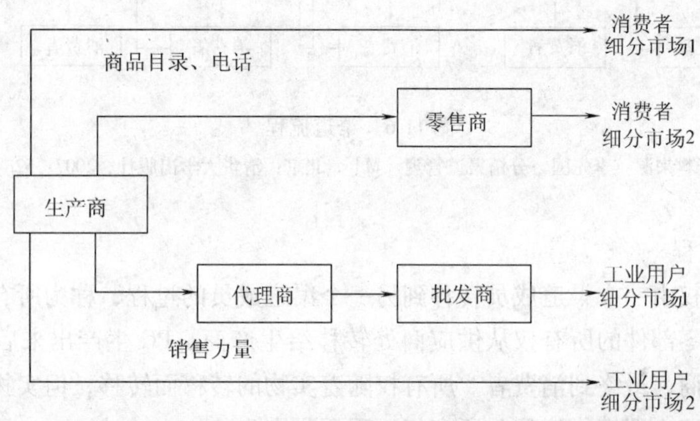

图 11-5　多渠道系统

（资料来源：菲利普·科特勒．市场营销［M］．俞利军，译．北京：华夏出版社，2003：247.）

四、分销渠道的流程

分销渠道作为连接生产者与消费者的纽带，承担的不仅是产品（服务）与所有权的转移，随之共同转移的还有资金、信息、促销活动等，这些就构成了渠道中的各个流程。分销渠道中的流程主要包括实物流程、所有权流程、信息流程、资金流程和促销流程，如图 11-6 所示。

1. 实物流程

它是指实体原材料和制成品由供应商和生产商转移到最终消费者的过程。如 PC 市场营销渠道中，原材料、零部件等从供应商运送到仓储企业，然后被运送到生产商工厂。生产商将 PC 制造出来后经由仓储，并根据代理商订单运交代理商，再由代理商转移到零售商，并最终转向消费者。当然，根据具体的交易情况，可能会省去部分中间环节，如由仓库或工厂直接供应，但在这一实物流程中至少需要用到一种以上的运输方式。

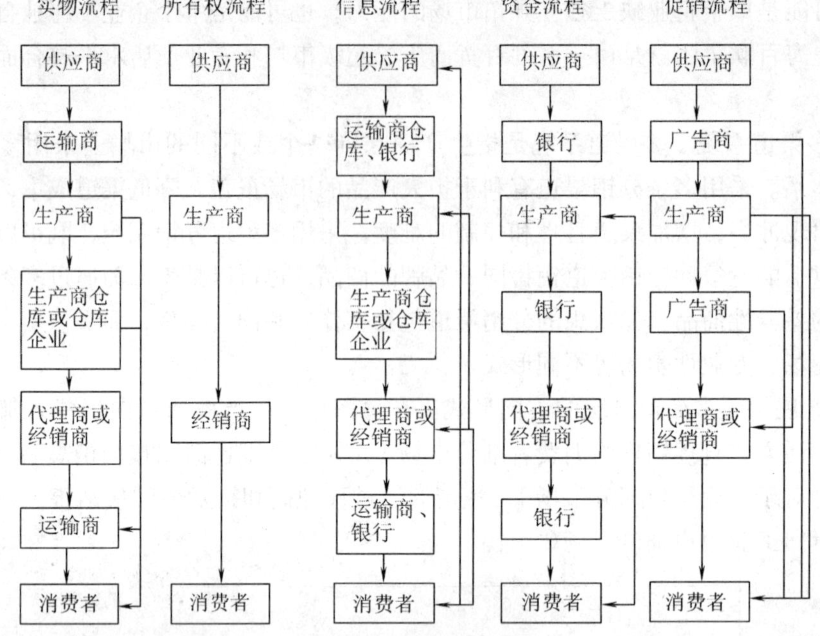

图 11-6 渠道流程

（资料来源：李先国. 分销渠道管理［M］. 北京：清华大学出版社，2007：52.）

2. 所有权流程

实物的所有权由一个渠道成员转移到另一个渠道成员的过程，称为所有权流程。在前例中，原材料和零部件的所有权从供应商处转移给生产商，PC 生产出来后所有权从生产商处转移给经销商，最终到消费者。所有权随着实物的转移而转移，但实物转移并不必然导致所有权的转移，即实物流程与所有权流程不是同步的。

3. 信息流程

信息流程即商业信息在各渠道成员之间进行传递的过程。渠道成员之间的信息传递主要是通过相互间的业务往来进行的，纵向相邻的渠道成员间多进行的是双向信息交流，而互不相邻的机构之间也会有各自的信息交流。

4. 资金流程

它是指货款由一个渠道成员转移到另一个渠道成员的过程。货款也是伴随着实物的转移而转移的，如消费者通过银行向代理商支付货款，而代理商扣除佣金后再将货款转给生产商等。

5. 促销流程

它是指渠道成员通过广告、人员推广等宣传促销活动对其他渠道成员施加影响的过程。PC 零部件供应商可能向生产商或者最终消费者进行促销，而生产商也要向代理商或者最终消费者进行促销。

渠道流程是分销渠道的重要内容，其中实物流程是最核心的部分，其他四个流程尤其是资金流程和信息流程，都与其密切相关。对渠道流程进行有效的管理，保持各流程畅通有序，对各渠道成员都有重要意义。

第二节　分销渠道成员

分销渠道是由不同的渠道成员组成的，并通过各渠道成员之间的业务往来和相互作用实现产品（服务）及其所有权由生产者向消费者的转移。因此，渠道成员对于分销渠道而言至关重要。尽管生产者和消费者分别是分销渠道的起点和终点，但本节介绍的分销渠道成员仅包括起到桥梁、纽带作用的中间商，主要是批发商和零售商。

中间商是指处在生产者与消费者之间，参与商品流通业务，促进买卖行为发生和实现的集体和个人。根据其是否拥有商品所有权可将中间商分为经销商和代理商；而根据其在流通过程中所起作用的不同可将中间商分为批发商和零售商。中间商的基本功能在于调节生产者与消费者之间在供需数量和质量及种类上的差异与矛盾。

一、批发商

批发是指将商品或服务销售给为了转卖或其他商业用途而进行购买的机构和个人的活动；批发商，顾名思义，就是指从事批发业务的企业。批发商一方面向生产商收购商品，另一方面又向零售商批发商品，是连接生产商和零售商的重要枢纽。

批发与零售的分离与专业化发生在19世纪初的美国，被称为第一次流通革命。根据钱德勒的观点，导致批发与零售分离的直接原因是1815年以后前所未有的棉花的大量出口和新纺织品的进口贸易的发展，而专业的批发商也就在这一时期的棉花贸易中产生。[㊀]

（一）批发商的职能

批发商的存在既有利于制造商也方便了零售商，其具体职能主要包括以下几方面：

1. 销售和促销

批发商通过销售团队，使得制造商以较低的成本结识到分散的零售商和用户，从而促进销售。由于批发商的接触面较广，相对于制造商来说，更易获得顾客信任。

2. 采购与配货

零售商经营的商品一般种类繁多，数量较少；而单个制造商生产的商品一般种类单一，批量较大。因此，零售商直接向单个制造商采购会耗费较高的交易费用。批发商则可以通过整买零卖，进行集中采购和配货，协调零售商与制造商的冲突。

3. 运输与仓储

制造商与零售商或用户之间往往相隔很远，并且零售商一般分散分布，对制造商的运输能力和零售商的仓储能力都有较高要求。而批发商则可以提供运输和仓储服务，解决制造商和零售商遇到的问题。

㊀ 张闯．美国商品流通渠道的结构与变迁——基于美国经济史的研究［J］．商业经济与管理，2005（8）．

4. 融资与风险分担

批发商通过预付货款和赊销赊购的方式，事实上为制造商和零售商提供了融资支持。而通过持有存货，批发商也分担了货物损失的风险。

5. 信息与咨询

批发商作为连接制造商和零售商的纽带，能够及时了解市场供需变动的信息，并通过业务往来为制造商和零售商提供有关市场信息，如价格的变动、竞争对手的情况等；同时，还可以为零售商提供关于产品采购、商品陈列、销售与存货控制等方面的咨询。

（二）批发商的类型

根据批发商对商品是否拥有所有权，可以将批发商分为商人批发商、经纪人和代理商、制造商和零售商的分店与销售办事处。

1. 商人批发商

商人批发商是指通过自己进货取得商品所有权，然后再将商品批售给零售商或用户，并具有法人资格的独立批发企业。商人批发商是批发商的主要类型。

根据经营范围，可以将商人批发商进一步分为综合批发商、大类商品批发商和专业批发商。综合批发商的经营范围最为广泛，涵盖日用百货、五金电器、常用零件等，以大型商场和百货商店为主要顾客；大类商品批发商的经营范围限于某一类或某几类商品，范围之内的产品组合深度较大，一般以大型零售商、团体消费者和地区批发商为主要顾客；专业批发商专门批发某一种商品，专业化程度较高，以专业商店和用户为主要顾客。

根据服务范围，可以将商人批发商进一步分为完全服务批发商和有限服务批发商。完全服务批发商执行全部的批发职能，其服务包括存货、提供信贷、送货和协助管理等，而根据顾客类型又可将完全服务批发商区分为向零售商批售的批发商人和向制造商批售的工业分销商；有限服务批发商只提供部分批发服务，可分为现购自运批发商（此类批发商不赊账、不送货）、承销批发商（此类批发商根据订单进货，没有仓库和库存，又称写字台批发商）、卡车批发商（此类批发商主要特点就在于其进货后直接运向顾客）、托售批发商（此类批发商在零售商处设有货架进行托销）、邮购批发商（此类批发商利用邮购方式进行批售）和农场主合作社（此类批发商是由农场主共同所有，负责将农产品组织到当地市场上销售，年终将利润分配给各农场主）。

2. 经纪人和代理商

经纪人和代理商不同于商人批发商，并不取得其所经营商品的所有权，其主要职能在于促成商品交易并以此获得佣金。经纪人和代理商可进一步细分为产品经纪人、制造商代表、销售代理商、采购代理商和佣金商。

（1）产品经纪人。产品经纪人是指为购销双方提供产品、价格等市场信息，对购销双方交易起中介作用的代理商。产品经纪人不参与协议的签订，也不承担风险；其雇佣方可以是制造商，也可以是购买方；其职能与证券经纪人、房产经纪人等职能相似。

（2）制造商代表。他们根据合同中制造商给定的销售区域、定价政策、订单处理程序等条件，为制造商销售产品。制造商代表可以代表两个或多个拥有互补产品线的制造商，其规模一般较小。

（3）销售代理商。销售代理商是指根据合同为制造商销售全部产品或特定产品的代理商。销售代理商与制造商代表职能相似，但也存在不同之处：首先，制造商在使用制造商代表时可以同时选用多个制造商代表，或雇用自己的推销员，但在使用销售代理商时，一般只能使用一个，且不得雇用自己的推销员；其次，制造商代表在销售价格和销售条件方面的权力较小，受到制造商较大的制约，而销售代理商则类似于独家全权代理，拥有较大的权力。

（4）采购代理商。采购代理商是为购买方寻找货源，采购所需物品的代理商。采购代理商的职能一般包括采购、收货、验货、储运等。

（5）佣金商。佣金商是指受生产商委托，进行现货代销业务的代理商，又称为寄售代理商。佣金商对委托商品的经营有较大权限，可以不经委托人同意以当时最好的价格出售产品，并在扣除佣金和各种费用后将余款汇给委托人。这种代理商常见于农产品的代销业务。

3. 制造商和零售商的分店与销售办事处

制造商和零售商也可以自己经营批发业务，而不需通过独立的批发商。这种类型的批发机构主要包括制造商的销售分店和销售办事处及零售商的采购办事处。

（1）销售分店和销售办事处。它们是由制造商设立的批发机构，一般负责存货控制和销售。有的销售分店和办事处持有存货，常见于木材业和设备零件业；有的销售办事处则没有存货，常见于纺织业等。

（2）采购办事处。采购办事处是由零售商设立的负责采购的机构，其职能类似于采购代理商，一般设立于大城市中。

二、零售商

零售是指直接向最终消费者销售用于个人或其他非商业用途的产品和服务的活动。而以零售为主营业务的企业称为零售商。

零售商与批发商的区别主要在于两点：一方面，批发商的客户是零售商或二级批发商等机构或团体消费者，而零售商的客户是以个人为主体的最终消费者；另一方面，批发商覆盖的市场范围和单次交易量一般都要大于零售商。

随着社会经济的发展和市场的变迁，零售商的组织形式变化不断，新形式层出不穷。2004 年，我国商务部发布了《零售业态分类》新标准。新标准按照零售店铺的结构特点，根据其经营方式、商品结构、服务功能以及选址、商圈、规模、店堂设施、目标顾客和有无固定营业场所等因素，将零售业分为食杂店、便利店、折扣店、超市、大型超市、仓储会员店、百货店、专业店、专卖店、家居建材店、购物中心、厂家直销中心、电视购物、邮购、网上商店、自动售货亭、电话购物 17 种业态。根据有无实体营业场所可将零售商分为实体零售商和无门市零售商；而根据组织结构可将零售商分为独立商店和零售组织。

（一）实体零售商

实体零售商即商店零售商，是指通过实体营业场所（门市）进行零售业务的零售商。根据经营范围、经营方式、场所选择等角度可以对实体零售商进行进一步细分。

1. 百货商店

百货商店是以经营吃、穿、用、文化娱乐等各方面产品的综合性零售商店，多为大、中型商场，是城镇零售商业的重要形式。百货商店多位于中心商业区，经营范围广泛，商品种类多样，品种齐全，兼具专业商店和综合商店的优势，能够满足消费者多方面的购物要求。商店内按商品的类别设置商品部或商品柜实行专业化经营。如上海南京路上的新世界、徐家汇的太平洋百货等都是位于繁华地段的百货商店。

2. 超级市场

超级市场即人们常说的超市，是指以消费者自选方式经营食品、家庭日用品为主的大型综合性零售商场，是许多国家特别是经济发达国家主要的商业零售组织形式。菲利普·科特勒认为，超级市场是规模相当大的、成本低、毛利低、销售量大的自我服务的经营机构，其目的是满足顾客对食品和家庭日用品的全部需要。

在超级市场中最初经营的主要是各种食品、服装、家庭日用杂品、玩具、家具等。为了增加利润，许多超级市场正在将经营范围扩大至医药用品、运动用品、小家电、小五金等。在超级市场里，顾客将挑选好的商品放在购物篮或购物车里，在出口处的收款台统一结算。超级市场的特点主要表现在：超级市场的商品品种齐全，明码标价，挑选方便，顾客实行自我服务；超级市场广泛使用电子计算机和其他现代化设备，提高了工作效率和服务质量，也降低了成本和商品的价格。目前国内的联华、苏果等超市通过连锁的形式迅速发展。

3. 便利商店

便利商店一般位于居民区附近，主要经营日用便利品，规模小、营业时间长而价格较高。由于消费者一般在便利商店进行补充性购买，所以愿意支付较高的价格以节省交易费用。知名的便利商店有罗森、7-11 等。

4. 专用品商店

专用品商店经营的产品线较狭窄，但商品品种花色齐全，消费者可以充分选择，如服装店、文具店、书店、婴儿用品店等。专用品商店可以以商品种类为定位标准，如体育用品店、家具店等；也可以以目标消费者为定位标准，如儿童商店、女性用品店等。此外，根据其经营商品的产品组合宽度还可将专用品进行细分：一是单一产品线商店，如服装店；二是有限产品线商店，如儿童服装店；三是超级专用品商店，如儿童定制服装店。

5. 超级商店、联合商店和特级商店

超级商店、联合商店和特级商店在规模上都比超级市场要大，并且呈升序排列。超级商店相对于超级市场而言，除了规模更大外，在经营范围上扩展到了快餐、洗衣和修鞋等服务；联合商店日益呈现多元化发展的趋势，主要是向医药领域发展；特级商店（又称大卖场）在规模上最大，综合了超级市场、折扣商店和仓储商店的经营特点，其经营的产品种类超出了日常用品，包括服装、家具、大型电器等。

6. 折扣商店

折扣商店是按照折扣价销售商品的商店。其经营的商品多为全国性品牌，而非质量低劣或假冒伪劣产品。折扣店之所以能够低价销售主要是由于其多在租金低的区域开设门店，并通过推行自助式服务，减少设备和人员来降低经营成本。由于大型超市和百货商店低价策略的挤压以及折扣商店之间的竞争导致的成本上涨，传统折扣商店的优势已经不太明显，折扣商店也正在从普通商店向专门商店转变，如常见的有折扣服装店、折扣书店，迪亚天天折扣店等。

7. 仓储商店

仓储商店是一种仓库与商店合二为一的零售形式，其经营特点就是通过大批量、低价格实现薄利多销。仓储商店一般通过选择低租金区域，简单装修，减少服务，从生产商处直接进货以实现低价。仓储商点经营范围广泛，但其销售的商品一般都是最为畅销的商品，其销售对象主要是工薪阶层和机关团体，并通过会员制加强与会员之间的联谊。最典型的仓储商店是德国的麦德龙。

8. 产品陈列室

产品陈列室仅展出商品目录和样品，大量的商品并不在陈列室中，在顾客确定购买后由商店送货上门。产品陈列室一般位于繁华地段，经营范围主要包括珠宝首饰、动力工具和照相器材等，经营方式主要是定期发行表明产品类别、价格和折扣率的彩色目录，顾客可电话订购并由商店送货上门（顾客自付运费），也可亲自看样取货。

此外，值得指出的是，近年来一些新兴的实体零售业态正在迅速发展，主要有以下几种：

1. 临时商店（Pop-up Store）

这一零售业态于2004年在美国萌芽，它主要是指在商业发达的地区设置临时性的铺位，供零售商在比较短的时间内（若干星期）推销其品牌，抓住一些季节性的消费者。目前诸多国际一线奢侈品牌会选择时尚尖端城市开设这类临时商店，Pop-up Store 满足了年轻人的探索、淘宝精神的同时，也给零售业指明了另一条发展途径。

2. 依附性混业经营

这种零售新业态以多业连锁混合型组织体系，使连锁经营在行业之间横向抱团，打破了传统封闭的行业经营格局。依附性混业经营是在保持原有系统基本不变的基础上，以一种业态为主导，几种专业性业态共同在一个经营区域内协调经营，提供连贯服务，并获得集聚效应的结构模式。如加油站与便利店两种连锁经营混合，以及与连锁汽车旅馆混合等[㊀]。

（二）无门市零售商

无门市零售商是指不通过实体零售店进行零售业务的零售商，其没有销售商品的门市，主要包括直复营销、直接销售、自动售货和购物服务公司。

㊀ 魏农建．依附性混业经营：后连锁时代的零售新业态［J］．经济导刊，2008（7）．

1. 直复营销

美国直复营销协会给直复营销下的定义是："一种为了在任何地方产生可度量的反应和（或）达成交易而使用一种或多种广告媒体的相互作用的市场营销体系。"直复营销主要利用广告来介绍商品，其往往在可承受的广告费的范围内选择最有效的广告媒体以扩大销售量。直复营销的具体形式包括直接邮购营销、目录营销、电话营销、电视营销以及网络营销等。

2. 直接销售

直接销售是销售人员与消费者进行面对面的沟通并进行销售。直接销售对销售人员依赖程度很高，其支付的销售佣金一般为20%～50%，因而销售成本一般也较高。其具体形式主要有上门推销和家庭销售会等。上门推销是指由推销人员直接到消费者家中或办公室里进行推销；而家庭销售会则是指推销人员将朋友或邻居邀请到家中聚会，并在聚会上展示和销售产品。

3. 自动售货

自动售货是第二次世界大战后兴起的一种依靠机器自动售货的零售形式。自动售货机被广泛放置于工厂、办公楼、加油站、医院、学校等公共场所，提供24小时的自动售货服务，主要用于食品、饮料、香烟和报纸等的销售。但由于破损率和失窃率高且补充存货麻烦，所以其售货成本较高，因而其相同产品的售价比一般商店要高15%～20%。对消费者而言，这种售货形式方便实用，但也存在机器损坏、供应短缺和无法退货等缺陷。

4. 购物服务公司

购物服务公司主要为政府、学校和医院等大型机构的雇员提供购买服务。通过吸收这些雇员成为会员，并与一些零售商建立长期服务关系，购物服务公司可以保证会员凭借公司的购物凭证，在有合作关系的零售商处以折扣价进行购物，而零售商则需向购物服务公司支付一定费用。

（三）零售组织

零售组织是一种团体零售形式，一般是由多个商店按一定的形式和结构组成。与之对应的是独立商店，即没有参与任何团体零售组织的商店。根据其组织结构，可以将零售组织分为直营连锁店、自愿连锁店、加盟连锁店、零售店合作社、消费者合作社与销售联合大企业。

1. 直营连锁店

直营连锁店是指总公司直接经营的连锁店，即由同一公司所有，实行统一管理，分散销售，所有权与经营权相统一，由两个或两个以上连锁分店组成的一种零售组织。直营连锁店在采购、销售、服务、员工管理以及店名等方面实行统一化和标准化，树立统一的企业形象，同时也降低了成本，提高了效率。常见的直营连锁店有连锁超市和连锁便利店等。

2. 自愿连锁店

自愿连锁店是由批发商牵头，若干独立的中小零售商自愿加入，以合同为基础的联营组织。在自愿连锁的形式下，各成员在所有权上仍保持独立性，商品采购实行联购分销，并且在业务经营上互利合作，以此来应对直营连锁带来的竞争压力。

3. 加盟连锁店

加盟连锁店是指主导企业把自己开发的产品、商标和商号、经营技术等，以契约的形式授予加盟企业在规定区域内的经销权或营业权。加盟连锁店通常销售某些独特的商品与服务，其大多基于特许人所发展与建立起来的经营方式、商标专利权或商誉等。这种特许专卖的方式在快餐、保健、旅游等行业已非常普遍。其中采用加盟连锁方式最成功的公司之一是麦当劳。麦当劳在全球120多个国家拥有3万多个加盟店，数十亿美元的资产。美国商务部的统计资料表明，独立开办企业的业主，成功率不到20%，而加入连锁体系开办的企业，成功率高于90%。

4. 零售店合作社

零售店合作社是由一些独立经营的中小零售商按照自愿互利原则成立的，以应对大型零售商的竞争。零售店合作社将以共同名义为各零售商统一采购货物、统一进行广告宣传、统一培训员工。

5. 消费者合作社

消费者合作社是某一地区的消费者为避免当地的零售商加价和服务质量低劣而自发入股筹资设立的零售组织。合作社由出资人选举代表管理，社员按购货额获得惠顾分红，可以向非社员开放也可以不向非社员开放。

6. 销售联合大企业

销售联合大企业是将不同零售形式组合在一起的多元化的自由形式的公司，其将分销、管理功能综合为一个整体，以使各独立零售商都可以获得由此带来的利益。

第三节 渠道设计与管理策略

渠道设计与管理是制定和运用分销策略的具体体现，是企业营销决策与管理的重要环节。渠道设计是指创建一个新的市场分销渠道或改进现有的分销渠道，使企业能以最有效的途径到达目标市场。渠道管理是指企业为保持分销渠道的有效运行而对渠道成员进行的评估、激励，对成员关系的协调以及对渠道冲突的处理等。

一、渠道设计

渠道设计需要考虑包括市场、产品、企业等在内的一系列因素，其主要内容是对渠道结构和渠道成员的选择。

（一）影响渠道设计的因素

影响渠道设计的因素主要有市场特性、产品属性、企业状况、竞争者状况、中间商状况和经济环境等。

1. 市场特性

企业进行渠道设计的目的就在于能够以最有效的途径到达目标市场，因而市场特性是企业进行渠道设计时需要考虑的一个重要因素。市场区域、市场规模、市场密度和消费者行为等对渠道设计都有重要影响。如市场区域即市场的地理位置对企业的渠道长度有重要影响，空间距离越长，企业的渠道层次就应越多，否则就难以及时有效地供货；而市场规模和市场密度对企业的渠道宽度有重要影响，市场规模越大、密度越小，企业需要的中间商的数量就越多，否则就难以有效地覆盖目标市场。

2. 产品属性

产品属性对于渠道设计也有重要影响，产品的体积、质量、保质期以及是否为新产品都是需要考虑的因素。如产品的体积和质量越大，其运输费用就越高，所以其渠道层次就应减少，采用短渠道可以节省运输费用；而产品的保质期即易腐程度也是影响渠道长度的重要因素，显然易腐产品应当采用短渠道；此外，新产品上市也应采用短渠道和宽渠道，以使产品在最短时间和最大范围内投入市场。

3. 企业状况

企业的规模、资金实力、产品组合也是企业在设计渠道时应考虑的重要因素。一般情况下，规模小的生产商可能会选择经纪人或销售代理商来销售产品；而资金实力雄厚的企业往往能够设立自己的销售部门或自己完成物流配送。产品组合的宽度、深度以及关联性同样对渠道类型的选择有重要影响。

4. 竞争者状况

竞争者所选用的分销渠道也会影响企业的渠道设计。因为有些行业的企业希望在竞争对手相同或相近的经销商处与竞争者进行直面竞争，如食品生产商通常希望其产品与竞争者的产品摆在一起销售，海尔、美的等空调生产商则都采用国美等大型家电专卖店进行分销。但在有些情况下，企业会避免与竞争对手采用相同或相似的分销渠道。

5. 中间商状况

中间商的可得性、使用成本和提供的服务是渠道设计时需考虑的又一重要因素。即便企业需要通过中间商进行分销，但没有合适的中间商也会迫使企业采用直接分销的形式。

6. 经济环境

整体经济环境状况是企业经营的大背景。在经济萧条时期，生产商为了能够尽可能多地销售产品，减少中间加价，将会减少中间商的数量。

（二）渠道设计流程

渠道设计流程涉及一系列环节，从生产商的角度具体可以分为设计确认、目标确立、任务分配、结构设计和成员选择，如图 11-7 所示。

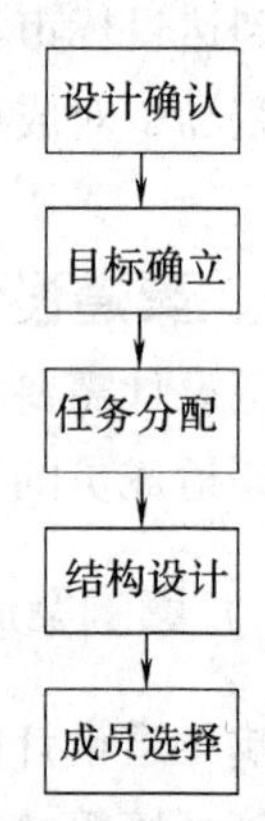

图 11-7 渠道设计流程

1. 设计确认

企业并不必然需要进行渠道设计，应当根据具体情况确认是否需要进行渠道设计。在以下几类情况下通常有必要进行渠道设计：

（1）新产品或新产品系列的开发。由于原有的分销渠道不适合新产品的销售，企业可能需要重新进行渠道设计。

（2）新政策的确立。企业可能有了新的目标市场或销售区域，或者其他营销政策发生了变化，都会使原有的分销渠道不再适用。

（3）中间商的变化。如果渠道中的其他成员发生了变化，如某类中间商在竞争中被另一类中间商取代，或某类中间商的职能或政策发生变化，都会迫使企业重新进行渠道设计。

2. 目标确立

在确认进行渠道设计后应确立分销目标。企业首先需要明确的是以商品流量为主要目标还是以现金流量为主要目标。商品流量目标主要包括销售量、销售增长率和市场占有率等；而现金流量目标主要包括销售额、销售费用、销售利润率和利润率等。在进行渠道设计时，需要确立明确的分销目标，这样才能为整个渠道设计工作指明方向。

3. 任务分配

在明确分销目标后就应分配分销任务。分销任务主要包括仓储、运输、接洽和销售等任务。这些任务需要明确分配给不同的渠道成员，各渠道成员具体应当承担哪一项或哪几项任务是渠道设计的重要内容，这将直接影响到结构设计和成员选择。如生产商可以将仓储和运输任务分配给批发商，而将接洽和销售任务分配给零售商，这样，企业在选择批发商时就需要选择具有仓储和运输能力，提供综合服务的批发商，而不能选择销售代理商。

4. 结构设计

在分销任务分配后，企业就需要设计渠道结构，主要包括渠道长度和宽度、中间商种类的选择。在进行结构设计时需要考虑的主要有目标市场的地理位置、市场规模和市场密度等市场因素，以及生产商的分销目标以及分销任务的分配。合理的渠道结构是渠道有效运行的关键，不合理的渠道结构将会带来高昂的渠道成本，往往也是渠道冲突的重要原因。

5. 成员选择

渠道结构确立之后，在每一层次的渠道上应选用哪些中间商加入也是渠道设计的一个重要环节。一般而言，在选择中间商时，生产商应主要考察中间商经营时间的长短、成长记录、清偿能力、推销人员的数量与素质以及企业声誉等。渠道成员是整个分销渠道的核心，如果没有好的渠道成员，渠道其他方面的设计都是无用的。

（三）渠道设计方案的评估

渠道设计流程中除了设计确认之外，每个流程都可以有不同的设计，因而最终的渠道设计方案可以有多种，而哪一种方案是有效的，则需要进行进一步的评估。评估的标准主要有经济性标准、控制性标准和适应性标准三种。

1. 经济性标准

对于以盈利为最终目标的企业而言，经济性标准显然是最重要的评估标准。从经济性标准出发，生产商需要对不同渠道设计方案的成本与收益进行预估和比较。从理论上看这是一个有效的判断方法，但在实际运用中，成本与收益的估计存在许多不确定性。如生产商可能能够估计出自己雇用销售人员与选用销售代理商的成本大致是多少，但却难以估计出两种方式的收益分别是多少。当然，在实践中，生产商可以通过考察历史数据进行大致判断。

2. 控制性标准

一个好的渠道设计方案，应当能够帮助生产商建立起一个能够有效控制的分销渠道。生产商应当确保自己在分销渠道中处于领导地位，这样才能更好地维护自身利益。如在选用代理商或批发商时，生产商就应考虑其是否易于控制。

3. 适应性标准

由于外部环境的不断变化，现在设计出来的分销渠道在未来不一定能够继续适应企业的需要，而通过一系列契约连接而成的分销渠道一般不易变更。所以，从适应性标准出发，企业不宜过多地签订长期分销协议。

二、渠道管理

在渠道设计和构建完成之后，企业还需要对渠道进行管理，其主要包括对渠道成员的选择、激励、评估，对成员关系的协调以及对渠道的调整等。

（一）选择渠道成员

渠道成员的选择既是渠道设计的重要一环，也是渠道管理的重要方面，根据自身需要选择合适的中间商是生产商渠道管理的重要任务。一些生产商能够较易找到合适的中间商，而有些生产商往往难以找到足够的中间商，这可能会迫使生产商对设计好的渠道进行调整。

（二）激励渠道成员

生产商不仅要选择中间商，还要经常激励中间商，使之尽职尽责。常见的激励形式有直接激励和间接激励。直接激励就是以物质奖励来激励中间商，如返利政策、价格折扣、设立奖项和补贴；而间接激励主要是帮助中间商更好地进行管理和销售，提高销售绩效，如库存保护、市场开拓和技术支持等。激励应当合理，激励过分和激励不足对渠道都是有害的。如果激励过分，可能就会导致入不敷出，得不偿失；而如果激励不足，则可能会使中间商缺乏足够的积极性。

（三）评估渠道成员

除了选择和激励渠道成员，定期对渠道成员进行评估也是渠道管理的一项重要内容。评估的主要内容就是绩效评估，通过绩效评估可以发现不足，及时找到原因和补救的办法。

生产商可以事先与中间商签订关于绩效评价标准和奖惩条件的合约，一般的绩效评估指标有销售额、平均存货水平、商品周转速度以及与生产商的合作态度等。

评估方法主要有纵向比较法和横向比较法。纵向比较法是将中间商本期指标值与上期相应的指标值进行比较，鼓励中间商保持业绩，超越自己；横向比较法是将同一渠道层次中间商的同期相应指标值进行比较，鼓励中间商互相学习，超越对方。

（四）协调成员关系和调整渠道

生产商在设计了一个渠道系统后，需要协调与其他渠道成员之间的关系。渠道中的各成员之间存在着相互依赖的关系，这种依赖关系又使得一部分成员在渠道中居于主导地位，具有渠道权力。渠道权力是指一个渠道成员对于另一个在同一渠道中不同层次上的渠道成员的控制力与影响力。如果一方渠道成员的渠道权力过大，易导致渠道冲突。因此，对于生产商来说，如何保持与各渠道成员之间的合作关系，避免渠道冲突，是渠道管理的一项重要内容。此外，为了适应市场需求的变化，还需要对渠道成员随时进行调整。

三、渠道冲突及治理

渠道冲突是指一个渠道成员阻挠或干扰另一个渠道成员实现自己的目标或有效运作；或一个渠道成员从事某种会伤害、威胁另一个渠道成员的利益，或者以损害另一个渠道成员的利益为代价而获取稀缺资源的活动。[⊖]

（一）渠道冲突的类型

根据成员间的关系，渠道冲突可以分为水平冲突、垂直冲突和交叉冲突三类。水平冲突对应于渠道成员间的横向关系，是指同一渠道同一层次上的中间商之间的矛盾与冲突，如产品来自同一生产商的各批发商对市场份额的争夺；垂直冲突对应于渠道成员间的纵向关系，是指同一渠道不同层次渠道成员之间的冲突，如生产商与批发商或生产商与零售商之间的利益冲突；交叉冲突对应于多渠道成员关系，是指分属同一生产商的不同分销渠道中的成员之间的冲突。

水平冲突与交叉冲突实际上体现的是一种竞争关系，而垂直冲突则是分销渠道中的一种特殊的冲突形式，且经常发生，因而是渠道冲突治理的重点内容。

（二）渠道冲突的根源

导致渠道冲突的具体因素主要包括目标差异、期望差异、信息差异、感知差异和渠道管理不当等。

1. 目标差异

由于各渠道成员一般都是独立的经济主体，都以自身利益最大化为最终目标，而个体的利益最大化不一定会导致整体的利益最大化，且各成员在实现自身目标的过程中可能会损害其他成员的利益，或者渠道的整体利益，从而导致渠道冲突。

2. 期望差异

渠道成员会对其他成员的未来行为进行预测，即对其他成员的未来行为存在期望或预

⊖ 庄贵军，周筱莲，王桂林．营销渠道管理［M］．北京：北京大学出版社，2004：304.

期，并以此为依据采取相应的行动，但由于各种因素的影响，这种预测的结果往往是不准确的，从而可能引发渠道成员间的冲突。例如，某家电厂商预期其经某家电专卖店销售的冰箱在未来一个月的销量将增加15%，进而增加产量和供货，但实际销量可能只增加了5%，使生产商遭受了一定程度的损失，这就有可能引发家电厂商与零售商之间的冲突。

3. 信息差异

各渠道成员的规模、市场地位、信息搜集能力等方面的差异决定了各成员之间的信息是不对称的，而各成员基于不对称的信息所作出的经营决策就可能会产生冲突。

4. 感知差异

由于各渠道成员的渠道地位、经营方式与理念、所处市场环境等因素各不相同，即使在面对同一信息时，其反应或者说感知也是不同的。如生产商一般会欢迎新的经销商加入，而原有的经销商则会抵触新的经销商加入。

5. 渠道管理不当

上述四方面因素是由各渠道成员的不同特征所造成的，除此之外，渠道管理不当也可能导致渠道冲突，这种情况也较为常见。如奖励体系不合理、竞争机制不合理或者沟通障碍等不合理的渠道管理都会导致渠道冲突。

（三）渠道冲突的治理

渠道冲突的性质不同，因而治理渠道冲突的方法也有多种，主要包括问题解决法、劝解法、讨价还价法和第三方介入法。前两种方法主要是以合作的方式解决冲突，适用于低水平的冲突，而后两种方法更适用于较严重的冲突。

（1）问题解决法。该方法的使用需要以冲突双方存在事前约定好的共同目标和维持良好关系的意愿为前提。其方式是由一方或双方提供新的建议或方案，然后经过协商和讨论，使得双方能够各自作出一些让步，最终达成双方都能接受的协议，实现合作共赢。

（2）劝解法。其主要方式是冲突的一方通过劝说另一方，使其能够认识到双方之间的共同利益，并建立一些共同的目标，从而改变其原有的看法或决策，化解冲突。

（3）讨价还价法。讨价还价法是指在冲突双方的目标存在较大差异，而又只强调自身利益的情况下，每一方都通过利用自己拥有的权力迫使对方在相关问题上作出让步。

（4）第三方介入法。此方法适用于冲突较为严重，双方难以达成妥协的情况下。其主要方式是经由第三方安排冲突双方进行沟通谈判，或从中调解以化解冲突。如果双方的矛盾不可调和，可能需要仲裁或司法机构作为第三方以强制的方式解决冲突。

（四）窜货及其整治

窜货是一种常见的渠道冲突现象，是指经销商不顾生产商的长期利益与经销协议的规定而进行的产品跨地区降价销售。

1. 窜货的原因

从根源上看，分销商进行窜货是为了维护自身利益而采取的一种不正当手段，具体的原因主要有：

（1）任务过重。生产商不顾市场容量、品牌现状及经销商的分销能力等因素，给经销商施加过重的任务量，迫使经销商向其他区域窜货。

（2）追逐返利。厂商为提高经销商的积极性，通常设定各种形式的奖励，且大多与销量挂钩，一些实力雄厚的经销商为了获得奖励而不择手段地向外窜货以达到提升销量的目的。

（3）成本价格差。由于经销商地理位置不同，获得的优惠政策不同等因素的影响，不同经销商的进货成本不同，因而在不同市场上存在价差。当价差足以弥补运输成本时，窜货的必要条件便形成。

（4）融资套现。有些经销商将其经营的产品作为融资套现的工具，此类经销商以银行承兑汇票为主要支付方式，通过在承兑期内分销产品套现，再投入到其他高利润经营活动中，而窜货显然是实现其快速套现的捷径。

2. 窜货的整治

窜货显然会对生产商的经营和市场秩序造成不利影响，对这一现象的整治可以考虑采用以下几种方式：

（1）签订禁止窜货的协议。通过与经销商签订禁止窜货的协议，生产商可以利用法律整治违约窜货的经销商。但由于经销商依然存在着强烈的窜货动机，因而此类协议的签订往往不能有效地阻止窜货的发生。

（2）外包装区域差异化。生产商可以对销往不同地区的产品实行差异化的包装，通过文字标识、代码标识或商标颜色标识等方式对不同地区销售的商品的包装进行区分。其中，代码标识使厂商对产品的去向了如指掌，能够在窜货的治理问题上掌握主动权，因而是最为有效的外包装区域差异化方式。

（3）完善级差价格体系。合理的级差价格体系能够使每一个渠道成员都能得到相应的利润，有利于保持地区价格稳定和整个分销渠道正常运转。对于总经销商，应要求其在各地按出厂价统一出货，并将其利润包含在出厂价中；对于二级批发商，应保证其进货价格与零售商、团体消费者及个人消费者购买价格之间的差别，从而使得二级批发商的利益得到有效维护；对于零售商，应确保总经销商和二级批发商能够以团体批发价和零售价，向团体消费者和个人消费者进行出售，从而确保零售市场不受冲击，保障零售商的利润。

（4）加强分销管理。通过制定合理的销售任务、奖惩措施，以及加强监管来预防窜货，并在窜货发生后能及时进行整治。如可以通过交纳保证金来提高经销商的窜货成本，使其不敢轻易窜货；成立专门机构进行市场监察，特别是加强对本企业销售人员的监管。

关 键 词

分销渠道；渠道成员；渠道设计；渠道管理；渠道冲突

思考题

1. 分销渠道与市场营销渠道的区别是什么?
2. 分销渠道的功能和类型有哪些?
3. 什么是无门市零售商?它有哪些类型?
4. 请阐述渠道设计的流程。
5. 渠道冲突产生的根源是什么?
6. 什么是窜货?如何整治窜货?

【案例分析讨论】

蒙牛的渠道变革

蒙牛正在寻找各种模式以拓宽其在全国的销售渠道。截至2006年4月,蒙牛在北京的专卖店已开了近30家。其计划是从2006年起,在5年内建5000~15000家专卖店。

为了加速开店进度,蒙牛投入巨资用于连锁,还在三十多个城市设立连锁分公司。从2006年起,蒙牛放开了只允许蒙牛经销商加盟的要求,同步发展其他法人特许加盟商。

与大多数生产企业一样,蒙牛在各地一般都通过当地经销商分销到超市、大卖场、便利店等。山西太原一位蒙牛经销商告诉记者,超市的各种费用让我们日子难过。各项收费几乎和销售毛利差不多。如果再被拖欠货款,就赚不到钱了。

"从格力到TCL,从茅台到五粮液,渠道的挤压迫使中国不同领域的生产企业都尝试自建终端。"上海壹言商务咨询有限公司首席策划师汤志庆告诉记者。

"建立连锁专卖店,蒙牛主要是从品牌经营的角度考虑。"蒙牛连锁事业部总经理萧桂森表示,单一用大量的广告投入已难以打动消费者。而主流渠道也无法传达蒙牛独特的文化,只有建专卖店能达到这一目的,还能帮助蒙牛直接感知市场的变化。

为了鼓励加盟,从2006年起,蒙牛允许经销商以外的法人加盟,交纳包括加盟费、权利金、保证金在内的费用2.5万元,另外在购买相关设备后就可以开店了。蒙牛甚至还能提供租金在5000元/月以内,30m^2左右的铺面,允许50%的商品为蒙牛以外的产品。商品价格可以比卖场平时价格略低。

乳业与零售业同属于微利的行业,一个月需要多少的销售额才能保证盈利?又如何确保加盟商的稳定收益?同时,商铺资源正变得日益稀缺,房租上涨,运营成本屡增不降。

中国连锁经营协会秘书长裴亮分析,蒙牛推出的这种专卖店的业态,会直接与传统的零售渠道产生冲突。如果管理不好,有可能两败俱伤。

而且其专卖店仍然要依靠原有经销商的配送体系,短时间内无法实现全国统一配送。

而不同的分销渠道，如何维持正常的价格体系？如何有效跨区域管理？

对于蒙牛的动机，汤志庆认为："渠道越多元化，对销量的增长越有利。"乳业销售的一个要件是铺设销售网络，无论专卖店未来如何经营，都能更好地对终端进行控制。

未来，蒙牛专卖店能够在原有的主流渠道覆盖之外，辐射一个新的区域，在自己控制的分销渠道中整合蒙牛的系列产品，从而在相对饱和的渠道之外建立一个新的市场。

分析讨论题：

1. 请结合所学知识探讨蒙牛应如何协调渠道成员间的关系？
2. 试从渠道关系的角度分析蒙牛的渠道策略。

第十二章

整合营销沟通策略

【学习目标】

□ 掌握营销沟通组合的工具

□ 了解开展有效营销沟通的步骤

□ 了解制定促销预算的方法

□ 了解广告、营业推广、人员推销、直复营销、公共关系的特征和作用

□ 分析企业怎样利用各种营销工具与公众沟通

【导入案例】

1:1:1，金龙鱼比出新天地

嘉里粮油旗下的“金龙鱼”食用油多年来在中国一直以绝对优势稳居小包装食用油行业第一品牌的地位。调和油这种产品是“金龙鱼”创造出来的。在金龙鱼引进国外已经很普及的色拉油时，发现虽然有市场，但不完全被我国消费者所接受。其原因是色拉油虽然精炼程度很高，但缺乏油香，不符合中国人的饮食习惯。后来，嘉里粮油研制出将花生油、菜籽油与色拉油混合的产品，让色拉油的纯净卫生和我国消费者的需求相结合，使得创新产品终于赢得中国市场。

为了将“金龙鱼”打造成强势品牌，嘉里粮油在品牌方面不断创新，宣传也由最初的“温暖亲情，金龙鱼大家庭”提升为“健康生活金龙

鱼”，然而，在多年的营销传播中，这些模糊的品牌概念除了让消费者记住了“金龙鱼”这个品牌名称外，并没有引发更多的联想，而且，消费者似乎还没有看清楚调和油是什么、有什么好处。

2002 年，“金龙鱼”又一次跳跃龙门，获得了新的突破。关键在于其新的传播概念“1:1:1”，看似简单的“1:1:1”概念，配合“1:1:1 最佳营养配方”的理性诉求，既形象地传达出金龙鱼由三种油调和而成的特点，又让消费者以为只有“1:1:1”的金龙鱼才是最好的食用油。

由此可见，金龙鱼在 2002 年才让我国的消费者真正认识了调和油，关键在于它找到了一个简单的营销传播的概念。

（资料来源：杨顺勇等《市场营销案例与实务》）

现代市场营销所要求的不仅仅是开发优良的产品，制定吸引人的价格，使目标消费者能够买到，企业还必须与现有的和潜在的消费者进行沟通，促销组合是企业和消费者进行沟通时运用的直接方法。它由五个因素组成，如图 12-1 所示。

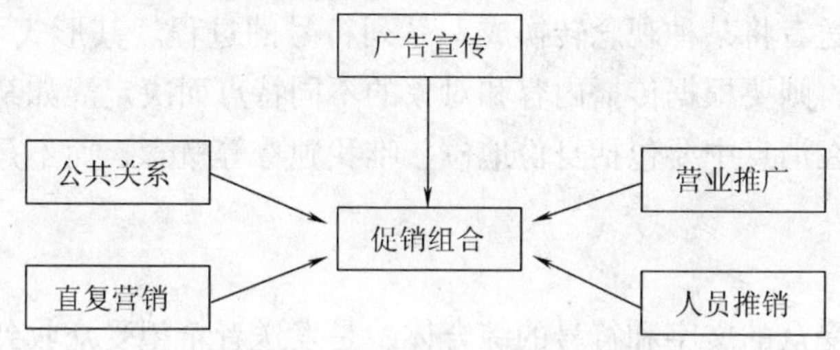

图 12-1　促销组合的构成因素

广告宣传是企业、政府和其他非营利组织和个人作为广告信息中明确的主办者，以有偿付费、非个人沟通方式通过各种媒体传递有关创意、产品、服务和观念方面的消息。人员推销是由企业的销售人员以销售为目的同一个或多个潜在消费者进行口头沟通的营销方式。营业推广是一种战略战术，采用短期激励的方法，以鼓励消费者按照某种方式行动，包括交易展览、奖金、折扣、赠券和小礼品等。公共关系是通过有利的宣传树立良好的企业形象，并应付或阻止不利的谣言、新闻和事件，从而与企业的各个公众群体建立良好关系，而不仅仅是消费者。直复营销包括同单个消费者建立一对一的关系，通常出现在大众市场中，运用邮购、电话销售等工具来与特定的消费者保持联系。整合营销沟通也就是将广告宣传、人员推销、营业推广、公共关系和直复营销工具组合在一起，用来达成企业广告和营销的目标。

第一节　沟通理论和促销组合

一、沟通模式

沟通是发送者和接受者之间为达到思想上的相通或一致而进行的过程。这一过程由八个部分组成，如图 12-2 所示。信息源发出一条消息，消息通过各种媒体传递给受众，然后从受众那里得到反馈。

1. 信息源

信息源又称发送者，通常是指向受众提供消息的企业、独立机构或舆论领袖。企业可由发言人、名人、演员、消费者代表或者销售人员进行沟通。如企业发言人一般由长期职员担任，代表企业进行沟通。发言人要给人诚实、可靠而且专业的印象。当沟通的目标是要引起受众的注意、提高产品知名度时，则可以请名人代言。独立机构不受企业的控制，以专业无偿的方式发布信息，对消费者来说可信度较高。舆论领袖在个人层面上同他人进行直接交往，往往有很强的说服力和可信度。

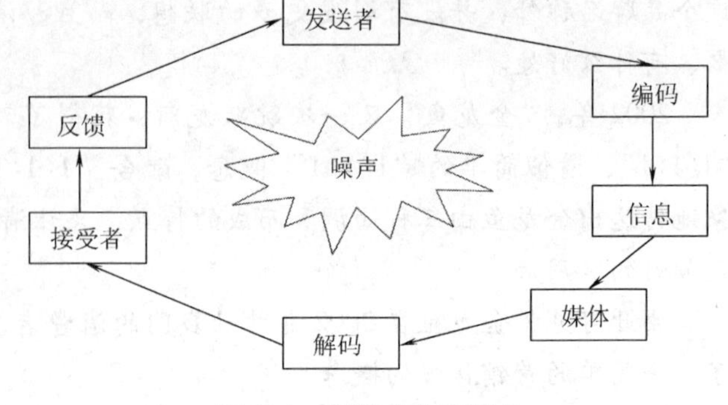

图 12-2 简单的沟通模式

2. 编码

编码是信息发送者将某种观念转换成一系列符号的过程。其形式可以是文字、图像，具体采用哪种形式，则要根据传播内容和对象的不同特点而决定。如某企业想强调产品的声誉，这就意味着在消息中要包括身份地位、唯我独尊等概念，而不是去强调价格比别人低。

3. 信息

信息是传递给受众的文字和符号的综合体，是发送者希望受众收到并理解的东西。信息的风格和力度取决于企业的目的是通知、说服还是提醒受众。几乎所有信息都多少包括企业名称、产品名称与众不同的优点和产品属性方面的信息。

4. 媒体

媒体是发送者把信息传递给接受者的渠道。它有信息源选择。信息源必须确定恰当的传播方式，如报纸、杂志、广播、电视、网络和人际交流等。

5. 解码

解码是指受众对信息源所传递的信息进行理解的过程。对信息的理解，取决于受众的知识背景、信息的清晰度和复杂性。因此，一个人的知识、态度和文化背景不仅影响着其传递信息的能力，同样也影响着其接受信息的能力。

6. 接受者

接受者是指接受信息的一方，也可称为目标受众。他是信息源的信息所要传播的对象。多数情况下，受众就是目标市场。

7. 反馈

反馈是指信息接受者在获得信息后的一系列反应。这种反应，可以是明显的行动，如购买产品，索要更多信息；也可以是不很明显的反应，包括注意力的转移、态度的转移。反馈对信息的传送是否成功以及传送的信息是否符合原本意图进行核实，它可以确定信息是否被理解和接受。最理想的一种反馈是消费者在同企业进行沟通后即购买某个产品或服务或接受某种观念。最不理想的反馈是受众既不购买也没有形成偏好。

8. 噪声

噪声包括在沟通过程中，发生在发送者和接受者之间的任何干扰。这种干扰可能来自接受者，也可能来自环境。如目标受众在广告播出时没有收看电视，其他竞争产品的广告冲击等。一条信息如果被其他令人兴奋的信息包围，其冲击力就会减弱，甚至在接受者脑海中可能与其他品牌发生混淆。

从信息沟通过程可知，为达到成功的信息沟通，信息发送者需了解自己的目标受众，明确自己得到何种反应；同时，在编译信息时需考虑目标受众会如何解释该信息，而且必须通过目标受众可接触到的媒体传送信息；最后，还需要建立反馈系统来了解和评估目标受众对信息的反应。

二、开展有效沟通的步骤

有效的营销沟通过程，要求沟通者必须完成以下几个步骤：

（一）确定目标受众

营销沟通必须一开始就要有明确的目标受众。目标受众可能是潜在的购买者、现在的使用者、购买决策者或影响者等。目标受众即信息的接受者，可能是个人，也可能是一个群体、特定企业或一般受众。目标受众将会极大地影响营销沟通中应当说什么，打算如何说，什么时候说，谁来说。因此，营销沟通者要对目标受众进行详细的分析。企业对目标受众了解越多，沟通也就越容易。如果某企业想要通过电视广告或杂志广告同目标受众接触，它就必须知道目标受众观看什么样的电视节目，阅读什么样的杂志。

（二）确定沟通目标

当确定了目标受众及其特点后，营销沟通者还要确定要完成什么样的沟通目标，确定受众的反应是什么。当然，最好的反应是购买，但购买行为是消费者决策过程的最后结果。消费者对产品的接受一般要经过知晓、了解、喜爱、偏好、信任和购买这一过程。沟通者要了解受众处于哪一阶段，在不同的阶段应有不同的沟通目标。

1. 知晓阶段

沟通者首先要了解目标受众对企业或产品的知晓程度，沟通的目标就是使其知晓，对产品产生直观的认识。可用简单的沟通形式重复产品或企业名称等简单信息来达到目的。促使人们知晓是要花一定时间的。

2. 了解阶段

目标受众对产品或企业已经知晓，但了解不多，信息传播者必须弄清目标受众对产品的认知程度，然后对症下药。沟通目标是使之对企业和产品的性能和特点等有清楚的了解。

3. 喜爱阶段

目标受众已了解产品，沟通者就需要了解他们对产品的反应，是喜爱还是不喜爱。此时沟通的目标是着重宣传企业或产品的特色等，使之产生好感。

4. 偏好阶段

沟通的目标是提供足够的信息，使目标受众形成对本企业或产品的偏好，要着重宣传较其他产品的优越性。

5. 信任阶段

如果目标受众对企业或产品已形成偏好，但还没有作出购买决策，这时沟通的目标就是努力促使他们作出和强化购买决策，帮助消费者建立一种信念，使他们确信购买这种产品是最佳的选择。

6. 购买阶段

如果一些目标受众已决定购买，但购买行动迟缓，信息传播者必须引导他们迈出最终一步。这时，沟通的目标是采取必要措施，如产品降价、提供试用的机会等促进购买行为的实现。

沟通者的任务是判断目标受众处于哪一个阶段，然后采取对策使他们尽快进入下一个阶段，最终实现购买行为。

（三）设计信息

沟通目标明确后，信息传播者要着手制定一个有效的信息，使发出去的信息能够引起目标受众的注意（Attention）与兴趣（Interest），唤起其购买欲望（Desire），并最终导致其产生购买行为（Action）。这就是所谓的AIDA模式。设计信息需要解决以下问题：说什么（信息内容），如何合乎逻辑地叙述（信息结构），以什么符号进行叙述（信息格式）。

1. 信息内容

不同的信息内容会产生不同的沟通效果。信息传播者为了得到预期出现的反应，就必须了解目标受众的需求和心理特征，据此设计所要传递的信息内容。此外，为了得到预期的反应，还必须考虑信息内容的诉求方式。诉求方式可分为三种：理性诉求、情感诉求和道德诉求。理性诉求是与接受者个人利益相关的，它们展示产品会带来期望好处，如产品性能可靠、价廉物美等；情感诉求是为了使受众产生积极或消极的情绪，以刺激购买行为；道德诉求是诉求于受众心目中的道德规范，指导受众分辨什么是正确的和什么是适宜的，通常被用来激励人们支持社会事业，如保护生态环境等。

2. 信息结构

一个信息的有效性像它的内容一样，也依靠它的结构。信息结构决策包括三方面内容：一是是否要提出结论；二是采用单面还是双面论证；三是表达的次序。

提出结论，就是信息传播者是应为受众提出一个明确的结论，还是留待受众自己解决。早期的研究认为，把结论阐述给受众比让受众自己寻求结论更有效；但近期的研究发现，最好的广告是提出问题，让受众自己去形成结论。单面或是双面论证即信息传播者是仅赞誉这一产品的优点还是同时提出它的某些缺点，单面宣传通常只展示产品的优点。但是，如果受众已经接受了太多的负面宣传，心理上已有曲解，就需要采用正反两面评论性的宣传来消除曲解。另外，双面信息对受过良好教育的受众更有效。最后，表达次序提出一个问题，将信息中最有说服力的论点应放在开头还是结尾展示。在单面信息的情况下，一开始就把最有力的论点提出来，有助于引起注意和兴趣。在双面信息的情况下，是首先提出正面论点还是最后提出，取决于受众，如果受众原来是反对的，信息传播者从另一方面提出的论点放在开始是明智的做法。

3. 信息形式

信息传播者要为信息设计具有吸引力的形式。如果采用印刷品传播信息，为了吸引注意，版面设计不仅要新颖，还要考虑标题、图案和颜色等；如果采用广播发送信息，就要考虑语言、声音和音响效果；如果通过电视和推销人员传递信息，除了以上因素外，还应注意仪表、手势、服装和发型等。总之，信息形式适应信息内容的要求，能更好地表达内容，易于被接受者理解和接受。另外，还要考虑到信息传播的成本。

（四）选择媒体

信息传播渠道将直接影响到信息传播的速度、广度和效果，有吸引力的通道往往可以获得更大的注意与记忆。信息传播者必须选择有效的信息传播渠道来传递信息。信息传播渠道分两大类：人员沟通渠道和非人员沟通渠道。

1. 人员沟通渠道

这是指涉及两个或更多的人的相互间的直接沟通。这种沟通有时是面对面的，有时是个人对听众的或通过电话和邮件传达的。这是一种双向沟通，能立刻得到对方的反馈，因此，效率较高。人员影响在两种情况下起很大作用：一是产品价格高、风险大或购买不频繁的产品。购买者可能并不满足一般媒体所提供的信息，而去寻找值得信赖的信息源所提供的意见，因此，需要多采用人员沟通渠道。二是产品具有一定社会意义的特征，如汽车、服装等具有特别的品牌差异，包含使用者的社会地位和嗜好。可将产品有意识地卖给或赠给一些知名度高的组织和个人，以利于产品信息的广泛传播，扩大影响面。

2. 非人员沟通渠道

这是指不经人员接触和交流而携载信息的沟通方式，包括大众及选择性的媒体、气氛及事件。大众及选择性媒体包含印刷媒体（报纸、杂志、直接邮件）、电子媒体（收音机、电视、互联网）及显示性媒体（广告牌、指示牌、海报）；气氛是指设计好的环境，用以产生或加强购买者购买消费品的倾向；事件是为了给目标受众传达特殊信息而设计的专门活动，如企业的公共关系部常安排记者招待会或听证会等来达到一定的沟通目标。

（五）选择信息来源

在人员沟通和非人员沟通中，信息对目标受众的效果也受他们对沟通人员看法的影响。因此，由可信任的发送者发出的信息就有说服力。例如，用体育明星或文艺明星为相关产品做广告就比一般人更有吸引力。使人信得过的信息发送者应具备三个要素：一是权威性，即在某一专业领域中的权威；二是可信性，即信息的发送者要真实、客观地传播信息；三是吸引力，即发送者吸引受众的程度，自然、幽默、坦诚等特性都可增加吸引力。

（六）收集反馈

企业将信息通过一定的通道传递到目标受众之后，整个信息传播过程并没有结束，企业还应该进行调查，了解目标受众接收的效果。如受众是否注意到信息的内容，看了或听了几遍，对信息的印象如何等，以了解信息传播的范围和影响力，以及沟通对象在信息传播前后态度、行为的变化等，并根据这些反馈信息来决定是否有必要改进和调整下一阶段的沟通工作。

三、制定促销预算和组合

（一）制定促销预算

有计划的沟通行为几乎没有不需要成本的。沟通者往往要在有限的预算之内展开战略或争取达到资源的最大效用。因此，应制定预算方法，然后沟通者才能依据切实可行的预算方案展开工作，以实现目标。确定理想的预算金额是非常困难的，即使在同一行业，广告费用也是不同的，因此，没有一个精确的方法可以测量促销费用的确切结果。目前，建立促销预算常用的方法有以下四种：

1. 量力而为法

这种方法是只有在其他所有的预算项目，如制作成本等，都在预算之内，才可以将剩余部分投入在促销活动之中。这种方法技术难度小，小型企业、以生产为主的企业常采用这种方法。该方法不重视促销工作，没有将支出和目标联系起来，一旦资金紧张，促销预算就可能取消。

2. 销售百分比法

促销费用是过去或预期销售额的一定百分比。企业将促销预算费用同销售收入联系起来。在第一年确定一个促销费用同销售额之间的比率，随后每个年度保持这个百分比不变。这种方法的优点是以销售额为基点，有适应性，将收益同促销挂钩。但是，同促销目标无关，促销只是伴随销售而不是带动销售，如果某一年销售业绩不佳时促销费用可能被削减，第二年的表现可能因此而更差，就会出现恶性循环。这种方法造成销售高峰和销售低潮是因为预算反差太大。

3. 竞争对等法

这是指根据竞争对手促销的绝对费用或其每一百分点的市场份额中促销费用所占的比例来确定自己的促销预算的方法。也就是观察竞争对手花费了多少，然后进行同等的投入甚至超过对手。这种方法对大小企业都适用。该方法的优点是预算紧扣参照点，比较谨慎；其缺点是很难了解竞争对手的促销资料。竞争对等法必须重视竞争对手的沟通目标，他们怎样与你相比较，怎样有效地运用资金。竞争对手可能也是根据你的花费来制定预算，这可能把你带入僵持境地。

4. 目标任务法

这是一种最好的预算方法，即企业先确定促销目标，决定实现这些目标所需要的活动，然后再建立适当的预算。例如，一种新产品，首先需要投资与沟通活动，要得到分销商的接受，要引起消费者的注意，吸引他们试用。而一种成熟的商品，只需要得到人们的继续支持，和新产品相比，费用很明显要少很多。

在企业预算管理中，订单预算居于十分重要的地位，它是各项业务预算的起点。对于跨区分销企业来说，订单预算的编制更为重要。由于不同地区在订单获得与实施过程中所花费的费用是不一样的，这就导致企业在进行促销预算时必须要合理考虑地区差异。事实上，很多企业也正是这样做的。同时，从实际运营情况来看，企业在促销预算编制时也必须合理考虑外部环境的变动，对促销预算进行合理调整。

（二）设计促销组合

与营销组合类似，促销组合也要求提供众多可供选择组合来满足目标市场的需求，实现组织目标。

在确定总的促销预算之后，企业要进行总体的和具体的沟通活动，即企业必须决定其促销组合。促销组合以某种方式结合广告、人员推销、营业推广、公共关系和直销。一般来讲，企业很少只用一种促销方式，而是采取促销组合的方式。

每一种促销方式都有其独特的功能，并且是对其他类型的补充。广告可以吸引大量的受众，可以建立产品和品牌的长期印象；公共关系中的宣传工作能向广大受众提供可靠的信息，只是内容和播出时间难以控制，因此其促销的效果是缓慢的，难以在短期内奏效；人员推销是一对一的接触，有灵活余地，而且能完成交易，没有推销，广告所激发的兴趣可能付之东流；营业推广可以刺激短期销售额，但对建立长期的品牌偏好不太有效，它的形式多种多样，但本质特征是采取让步或赠送的方法给消费者某些好处，促使达成交易；直销的信息通常是针对特定的个人，而且信息也可以根据消费者的回应进行修改，因此它对定位性很强的营销活动以及建立一对一的顾客关系是非常适合的。

如何选择促销组合，取决于公司特点、产品生命周期、利用媒体的可能性和渠道成员的情况。小企业能负担或有效利用的广告类型是有限的，他们可能强调的是人员推销和一些营业推广活动；而大企业就能够综合采用大量的广告、人员推销和频繁的营业推广活动。随着产品生命周期的发展，促销重点会从信息转移到劝说然后再到强化，而且不同阶段需要不同的媒体和信息内容。渠道成员希望有特殊的促销活动、销售支持或者合作做广告的补助。

第二节 广 告

一、广告的定义、类型和作用

（一）广告的定义和特点

广告是企业、政府、其他非营利组织和个人作为广告信息中明确的主办者，以有偿付费、非个人沟通方式，通过各种媒体传递有关创意、产品、服务和观念方面的消息。

从积极的一面来看，以单位消费者计算，广告的成本较低。广告能触及广大的、地理上分散的市场，印刷媒体的读者之间的传阅增加了循环性，花在每位读者和听众身上的成本较低。如播放一则电视广告要花30万元，它能影响3千万人，人均成本为0.01元（媒体时间费用）。

广告可供选择的媒体多种多样，因此，可以依据企业的目标和资源找到最合适的媒体。广告也能穿插在别的信息中，并且能促进销售。主办者可以控制广告消息的内容、时间、篇幅以及针对的受众等。统一的消息传递给所有的受众，并借助印刷媒体，强化形象。如选择新闻报纸的体育栏目刊登男性服装广告。

从消极的一面看，广告缺乏灵活性，也可能产生浪费。因为广告消息是标准化的，而面对的受众却参差不齐，很难满足每个人的要求，因此很多媒体追求尽量多的受众，所以对广告客户来说很多观众和读者可能是无用的。另外，广告的总体成本高。不仅如此，因为广告是非个人沟通，所以很难获得反馈信息。

（二）广告的类型

一般来说，广告分为两种基本类型：产品广告和组织广告。产品广告更加关注产品及提供的服务，帮助产品实现自身的营销目标；组织广告的目的并不是促进产品的销售，而是要树立企业的信誉和形象，通过提高企业的知名度，树立消费者对企业产品的信心。

产品广告有三种类型：开拓型、竞争型和提醒型。

开拓型广告通常使用在产品生命周期的导入期，它向人们说明产品能做什么，能带来什么益处。广告强调的是能让潜在购买者获得足够信息，看到产品和自己的联系，使消费者进一步对产品进行观察甚至去尝试。

竞争型广告突出产品与品牌的特色和优势，目的是说服目标市场选择本企业的产品。通常通过和竞争对手的产品进行比较，宣传产品的独有特性，区别其他产品，具有竞争力。但产品的特性在本质上必须是真实的，不能是虚假的形象，一旦消费者亲自尝试了产品或服务，他们会对比广告中的承诺，并作出判断。

提醒型广告适用于已经取得广泛的知名度，处于产品生命周期成熟阶段的产品。加深消费者对产品的前期认识。广告的侧重点是对以前的购买行为进行强化，使消费者确信，他们第一次作出的决定是正确的。

组织广告有开拓型、提倡型和强化型三种类型，有的是为了展示企业的新近发展，有的是为了形象的建立，展示企业对消费者的关怀、责任感，可以传达或支持企业在目标受众中的积极形象或宣传企业对某问题的看法，出于社会责任感等方面的原因，表达企业在某一特殊问题上的观点。

（三）广告的作用

1. 传递信息，沟通产需

广告的最基本功能就是认识功能。企业通过广告，能帮助消费者认识和了解各种商品的商标、性能、用途、使用等项内容，消费者通过广告选择符合自己需要的商品。因此，广告在传递经济信息方面是最迅速、最节省、最有效的手段之一。

2. 激发需求，增加销售

企业通过广告可以影响消费者潜在的需求，促使其变为现实的需求，进而促进商品的销售。一则好的广告能起到诱导消费者的兴趣和感情，引起消费者购买该商品的欲望，直至促进消费者的购买行动的作用。如某国烟草公司派了一名推销员去海湾旅游区推销该公司的香烟，但该地区香烟市场已被其他企业的产品所占领，该推销员苦思无计，在偶然间受到了“禁止吸烟”牌子的启发，他就别出心裁地制作了多幅大型广告牌，广告牌上写上“禁止吸烟”的大字，并在其下方加上一行字：“‘××牌’也不例外”。结果大大引起了游客的兴趣，竞相购买“××牌”香烟，为公司打开了销路。

3. 加强竞争，开拓市场

当一种新商品上市后，如果消费者不了解它的名称、用途、购买地点、购买方法，就很难打开销路，特别是在市场竞争激烈，产品更新换代大大加快的情况下，企业通过大规模的广告宣传，能使消费者对本企业的产品产生吸引力，这对于企业开拓市场是十分有利的。

4. 提到企业知名度，树立产品形象

当今市场上竞争激烈，商品种类繁多，在消费者难以作出选择时，企业和产品的知名度和形象就成为参考的依据。而广告则是提高商品知名度不可缺少的武器。精明的企业家应该善于利用广告，提高企业和产品的“名声”，赢得消费者的好感。

5. 丰富生活，陶冶情操

好的广告，在注重商业功能的同时，还应把文化艺术以及文明健康的生活方式展现给消费者。它不仅真实、具体地向人们介绍了商品，而且应让人们通过对作品形象的观摩、欣赏，引起丰富的生活联想，树立新的消费观念，增加精神上的美的享受，并在艺术的潜移默化之中产生购买欲望。良好的广告还可以帮助消费者树立正确的道德观、人生观，陶冶人们的情操。

二、制定广告计划

通常，企业做广告预先要制定一个主题，由此制定广告战略，把一系列信息融入到选好的媒体中，以形成对目标群体的冲击。在制定广告战略时要遵循以下步骤：

（一）确定广告目标

广告的目标应当清楚地指出广告应当做到什么。目标应当是具体的、可以监测的，还应该指出广告后业绩应发生什么变化，广告应该有什么具体结果。企业的广告目标可以分为告知广告目标、保牌广告目标和竞争广告目标。

告知广告目标的目的在于开发新产品和开拓新市场。它的重点在于介绍新产品的性能、特点和用途，提高消费者对产品的认识程度。

保牌广告目标的目的在于巩固已有的产品市场。它的重点是保持消费者对广告产品的好感、偏爱，增强其信心。

竞争广告目标的目的在于加强产品的宣传，提高产品的竞争能力。在与竞争对手的对比中获得消费者的青睐。

（二）制定预算

如果广告开支过高，会造成浪费；相反，广告开支过低，则收效甚微。一家企业应该在广告上投入多少资金才合适？一般来说，生产、经营小包装消费品的大公司在广告上开销比较多，而经营产业用品的公司在广告上开销较少。制定预算的具体工作是企业在用量力而为法、销售百分比法、竞争对等法或目标任务法计算出广告的总体开支后，还要设定具体的广告预算，具体明确各类广告和各类媒体的资金。预算的制定通常是一个反复的过程，在战略形成过程中需要不断修改。目标与预算之间有直接联系，任何一方的变化都会对另一方有影响，即使制定预算时是采用目标任务法，在实际操作中，仍会在某种程度上受现有资金的影响。

（三）进行广告设计

广告信息通常集中突出产品的主要优点，这些优点对潜在购买者作出购买决定十分重要。这些信息取决于广告的总体形式或诉求。通常的广告诉求包括忧虑诉求、性感诉求和幽默诉求三种。

忧虑诉求的目的是让消费者认为购买和使用某产品后就可以避免某些负面的体验。在使用忧虑诉求时，广告主必须确保广告具有足够强的感染力，可以引起观众的注意和关注，但又不能强烈到观众不愿再收看这则广告。

性感诉求的目的是让观众认为该产品将会增加使用者的吸引力。但许多采用性感诉求的广告仅仅抓住了观众的注意力，而对消费者的想法、感受、行为的影响力不大。

幽默诉求的目的是让观众认为其产品比竞争者的产品更具有趣味性。但幽默感容易昙花一现，最终会让观众感到厌烦；另外，幽默诉求的有效性可能会因文化差异而受到影响。

（四）选择媒体

广告媒体包括报纸、杂志、广播、电视、互联网和户外广告等。对企业来说，可供选择的媒体有很多，在选择媒体的时候，必须认真考虑成本、覆盖面、频率、消息的持久性和说服力等方面的问题。

广告媒体成本是指媒体时间和空间所需的费用，包括总成本和人均成本。例如，在一本杂志上做一整页彩色广告需 1 万元。如果花 1 万元在发行 20 万份的杂志上做广告，那么每千人的成本 50 元。

广告的覆盖面是指接触到广告的人数或家庭。广告主总是希望在目标市场上让更多的个体了解广告所传达的信息，因此，他们必定关注广告的覆盖面，希望以最低的广告成本实现最高的广告覆盖面。

广告的频率是指媒体可供频繁使用的情况。每日媒体的频率最高，如报纸、电台广播和电视。户外广告和杂志的频率最低。

消息的持久性是指广告产生的接触次数以及对受众来说它能存在多长时间。消费者可能长期保存一些杂志和报纸，户外广告和流动广告也有可能获得多次接触，而电视和电台的广告只能持续5～60s。

说服力是指媒体刺激消费者的能力。电视综合了听觉、视觉、色彩和动画，它的说服力通常最高；杂志的说服影响力也很大；报纸也在作改进，以增加说服力。

（五）广告计划评估

评估是这一过程的最后阶段。广告必须经过事后检测，以确定是否达到了预定的目标。检测结果可能会指出广告计划中必须进行的修改。广告事后检测的方法有以下几种：

1. 帮助回忆

在广告展示后，询问被调查者是否注意到电视、广播或报刊上的这些广告，或更深层次地调查对广告的理解程度。

2. 独立回忆

在自发或不给予任何提示的回忆中，询问被调查者最近注意到什么广告，以便了解他们是否看到或听到广告信息。

3. 态度测试

设计出来的问题是测试被调查者对广告的态度。在广告发布前后都可以进行态度测试，用来衡量由广告引发的态度改变的程度。

4. 询问测试

询问测试可以测试有多少消费者索要产品信息，或到促销现场去，以此来判断广告是否成功。这种方法比较简单，特别适合预算较少、需要确保广告发挥效力的小企业。

5. 销售额测试

销售额测试是让制造商、分销商或广告代理机构操纵某一广告变量，并通过监测由超市收银机收集的数据，来观察销售额的变化情况。

评估方法的选择取决于最初的目标。如果目标是引起注意或让人们认得该产品或改变人们的态度，最好进行回忆测试或态度测试；如果目标是影响销售额和市场份额，则可以用询问测试和销售额测试。

第三节　营业推广

一、营业推广的定义和特点

（一）营业推广的定义

营业推广是指企业为了达到营销目标，在一定时期内为迅速刺激需求、鼓励消费而采取的促销手段和方法。

实际上，它包括很多有趣的短期战术工具，对长期的营销战略起到极其重要的补充作用。它的目的是在普通的产品之外增加另外的产品或服务，以此来制造购买或试用的诱惑。

（二）营业推广的特点

1. 促销效果明显

从短期来看，营业推广能激发消费者的热情。有些营业推广向消费者提供的东西有价值，顾客会保留这些东西，这些东西起到提醒的功能；店内橱窗陈列可以激发冲动型购买，能大幅提高销量；一场好的展示可以让购买者购买的量超过原来的计划量。

2. 吸引顾客，保持其忠诚

新产品的样品和试用品能吸引顾客。生产商和零售商送一些礼品和优惠券给老顾客，就能维持品牌的忠诚。

3. 可能会破坏形象

如果一个企业总是搞促销，人们可能认为其产品质量降低，其形象可能有所降低；一旦频繁使用优惠券和折扣，那么正常定价的产品就没有人购买；而对于一些促销幅度大的商品，有的消费者可能就会认为正常的价格是涨价。从长远来看，它对品牌形象和销售有一定的负面影响。

二、营业推广的类型

营业推广的手段有很多，大致可以归纳为两大类，一类是针对消费者的，另一类是针对中间商的。

（一）针对消费者的营业推广

1. 降价

降价可以显示在货架上和包装上。零售商在销售商品时，会采取把在货架上的商品进行降价处理的方法。

这种方法要求消费者必须立刻作出反应，因为消费者无法肯定下次再来时还能不能享受优惠。来自制造商或制造商和零售商联合发起的降价通常是显示在商品包装上的，由于需要特别的包装，因此需要较长的时间和更大的花销。

2. 优惠券

优惠券是为了鼓励试用而向消费者提供折扣价格的证明。它是鼓励试用产品和重复购买的一种非常有效的方式。优惠券可以是制造商发行的，对某一种或某一系列商品适用，在任何销售有关产品的商店使用，其目的是促使消费者尝试商品，并大量购买或继续购买；也有零售商印制的，只能在商场内使用。其目的在于吸引消费者进入商场，并使他们成为回头客。优惠券的发放方式多种多样，可以印在广告、宣传单或报纸和杂志里，通过放在商品包装内发送出去。不管是谁发行优惠券，回收率和优惠的幅度是关键。据专家估计，优惠券必须提供15%～20%的价格减让才会有效果。

3. 样品

这是一种广为使用并行之有效的方法。在劝说消费者试用时，经常采用这种方法。促使消费者注意并了解产品，在亲自体验后，再决定是不是接受该产品，并作出购买的决定。

4. 赠品

赠品，一种是免费向消费者提供的产品，如一袋食品，标有 20% 的免费字样；另一种是以远低于零售价的价格向消费者出售的产品，如购买一盒牙膏的消费者可以再花一元钱购买一把牙刷，这样就促进了两种产品的销售。通过提供赠品，企业可以促使消费者经常购买或鼓励他们使用更多的产品。

5. 竞赛和抽奖

竞赛必须让消费者运用他们的知识、技能或分析创造能力来赢得奖品。抽奖并没有什么技巧，给每一位参与者凭运气获奖的平等机会，企业向购买者中的极少数幸运者赠送具有吸引力的高价值的物品，如汽车、度假或大量现金等。这两种活动无论是企业还是消费者都乐于接受。消费者享受了赢取一些有价值东西的机会，而企业只是通过一笔固定的费用，换得了更多的销售额。

6. 销售点展示和店内示范

这是将产品和服务通过在零售现场占据某一醒目位置进行展示或演示，把产品的性能、用途等一一介绍给消费者，解除消费者在使用、维修产品中的忧虑。这种方法比较多地应用于食品和家用电器等的销售，最主要的目的是向顾客传递信息，劝说他们尝试或再次尝试产品。

7. “积点”促销

积点促销主要是针对那些消费者可以在短时间内多次重复购买的产品而设计的。通过累计积分券、换物券等，激发消费者的多次购买，并培养其忠诚度。企业在实施积点促销的时候，应注意以下几个问题：①促销的赠品要有吸引力，否则消费者会失去参与的积极性；②积点促销赠送品的数量难以估算，所以要充分估算赠品数量；③时间不能太长，太长的促销周期给消费者及厂商均带来不便。否则，反而影响了促销效果。

8. 融资销售

所谓融资销售，一般来说是指对金额较大的商品实行分期付款的优惠促销行为。例如，现在很多汽车销售公司都会与银行合作，购车者可以分期免息购买汽车，如此一来，可以减少购车者的一次性支付负担，将货款支付小额化到日常支付中去，可以有效地激发消费者的购买意愿。

（二）针对中间商的营业推广

制造商是依靠中间商为他们卖出产品的，制造商和中间商的关系以及对企业营销活动的参与程度直接影响到产品的销售，因此，对中间商也需要一定的鼓励来调动他们的积极性。针对中间商的营业推广，主要有以下几种形式：

1. 折扣和折让

折扣和折让通常是为了保持和增加分销渠道中的存货水平，鼓励中间商增加购买数量，通过价格优惠来影响他们的采购模式。常用的方法有以下几种：

（1）单位折扣和整体折扣。单位折扣是向中间商提供单位产品的价格折扣。这种方法的采用和放弃都很灵活。整体折扣取决于中间商是否满足购买量的要求，购买一定的量后，享受固定比率的折扣，如最少购买 10 箱，可以享受 2% 的折扣，或购买前 10 箱没有折扣，而从第 11 箱起享受 2% 的折扣。

（2）销售额折扣。它是以季度或年度为基础的奖励，这种方式取决于中间商的销售是否达到了规定的数量或销售目标，附加的折扣可能很低，但如果销售额达到一定的金额，折扣就具有很大的吸引力。如中间商在一个月内卖出 1000 个微机芯片即可获得 2 万元的奖励。

（3）免费商品。对达到商定数量的产品采购提供免费商品，如零售商每采购 10 箱冷饮就赠送 1 箱，免费的商品也可以不是产品本身。

2. 联合广告

联合广告是指零售商在当地为推广制造商的产品而进行广告宣传时，由制造商承担一定比例的广告费用。通常情况下，制造商根据零售商购买其产品的数量支付一定比例的广告费用，一般为50%。除了支付广告费用外，制造商常常会提供适用于不同媒体的一系列可供选择的广告执行方案。联合广告的支持成本会很高，给营销预算带来很大的压力，所以制造商要提前认真考虑。

3. 免费培训

制造商对那些直接面对消费者的中间商的销售代表进行培训或支持。由于中间商是自行管理自己销售队伍的，而他们的销售队伍对于制造商来说，缺乏专业的产品知识，所以对其培训可以提高他们的销售业绩。这些常常发生在价格较高、比较复杂、消费者购买时需要一定帮助的产品上，如汽车、大型厨房用具等。

三、营业推广的计划和管理

在零售环节，虽然营业推广产生的冲击力只是短期的，但对于吸引客户并使他们保持忠诚是很重要的。无论是针对企业还是针对品牌，营业推广应当经过谨慎考虑、合理设计，以符合整体营销方案。其内容包括以下几个方面：

（一）确定目标

营业推广的目标和渠道成员及消费者有关。和渠道成员有关的目标包括：得到合适的货架空间，提高中间商的热情，增加销售量，在营业推广上得到合作等；有关消费者的营业推广的目标包括：增加产品试用，提高品牌知名度，鼓励再次购买，提高每次的购买量等。

合适的营业推广目标应当根据市场营销目标制定，营业推广的具体目标取决于产品自身所处的环境。在导入阶段，顾客的尝试和零售商的接纳是至关重要的，营业推广可关注样品、优惠券和降价，但降价必须声明是促销价；在成长阶段，随着品牌的发展，竞争品牌的加入，营业推广关注的目标可转移到提示和保持消费者的忠诚，可通过礼品和竞赛的做法。在成熟阶段，可用奖励和价格促销的方法。总而言之，企业要根据不同的目标制定不同的策略。

（二）选择合适的营业推广的方式

市场营销人员应该根据市场的类型、目标消费者的偏好、竞争状况和预算等，选择合适的营业推广的方式，以达到用尽可能少的促销费用获得尽可能大的促销目标的效果。

（三）制定和实施

制定具体方案时，要确定活动所提供的刺激程度、推广对象、推广的时机、持续的时间等。如果要想获得促销成功，最低限度的刺激是必不可少的，随着刺激程度的提高，销售量会增加，但当刺激达到一定程度后，其效应则是递减的。另外，持续的时间要适度，促销时间太短，部分顾客来不及尝到推广的甜头；如果持续时间太长，优惠条件就会失去吸引力，起不到应有的作用。

（四）评估

对方案进行评估很重要。评估应当包括是否实现了目标，实现过程的成本效益如何。可以利用推销队伍的反馈情况，对展览效果的度量，如销售数据的变化；如要验证培训项目，对渠道成员和消费者的调查能够显示对促销的满意程度；对活动直接衡量，如优惠券返还的数量、礼品的发放数量等。但这些指标不能孤立地看待，营销组合的其他因素和竞争对手的营业推广活动都会影响到整体的效果。

第四节　人员推销

人员推销是与现有购买者及潜在购买者沟通的一种有效的方式。

一、人员推销的概念和特点

（一）人员推销的概念

人员推销是企业或其他集团派出销售人员直接与消费者接触、洽谈，向其宣传介绍产品和劳务，并提供完善的售后服务，以达到促进销售目的的活动过程。但随着电信的发展，人员推销同样可以借助电话或基于互联网来进行买卖之间的联系。在企业的全部营销活动中，人员推销起着其他促销方式不可替代的作用，具体表现为：①双向沟通，相互协调。销售人员是联系企业和消费者的重要纽带，在交易过程中要协调好企业利益和消费者需要之间的关系，以满足双方的要求。如通过和消费者的接触，向其直接演示和说明，解答疑问，并把消费者的意见反馈给企业，便于及时改进。②与消费者联络情感，建立稳定的关系。定期地与消费者接触，了解他们的使用情况和对产品的满意程度。推销人员的长期服务能增进消费者的信任，达到稳定业务的目的。推销人员在整个销售过程中，通过热心周到的服务，不但销售了产品或服务，而且树立了企业的形象，对营销目标的实现起到了很大的作用。

（二）人员推销的特点

与其他促销方式相比，人员推销有以下特点：

1. 更具灵活性

人员推销在销售过程使用买方和卖方结对的方式，因而更灵活有效，有利于达成交易，并能提供反馈。

2. 更具针对性

广告所面对的范围广泛，而人员推销瞄准的是界定比较清楚而且更加集中的受众，然后再有针对性地向推销对象传递信息并进行说服。

3. 更具说服性

推销人员通过现场示范，回答消费者的问题，可以立即获得消费者的反应，及时调整自己的推销策略和方法，容易使消费者信服。

人员推销成本费用较高，在市场范围广泛且买主较分散的状态下不易采用此方法；相反，市场密集度高，买主集中的情况下，人员推销则扮演着重要的角色。

二、人员推销的形式和过程

（一）人员推销的形式

从广义上来说，人员推销存在着三种形式：接受订单、获取订单和销售支持。

1. 接受订单

订单接受员负责处理常规的订单或对已经出售的产品办理再订货，其主要任务是与现有消费者保持长期联系，维持销售量。这一类可进一步分成两种。一种是外部订单接受员，主要负责在初步协定已签订后处理订单，确保订单按期执行，要负责拜访消费者、安排产品展示、更换批发商和零售商的库存商品，确保公司的产品有充足的供应。如食品公司的销售代表要去超市、商店看一看，不仅要负责补货，也要检查货品的摆放情况，看看公司的产品所占的货架空间和竞争对手所占的相比是否足够。另一种是内部订单接受员，他们通常留在公司内，等待顾客找他们，负责回答消费者的简单问题，接受订单、完成同消费者的交易。

2. 获取订单

订单的获取是进行传统意义上的销售。推销人员必须寻找潜在消费者，向消费者提供信息，说服他们购买，达成交易并对消费者使用情况进行跟踪调查。订单获取需要创造力、解释和说服能力以及和客户建立关系的能力。

3. 销售支持

销售支持人员负责确定和进行初步筛选潜在客户，并将信息传递给销售队伍，以便他们进入正式的销售过程。他们通常不针对企业的客户，而是针对客户的客户，如医药公司的销售代表，劝说医生给他们的病人开新药，而药物的实际销售是由传统的销售人员完成的；他们也提供销售培训、技术支持或者售后服务，如销售工程师，他们与企业的客户和企业产品的终端客户有关系，他们可能要帮助进行安装、培训和维护。

（二）人员推销过程

人员推销过程由以下几个阶段构成：

1. 开发顾客

在真正开始销售前，要识别和确定潜在消费者，并使他们的潜在需求和销售企业提供的产品或服务相匹配。潜在消费者可以由多种来源产生。如通过电话促销可以接触到的，产品展示吸引潜在购买者的注意等。

2. 准备和计划

一旦确认了合格的潜在客户，就要开始为销售作准备。要获得关于潜在消费者的进一步信息，以决定最好的、最相关的销售方法。了解潜在消费者喜欢什么样的接触方式以及其最关注产品或服务的哪一特性等。准备工作常常需要做得非常仔细，特别是竞争非常激烈的，庞大而又复杂的项目。

3. 开始接触

开始接触是销售人员和潜在消费者的初次见面。在这一阶段，要引起潜在消费者的注意，激发他们的兴趣，为产品进行展示，同时也为建立关系打下良好的基础。

4. 讲解和示范

讲解和示范的目的是展示产品和客户的需求是多么地匹配。其目标是通过购买产品或服务的愿望将潜在消费者转变为现实的消费者。在这一阶段有一个关注点就是对反对意见的处理。反对意见的出现有多种原因：缺乏理解、缺少兴趣、存在担心和需要是否得到保证等。如果一位客户表示出担心，并提出异议，那么销售人员可以运用技巧通过礼貌的、道德的、专业的方式加以解决。以下是几种常用的处理技巧：

（1）赞同并反驳。当反对意见是事实时，合理的做法是赞同它，然后提出反驳。如潜在消费者会说产品的价格比竞争对手的高，这时，销售人员可以回复：“是的，在最初阶段我们的产品可能较高，但是请你看看，日常的费用和维修费要便宜得多……”使客户感到他们的反对得到了承认。

（2）推迟。就是稍后再处理异议。如“我等一下再向你解释这一点，我那时的回复更有意义”。

（3）反问。如果潜在客户提出的意见不明确，那么销售人员就应该要求进一步的解释，来判断是真正的反对还是拖延的借口。如果潜在的消费者说“我认为您的产品不及A产品好”，销售人员可以反问“在哪方面不够好”，以具体了解隐含的问题。

（4）否认。当潜在消费者的异议是由于错误的信息或明显不是事实时，可对异议作出坚决的否认，但同时必须用证据说明。

（5）将计就计。这是将反对意见变为一条购买的理由。

总之，每一种技巧都需要同潜在消费者进行冷静的、专业的互动交流。处理异议时，销售人员必须估计形势、反对意见的类型以及消费者的情绪，然后在回答内容不超越道德界线的前提下，选择最适合的答复。

5. 达成交易

这是指从潜在消费者那里获取购买承诺。销售人员要克服急于成交的心理，同时，要注意捕捉成交信号，及时成交。

6. 售后服务

销售人员作为消费者和企业间的纽带，需要确保产品如期交货，履行安装和培训的承诺，以及定期或不定期地拜访顾客，确保客户对这次购买的绝对满意。

三、销售管理过程

销售管理过程包括销售计划的制定、销售计划的执行和销售队伍的评估。

（一）制定销售计划

1. 建立销售目标

建立目标是销售管理的核心，为衡量销售工作的进展，激励并影响销售工作提供了一个尺度。主要有两种销售目标需要明确，第一种是全体销售人员要完成的销售总目标，第二种是销售队伍内部的个人或小组的具体销售指标。

2. 组织销售队伍

销售队伍组织结构设计关系到工作的效率和资源的最佳利用问题。它可按地理区域、产品、顾客以及顾客的重要程度进行设计。其中，地区结构是最简单的形式。

地区结构是首先将全球划分为若干区，每一区又被划分为不同的区域。销售人员被分配到具有明确地域界限的各个区域。他们在那一推销区内推销公司的全部产品或一些具体的产品。将重点放在一个地区的优势在于使差旅费用和重复推销降到最小化。

当出售的产品需要特定的知识时，就需要使用产品销售结构式。它的优势是销售人员可以提高其在产品特性、应用方面的技能。它不利之处在于差旅费用和管理费用增加，并可能造成拜访的重复性增加。

当不同的购买者有不同需要时，就可以采用以消费者为基础的销售结构。这种方法确保了销售人员的技能可以满足消费者的要求。它的优势在于重复拜访较低，但差旅费和消费者服务费较高。

消费者的重要程度是消费者结构的一种变体。它是对重要消费者采用团队营销的方式建立互利、长远的合作关系的。

（二）销售计划的执行

1. 招聘和挑选

营销管理者要确定销售人员应具备的基本条件，可以在企业内部挑选，也可以向社会公开招聘，通常对申请者进行面试和笔试，有相当多的企业还使用心理测试，对被试者的个性作出评估。至于是否要有经验，不同管理者有不同选择，有些管理者更愿意招没有销售经历的人，然后按照自己的方法进行培训。有的管理者，特别是小企业管理者可能愿意招聘有经验的人，因为它们自己没有能力提供培训，而最终的选择取决于管理者。

2. 培训

培训可以是正式的，也可以是非正式的和半正式的。有的投资和发展自己的高质量培训设施，定期开设一系列内部入门和进修课程；有的则采用短期的方法，按需要请外部的专家；有的让受训员去现场走访，观察实际工作中熟练的推销人员的推销过程。培训通常覆盖一系列的内容，如企业的产品和服务、行业的信息、职员的职责以及传授销售技能。

3. 激励和薪酬

企业不仅要激发员工的工作热情和工作积极性，而且在他们取得成绩后要确保得到足够的奖励。给推销人员薪酬的方式有多种，可以直接给薪水、直接给佣金或者薪水加佣金或奖金。也有在销售人员达到或超过销售目标时对其进行非金钱奖励，这些奖励包括旅行、杰出销售人员奖等。如安利公司对表现突出的销售人员采取奖励轿车和出国旅游的方式。

（三）销售队伍的评估

销售管理过程的最后阶段是评估销售队伍。要对销售人员是否完成了销售目标、是否遵守客户管理政策等方面进行评估。评估可以采用量化的方式，也可以用质化的方式。量化的测量评估可以是访问的数量、客户的覆盖面、销售额、新开发的客户数以及具体的产品的销售额；质化的方式可以是对销售人员的态度、掌握产品的知识、对消费者的关注、推销和沟通的技能、外表以及职业道德的评估。

第五节　直复营销

直复营销又称为直销。这种营销方式起源于美国。1872 年，蒙哥马利·华尔德创办了美国第一家邮购商店，标志着一种全新的营销方式的产生。但在 20 世纪 80 年代以前，直复营销并不为人重视，甚至被看成是一种不正当的营销方式；20 世纪 80 年代后，直复营销得到了飞速的发展，其独有的优势也日益被企业和消费者所了解，也为促销组合中的其他要素增加了另外一个维度。

一、直复营销的定义

直复营销是指营销者通过一种或多种媒体与消费者进行直接交流以鼓励他们能够作出迅速响应，发生订货行为，再通过恰当的方式将产品或服务送达消费者手中，收取款项的促销手段。直销者直接与消费者交流，经常是互动的、一对一的方式。

直复营销以产生直接订单为目标，不论是通过电话、邮寄还是通过网络，销售者既可以迅速接收订单，也可以发送产品；可以提供信息，信息可通过销售人员口头告知或经过印刷的文字告知，直复营销开辟了交流渠道，使潜在消费者能进一步了解信息。

二、直复营销的类型

直复营销的主要类型包括直接邮寄营销、购物目录营销、电话营销、电视购物、直接销售、网络营销等。

（一）直接邮寄营销

直接邮寄营销是公司主动通过邮政服务，将宣传函分发给接受者的家里，以推销产品或服务的营销方式。这是当今应用最广泛的形式。许多邮寄广告融入了许多设计，通过好奇心，增加了被打开和阅读的机会。

（二）购物目录营销

购物目录营销是指经营者编制商品目录，并通过一定的途径分发到消费者手中，由此接受订货并发货的销售行为。购物目录通过市场细分和目标定位提高了营销效率。购物目录营销的优势在于它的内容含量大，信息丰富完整；图文并茂，对消费者具有吸引力；便于消费者作为资料长期保存，反复使用。

（三）电话营销

电话营销是指通过电话联系消费者并向消费者直接销售。电话营销促成了与潜在消费者的直接、口头的个人接触。电话营销通过直接和互动的交流带来好处，可及时收集反馈意见并回答提问，可随时掌握消费者态度，使更多的潜在消费者转化为现实消费者，但可能干扰消费者的工作和休息，使其产生不快感。

（四）电视直销

电视直销是指营销者购买一定时段的电视时间，播放某些产品的录像，介绍功能，告示价格，从而使消费者产生购买意向并最终达成交易的行为。电视直销的优势在于通过画面与声音的结合，使商品由静态转为动态，直观效果强烈；通过商品演示，使消费者注意力集中。

（五）直接销售

直接销售是通过个人联系，在消费者家里或办公室里进行演示来直接销售产品和服务的行为。依靠直接销售的企业包括安利公司、雅芳公司等这些广为人知的企业。这种方式的优势在于它购买便利，而且如果消费者缺少关于产品的知识和对品牌的认知，对这种方式的需要就会有所增加。

（六）网络营销

网络营销是直复营销各种方式中出现最晚的一种，但也是发展最为迅猛、生命力最强的一种。

1. 网络营销的概念

网络营销是指营销者借助计算机、联网网络、通信和数字交互式媒体而进行的营销活动。它主要是随着信息技术、通信技术、电子交易与支付手段的发展而产生的，特别是国际互联网的出现，更是为它的发展提供了广阔的空间。互联网作为一种交互式的、可以双向沟通的渠道和媒体，在企业与消费者之间架起了方便的双向互动的桥梁，借助互联网，企业与消费者之间可以实现直接的一对一的信息交流和直接沟通。从网上销售的角度来讲，网络营销是一种典型的直复营销。

通过互联网，消费者可以直接参与从产品设计、定价到订货、付款的生产和交易全过程；企业可以直接获得市场需求情况，开发产品，接收订单，安排生产并直接将产品送给消费者。网络营销作为一种有效的直复营销策略，源于网络营销活动的效果是可测试、可度量和可评价的。互联网信息处理高效率、低成本的特点，使企业可以及时了解消费者需求变化的情况，细分目标市场，提高营销活动效率。有了及时的营销效果评价，企业还可以及时改进以往的营销努力，从而获得更满意的营销执行结果。

2. 网络营销的特点

（1）提供更好的售后服务。互联网的方便、快捷使得消费者可以方便地通过互联网直接向企业提出建议和购买需求，也可以直接通过互联网获得售后服务。

（2）交流成本和订单处理成本降低。相对直接邮寄或媒体广告进行交流的成本而言，因为不需要每月印刷和发行商品目录，印刷和邮寄成本被节约下来。虽然发展和维持一个网站需要一些成本，但成本相对较低。另外，每样东西电子化后，可以在没有协助的情况下，处理订单上的所有条目。所以，在线购物的订单处理成本降低了。

（3）减少营销费用。企业可以从消费者的建议、需求和要求的服务中找出企业的不足，按照消费者的需求进行经营管理，减少营销费用。

（4）增强忠诚度。如果消费者受到了款待，得到了信息，又乐于回来，那么品牌的价值和形象就得到了提升。

三、直复营销的管理

直复营销要想继续创造、建立和维持与新老消费者的关系，那么它需要谨慎地制定目标和进行管理。任何的失误，都可能使不恰当的消息传达给错误的目标。

（一）确定目标

直复营销的目标既必须与更广泛的营销和推销目标相连，又必须与目标受众和可衡量的结果，如市场意识、回应数量或咨询向销售的转化联系起来。

（二）选择潜在顾客和目标顾客

公司可以辨别最有价值的当前消费者的主要特征，从中定出资格标准，以挑选最好的潜在消费者，同时定出对他们最具有吸引力的报价。

（三）选择合适的媒介

在目标消费者群选好后，需要选择最合适的媒介，使产生的计划得到回应。媒介的选择可根据潜在消费者购买过程阶段的不同而不同。最初的接触使对方产生了兴趣，有了回应，可以选择任何媒介实现；回复消费者的询问并提供更多的信息，媒介的选择包括直接邮寄、电话营销；售后重要的是与消费者保持联系，向消费者提供新产品。销售者需要通过直接邮寄、电话营销等来达到目标。

（四）回应的处理

在有限时间段内，其回应是直接的，可以对回应率进行分析，如每笔咨询的成本，每笔订单从咨询到订货的转换率等，进而提高效率。

第六节 公共关系

一、公共关系的定义和作用

（一）公共关系的定义

菲利普·科特勒将公共关系定义为：通过有利宣传与有关公众建立良好的关系，树立良好的企业形象，处理不利的谣言、传闻和事件。

在现代市场竞争中，企业单纯依靠商品本身的竞争已不足以引起更多消费者的青睐，公共关系是通过与社会及公众的沟通，使企业的商品、企业的形象为公众所熟知和喜爱，从而达到其他促销工具所不能产生的效果。

（二）公共关系的作用

1. 有助于树立企业良好的形象

良好的企业形象对企业的生存与发展具有重要意义。如海尔式的服务能家喻户晓、深入人心，离不开它出色的公关沟通技巧。海尔通过公共关系的多种手段，如专题报道、消费者座谈会等形式，提升了服务的意义，使海尔依靠优质服务树立起优质的企业形象。

2. 协调纠纷，化解企业信任危机

由于企业与公众存在着具体利益的差别，必然会充满各种矛盾。一旦发生，必然导致消费者对企业的不满；如果对问题处理不当，就可能导致严重的公共关系危机。通过建立良好的公共关系机制，增加企业与公众之间的相互了解，企业就有可能避免与公众的纠纷，并可通过公关手段将已经发生的信任危机所造成的组织信誉、形象损失降到最低限度，进而因势利导，使坏事变为好事。

3. 宣传花费费用低，具有较高的可信度和关注度

电视广告宣传能影响广大受众，但费用高，而且公众对广告的内容抱有某种怀疑。而被新

闻报道不用为媒体时间花钱。如用新闻发布的形式，费用较低，同样在短时间内，新产品和企业政策就能家喻户晓。而且媒体是中立的第三方，它的宣传比较令人信服，可信度较高。

二、公共关系的活动方式

公共关系的具体活动方式主要有以下几种：

（一）新闻宣传

它是企业以最低的成本获得媒体的宣传。大多数企业都同媒体之间建立良好的关系，并尽量对媒体提供对企业有利的消息，以扩大企业的影响，加深消费者印象。

（二）赞助和开展公益性活动

赞助活动是由企业无偿提供物资或资金支持某一项事业，以获得一定的形象传播效益的活动，如体育赞助、播出节目赞助等，支持社会的各项公益活动，如基金捐献、支持社会福利活动等。这些活动往往会通过新闻媒体的宣传，有利于树立企业为社会服务的形象。如可口可乐、联合利华等跨国企业在进入我国时，就通过捐助希望小学、绿化环境等一系列的公关活动，取得我国政府、媒体和公众的好感，为企业本身的发展创造了良好的氛围。

（三）组织各种专题活动

企业可通过举办新闻发布会、展览会、看样订货会、联谊会、庆典会等各种社会活动，介绍企业情况，推荐企业产品，沟通感情，提高他们对企业产品的兴趣和信心。企业在举办这些活动前，往往会与新闻媒体取得联系，扩大宣传来强化形象。

（四）制作发布公关广告

公关广告是企业推销自身形象的一种特殊手段，是企业为了引起公众对自身的注意和兴趣，进而产生好感和信任，最终获得公众的支持和合作的传播活动。它的具体形式在不断发展，但最基本的形式有形象广告、工艺广告和观念广告三种形式。

（五）企业内部的公关活动

企业内部的公关活动是指通过横向与纵向的沟通方式，以内部培训、开展员工交流会、出版内部刊物、企业领导接待日等方式，强化领导层与员工、员工与员工之间的沟通，增强企业内部员工凝聚力的公关活动。

三、制定公共关系计划

（一）设定目标

为了确保公关计划获得最终的成功，得到公众的认同，首先就必须明确目标。公共关系的目标是以形象为导向的。选择形象是整个公共关系计划的目标，可供选择的目标有以下几点：争取让媒体报导公司的成就；当不利局面出现时让媒体报导公司的观点，缓和负面的宣传带来的影响；在公众心目中建立良好的信誉，树立专家的形象；向市场推出一种新的产品或服务等。

（二）确定目标群体的构成

必须明确界定公关活动的目标群体，也就是通过这次活动来影响哪些人，向他们传递什么样的信息。目标群体越明确、越有层次越好。

（三）制定公关活动的时间表

要充分考虑到将公关活动和其他的营销和营业推广活动配合在一起，以达到相互呼应、事半功倍的效果。如企业在新产品推出前开展公关活动，为新产品的推出制造气氛。

（四）选择宣传的类型和媒体

要选择具体使用哪一种宣传类型，借助于哪些沟通渠道和沟通工具将关键信息发布给受众。如采用新闻宣传、召开新闻发布会、同媒体进行合作搞一些有创意的活动、发起赞助等方式。当然，必须在一定的资源和预算限定的条件下，充分考虑各种可能的传播方式，随后将力量集中在关键的几项，然后再制定详细的方案。至于宣传，企业一般都关注报纸、电视、杂志和商业出版物。由于很多杂志和部分商业出版物有一定的出版间隔，宣传方面的工作可以考虑使用每日或每周出版的媒体。

（五）评价效果

评价效果是指评价公关活动是成功还是失败。对于社会公益广告，企业可以作简单的调查，看沟通接受的效果以及对形象的影响。对于宣传，企业可以统计有关自己的报道有多少次，实际的报道时机，评估受众的反应，计算相应的广告要花多少钱。

关 键 词

促销；促销预算；广告；营业推广；直复营销；公共关系

思 考 题

1. 描述各种制定促销预算的方法。
2. 比较人员沟通渠道和非人员沟通渠道。
3. 列举几种广告目标，举例说明它们是如何实现的。
4. 广告、营业推广、人员推销、直复营销、公共关系有什么区别？

【案例分析讨论】

"云南红"：上升的葡萄酒"新贵"

当今我国葡萄酒市场，除了张裕、长城、王朝等几大品牌外，云南红葡萄产业集团的葡萄酒"云南红"凭借其独特的市场营销策略，在短短的五年里迅速成长为业内的知名品牌。

云南红葡萄产业集团是一家集种植、酿造和销售为一体的专业化葡萄酒酿造产业集团。在种植方面，由山东酿酒葡萄研究所负责技术指导；在酿造方面，由法国波尔多地区酿酒世家第五代传人担任顾问，由国内优秀的酿酒师、品酒师担任总工程师，采用最先进的酿造工艺，完全按照国际标准酿造，使产品的质量有可靠的保证。

1997 年，云南高原葡萄酒业成立时，我国红酒市场的竞争非常激烈，六百多家红酒厂、一千多个葡萄酒品牌此起彼伏，群雄割据。在当时的市场环境下，"云南红"制定了一套行之有效的市场营销策略和品牌策略来争夺市场。

在第六届全国首届海峡两岸葡萄酒酿酒企业的经理研讨会上，他们在报告中用详尽的数据引证世界海拔最高、纬度最低的优质葡萄园在云南，旨在塑造云南红的原产地形象；同时，公司通过策划、组织和制造具有新闻价值的事件吸引媒体、社会团体和消费者的兴趣和关注。2000 年 10 月，"云南红"进入钓鱼台国宾馆，成为国宴特供酒，传播"云南红"的品质诉求，强调能进国宴的酒的品质肯定优秀；另外，2002 年 10 月，又推出"云南红猜标中大奖"活动，通过活动尽可能地与消费者进行良性互动。此外，"云南红"非常重视宣传，把宣传渗透进了社会生活的每一个细节。一方面利用报纸、电视进行轰炸式的广告投放，另一方面组织大量的文化活动，利用社会上有价值、影响面广的新闻，不失时宜地将其与自己的品牌联系在一起，力求达到借力发力的传播效果。并且借助影院搞联合促销，推出"凡购买当日电影票者，一律可以在购买'云南红'时获得优惠"的活动，使其产品在短期内成了当地的热销产品。在终端销售上通过开瓶有奖、买就送礼品、"云南红"之旅等形式的一系列优惠打动消费者的心，使"云南红"的销量直线上升。

分析讨论题：

本案例中"云南红"采用了哪些营销方式进入到激烈的市场竞争中？你认为还可以采用哪些更好的方式？

第十三章

营销策划、实施与控制

【学习目标】

□ 了解营销策划的基本内容和策划的基本方法

□ 培养对企业营销策划活动的思考能力

□ 对营销策划、实施与控制有很好的把握

【导入案例】

宝洁公司于1988年进入中国市场，至今已有二十多年。在这二十多年里，宝洁公司每年至少推出一个新品牌，尽管推出的产品价格较当地同类产品贵一点，但这并不影响其成为畅销品。应该说，只要有宝洁品牌销售的地方，其产品就是市场的领导者。

宝洁公司的营销策划、实施与控制在于其处于龙头地位的市场部，其最大特点就是帮助宝洁公司实施品牌管理。宝洁公司产品线包括护发、洗发品类，护肤类，个人清洁类（OLAY、化妆品、香皂），妇女卫生用品类，口腔保健（牙膏、牙刷）等品类。广告企划由销售部与促销部制定并具体执行。市场部就某个品牌扶植并对生产、营销、财务整个过程进行管理，但变更计划要征询该品牌总经理的同意。市场部一般每星期开一次调度会，宝洁公司有一个由十几个人组成的中国工作委员会，包括销售总监、品牌总经理等，按照董事会决议每月开一次会。品牌总经理会议实时对品牌市场作追踪汇报。市场研究部有十几个经理不断调查消费市场的需求变化，及时反馈市场信息，并通过外包或合作的形式进行市场调研，定期开展市场分析，把握最新的资讯，以支持品牌管理工作。

为了掌握宝洁产品商业动态，公司花350万美元投入软件系统，在广州黄埔建有一个控制中心，由2000个计算机点的网络来支撑，主要选用了德国软件进行生产、销售、供应、财务管理，还提供与其他软件的接口。网络有公司内部网，可查各种档案，如公司电子邮件，上互联网交换数据；还有分销商一体化系统，是根据公司经营理念特别设计的，可调打印提货单，反应极快；大型连锁店系统软件可以实时反映企业的供需情况；还有计算机预测系统，一个星期进行一次滚动性预测。公司总部对市场的投入十分重视，1998年广告投入10亿元，占销售额的12%，以电视广告为主，基本不做户外广告。作为广告宣传特定形式的产品派送，费用占销售费用的1%～2%，主要用于培育市场，如牙膏派送，从学校小学生口腔卫生教育抓起。学校教育用某一种牙膏品种，立即派送，形成学生心目中的品牌，当地商店供货及时跟上，保证供应。

（资料来源：人大经济论坛《市场营销计划、组织与控制》的宝洁案例）

第一节　营销策划的外部和内部分析

一个企业能生产出好的产品实属不易，但是在此基础上能进一步成功开展产品的营销策划活动更非易事。随着社会文明的进步，人们每天接受成千上万的产品信息，“酒香不怕巷子深”的观念已越发不适应这个激烈竞争的社会，即使有好的产品，企业亦需好的配套营销策划将自己的产品最广泛地向受众推广，才可以确保市场的一席之地，维持企业日常生产与开发新产品，以图后谋。所以，对企业来说，营销策划是向世人推广产品必备也是最关键的一步。本节将阐述企业营销策划的内容，并配以相应的案例与图表。

营销策划是指企业为了改变自身的现状，根据其营销的目标，为满足消费者的需求与欲望，进行产品或服务的规划、设计、价格、渠道、促销等一系列活动，是一个实现个人与组织交换的过程。

所谓营销策划的外部分析，主要是指对一个企业所处的、外在的、大的市场背景进行分析，即消费市场分析；内部分析则是指对企业自身的内部环境进行分析，分析企业的综合竞争力，是否可以做到有别于其他竞争对手的、独特的能力。

所谓“知己知彼，百战不殆”正是如此。如果企业单单分析了消费市场环境，发现有可细分的市场，而对自身的实力不加以考虑，贸然挺进，风险是很大的；如果企业只分析了自身的竞争力，又找不到消费市场的切入点，无异于“病急乱投医”，到处碰壁。所以需要结合企业营销策划的内部与外部分析，以更好地把握自身优势进入细分市场。

一、营销策划的外部分析

外部分析即对市场的分析，营销的起点与终点都是满足消费者的需求。消费者需求是企业营销策划重要的外部因素之一，除此以外，影响策划的外部因素还包括宏观市场环境预测、市场竞争环境预测、资源供给状况等。市场分析是多角度的，而且也是一项复杂的工作，通过准确调研市场信息，把握市场动向，根据市场的整体与局部，运用合理分析模型进行客观、公正的分析，为企业提供有效的外部信息，支持其策划决策。

1. 宏观环境预测

营销环境是指企业在进行营销活动时遇到的外部因素、条件以及背景状况。对于宏观环境，企业是无法改变的，只能通过对其进行预测，把握并适应之，才能生存。宏观环境一般可以分为以下几个方面：

（1）人口环境预测。人口是市场规模大小的基础，人口的多少直接影响了市场的大小；同时，市场的大小又会影响到企业产品的销售收入，所以人口是市场的重要组成因素。换言之，没有人口的市场是无效的市场，恰之于“巧妇难为无米之炊”，即使作再好的策划都是白搭。此外，人口环境是受客观的自然规律和经济规律影响的，在既定的空间范围之内，人口的总量、增幅情况以及人口的迁移等，使得人口不断发生变化。因此，企业要抓住人口变化的客观规律，正确认识人口环境的趋势，有助于企业开发新的市场与巩固旧市场。

人口环境分析一般可以从以下七个方面来判断：总量与增幅、年龄结构、民族构成、家庭模式、人口迁移、文化程度以及人口政策。

1）人口的总量与增幅。人口的总量直接决定了市场规模的大小，而人口增幅则代表了市场的成长性。

2）年龄结构。人口的年龄结构对细分市场的营销策划有重要的意义，企业可以针对年龄结构各个层次的比例进行合理的资源规划，可以做到有的放矢。例如，青少年在年龄结构中占的比例较其他层次高，玩具企业、教育企业或休闲食品企业等可以分配更多的资源在此层次中进行一系列的营销策划活动，以规模效益获得更多的利润。

3）民族构成。不同的民族都有各自的消费偏好与传统以及禁忌，所以营销策划者必须深谙各个民族的消费偏好，做有民族特色的策划活动。例如，中华民族崇尚节俭，善于储蓄，可以以经济实惠的宗旨打动中国消费者；美国崇尚享受和自由，很少做储蓄，所以信贷消费比较受欢迎。

4）家庭模式。家庭模式主要包括多子女的家庭模式（四人以上的家庭）、核心家庭模式（三口之家）、新婚或无子女家庭模式、单身家庭模式。每个家庭就相当于一个消费单位，不同的家庭模式有助于细分市场。

5）人口迁移。随着人口在不同的地区间迁移，他们之间的消费文化以及语言文化不断地交融，需求也会随着迁移而逐渐发生变化。一般的迁移规律是：人口从相对落后的地区迁往相对发达的地区；从农村迁移至城市。不断的迁移运动给城市带来了新鲜的血液，提升了城市的购买力，有助于企业销售产品。

6）文化程度。一般而言，知识层次不同，其需求也不同。从全球的视角来看，知识的普及率正逐步上升，企业未来的利润源泉在于知识层面的市场。

7）人口政策。不同的国家根据不同的国情，采取不同的人口政策，例如，我国采取计划生育的国策；北欧由于社会进入老龄化的阶段，鼓励生育。鉴于以上种种情况，营销策划者就应该因地制宜，针对特定的人口政策，分析未来策划的方向。

（2）自然环境预测。一般来说，自然环境直接影响着消费者的生活方式和消费需求。随着人类不断地改革与解放生产力，使得现代人类的生产力空前发达，为此人类已付出环境污染和破坏的代价。目前，自然环境的变化集中体现在两方面：一是人类生活与生产的迅速扩张与自然资源的有限造成了现在自然资源告罄的局面；二是由于人类没能利用好自然规律，遭到自然的报复，自然环境受到严重的污染，生态系统平衡被打破，正一步一步威胁着人类的生存。正如纪录片《地球2100年》中言及的，科学家按照人类目前发展的速度，不到2050年，南北极冰山加速融化，全球海平面将大幅上升，世界的岛国将面临有史以来最大的危机——沉没，人类的可居住面积进一步缩小，原始病原体再次爆发，造成不可挽回的局面。寻找可替代的资源、提高资源的利用率等已成为当前最重要的话题，也是营销策划者需要考虑的一个方面，利用最新的科技提高资源的有效利用率，满足消费者关于环保的诉求。图13-1显示2009年环境污染与生态破坏投诉排名，这对自然环境的预测具有重要参考价值。

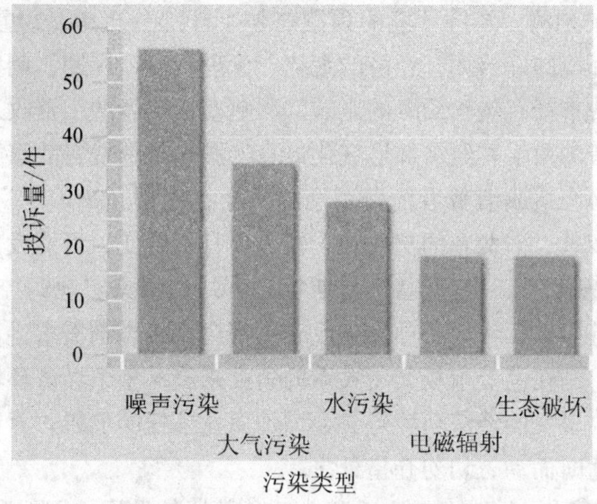

图13-1　2009年环境污染与生态破坏投诉排名[⊖]

同时，地理环境也是一个需要考虑的因素，不同的地理环境造就不同的文化与消费需求，例如，气候潮湿多雨的四川盆地，消费者对辣椒的需求比其他地区的需求更多，同时对雨伞也有一定需求。营销策划者考虑策划问题时应多注意地区间差异，迎合特定消费群的需求来策划活动，把握区域的消费特征，打有把握的仗。

（3）政治与法律环境的预测。消费市场在一定程度上受社会政治和法律环境的影响，有些影响可能不是致命的，但有些则很有可能成为市场的切入点，决定着营销策划的成败。因此，企业的营销活动必须符合进行营销活动的地区或国家的政治及法律规定，孤注

⊖ 引自图表网 www. tubiao. net.

一掷就会遭到封杀。所以，对营销策划者而言，实施有效的策划的前提是详尽地了解营销规划区域或国家的政治及法律，关注其社会政治环境是否稳定，能否保证营销活动的正常进行；法律制度是否健全，能否保证企业的利益等。例如，当年百事可乐要进入俄罗斯市场，就必须答应俄罗斯政府以为其销售伏特加酒为条件，才允许百事可乐进入俄罗斯市场销售。可见在某些特定的时刻，政治环境可以是一块成功敲开目标市场的敲门砖。

法律制度各国之间存在很大的差异，仅法律体系就可以分为英美法系、欧陆法系、普通法系、比较法系等，有的法律体系对于烟草、酒类、赌博业是较为宽松，有的则对销售酒类产品加收很高的税赋。种种迥异的法律体制向我们展示的是一个多变、复杂的消费市场，同时也增加了营销策划者决策的难度。当然，企业要向陌生的消费市场推销自己的产品，了解该地区或国家的法律是必修课。

综上所述，对于一个迫切想进入目标市场的企业而言，需要以敏锐的思维与洞察力洞悉影响当地政治及法律的因素，从而作出合理的分析，进而判断比较不同法系的差异，找出哪些因素是企业可以善加利用就能绕过特定的障碍进入目标市场的，抑或通过何种渠道能有效地进入市场，实现策划的最终目标。

（4）经济环境的预测。经济环境的预测在整个外部分析中是最重要的部分，企业的利润全仰赖于经济环境的好与坏，经济的走势、管理制度、周期、调整以及产业结构的调整，无不对整个消费市场有丝丝缕缕的影响，影响着消费者的工资收入、消费习惯以及储蓄水平。站在消费者的角度看经济环境变化最直接影响是消费者的家庭收入中的可支配收入，收入的变化势必会造成消费者消费观念的转变，例如，2010 年，全球仍受金融风暴的影响，消费市场疲软，消费者的消费观念较之前有所转变，可能大部分消费者更倾向于储蓄，而非将钱投资于股市、基金甚至是期货等。站在国家宏观调控的角度来看，利率、税收、汇率和价格等参数，任何一项发生改变，都会直接影响需求、供给，而这些参数之间还会有联动效应。站在消费市场交易关系的角度来看，整个经济环境的稳定是保证良好的商业秩序的前提，多变的经济环境势必会增加商业信任的危机，营销策划者需注意所处的经济环境现状，适时而动，切勿仓皇处之。

（5）科技环境预测。企业的产品开发离不开科技的发展，同时科技的进步也离不开消费者日益增加的消费需求，二者是相辅相成的，所以营销策划者需将科技环境预测考虑在内。

1）科技环境影响的层面预测。科技对消费市场或是某一特定的行业的影响表现在以下四个层面上：

①科学技术的进步能缓解特定资源的稀缺性。例如，世界上的石油储量是有限的，面对人类无限的开采，迟早会枯竭，这就需要科技的力量来缓解人类的能源危机，如太阳能的开发、核能的利用等。

②科技是第一生产力，科技的进步使企业的生产效率得到提高，因此就更有成本上的优势，帮助企业获得竞争的优势。例如，IT 业著名的摩尔定律：电子消费品的循环周期是 18 个月，由于激烈的竞争，某些产品的寿命可能更短。以 CPU 两巨头——Intel 与 AMD 为例，此二者不断地推陈出新，几乎是每三个月都会有新产品问世，如 2009 年第三

季度力推 i7 系列与 Phenom 系列，2010 年第一季度力推 i5 与 i3 系列。对于 IT 企业而言，科技尤为重要，是制胜的利器。

③科技的发展与商业应用使人们的生活方式发生改变，消费的体验也随之变动，消费者将会变得越来越乐于接受新鲜事物，敢于尝试网络技术的平台，不仅可以节约消费者的购买成本，而且能使企业的支付效率大大提高，管理成本下降。例如，马云创办的阿里巴巴电子网络贸易平台，使得企业能够在网络平台上进行发盘和收盘等业务；随着以 B2C、C2C 为特色崛起的网路交易平台 eBay、腾讯拍拍等，以其出色的支付系统，降低了消费者购买的成本，提升了收付款的效率，正逐步改变着消费者的消费体验。

④科技的进步能够激发消费者更多的消费需求，换句话说，消费者有很多未被激发的需求，而这些需求称之为潜在需求，正是由于科技的进步，把之前认为不可能的事变为现实。例如，在古代，人们梦想能自由自在翱翔于蔚蓝的天空，现在人类以先进的科技开发出飞机，使得古人未实现的梦得以完成。

2）科技环境影响的全局预测。科技的发展关乎一个国家的生死存亡，不仅仅是企业的事，更是一个国家体现综合竞争力的标准之一。站在宏观的角度看，科技对全局的影响主要有以下三个方面：

①企业与国家正确认识科技发展趋势，科技代表着力量，是能走在世界前列不可或缺的力量。例如，美国当时注重数字技术的开发，在之后的电子产品市场有力回击了日本主导的传统模拟技术，占据了大半电子市场，获得了国家竞争力的提升。

②企业与国家的研发支持成了竞争力大小的关键因素。一个企业或国家，如果在科技方面缺乏竞争能力，更何谈营销呢?

③科技的进步很大程度上受到经济发展的影响，亦会对消费者的消费需求产生影响。科技与经济的因素相互影响。市场的繁荣为科学技术研究带来更多的资金，使得科技能更快发展；科技进步的同时对经济的发展有推动作用，以刺激消费者能有更多的可支配收入购买产品。

综上所述，在现今知识技术的时代，科技环境的预测正逐渐成为策划者关注的热点。

3）科技环境预测的着重点。企业对预测科技环境的着重点在于两个方面：其一，提升自身的竞争能力和生产效率的前提是科技的发展与进步，也只有拥有与其他竞争对手不同的科技力量，才能做到差异化的竞争优势；其二，科学技术的进步对消费市场的供需有影响，综合科技发展的速度与产品的生命周期等因素，营销策划者应该有充分的认识，全面考虑科技的重要性。

（6）基础设施评测。基础设施的状况同样影响着营销策划的消费市场，或制约或推动产品的供需情况，抑或对某一产业的发展起着重要的作用。基础设施一般可分为能源、交通网络、通信网络、PC、住房等。一般而言，如果基础设施处于不完善的阶段，那么很有可能使得企业丧失一部分消费者的实际消费，在作营销策划的时候，还需将选址周边的基础设施状况考虑进去。假如一个企业的营销策划案做得很棒，一切都很顺利，唯独在配合方案的交通运输条件上有所欠缺，造成一部分消费者无法享受到该方案的好处，导致损失一部分实际的消费。所以在作策划时，基础设施或与基础设施相类似的相关使用条件是策划分析的重要内容。

此外，由于基础设施的投资规模较大而且周期长，项目进程容易受到大众媒体极大的关注，数据更易收集，因此对其评测可以有很好的把握。以 2010 年引世界注目的上海世博会为例，其项目进程会通过大众媒体及时向全球的人们发送，各项数据较其他的项目易得。总的来说，策划者要仔细分析在基础设施的项目完成之后，能给受众带来什么样的利益，而这些利益是否可以影响企业自身产品的连带或替代效应，把握任何可以切入的点，以点带面，从中获取可观的收益，并为营销策划的调整提供切实的参考。

2. 消费市场的需求预测

消费市场的需求是营销策划最主要的一块，也是企业最直接的利润获取源头，没有消费市场的需求，就等于纸上谈兵，这样的空中楼阁很快就会轰然倒塌。消费市场的容量大小以及潜力的多少全依赖于整个消费市场的大环境。中国在其他国家眼中是一个很大的市场，同时也是一个潜力巨大的市场，中国消费者的消费需求还未得到完全开发与释放，使得他国企业纷纷来我国进行试探性的开发与投资，在充分了解之后得以捕捉把握市场的契机。

图 13-2 为消费需求预测导航图。

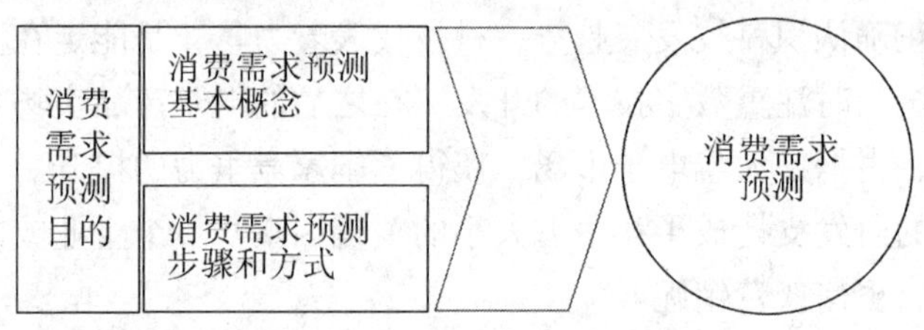

图 13-2 消费需求预测导航图

1）消费需求预测的基本概念。一般地，在营销策划的消费需求预测中会碰到一些特定的词语，这里我们挑选几个主要的来解释。其一是有效需求，其二是可支配收入。有效需求是指预期可给企业带来最大利润量的社会总需求，亦即与社会总供给相等从而处于均衡状态的社会总需求。换言之，就是指具有实际支付能力的需求。要满足有效需求，需要有法定或行政授权的合格的有效市场，一切依法办事，按规章进行，有据可行。

可支配收入是指在消费者家庭总收入中除去家庭中日常生活的刚性费用（如购置粮食的费用、水电费用、上缴税收等）后，剩余的可以供家庭成员花销的费用。这一部分就是营销策划者需要策划如何从中获得利益的，是策划的重头戏。同时，这部分收入的多少也会直接影响企业的收入，而企业需要仔细分析消费者的可支配收入，根据其特点制定相应的活动，引导消费者购置产品。

2）消费需求预测的目的。消费需求的预测在于弄清消费市场的规律，并把握其独特的属性。通常来说，消费需求呈多样性，是由消费者对产品或服务的兴趣与购买力的不同所决定的；消费需求多变的，主要由他们所处的多变的环境因素所决定；同时，消费需求又是相互制衡的，在不同的产品或服务之间可能存在着一定的替代效应、连带效应以及互补的效应，不同的需求制衡着产品或服务间的关系；消费需求也是有层次的，不同的收入决定了不同的消费需求，这好比是马斯洛的需求层次金字塔一般，当收入达到一定程度之后，其消费需求也会随着提升，有更高的消费需求；消费需求对不同的消费主体而言是大相径庭的，个人消费需求与家庭消费需求可能是非均衡的，甚至是相背离的。种种消费需求的关系，需要营销策划者去熟悉、去了解，去体会其中的内容，才能从根本上解读消费需求，才能更准确地把握消费需求分析，更好地完成营销策划的方案。

3）消费需求预测的步骤和方式。一般而言，消费需求预测的方式是以定量的数学模型、统计分析等方法执行的，如价格需求弹性、供需平衡模型分析等，借以更好地为策划者提供可供参考的数据，辅助完成营销任务。

消费需求预测的一般思路在于分析有效的需求，按照规范的逻辑思路进行，通常有以下几点：

①我们的市场在哪里，规模有多大，是否有潜在的、未挖掘的市场。

②目标市场是否有良好的成长速度，成长的循环周期又是多长。

③马斯洛需求层次的五大标准在一定的时期里有什么样的变化特点。

④哪些环境因素是主要决定或影响市场需求的因素。

⑤现今的消费市场是如何细分的，而后的市场格局往何处发展，是怎么发展的。

⑥本企业的目标市场有哪些，有多大的市场份额，能有多大的增长潜力。

⑦目前目标市场的主要竞争对手的份额是多少，其竞争优势有哪些，其不足之处又有哪些。

⑧是否有新的消费者进入目标市场，为什么进入。

⑨有什么方法可以激发消费者的购买欲望、扩大销售、加速新旧更替。

⑩有无忽略隐藏的竞争对手分食现有的市场，应如何应对。

3. 消费市场竞争分析

对于竞争这个不可避免的话题，也是企业作策划的时候不可或缺的分析部分，存在市场竞争可以表明该市场的状况是良好的，是动态的，而非部分企业垄断的病态环境。竞争是消费市场发展必然的产物，不同的产品及生命周期的竞争格局决定了不同的竞争模式。市场的竞争不仅存在于买卖或是供需的双方，时与势易位也会对竞争的对立度发生影响，供需关系可能就会随时被改写，如果供大于求，那么该市场更有发言权的是买方市场；反之，如果供小于求，那么市场便会发生逆转，成为卖方市场，卖家则更有议价的话语权了。竞争说到底是竞争各方实力与战略的竞争，是核心竞争力的竞争。企业的大小并不能说明什么问题，只能说是有更多的资金和优秀的人才，至于配置战略的问题则另当别论，例如，李嘉诚先生当年以市值仅6.93亿港元的长江实业掌控了市值为62亿港元的和记黄埔，上演了“蛇吞象”——四两拨千斤的商业经典传奇。通常而言，在有潜力和规模的消费需求面前，企业没有相当的实力也是无法拿下的，霸王硬上弓，只能自取其辱。因此，企业在作营销策划的同时需对消费市场作详尽了解，并判断自身所处的市场地位，进而作出明智的决策。

一般而言，企业的竞争力是指能够使其在激烈的竞争环境中赖以生存发展的能力，也就是有别于其他竞争对手的、独特的能力，如核能发电技术就是一个非常独特和极有竞争能力的技术。企业的竞争力大小并非企业规模大小所决定的，还要综合其营销、生产、研发、投资及其他的商业活动。作消费市场的竞争分析，首先需要对竞争力的构成了然于心。企业竞争力的基本构成表，如表13-1所示。

表13-1 企业竞争力的基本构成[㊀]

一、要素资源:企业日常经营必不可少的要素,是支持整个企业的运作的基础	
① 资产	资产是企业维持正常运作的保证,是企业创业投资的前提,最主要的存在形态为现金,可以包括银行存款、实际的现金、有价证券等。资产的多少、大小都会影响整个企业在市场上的运作,特别重要的是要保持资金链的正常与合适的资产负债比例,防止资金链的断裂
② 技术	一般而言,技术就是一个企业的核心竞争的资源,对制造业而言,更是竞争的要害。技术的先进与独创是企业傲首某行业或市场的秘籍,有先进的技术不仅可以提升生产效率,同时还可以提升企业在市场的声望
③ 人才	拥有好技术的前提是人,所有的生产与研发都离不开人的参与。一个企业的不同部门需要不同的人才,人才多样性的程度决定了企业在市场上竞争力的大小。人才对于企业至关重要,企业所处不同的发展阶段对人才的需求亦是不同的
④ 信息	信息这一要素对企业的战略、决策、策划等活动具有指导作用,由于其形式特殊,有一定的隐蔽性,不易收集。而处于现今这个信息不对称的竞争市场,获得准确、可信的信息是每个企业不断追求的目标,信息的失真给企业带来的损失可能是致命的,所以精准的信息是企业竞争力的一个重要体现
⑤ 物质资料	物质资料即一般企业日常经营的原材料、零配件、办公用品等,用以维持日常的运作。所以对于企业来说,原材料等物品的质量、成本、性能等因素或直接或间接影响企业的运作效率,进而导致企业的整体效率下降,从而造成企业的综合竞争力削弱
⑥ 自然资源	对于依靠自然资源为主要消耗品的生产企业而言,因其稀缺性与质量存在极大的差异性,所以掌握优质自然资源的企业的竞争力就越强。通常而言,像农业、矿藏业以及能源业,对自然资源的占有率决定了其竞争力的强弱
二、管理与组织:拥有要素资源的同时,好的组织管理分配亦是不可或缺的	
① 全局观点	从整体来看,企业的日常经营、技术研发、生产活动、营销活动等,都离不开管理人员有效的组织与管理。在很大程度上,企业在市场上竞争的是各自的管理体系,有了先进的管理理念才会有领先别人的竞争力
② 横向观点	企业中一般包含了各种不同的机制,而每个机制都需要各自的一套管理组织体系,并且这些体系服从于一个企业整体的体系架构。只有从体系的根本出发,加强体系的管理组织,如通过构建扁平化的架构来增强组织间的信息流通速度,建立塔形的架构就可以增强其决策的准确性
③ 纵向观点	企业的采购、生产、分销等流程环节的衔接需要有良好的管理与组织分配有限的资源。换一种方式说就是,组织管理好每个企业的环节(如财务、投资、人事、原料等),能够使企业更高效地运作,进而提升企业的竞争力

根据现代经济学原理，可以把市场竞争分为完全竞争、完全垄断、垄断竞争与寡头垄断。什么样的市场决定了企业需要什么样的竞争力，企业在作竞争力分析的同时还必须对市场或产业竞争环境作一个衡量，可以用第七章中提到的竞争的激烈程度算子 Ж 来作一个定性的评测，仔细评估企业是否可以安全进入或有多少把握进入市场。除此之外，还需

㊀ 唐豪．市场分析与营销策划［M］．上海：上海财经大学出版社，2002：160.

对企业进行 SWOT 分析，对比竞争对手还有哪些尚需改进或如何进行变革等。竞争力分析能帮助企业在营销策划中发挥其特点，缓冲直接的竞争，寻找合作伙伴，巩固目前的市场地位，以图后谋。

4. 流通体系结构

在作外部分析时，值得读者关注的是随着社会经济、科技的发展，现代的流通结构日趋成熟，营销策划活动离不开社会流通架构的支持。相对于 20 世纪的流通体系而言，现代的流通体系不单单只是运输工具的层面，同时与传统的交易方式有所不同，现代流通体系更注重交易的 P2P（Point to Point）与流通的 D2D（Door to Door），而且交易的双方不仅仅局限在同一区域或国家，其辐射程度之广，达全球的每个角落。随着互联网的崛起，流通形式进入了新的纪元，从单一的靠运输载体到无国界的资料传输服务等，满足了人们日益增长的需求。通常来说，企业在不同的生产与发展阶段，由于其生产集中度不同，对流通的需求也各不相同。在相对落后的生产条件下，企业囿于自身能力，其产品在更远距离的流通不能很好地进行，而且载体也仅仅在实体的交通运输工具上；反之，如果企业的生产集中程度更高，企业的规模更大且分销的能力更加强大，那么企业的流通手段不仅限于实体的产品流通中，还会通过其他的途径进行流通，如电子商务平台、展销会等。所以，在分析流通体系结构和流通载体的时候，将会对企业的营销策划有深远的意义，能更好地认识分销渠道。

流通体系结构的分析表，如表 13-2 所示。

表 13-2 流通体系结构分析

层面	描述
国家层面	一般来说，一个国家的流通体系是指构建于全球的流通渠道及其分布，主要通过进出口产品、产品交换、易货贸易等手段实现。营销策划者通过国家层面的流通手段，找准市场的切入点，进入目标国市场，典型的案例就是百事可乐以销售伏特加为交换条件在俄罗斯市场销售百事可乐
行业层面	从行业层面上来讲，主要是考虑整个行业的生产集中度。生产集中度越高，展示交易的功能越强。在生产集中度较高的行业，消费需求分布较集中，展销的形式比较多。如零售行业，在相对闹市的区域，都会以产品相对集中的形式展销——大卖场、商场等，由于需求分布集中，可以直接展销给消费者
企业层面	企业的流通渠道一般都依赖其分销渠道。不同的企业规模、市场份额、生产模式决定了企业分销体系的差异，因而对流通体系的依赖度也大相径庭。例如，中小企业一般是以人员推销和借助流通中介来打开销路；大型企业通常都是寻找集中销售的卖场之类的流通媒介，推动产品的大批量销售

二、营销策划的内部分析

对外部环境进行分析的同时，营销策划者还必须对企业内部可以掌控的环境进行分析，做到“知己”的部分，基于企业内部资源条件，充分考虑企业的竞争优势和市场地位。

一般地，我们可以把内部分析分为短期竞争力分析、中期竞争力分析以及长期竞争力分析，以及SWOT分析工具。

1. 短期竞争力分析

（1）短期竞争力分析的两个方面。企业的短期竞争力是建立在其营销活动中的两个方面。一是产品或服务的各项指标，如质量、品牌、售后等因素，总的来说，满足消费者的需求是短期竞争力的一个重要内容。二是企业自身的质素，也就是企业在营销活动中投入的人力、物力和财力，广告、销售团队、渠道费用等都无不考验着企业在市场的立足能力。

（2）短期竞争力的决定因素。决定企业短期竞争力的因素有两个，一是产品的兼容性，二是企业的经营能力。产品的兼容性是指产品在市场上的适应能力，一个产品能够随着市场的变更而有很好的适应性的话，在短期可以获得不错的收益。企业的经营能力对于企业短期的竞争力尤为重要，体现了企业对市场的驾驭能力。

分析短期竞争能力旨在了解和掌握产品与行业的需求变化趋势，为企业中长期的经营作打算。

2. 中期竞争力分析

企业能够永续地经营下去，在中期靠的不仅仅是产品或服务的优势，而在于其技术优势和经营优势。技术优势主要取决于企业的生产工艺、技术精度等核心要素，可以使竞争对手难以模仿，持续相对长的时间，缓冲竞争的压力。一般而言，技术的更替都会有一个周期，企业需要考虑对技术的更新或升级，以保持竞争力。一般企业的经营优势可以分为两种，一是成本优势，即企业能够在某一行业以较其他企业低的成本进行经营，以获取成本上的优势。二是差异化优势，即企业在产品的质量、品质、款式、功能、形态、品牌等方面进行不同的管理措施，以区别于竞争对手，获得消费者的垂青。中期竞争力分析在于企业的经营优势和技术优势是否能够保持企业的永续经营的动力。只有当企业拥有技术与经营的优势，其产品或服务才能在消费市场上保有一定地位，使得企业在中期更具竞争力。

3. 长期竞争力分析

从长期的竞争力来看，企业最关键的能力不仅仅体现在技术和经营上的优势，其更深层的是企业的资产状况与人力资源所形成的企业体制，这种体制是确保企业长期竞争和永续经营的核心竞争力。一般来说，长期核心竞争力并非是无据可依的，而是建立在中期竞争力上的。

（1）企业资产状况分析。企业的资产状况通常可以以某些特定的参数或指标为参考。企业资产的总量可以说明企业目前规模的大小，也可以认为是目前的整体实力；资产的增值能力说明企业资产品质是否良好，能否支持后续经营；资产的负债比、速动比以及财务杠杆等参数说明企业目前资产的结构是否可持续发展；资产的形态的比例的大小也决定了企业的现金流是否畅通，可否维持企业日常运作，资产的一般形态包括实体的形式（现金、有价证券、银行存款等）和非实体的形式（技术、专利等），主要分析企业的风险系数，评估企业资产是否合理分配。

（2）企业人力资源分析。“十年树木，百年树人。”企业的百年大计全在于人力资源上，人是企业生存发展的主体，从某种意义上来看，企业长期竞争的是人才。在现今快鱼吃慢鱼、大鱼吃小鱼的时代，人才是核心竞争力的根基。通常，企业的人力资源可以分为企业家、经营管理人员、技术人员以及一般的员工，每一种都是不可或缺的。在分工专业化的大时代，一部分人因为操作熟练相对其他人更适合所从事的职业。一般而言，企业家是企业经营的主题，没有他们就没有市场上各异的企业；经营管理人员是针对企业规模的扩大而应发展的需求出现，随着规模的膨胀，越来越多的事务已不是企业家一人的能力所承受，必须组建一个管理团队，靠大家的智慧应对瞬息万变的市场，技术人员是企业的动力来源，技术的更新和发展都离不开这些人员，招募优秀的技术人才是每个企业发展壮大的诉求，尤其是制造业、IT 业等对技术依赖程度极高的产业，技术就是生命，没有技术就等于宣判了企业的死刑；一般人员是企业的基础，虽然他们的作用没有以上三种人才大，但是一个企业的日常运作都依赖于基层员工的默默奉献，没有他们的努力，企业不过是一个“残缺的人”，招募优秀的基层员工是确保企业不断前进的前提。

人力资源的构建必须与企业的发展阶段及结构设置相符合，在企业不同的生命阶段，招募所需的人才。一般的员工是基石，技术人员是动力装置，经营管理人员是系统，企业家就相当于“脑”的功能。合理有效地配置人力资源是当前企业急需考虑的课题，企业竞争力的强弱体现在人才素质孰优孰劣，本质上就是人才的竞争。

第二节 营销策划的实施

营销策划的外部与内部分析是营销实施的前提，为了达到营销的目的，需要设计实现目的的手段、方式等。企业根据自身所设定的目标，运用各种方法，结合企业内部与外部的可控和不可控因素，制定一系列的营销方案，实施营销活动。

在实施营销活动的时候，首先要明确此次策划的目的，其次是策划的原则，最后是策划的方法和流程。

一、营销策划的目的

读者可能会把营销目标与营销策划目的这两个概念搞混，这里我们给出二者的定义。营销目标是企业根据其市场的目标，通过不同的营销手段开展营销活动，以期获得目标利润；营销策划目的是指根据企业内部与外部环境进行协调，实现凭借企业内部自身的能力与外部市场的约束，达到企业的利润最大化，或市场风险的最小化，以确保营销方案或计划顺利进行。

此外，营销目标与营销策划的目的虽然有区别，但是在一定程度上又是相互关联、彼此影响的。就好比理论与实践的辩证关系，理论指导实践，反过来实践是检验理论的唯一标准。营销目标对营销策划有指导作用，是整个企业营销活动的总方针，策划的目的就是围绕营销目标进行的；反过来，营销策划的目的在实际的市场活动中检验营销目标的准确性，是否符合实际的趋势，所以对营销目标具有反作用。二者相辅相成，策划目的检验营销目标，在市场反馈中进行调整、修改；相互作用，使得营销活动更加匹配。

二、营销策划的原则

一般而言，企业的营销策划者需要遵循以下原则：

（一）遵循消费市场的需求，保证实用、超前的营销内容

企业通过使用各种营销组合策划营销方案，其前提基础就是消费市场的需求。满足消费者的需求是营销策划最本质的问题。

遵循消费者需求应基于对消费者的认识，哪些群体是企业的目标消费群，消费者目前所需的消费利益是什么，需求和消费的主体是同一人还是不同的人，消费市场的发展趋势是什么，国外消费市场的先进营销策划理念有什么可以值得借鉴的，对于需求的准确判断是企业策划的关键，把握消费市场的需求规律及其变化，分析营销组合的实用性和超前性是否能为消费者带来预期的利益。站在整个产品或服务的生命周期来看，每个阶段的需求都是有差异的，契合消费者需求的做法，不仅可以减少盲目营销带来的损失，而且能够在消费者心中树立起良好的形象。

（二）长袖善舞，刚柔相济，营销技巧手段能屈能伸

营销方案最基本的技巧手段都体现在价格、服务等元素上，这也是营销最直接的竞争力。企业面对激烈的市场竞争，其营销的技巧手段可以是多种多样的，可供选择的策略也很多，如避其锋芒、暗度陈仓、模仿追随、歃血为盟等。营销的技巧手段的能屈能伸体现了企业的竞争对抗能力，能更有效地抑制竞争对手的促销策略，在己方处于有利地位时，可以消减竞争对手的议价能力；当处在劣势时，则可以回避、缓冲对手的攻击，保全其身，养精蓄锐以图下一波的营销攻势。长袖善舞，刚柔相济，张弛有度，营销技巧手段的变化建立在一个最根本的原则上——没有永远的朋友，只有永远的利益。

（三）适者生存，抓住环境变动的契机，占据有利地位

商场如战场，营销的环境是瞬息万变的。营销环境从本质上决定了其是企业不可控制的因素，既然是客观存在而非人力所能，那么企业只有适应营销环境，才能做到“适者生存”。营销策划者需要依靠敏锐的市场洞察力，辨别市场环境的变化，分清趋势对企业的优劣，做到在危机中寻找新的转机，在契机中把握市场脉搏，因势利导，为企业营销策划方案作铺垫。

（四）深入挖掘企业内外部资源

通过对企业内部与外部资源的挖掘，使营销策划更加完善。企业不仅要依靠其内部的资源如资金、技术、管理等系统、产品以及服务，还需要借助外部资源如当地政府、新闻传媒、代理商等。与其他厂商达成联盟，凭借平台优势，将部分不可控因素转化为可控因

素。营销策划不仅仅是单向挖掘企业自身的资源，同时需要寻找有利的市场资源，在变数中搜寻有利的资源为企业所用。如 CBD（商业圈）需要不同的基础设施来建设，大型 Shopping Mall、住宅、交通等。

（五）发挥企业特长，在营销活动中积累竞争优势

对于企业来说，不可能做到面面俱到，有优势也一定会有不足，关键在于发挥其所长以弥补其不足。根据营销策划方案的不同，选择不同的竞争领域，需要权衡企业自身的优势是否能够发挥出来，如有技术的企业应该在研发上做更多的投资，为消费者提供各异产品以获得技术上的竞争优势。企业应通过不断地发挥其所长，结合自身的经营能力、技术优势、人才优势、营销手段等，在消费市场做最好的自己。

（六）客观公允地评估企业的能力与市场地位，确保成功营销

仔细分析企业内部与外部的环境，了解企业目前的基本情况，作为企业的营销策划者，最重要的还是如何客观公允地对自身企业作一个最客观的能力评价与市场地位估测，这样就能更好地执行策划，确保其成功概率。

一般来讲，企业的能力可以分为软实力与硬实力。软实力一般是指企业的文化、经营理念、企业使命、人才聘用制度等；硬实力则是指企业的技术优势、资金量、设备先进性等。策划者需仔细认清企业的能力状况，在策划方案中软硬兼施，确保营销资源的持续性与可行性。

市场地位一般分为四种：市场主导者、挑战者、追随者和一般模仿者。对于自身所处的地位有准确的估测，能很好地帮助策划者避免误判市场地位，避免造成因营销目标与市场地位不相匹配而带来的损失。

三、营销策划的方法与流程

（一）营销策划的方法

通常而言，企业的营销策划方法有四种：点式策划法、线式策划法、面式策划法以及整体策划法。

1. 点式策划法

此方法是以一个营销点作为策划目的的方法，一般用于短期的营销目标，在短期内迅速达成预期的目标，形成简单的营销方案。如春节的时间点营销，利用春节这一有利的时间点，商场推出价格促销等活动。点式策划的方法常常用于日常的营销活动中，并且是最方便快速的营销方式的调整手段。

2. 线式策划法

该策划方法主要是从产品的生产至包装销售环节的整个过程的营销全程策划。其营销的策划跨度较大，是一个时间段，主要以中长期方案为主。通常的策划主体是企业内部的营销部门或者是企业策划的外包公司，常常是以书面报告的形式起草的方案策划。

3. 面式策划法

一般面式策划法结合多种营销的手段，其产品或服务的跨度可能是两个或两个以上的行业。企业可能要面临对产品的组合、价格和交易条件、分销渠道、传媒进行策划，其策划的内容会超出企业自身的知识范围。此策划方法适用面广，可以应对多元化的经营，而且策划时间灵活，可长可短，常见的为1～3年的策划。这种方法可以作为跨行业经营的应用策划方法。

4. 整体策划法

整体策划法是上述三种方法的整合，基于长期的营销目标，结合点式、线式、面式三种方法，稳扎稳打。整体策划法是站在企业发展规划与市场战略的角度看待问题的，企业从中长期考虑，属于高瞻远瞩式的策划方案，立意高远、思想超前，策划面较广，通常是以企业若干年为一期订立的方案。这种方法需要谨慎判断市场趋势，整合内外部资源等，是系统性的规划方案。

（二）营销策划的流程

营销策划的流程如图13-3所示。

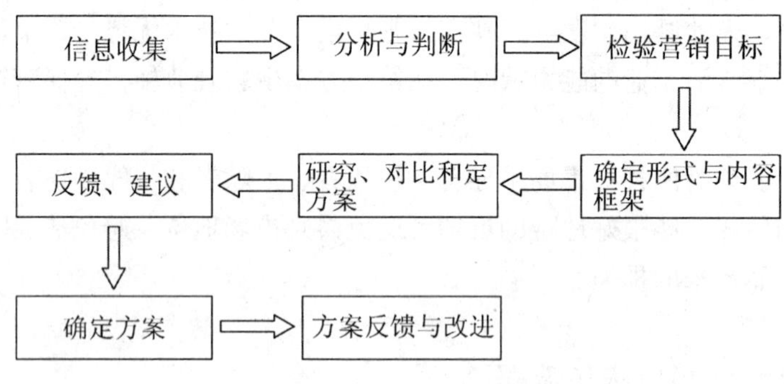

图13-3 营销策划流程图

1. 信息收集

信息收集对整个策划工作来说是基础，同时也是关键的步骤，贯穿于整个策划活动过程。企业的策划者通过收集消费市场相关的信息，分析市场变化的趋势、活动的反馈信息、执行进度等，把握企业内部和外部的信息，运筹帷幄。所以收集信息是企业策划最重要的一步。

2. 分析与判断

衔接上一流程，获取数据后，对企业自身的能力、优势、不足以及市场趋势等作出准确的判断和自身市场地位的估测，保证营销活动策划的成功率。

3. 检验营销目标

通过对企业自身的各种相关数据的分析判断，结合当前形势，进行营销目标可行性的检验，有偏离就及时修正，有高估就降低目标。

4. 确定形式与内容框架

检验完可行的营销目标，接下来就是确定策划的形式与内容的框架，策划一般以纸质报告为主。不同的目标和内容需要拟定不同的营销报告，以应对长短期的策划。

5. 研究、对比和定方案

企业的策划者通过对营销报告内容的仔细确认、比较优劣，最后形成可供选择的初期草案。

6. 反馈、建议

策划报告草案形成之后，就要向企业和消费者征求其反馈与建议，以使得草案更加完善，"兼听则明，偏信则暗"。虚心接受各方面的建议，补充完善方案，修改后交于上级批示。

7. 确定方案

通过一系列的策划环节之后，形成正式策划报告，交给上级领导审批，最终确定方案。

8. 方案反馈与改进

市场每时每刻都在发生变化，营销方案在运行一定时间之后，必定需要市场的反馈信息以引导其对方案作适当的改进，使之朝着预定的目标前进。

第三节 营销控制

营销控制是指营销管理主体监测、检查、分析、评估企业营销活动及其效果的管理过程。在发现实际状况与预期目标和要求存在偏差时，就应采取必要的调整或应对措施，保证营销活动及其效果按照预期目标运行。一般而言，如果说营销方案是漂浮在水面上的一叶扁舟，那么营销控制就可以说是起到了舵的作用，换言之，营销成败的另一半还取决于后期营销策划者对方案的驾驭能力——营销控制能力。

一、营销控制基本体系

由于企业不同，各家企业的营销控制体系也各不相同，存在或多或少的差异，但是万变不离其宗，我们这里给出基本的控制体系模型，如图 13-4 所示。

1. 总部

顾名思义，总部就是对整个企业的营销活动具有总的控制权力，直接对下属的部门进行监控与信息交流的部门。

2. 营销部

营销部的主要职责是分析市场与策划营销方案，通过对环境的监测，跟踪市场的需求，对营销方案在市场运作期间的需求反馈信息作仔细分析，辨别目前存在的问题和不足，对症下药，汇报上级

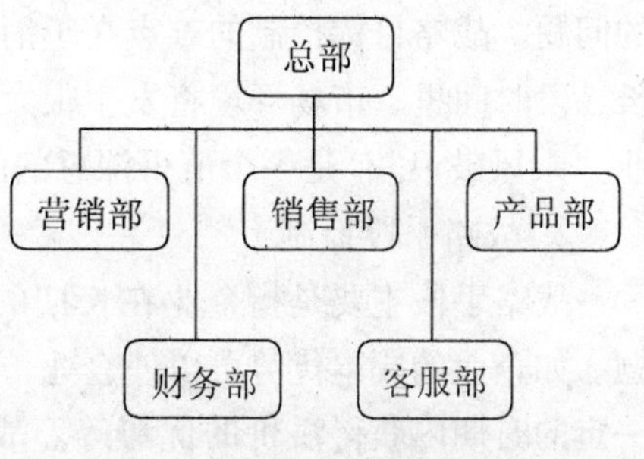

图 13-4 营销控制基本体系

领导或总部定夺。

3. 销售部

销售部主要是针对营销的总目标对下属目标市场、分公司、子公司、代理商以及销售网点进行监控，使相关人员的行为更加符合预期目标，致力于完成总体营销目标。

4. 产品部

产品部是根据市场上对消费需求的反馈对下属机构及时进行统一的管理及全方位的监控，使之符合预期的行为。

5. 财务部

财务部在营销的过程中起支持的作用，主要针对营销的收支、售货汇款等财务状况进行监控，可以直接或间接向销售部提供建议，确保营销活动的后续性。财务部是营销活动的命脉，监控各项活动，保证资金到位，使活动持续进行。

6. 客服部

客服部是与消费者接触最多的部门，也是能够迅速地获得第一手消费需求信息的部门，可以在与消费者沟通中发现新的需求和一些敏感的问题等，并且可以为销售部、营销部及总部提供准确的市场信息，协助各个部门，起到连接控制的作用。

二、营销控制的分类

营销活动受客观环境的变化与消费市场的竞争局势变化的影响，企业的营销收效完全取决于整个营销策划与后期的控制。当然企业不可能一直处于理想的状态，需要对其进行控制、改进和修正。一般地，营销控制可以分为三类：营销战略的控制（详解）、营销计划的控制以及营销效率的控制。

三、营销战略的控制

营销战略对于企业而言是完成整个企业最终目标的框架体系，是企业开拓市场的中长期目标的指引。营销战略的长期性决定了期间有诸多的变化，因此对其控制的难度和营销风险也随之增加，适应营销环境更需要良好的控制能力。通常而言，营销的战略控制分为战略目标控制、战略手段控制、战略单位控制以及战略资源控制。

1. 战略目标控制

战略目标控制的核心是企业的市场份额，如何使企业的利润最大化是一个不得不考虑的问题。战略目标控制的难点在于消费市场环境的变化，因为战略属于长期规划，在相当长一段时间里，市场环境将发生很大的变化，如何在多变的环境中避免不利因素，使得企业“乘风破浪”，是一个值得深思的问题。

2. 战略手段控制

战略手段主要是指企业在长期的市场竞争中依靠的获利能力，应该说是一个战术问题。如企业的成本优势可以使企业长期保有一定的市场份额；技术优势可保证企业能够在一定的时期内获得溢价的优势等。战略手段的有效性、准确性是企业营销控制的关键要点。

3. 战略单位控制

在营销战略目标中，扩大战略单位在整个长期规划而言是必然趋势，增加战略单位的改变属性，是应对多变的市场环境的预防措施，强化企业防范风险的能力。

4. 战略资源控制

企业战略的实施需要投入大量的人力、物力和财力，尤其需要一些关键的要素资源。缺少某些急需的资源，必定造成竞争处于劣势。控制战略资源须有效保证资源的稳定性，防止流失，同时充分发挥资源的功效，使企业获得一定的优势，足够应对竞争者。

关键词

策划；控制

思考题

1. 营销策划的外部分析有哪几种？
2. 营销策划的原则有哪些？

【案例分析讨论】

没太多品牌知名度的新品上市，面对纷繁杂乱的竞品，应如何在云南市场上去推广××系列休闲食品，并提升销量，扩大产品知名度，抢占市场份额，打造出全新品牌呢？

切实可行的推广方案，即采取快速消费品常规式打法：

(1) 精耕昆明市场（并将市场渠道进行疏理，有效地掌握及分级）+以点带面逐步突破各区域市场。

(2) 连锁超市及大卖场作为新品试点，选择30~40家。具体如下：

第一波：市场生动化陈列。新品上市时间初定为2009年10月25日，历时一个月，采用的手段是特殊陈列，买断卖场“休闲食品区”门店端架特殊陈列位置，将公司所推出的全部新品每个单品3 SKU陈列！其一，新品上市初期，流动车身广告也好，电视媒介广告也好，如果终端没有产品的能见度与陈列形象，再好的广告也无济于事，何况我们没有广告支持。二是借被称为品牌之父——可口可乐公司之3A营销策略，即“买得到、买得起、乐得买”；其中“买得到”强调的就是产品铺市率与生动化陈列形象，这对休闲食品来讲尤其重要，因为购买休闲食品的消费者，很多时候均是无意中产生购买行为的，或者说70%的消费者均是临时在零售终端决定购买产品；三是公司新品每个单品3 SKU

专业化、整齐化、系统化的设计包装本身就是品牌展示，外加端架两边的围板（制作根据终端点给的位置大小决定、产品宣传 KT 板）产品形象，消费者路过，即使不买也会留下好的印象。

第二波：免费试吃 + 人员促销 + 端架促销计划。具体步骤如下：

1）乘胜阻止：在已初步取得良好销售的情况下，超市门店与采购对公司产品均建立了良好的印象，因此这次还得买回上次的端架特殊陈列位置，不应该留给竞争产品任何一点喘息的机会。

2）培训、招聘与实施促销计划：利用营销中心业务人员 5 名，外加临时聘请的促销员 × × 名，共 × × 人。划片区进行促销终端点的管理。由于本次促销活动中接触的渠道和部门比较广，为避免执行力不完善或工作推诿的现象发生，营销总监将亲自挂帅组建工作小组，进行本次促销活动的落实、监督及执行工作的全面开展。进行培训后实施免费品尝促销推广活动，时间段分别选择在周一至周五的下午 14:00 ~18:00 和晚上 19:30 ~21:00，每天共 5 个半小时，周六周日的上午 9:00 ~12:00，下午 14:00 ~18:00，晚上 19:30 ~21:00，每天 8 个半小时进行产品免费试吃推广，周末两天集中安排在（类似足达、之佳便利、家乐福等）系统生意较好、年轻一族人流量较大的门店。10 天后免费品尝活动结束（视活动情节可延长免费品尝时间，一个月，甚至可更长），但端架特殊陈列仍然继续。

3）终端推广。根据产品成熟度，切实可行的促销方式更能快速提升产品销量，因此终端拦截成了很多厂家的家常便饭！如 × × 国际品牌曾作过调研，在大卖场，选择有利时机安排促销员予以推广，比平常没有人促销时销量能提升 30%，甚至更多。

4）免费试吃活动是新品上市后进入快销的有力武器，只要产品品质过硬、口感良好，免费试吃是让消费者体验产品的一种重要方式。很多消费者均是通过免费试吃产生第一次购买决定的，然后成为了忠诚顾客。

第三波：排面特价 + 快讯促销活动。经过前两波活动的推广，历程共两个月，已大大提高了产品的知名度，这时可以实行适量单品的特价活动，不作全部产品的特价推广，再一次培养消费群体的忠诚度。

（资料来源：中国品牌总网《某休闲食品营销策划案》）

分析讨论题：

1. 请分析该做法的利弊。

2. 如果你是 × × 食品的营销策划者，你该如何做此次策划活动？请写出相关活动及理由。

第十四章

市场营销新理论

【学习目标】

□ 关系营销的类型及原则

□ 绿色营销的特征与策略

□ 文化营销的特征与层次

□ 体验营销的含义与形式

□ 植入式营销的产生与发展

【导入案例】

回顾007电影所走过的四十多年历史，背后体现了电影娱乐和商业的完美结合。《皇家赌场》是007系列电影的第21部，该片的商业气息更为浓厚。与以往007电影中詹姆斯·邦德周身配备的通常为超尖端、超现实的间谍装备不同，《皇家赌场》中邦德的装备发生了平民化的根本转变，索尼爱立信手机、索尼VAIO笔记本电脑、BRAVIA液晶电视以及Cyber shot数码相机，影片中的高科技品牌自然地为邦德与邦女郎引出了一段段惊心动魄而又赏心悦目的情节篇章。当观众们在舒适的电影院里聚精会神地观察007系列电影时，往往对影片中频繁出现的各种品牌如欧米茄、宝马等不太留意。但是，随着各种品牌和影片情节不断交替出现，观众常常在不知不觉之中加深了对品牌的认识，并且将它们与詹姆斯·邦德所传承的惊悚刺激、高档上乘结合在了一起。而在007中获益最大的汽车厂商要属著名的阿斯顿·马丁。在历次电影中，它出现的次数最多，且多数是贯穿整部电影。而这次，在上映的《皇家赌场》中，阿斯顿·马丁再次荣升007座驾。可以说，阿斯顿·马丁正是凭借007电影扭亏为盈的。

20世纪80年代以来，随着竞争环境的急剧变化和消费者需求的转变，市场营销理论也开始呈现出新的发展变化。跟踪及研究新的市场营销理论，并加以系统的整理与应用，将其内化为企业的竞争力，是营销创新的内在要求。本章主要介绍五种新的市场营销理论，包括关系营销、绿色营销、文化营销、体验营销、植入式营销。

第一节 关系营销

一、关系营销理论的沿革

哲学家认为，世界以人为核心衍生出四种关系，即人与自然的关系，人与社会的关系，人与人的关系，人与自我的关系。营销专家将之导入营销理论，便有了现代关系营销理论及其应用。

关系营销是在传统营销的基础上，融合多个社会学科的思想而发展起来的，吸收了系统论、协同学、传播学等思想。关系营销学认为，对于一个现代企业来说，除了要处理好企业内部关系外，还需要处理好企业外部关系，企业营销过程的核心是建立并发展与消费者、供应商、分销商、竞争者、政府机构及其他公众的良好关系。

关系营销理论的雏形可以追溯到20世纪50年代，当时很多学者对这一领域进行了探索。美国学者贝瑞（Berry）是代表人物之一，他认为“关系营销就是保持消费者”。一些学者在研究工业市场和服务市场后也提出了一种“交互营销”的概念，这一概念与贝瑞的观点相似。

随着众多学者的不断探索，人们对关系营销的认识也逐步深入。美国学者、营销学专家巴巴拉·本德·杰克逊（Barbara Bund Jackson）在1985年首次明确提出“关系营销”（Relationship Marketing）这一概念，并指出关系营销是指获得、建立和维持与产业用户紧密的长期关系。这一概念将营销活动看成是企业与相关利益者的长期互动过程，精辟地指出了关系营销的本质，使市场营销理论又迈上了一个新的台阶。

关系营销在20世纪80年代末至90年代发展迅速，并在西方市场营销学理论界掀起一场革命，对市场营销持“关系”观点的学者对交易导向的营销理论进行了批判，被称为“营销学研究范式的转变”。这一时期，众多知名学者、教授进一步深化了对关系营销的认识，分别从不同角度提出了关于关系营销的认识。芬兰教授格罗鲁斯（Gronroos）指出“关系营销是为了满足企业和相关利益者的目标而进行的识别、建立、维持、促进同消费者的关系，并在必要时终止关系的过程，这只有通过交换和承诺才能实现，彼此的信赖相当重要”；Bickert认为关系营销就等同于数据库营销；Jackson的观点是，关系营销是与关键消费者建立牢固、持久关系的营销导向；而Gummesson则认为关系营销是市场被看做关系、网络和互动；菲利普·科特勒在其《营销管理》第6版也精辟论述了“关系营销”，指出它是现代西方营销理论与实践在传统的“交易型营销”基础上的一个发展和进步，是将市场看做多种供给、需求关系方的集聚场所，将长期维持与消费者的良好关系视做价值体现，企业的任务主要是保持能够从中获取利益的消费者份额。

通过转变其传统营销观念，对关系营销的理论进行分析应用，能够帮助企业找到提高顾客份额的合理营销方案，从而带动市场占有率的上升。正如菲利普·科特勒指出的那样："要集中精力建立消费者份额，而不是市场份额，从必须具有做成交易的远见转变为具有树立忠实于消费者思想的远见"。可以说，自"关系营销"产生以来，其理论与观点得到了广泛传播、发展和运用，给学术界、企业界带来了深远的影响。

二、关系营销的本质与类型

关系营销是指建立、维系和发展消费者关系的营销过程，目标是致力于建立消费者的忠诚度。关系营销更适合于商业、餐饮、旅游等第三产业，它的主要内容是对消费者进行科学的细分与管理，方法比较灵活多样，如可以建立消费者数据库，使企业能够掌握消费者的有关信息，使商品能够准确定位，同时，使企业的促销工作更具针对性，从而提高营销效率。企业还可以通过消费者俱乐部制度、信用卡制度、会员卡制度以及对重要消费者设立专门的关系经理等方法对消费者进行主动管理。

（一）关系营销的本质特征

市场营销管理正日益由过去的单项交易的利润最大化转变为追求与对方互利关系的最佳化。现代营销思想正从追求销售向创造消费者方向发展。

从本质上看，传统营销是交易导向，强调的是建立交易。营销的重点在于紧紧盯住交易瞬间，追求一次性的交易，交易之后又吸引新消费者，不注重建立长期的客户关系，每次都希望单项交易的利润最大化。

而关系营销更多的是关系导向，强调的是建立关系。营销的重点是要建立企业与各方利益相关者之间的信任关系，通过订立合同或口头承诺等方式建立起彼此的合作关系，并以自己的行为履行承诺，使企业与关系方保持融洽的伙伴关系，并在交往过程中实现双赢。

通过表 14-1 更能够一目了然地对传统营销和关系营销进行区别。

表 14-1 交易营销与关系营销的区别㊀

交易营销	关系营销
核心是交易，通过诱使消费者发生交易从中获利	核心是关系，通过建立双方的长期合作关系从中获利
关心如何生产、如何获得新消费者	强调充分利用现有资源和保持消费者
视野局限于目标市场	涉及的范围广至消费者、供应商、分销商、竞争对手、银行、政府及内部员工等
较少强调消费者服务	高度重视消费者服务
有限的消费者承诺	高度的消费者承诺
有限的消费者参与和适度的消费者联系	高度的消费者参与和紧密的消费者联系

㊀ 王凌．关系营销［D］．中国优秀博硕士学位论文全文数据库，2006.

由此可知，传统营销的重中之重是实现每一次单笔交易的利润最大化，强调企业暂时利益的最大满足，并且把交易看成是营销活动的基础，而没有把与消费者建立和保持广泛密切的关系放在重要位置。而关系营销的营销策略却截然不同，它的目标不是追求每次交易的利润最大化，而是追求整体网络成员利益关系的最大化，最终形成网络成员互利互惠、共同发展的美好局面。关系营销的基础是关系，交易是在关系基础上的自然行为。

营销专家对关系营销策略的概念进行了很多探讨，出现了诸如“关系合约”、“关系交易”、“工作伙伴关系”、“共同生产市场营销”、“战略联盟”、“共同市场联盟”、“内部市场营销”等解释。这些提法从不同角度出发，揭示了关系市场营销的部分特征，但都没有完全概括关系营销策略的全部内容。目前关于关系营销策略较为全面的定义是：关系营销策略是为了建立、发展、保持长期的、成功的交易关系而进行的所有市场营销活动。尽管人们对关系营销策略的认识还不统一，研究角度也有所差别，但通过对现有理论的考察，我们可以总结出关系营销策略的基本特点：多向沟通、战略协同、双赢、亲密和控制。

（二）关系营销的类型

关系营销主要是靠企业通过与外界环境之间的关系进行的一系列营销活动，其精髓在于企业在进行营销活动中与消费者、供应商、分销商、竞争者、政府机构及其他公众共同实现双赢合作。关系营销的核心是建立和发展同相关个人和组织的、兼顾各方利益的长期关系。

交易营销主要涉及企业与外部消费者的关系，而关系营销中的关系则非常广泛，它是一个庞大的系统。企业作为一个开放的系统从事活动，不仅要关注消费者，还应注意大环境下的各种关系，如企业与客户的关系，企业与上游企业的关系，企业内部关系以及企业与竞争者、社会组织和政府之间的关系。由此按照其中内容能够分为不同的类型，即消费者关系营销、内部关系营销、供应商关系营销、竞争者关系营销和其他外部影响者关系营销。企业与中间商的关系、企业与消费者的关系和企业与雇员的关系，这三种关系是大多数关系营销实践的核心。其中，外部消费者关系占据支配地位。

1. 消费者关系营销

消费者关系营销要求时刻以消费者为中心，了解消费者需要，提高满意度并建立消费者关系管理系统（CRM），以培养客户的忠诚度。消费者是企业生存与发展的基础，亦是企业市场竞争力所在。

要与客户建立起良好的、长期的合作关系，首要的是了解客户的需求，这也是关系营销的出发点。在这个知识经济年代，客户的需求是多种多样、瞬息万变的。过去，客户的需求在很大程度上可以由大批量的、标准化的产品满足，而现在，许多客户的需求正逐步转向个性化的、特殊的甚至是一种量身定制的服务。这就要求企业既要掌握客户共性的、基本的、静态的和显性的需求，又要分析研究客户个性的、特殊的、动态的和隐性的需求，并依据这些需求提供一对一的、针对性的、差异性的和灵活性的服务。现在，很多企业都明白一个道理：提高客户的满意度，要把精力用到刀刃上，重点解决对客户满意度影响最大的方面，毕竟时间、精力、财力都是有限的，那么，企业首先需要做的事情就是找到刀刃——准确把握消费者的心理需求。日本一家超市企业，在台风来临的时候，由于物资紧张，许多卖场纷纷囤积货物大肆涨价的时候，这家超市仍然坚持自己的原则，原价出售自己的产品。在同行纷纷嘲笑的同时，却赢得了消费者的心，这就符合上述原理。市场竞争的实质是争夺消费者资源，维系原有消费者，减少消费者的流失，这要比争取新消费者更为有效。日本这家超市此举不但维系了原本的老消费者，更为开发新消费者创造了有利的条件。

可见，企业对消费者的关系不应该仅仅停留在搜集和认知上，还应该更主动地加入到消费者的情感世界中去。一个满意的消费者会带给企业巨大的好处。加强与消费者关系并建立消费者的忠诚度，可以为企业带来长远利益，它提供的是企业与消费者之间实现双赢的策略。

2. 内部关系营销

开展内部关系营销，具体应该包括以下几步：首先，招聘和培训。企业在招聘时，除了要考察应聘者的教育背景、技能等常规项目之外，还应着重考察其内在素质，以保证吸收的员工易于同企业核心价值观相融合，能很快地融入企业的文化。企业的培训除了向员工传授相关技能外，更重要的还有职业道德、工作规范以及企业的文化和核心管理理念，在员工掌握自己的岗位知识技能的前提下，了解其他部门所提供的服务以及他们之间是如何相互协调的，提高员工的忠诚度。其次，激励、认同与尊重员工。激励是指企业采用适当的刺激方式，鼓励员工以更高的水平、更大的主动性和自觉性从事工作，取得成就。企业应该更多地使员工了解自己工作的意义和价值，以及自己努力的方向。人有被尊重的需求，比如被承认、有声望、领导的信任等，这些都会对员工的内心情感、工作态度产生很大的影响。例如，迪斯尼公司的经营理念是“员工第一，顾客至上”，把员工和消费者摆到了非常重要的位置。此外还有重要的是团队协作，加强企业各部门之间的沟通合作，提高信息在整个企业内部的沟通速度，增加团队成员的士气和团结心。

3. 供应商关系营销

供应商关系营销对企业的生存与发展起着至关重要的作用。企业之间的合作应该以讲求信用、互利互惠为原则，通过规范的实务操作增进彼此间的了解，增强互信，并建立长期合作的信念。美国大型零售商沃尔玛公司通过其网络数据库营销系统与供应商保持了密切联系。沃尔玛根据零售店的销售情况制定其商品补充和采购计划，通过网络及时将采购计划送给供应商，由供应商适时送货到指定零售店。供应商不能送货过早，因为公司实行零库存管理，没有仓库进行库存；同时不能过晚，否则影响零售店的正常销售。在零售业竞争日益白热化的情况下，沃尔玛凭借其与供应商的稳定关系，使其库存成本降到最低。供应商也因公司的稳定增长受益匪浅，因此都愿意与沃尔玛公司建立稳定的紧密合作关系。

德国西门子的供应商总量达 120000 多个，就供应商的产品技术含量、生产难度和不可替代性来划分，它将其中的 20000 家企业看做“优先供应商”，和这些供应商之间保持着良好的关系。西门子与各供应商之间通过互相委派职员，对信息及时反馈，促进了公司的发展与进步，并且彼此之间建立了良好的关系。

4. 竞争者关系营销

竞争者关系营销也同样重要，适当的合作非但不会削减企业的实力，反而能够加固企业的竞争地位。例如，通过产品促销合作、分销渠道合作的方式，共享优势资源，从而提高单个企业的综合竞争力。

博世与西门子在诸多工业领域存在竞争关系，包括电气设备、机床系统、电子产品等，但他们也同样重视保持彼此间的良好关系，互相取长补短，避免恶性竞争。著名的博西集团就是由博世和西门子于1967年成立，双方利用优势互补进军家电行业，如今博世的家电已经是欧洲市场占有率第一的品牌，而西门子家电也位列第二。从1996年西门子家电进驻中国以来，如今已有十多年的历史，在中国消费者心中已成功塑造为高端、高品质的家用电器的形象；而博世家电也于2005年正式进入中国市场，共享西门子家电的分销渠道，逐步达到在我国的盈利目的。

5. 其他外部影响者关系营销

其他外部影响者关系营销包括企业与政府、媒体、公众、社区、各种机构和团体之间的关系。仅以政府关系营销为例，政府关系营销的含义是企业为了同时达到经济利益和社会效益的提升，由此开展诸多营销活动，以达到和政府相关部门建立并维持良好关系的目的。企业在与政府开展关系营销时，实际上也是它们之间相互作用的过程，企业对待政府关系营销的态度对企业的发展有着至关重要的作用。

IBM公司十分重视与中国政府的协作与配合，时刻关注中国的政策思路，同时整合收集大量的报告要闻。例如，借我国科教兴国战略的大好时机，IBM公司和国内多所知名大学合作，搞共建培训项目，取得了丰硕的成效。Microsoft董事长比尔·盖茨也多次访华，以消除各种舆论误会；其中国区总裁也十分注重构建企业与政府、社会等之间的良好关系，积极拜访政府部门相关领导，听取广泛的意见和建议，大力推进彼此在电子商务、政务等领域的交流合作。

三、关系营销遵循的原则

关系营销，顾名思义，应该围绕着“关系”二字展开，从而使得各个方面能够协调发展。具体来说，关系营销应遵循以下几项原则：

（一）相互信任原则

当今社会，诚信往往是交易的基础，而信任是企业生存的必要条件。企业在社会中是靠互相信任发展起来的，履行承诺是维护和尊重关系方利益的表现，也是获得关系方信任的关键，是企业与关系方保持融洽伙伴关系的基础。

（二）互惠互利原则

充分考虑关系方的利益，找到一个满足双方利益的平衡点，这是关系双方能够长期合作、维持关系的根本所在。在与关系方交往的过程中，必须做到相互满足关系方的经济利益，并通过在公平、公正、公开的条件下进行成熟、高质量的产品或价值交换，从而使关系双方都能得到实惠。

（三）主动交流原则

企业和各关系方都是不同的利益主体，或多或少都会存在着利益冲突的问题，这就要求关系各方主动地进行接触和联系，相互沟通，相互理解，相互支持，进行一定的让步和妥协，从而增强合作伙伴关系。

四、如何实施关系营销

（一）关系营销的组织设计

关系营销的组织设计应该分为两方面，即企业内部和企业外部。关系营销的重点是处理好企业与消费者、供应商、分销商、竞争者、政府机构及其他公众之间的关系，而要与各方建立良好的关系，首先必须协调好企业内部的关系，使整个企业内部能够正常有序地运作，之后才能保证对外向公众发布消息、处理意见等一系列营销活动的有效进行，使企业目标顺利实现。企业必须作出合理的组织构架设计，建立专门的营销部门，才能协调处理好关系营销系统中各利益相关方的关系，如对内部门之间、员工之间以及对外与供应商之间等。组织的具体要求应正规化，能够适应内外环境，并且具有针对性、整体性、协调性和效益性；其目标是能够收集客户资料与市场信息，参与企业的决策活动，协调企业内部关系以增强凝聚力，发展良好的对外关系。

（二）关系营销的资源配置

关系营销资源配置的目的是实现关系利益最大化，因此需要优化分配有限的资源。关系营销中比较重要的资源有两种：人力资源和信息资源。

维护企业内部的稳定，了解企业自身的实力，是实施关系营销的前提。对企业来说，人力资源的配置将会在很大程度上影响着企业自身的实力。人力资源配置主要是通过部门间的人员转化、内部提升和跨业务单元的论坛与会议等进行，其主要目的是促进建立企业内部良好的关系和促进企业长期的发展。

信息资源配置主要是通过共享方式实现的，利用计算机网络、制定政策或提供帮助削减信息超载、建立“知识库”或“回复网络”以及组建“虚拟小组”。迄今为止，很多企业都已建立了强大的网络平台，设有专门的信息收集中心及售后服务平台，通过网络及时了解消费者的需求以及产品潜在的问题，并及时在网络上发表最新产品。这无疑会在消费者心目中树立起良好的形象，也增强了消费者对企业的信任。

（三）关系营销的效率提升

关系营销需要企业关注的范围较传统交易导向的营销要广，因此，影响关系营销效率的因素也就更多。这些因素不仅仅存在于企业外部，同样也存在于企业内部；不仅仅存在于交易的瞬间，而且存在于双方的沟通过程中。例如，各种技术的分享、市场地位的争夺、利益分配不均等问题均会导致关系营销的效率降低。此外，关系各方环境的差异也是影响交流的障碍，尤其是在不同国家背景的企业之间。是否能够理解、包容文化的多样性与差异性也是成功协调的关键所在。如果多方关系的文化能够适应协调，则可以加固企业的关系网络，增强企业的竞争力。因此，要提高关系营销的效率，就必须突破以上各方利益协调以及所处不同环境的瓶颈，同时，企业还必须建立一套合理的规章制度，减少不必要的矛盾产生。

无论在哪一个市场，关系都发挥着很大的作用，不论在企业内部还是企业外部，处理好各方的关系都是非常重要的，企业和某方关系的破裂甚至可能会影响到整个关系网络的稳定性。我们可以将关系营销理解为一张蜘蛛网的具体形态，由不同关系相互联系而形成了一条条蛛丝，最终以企业为中心形成一张蛛网，这一切都是不易察觉的，只有你被黏住之后才会意识到它的存在，而这时你已经无法脱身。同时，若有一条蛛丝断裂，如果不及时发现并进行合理的补救，将形成连锁般的破坏效应，最终导致整张蛛网的覆灭。

因此，关系营销效率的提升需要从整个关系网络的全局出发，处理好其中的各种关系，着眼于建立良好稳定的伙伴关系，最终建立起一个由这些牢固、可靠的业务关系组成的“市场营销网”。

关系营销的优势使它的发展成为21世纪不可逆转的趋势，成了企业家们的“新宠”。关系营销使企业更有效地运用了成本，因为时间与财物都花在了最有潜力的消费者身上，而且影响又极其深远——消费者朋友与合作伙伴关系的确立，使品牌忠诚度有了坚实的基础。不可否认，关系营销目前来看是高成本的。但随着技术的进一步发展、营销网络的进一步健全，关系营销所需的成本会不断地减少，但其魅力却会不断扩大。越来越多的商家将会重视关系营销，关系营销将会成为联系商家和消费者的一条极为重要的纽带。

第二节　绿色营销

一、绿色营销的含义

英国威尔斯大学肯·毕提教授在其所著的《绿色营销——化危机为商机的经营趋势》一书中指出：“绿色营销是一种能辨识、预期及符合消费的社会需求，并且可带来利润及永续经营的管理过程。”绿色营销观念认为，企业在营销活动中，要顺应时代可持续发展战略的要求，注重地球生态环境保护，促进经济与生态环境协调发展，以实现企业利益、消费者利益、社会利益及生态环境利益的协调统一。

从这些界定中可知，绿色营销是以满足消费者和经营者的共同利益为目的的社会绿色需求管理，是以保护生态环境为宗旨的绿色市场营销模式。从肯·毕提教授的定义中可以归纳出：所谓“绿色营销”，是指社会和企业在充分意识到消费者日益提高的环保意识和由此产生的对清洁型无公害产品需要的基础上，发现、创造并选择市场机会，通过一系列理性化的营销手段来满足消费者以及社会生态环境发展的需要，实现可持续发展的过程。绿色营销的核心是按照环保与生态原则来选择和确定营销组合的策略，是建立在绿色技术、绿色市场和绿色经济基础上的、对人类的生态关注给予回应的一种经营方式。绿色营销不是一种诱导消费者消费的手段，也不是企业塑造公众形象的“美容法”，它是一个导向持续发展、永续经营的过程，其最终目的是在化解环境危机的过程中获得商业机会，在实现企业利润和消费者满意的同时，达成人与自然的和谐相处，共存共荣。

目前，由于环境的恶化，人们对绿色产品的消费意识越来越强烈，尤其是在西方发达国家，人们对绿色产品的消费大大提高。而在发展中国家，不论是在消费导向还是消费质量上，都还无法真正实现对所有消费需求的“绿化”，以我国为例，目前只能对部分食品、家电产品、通信产品等进行部分“绿化”；而发达国家已经通过各种途径和手段，包括立法等，推行和基本实现了产品的绿色消费，从而培养了极为广泛的市场需求基础，为绿色营销活动的开展打下了坚实的根基。一份全球性的调查报告显示：66%的英国消费者愿意付更高的价格购买绿色食品；80%的德国人和67%的荷兰人在购物时考虑环境问题；77%的美国消费者愿意为绿色包装多付钱，而且这部分消费者的比例正在日益扩大。所有这些都表明，绿色产品的市场潜力非常巨大，市场需求非常广泛。

可以说，绿色营销既是适应21世纪的消费需求而产生的一种全新营销理念，也是在人们追求健康（Health）、安全（Safe）、环保（Environment）和可持续发展（Sustainable Development）的意识形态下发展起来的新的营销模式。

二、绿色营销的特点

绿色营销是现代市场营销发展的一个重要方面，从营销原理和营销过程来讲，它与传统市场营销是一致的，都包括市场营销调研、目标市场选择、制定企业战略计划及营销计划、选择市场营销组合策略等。但绿色营销又是传统市场营销的发展，是其与时俱进的产物，它更重视“绿色”理念，强调建立起生态环境与企业家责任间不可分裂的关系的必要性，强调建立起消费者自觉的环保行为的重要性，因此，它对企业的要求更高，对政府的依赖性也更强，社会的认同度也更高。绿色营销与传统营销的主要区别如表14-2所示。

表14-2　绿色营销与传统营销的主要区别

营销方式 不同之处	传统营销	绿色营销
研究焦点	通过协调企业、消费者和竞争者来获取企业效益	通过协调企业、消费者与竞争者和环境实现企业利益、消费者利益和环境利益的协调统一
产品特点	符合消费者需求，符合技术及质量标准，有竞争力	符合消费者需求，符合技术及质量标准，有竞争力，还要求在设计、生产、销售和服务上注重环保
分销渠道	中间商、代理中间商	使用渠道，简化分销环节
促销价格	人员推销、广告促销、产品宣传	绿色广告、绿色公关、绿色人员促销
价格特点	生产、销售、管理成本、企业利润	生产、销售、管理成本、企业利润、环境成本

（资料来源：张君红．我国企业绿色营销研究［D］．南京：河海大学，2004.）

绿色营销与传统营销的本质区别在于它强调社会环境利益与商业道德，要求企业在追求短期利益的同时兼顾人类社会长期利益。基于绿色营销与传统营销的区别，可以把绿色营销归纳为以下几个特点：

（一）与环境保护紧密相关

保护生态环境是绿色营销的中心主题。不可否认，绿色营销与环境保护有许多共同点，可以说两者是相辅相成、辩证统一的。一方面，绿色营销的开展有利于环境保护行动的深入人心，绿色营销不只是在营销过程中加强生态环境的保护措施和规定，同时还包括在消费者思想中注入深刻的绿色意识；另一方面，绿色营销的开展需要环保技术的支持，这就对环保技术提出了更高的要求。绿色营销的开展增强了人们的环保意识，这必然会增强环保运动的影响力。

（二）体现了人类建立可持续发展社会的全新思想

温室效应的持续爆发，全球气候的异常变化，化石能源的大量减少等环境能源问题已威胁到人类的生存与发展，迫使人类仔细反省过去社会传统的经济发展模式，由粗放型经营向集约型经营转变。新兴产业的蓬勃发展，低碳生活的蔚然成风，无一不预示着全球人类在追求可持续发展道路上的不懈努力与对人与自然和谐相处蓝图的无限向往，绿色营销正是人们在反思过去传统的经济发展模式之后做出的纠偏行为，是“人与自然和谐相处”和可持续发展的绿色文明价值目标在企业市场营销中的具体体现。

（三）最大限度地刺激消费，追求可持续发展

可持续发展要求人类的生存和发展、经济的稳定和增长都必须控制在自然资源和生态环境能够实现自净的范围内，人类的消费应遵从可持续的原则。所以，人类社会更应在可持续消费的框架下实施绿色营销活动，在追求充分满足消费者需求的同时，提高消费质量，减少物质消费的数量，降低对各种资源的耗费程度，使消费达到可持续的要求。绿色营销是对以消费者为中心的现代营销的延伸和发展，企业把竞争对手更多地看做是伙伴，尤其是环境资源保护的合作伙伴，实现经济效益、社会效益和环境效益的统一。所以企业全新的营销思想，既符合时代的发展要求，也必将成为21世纪企业营销的主流。

（四）引入了“社会责任”的要求

由于营销的服务对象从消费者逐渐扩展到消费者和社会，因此，要求企业在营销过程中仅仅满足消费者需求是远远不够的，其行为还必须符合环境资源保护的要求，符合社会和谐发展的要求，也就是说，在所提供的产品能满足消费者使用价值的要求后，还要求产品被消费后能满足消费者和社会的环保需求，即绿色消费。而当这几类需求产生矛盾时，企业的营销不能只注重自身的经济利益，更多地是要考虑如何能达到三者共赢，即企业发展、消费者生活质量提高、生态平衡和环境保护之间的共赢。

三、实施绿色营销的意义

企业只有实施了绿色营销，才能满足消费者的绿色需求，才能促进社会的可持续发

展，才能实现企业及社会环境的可持续发展，并使企业在竞争市场中占有一定份额，甚至能参与国际市场的竞争，某种程度上讲，它是企业兴衰的根本。

绿色营销与节能环保紧密联系在一起，提高了资源的利用率，减少了环境污染，实现了经营的集约化，可以促进企业优化资源配置，提高市场占有率。绿色营销顺应了消费者“环保回归”的潮流。以崇尚自然、返璞归真、适度消费、减少环境破坏等为特征的新型绿色消费已成为一种潮流，而绿色营销无疑顺应了这一潮流，有利于企业树立良好的形象，有利于企业顺利进入国际市场。企业可以通过绿色营销，把自身利益融入到消费者和社会的利益中去，从而提升企业的整体品牌形象。我国企业只有积极开发高标准的绿色产品，争取绿色标志，才能打破绿色壁垒，扩大产品出口额，在国际上建立自己的良好品牌形象。

企业开展绿色营销，正是为了顺应新形势、新时代的要求。企业若想在未来的社会中获得稳定的发展，就必须自觉地约束自身的行为，尊重自然规律，走人口、经济、社会、环境和资源相互促进和协调的可持续发展道路。

四、绿色营销策略

绿色营销兴起于20世纪90年代，是目前环境营销体系中应用最广泛，最具有现实意义与发展前景的营销观念与方法。金融危机促使消费者的消费行为更加趋于理性。在后危机时代，乃至今后很长一段时期，企业的营销策略应更多地关注生活方式，关注绿色生态，关注“乐活”精神与个性追求。从本质上来说，绿色营销便是符合这种返璞归真潮流的典型策略。

（一）开发绿色产品策略

绿色产品的开发是企业实施绿色营销的支撑点。开发绿色产品，要从设计开始，包括材料的选择；产品结构、功能、制造过程的确定；包装与运输方式的选择；产品的使用到产品废弃物的处理等都要考虑对生态环境的影响。如我国已于2010年4月1日起实施《限制商品过度包装要求——食品和化妆品》标准，包括各项详细的限制包装用纸规定，如食品和化妆品的包装层数不得超过3层，初始包装之外的所有包装成本总和不得超过商品销售价格的20%，用以减少过分奢华却不实用的纸质或塑料包装。

（二）绿色产品定价策略

在绿色营销中，自然资源和生态环境被引入到营销决策体系之中，使得绿色产品定价涉及的因素更多，要求企业对绿色产品需求、自然资源和生态环境价值等价格因素进行分析，然后探索绿色产品定价的一般方法和策略问题。影响绿色产品定价的因素包括绿色需求、绿色成本、竞争、营销目标、其他营销组合变量等。需要指出的是，由于绿色产品中的很多产品恰恰是传统产品的替代品，其价格需求弹性极大，因此，绿色产品价格既需体现其绿色成本，也需适应消费者的购买能力；既要体现绿色产品价值，也要体现其社会心理价值。科学定价、长远定价、根据社会价值定价才是真正科学、具有前瞻性的定价模式。

（三）绿色产品渠道策略

在这一渠道中，不仅要传递绿色商品，更应该把这一绿色营销及绿色消费的意识传播开来。企业应在渠道的各个基础环节落实绿色理念，如在物流运输、存储等过程中减少资源浪费，降低成本开销；另外，企业应选择与那些具有绿色意识的经销商和中间商合作，并建立长期伙伴关系；其实，企业可以为绿色营销开辟一条专属渠道，使其与其他产品相区别，这对于提升绿色产品的信誉度，推广绿色产品的理念和绿色消费都有好处。可见，绿色产品的销售渠道选择有其明显的节能环保特征：建立绿色分销网络，节约成本，提高效率；通过网络、电视购物频道等销售方式占有稳定市场；有专门的逆向渠道，专门负责回收包装物及退换产品。

（四）绿色产品促销策略

绿色促销是企业绿色营销战略中促成实现成本回收和利益获取特别关键的一环。它涉及企业围绕产品所举办的各类促销、推广、宣传活动，目的是使人们购买他们的绿色产品并且接受这一绿色消费的理念。企业可以利用广告作宣传，可以在销售现场示范和宣讲，或者参加环保公益活动等，这些措施除了使绿色产品销量好，获得可观经济利益外，也是树立公众形象，为绿色事业作贡献，实现名利双收的好方式。同时，绿色促销也是企业向消费者宣传环境保护和健康消费的手段，以此引导消费者的绿色消费需求，树立绿色消费观念，使企业的绿色促销活动成为整个社会绿色宣传活动的重要组成部分。如绿色节能空调的广告在解释“节能型”新型产品到底能够帮助一个家庭节约多少能源这个问题时，通过各种优势的描述，消费者会更注意环保问题，认识到环境问题与促进社会健康发展之间的关系，进而改变消费行为，为自己、为社会、为环境带来好处。

（五）推行绿色管理

“绿色管理”就是把环境保护的观念融于企业的经营管理和生产活动之中。这一思想可概括为“5R”原则，即研究（Research）：把环保纳入企业的决策要素之中，重视研究本企业的环境对策；减少（Reduce）：采用新技术、新工艺，减少或消除有害废弃物的排放；再开发（Rediscover）：变传统产品为“绿色产品”，积极争取“绿色商标”；循环（Recycle）：对废旧产品进行回收处理，循环利用；保护（Reserver）：积极参与社区的环境整治，对员工公众进行环保宣传，树立绿色企业形象。企业只有在绿色管理原则下，才能加快向绿色企业发展转变，推动企业采用各种环保技术，实行清洁生产，生产出符合社会和消费者需要的绿色产品，从而实现经济的可持续发展。

综上所述，绿色营销在现代营销中占有举足轻重的地位，是未来营销的必然。通过绿色营销，协调企业利益、环境保护与社会发展之间的关系，这必将是一件利在当代，功在千秋的善事。同时，绿色营销又与当前世界上许多国家正在实施的“可持续发展战略”密切相关，可以说绿色营销是市场营销出现以来最具生命、最具市场潜力的营销方法，也是我国企业增强产品国际竞争力的有效方式。

第三节 文化营销

一、文化营销的内涵

对于一个企业而言，若要在当今竞争日益激烈的市场上站稳脚跟，就必须提高该企业的核心竞争力，其中重要的一点就是重视文化营销。实可谓言之无文，行而不远；企之无文，行而不久。在现代社会中，企业文化营销是企业生存发展的一个重要环节，企业文化营销实质上是指充分运用文化力量实现企业战略目标的市场营销活动，并根据不同地区的文化有针对性地进行营销活动。如何作好企业文化营销，是现代社会企业生存发展的一大挑战。

由于存在文化差异，企业在进行营销的过程中，必然会与消费者存在文化冲突，因此，企业进行文化整合、实行文化营销的策略便成为必然。况且，在眼下激烈的市场竞争中，企业在营销技术上已很难保持差异化，新的营销技术容易被竞争对手所模仿，而文化营销恰恰为企业提供了难以被竞争对手模仿的差异化营销平台。可见，文化营销将以其独特的特点成为企业在全球环境下寻求新的竞争优势的必要营销策略。

文化营销就是以文化环境分析为基础，透彻地从消费者的潜在需求、消费心理等各个方面入手，知己知彼，即要在企业及商品上加入文化的元素，使它们更能融入该企业的消费群体，被消费者接受，从而赢得市场。美国密西根大学教授杰罗姆·麦卡锡（Jerome McCarthy）在其1960年出版的《基础营销学》（Basic Marketing）一书中明确了文化因素在营销中的巨大作用，书中强调了市场为导向的营销策略，并提出文化因素是市场营销中不可或缺的一个重要因素。被誉为“现代营销学之父”的菲利普·科特勒（Philip Kotler）曾指出，文化因素是影响购买决策的最基本的因素。我们生活的文化环境决定了我们的脑海中必定会形成一种独特的思维方式，而这种思维方式，将影响着我们生活的方方面面，当然也包括了消费理念。

二、文化营销的特征

文化营销的出发点在于分析消费者心目中对文化更高层次的需求，这种对文化更高层次的需求对其购买行为产生了深刻和关键的影响。文化营销以文化为基础，满足现今消费者的文化和情感需求，当消费者的文化需求与企业通过产品和服务所传递出来的文化相一致时，文化营销就发挥了其最大的功效，使消费者在享用产品和服务的使用价值时其文化需求也得到了满足，可谓是物质和精神双重满足。所以，现代营销者必须引导消费者的文化需求，实现文化观念的传递，即在营销过程中通过文化提升消费者的感知价值和企业的美誉度、认可度。

文化营销是传播企业文化的系统行为。企业应以文化为纽带，将各种利益关系群体紧密维系在一起，发挥协同效应，增强企业的整体竞争优势，创造新型的文化价值链。在经营活动中，企业针对面临的目标市场的文化环境采取一系列的文化适应策略，减少或防止营销与文化的冲突，使营销活动适应并融合于当地文化，即文化载体的选择应该和要传递的文化理念相匹配。企业经营者通过对文化的表层结构（文化载体）、深层结构（文化规则）和意义结构（文化内涵）的深刻理解，将企业的使命、核心价值观等渗透到企业营销的整个过程中，从文化层面提升产品及服务的附加值，从而提高消费者的品牌忠诚度。文化营销就是一种把以文明取胜的群体竞争意识作为指导思想，以企业文化为传播手段来与消费者沟通的系统行为。

文化营销的核心内容是企业的价值观念。从营销学角度来看，要想获得营销对象的认同，很重要的一点就是企业价值观念必须要为营销对象所接受、欣赏和赞同。因此，文化营销的一个重点就是要把企业文化的核心价值观传达给消费者，与其沟通，以达到与其价值观念产生共振，产生亲和力，最大限度地调动消费者的消费欲望，从而让其接受企业提供的产品和服务。因此可以说，价值观是文化营销的基础，而核心价值观的构建是文化营销的关键，只有通过发现消费者的价值并加以甄别和培养，努力创造核心价值观，才能使文化营销得以成功。本田的新车广告词“HONDA LEGEND 灵敏过人，与你配合无间，缔造一个以智慧和人性价值为基础的崭新系统，在追求驾驶乐趣的道路上，人与车从未如此融合无间”，这些叙述将一种舒适、安全、乐趣等的感受融入到产品的性能中去，表达了部分消费者的价值取向和精神追求，从而引起价值的共鸣，最终达成促销目的。

文化营销质量的评价标准是消费者满意度。文化营销是传播企业文化的系统行为，企业价值观念是其传播的核心内容，因此，不能以个别产品销售和服务达成与否来评价文化营销的成败。而要聚焦于消费者，以消费者的满意度作为衡量标准，其对企业提供的产品、服务以及企业整体形象是否满意才是评价文化营销成败的最佳标准。美国速溶咖啡面市之初，厂商在广告中竭力渲染速溶咖啡方便、省时、省力，然而却遭到了美国家庭妇女的冷落。经过调查才知道因为这种宣传内容与传统家庭主妇的价值观念相冲突，购买者害怕被人视为懒惰。后来广告宣传以味道为特色，速溶咖啡才被人们广泛接受。

一般来说，文化营销有以下五个比较显著的特征：

（一）时代性

企业文化营销往往从时代的热点话题中汲取灵感，所以其总是显示出一段具体时间的时代精神。每个时代都有不同的主流思想、价值追求，企业的产品也必须与时俱进，与不同的文化诉求相契合。例如，以前消费者对食品的追求是好吃就行，于是企业就将焦点放在了味道上，而现在随着生活节奏的加快及人们对健康的追求，快捷、健康这些元素得到企业的青睐从而融入产品宣传中。又如，淘宝网的企业文化营销可谓既抓住了网络时代的机遇，也从中创造出了人们网购的新时代。可见，随着时代发展对传统文化的不断冲击与更新，营销只有不断汲取时代精神的精华，才能把握住社会需求和市场机会，及时调整市场方向，这样才能较长久地赢得消费者。

（二）区域性

企业文化营销往往要针对不同民俗和亚文化等进行适应性的转变，如此才能取得不同国家、地区人们对产品的青睐，否则就会步履维艰。KFC 针对中国人的口味推出了中式的快餐汉堡包（鸡肉卷一类），这些比西式汉堡包更受中老年人的欢迎。除此之外，在建立了品牌之后，他们又推出了“东方既白”这种纯粹的中式快餐品牌，得到了喜欢中餐人的青睐。KFC 在中国之所以成功，是因为他们在品牌中加入了中国文化的元素，将产品和服务本土化，从而更容易打开中国市场，赢得了中国人的喜爱。再如，在拓展日本市场获得初步成功后，“迪士尼”又将目标瞄准了法国巴黎。春风得意的“迪士尼”如法炮制地将美国文化照搬到法国巴黎，却遭到了空前的亏损；追根溯源在于“迪士尼”忽视了美国本土文化与欧洲文化的差异，对营销策略没有作适应性的本土化调整。

（三）包容性

企业文化营销的精神并不排外，也不是一成不变的，它可以与其他文化相融合成为一种新的文化。如上海的“新天地”便是海外文化与上海经典的石库门文化的一种结合，给人耳目一新的感觉；麦当劳快餐店推出的中国口味的腐乳鸡块，可谓是美式快餐文化与中国传统饮食文化的良好结合。可见企业文化营销拥有海纳百川之力，正因为这种包容性，才使文化营销可以随时代文化因素的变化而不断地推陈出新。

（四）导向性

企业文化营销的导向性一般是对营销过程和消费观念两者进行引导的，前者多数对企业自身，后者则针对消费者。如由规范营销活动便可联想到 2010 年上海世博会非常流行的“低碳”一词。现在企业的生产发展越来越重视绿色、环保与可持续，企业若想宣传产品绿色，首先自身便要做好这一点，可见文化营销可以将企业引向好的发展轨道上。同时，消费者在接受这些绿色产品文化时，也会受其导向，越来越重视环境因素。

（五）个性化

企业在对具体产品进行营销时，赋予每个产品不同的文化理念，并使社会普遍认同购买者也拥有这种文化个性，从而进行有效的文化识别。所谓企业自己的声音，应当是企业文化中应该有能够体现企业自身的精神核心竞争力，在产品或服务中能够表现出企业制造产品或者提供服务的理念，展现企业所具有的特色，将企业对消费者需要与众不同的理解通过产品或者服务表达得淋漓尽致。在当今中国，提倡企业进行自主研发、自主创新，帮助企业树立个性化的企业核心文化，这为企业构建品牌，打造中国特色，起到了不可替代的作用。

正因为文化营销这些独具的特点，成就了其在企业营销的“基石”地位。资源是会枯竭的，而文化会生生不息。文化对于一个企业而言是灵魂，是企业长期生存下去的支柱，任何一个成功企业都依赖于其不断完善的文化体系的建设。因此，拥有文化内涵的营销活动对企业的健康持续发展及壮大有着非同一般的作用，比及其他，往往于无形中达到事半功倍的效果。

三、文化营销的层次

文化营销是与现代市场经济相适应的市场营销理念，是有意识地构建核心价值观念的营销活动。它是由产品文化营销、品牌文化营销和企业文化营销三个层次组成的。

（一）产品文化营销

产品是营销组合要素中最直接体现文化价值的要素，也是企业向消费者传递价值的载体。产品是文化的载体，文化是产品的灵魂。现在的消费者日益注重产品的文化内涵，通过对产品进行文化植入，赋予产品文化个性和精神内涵，增加顾客对产品的独有感知价值，以满足消费者文化精神的需求，促使其购买行为的产生。现代市场经济环境下，各类产品的功能、形式越来越相似，使得以产品差别取得竞争优势越来越困难，而企业在处理产品的设计、造型、包装、生产、价格、促销等各个方面时，根据目标消费者的文化背景和企业营销策略，把消费者认同的民族文化、地区文化或现代文化融入其中，使产品的包装造型既可体现自身的民族地域文化特色，也可体现异国他乡的文化风采；既要继承优秀的传统文化，又要创新发展融合时代文化风貌，巧妙地利用文化增添产品的魅力，提高消费者的满意度。星巴克最吸引人的特质则是把咖啡这一古老的话题与社会文化相结合，塑造一种文化内涵，让经典焕发时尚的光彩。

（二）品牌文化营销

品牌文化营销是产品文化营销的深化和拓展。美国市场营销协会将品牌定义为“是一种名称、名词、标记、符号或设计，或是它们的组合，其目的是识别某个销售者或某群销售者的产品或劳务，并使之与竞争对手的产品和服务区别开来。”而在现在的市场营销活动中，品牌已不仅仅是便于识别的一个商业符号，更成为了产品形象和企业文化的象征，有着极其丰富的文化内涵。品牌文化营销就是把支撑企业发展的优秀文化融入到品牌中去，提升品牌的价值，厚积品牌资产，建立起一个超值的文化品牌，其包括社会对品牌的信任，消费者对品牌的价值选择，厂家和商家对品牌的保护与完善。当产品品牌竞争在物质要素上难以有所突破时，其文化内涵就是竞争取胜的关键，其竞争将是一种更高境界的较量。我们都知道，NIKE 作为世界最大的运动商品企业之一，但现在它自己是不生产运动鞋的，NIKE 所销售的产品大都是由中国、越南、马来西亚等地代加工的，而其售价却是同类产品的数倍，究其成功的原因就是因为 NIKE 拥有自己的品牌文化：永远追求创新发展的精神。

（三）企业文化营销

企业文化营销的核心在于寻找被消费者接受的价值观念，并以此作为企业的立业之本，在营销中充分体现企业的文化理念，获得消费者对它整个企业及其产品的认同。企业将优秀的理念文化、行为文化、物质文化、制度文化有效地传达给社会公众，以塑造良好的企业形象，辅以各种营销手段和技巧。IBM 公司经营的宗旨是：尊重人、信任人、为用户提供最优质的服务，追求卓越的工作业绩。IBM 公司的价值观具体化为以下三原则：为职工利益、为消费者利益、为股东利益，后来又发展为尊重个人、竭诚服务、一流主义的

“三信条”。这些都构成了IBM的核心和灵魂，并为其树立了良好的企业形象。海尔公司的“顾客第一、质量至上”的信条，依托传统文化中的诚信道德标准，牢牢地抓住了消费者的“心”。

企业在对文化营销的实际运用过程中应综合考虑这三个层次，令其有机组合达到内在的和谐统一，如此一来，定能收到良好的营销效果。

四、文化营销的功能作用

文化营销之所以在现今市场经济的大环境下蓬勃发展，成为众多学者专家的研究重点，被广泛地应用到企业的营销中去，并在企业实践应用中不断创新，皆是因为文化营销适应了当今的社会和经济环境，拥有其他营销策略和理论所不具备的优秀功能与作用。由此，我们来分析一下文化营销具体有哪些突出的功能和作用。

（一）标新立异，确立竞争优势

文化营销提供了实施产品差异化战略的新思路、新发展和新方向。产品的同质化是社会发展的趋势，而产品的差异化是企业获得竞争优势的主要因素。迈克尔·波特在其著作《竞争战略》中首次提出了差异化战略。差异化的实现可以为企业带来显著的竞争优势：提高消费者忠诚度；获得超常收益；使企业得以避开竞争。当企业在成本、质量、服务等各种物质因素上屡次尝试，数次反复却难有重大突破时，文化因素通过构建和传递差别价值，实现了产品的差异化。在产品中注入丰富的文化内涵，可以使产品的使用价值区别于竞争对手，达到产品附加值的提高。孔府家酒酿于孔子之乡，儒家文化的发源地。儒家文化在日本、韩国、东南亚影响极为深远，在西方国家的影响也越来越大。“喝孔府家酒，写天下文章”既蕴涵了“李白斗酒诗百篇”的豪情，又符合当代人追求事业成功的心态。孔府家酒运用其自身丰富的文化内涵，区别于其他同类产品，标新立异，树立了竞争优势，驰名于国内外。文化营销是一种十分有效的市场经营手段，运用得当，将会充分地细分市场，分割出对自己最有利的消费者群，凭借与众不同的吸引力，占领市场份额和享受收益。

与传统的差异化营销战略相比，文化营销具有两个显著的特点：低成本和持久性。唤起文化认同感，激发文化的感染力所需要的成本远小于技术突破、产品开发、广告宣传等一般方式。文化属于一种感性因素，表现为思想上的认同感，并自然而然地流露在行为方式上，这种认同感对象鲜明，竞争对手不易模仿。所以，通过文化因素激发的差异化就具有持久性。

（二）建立共同愿景，达到共同认知

文化营销利用文化的亲和力在企业与消费者之间建立共同认知，在产品价值的理解上达成默契和共识，增进双方的交流和沟通，把产品的单纯买卖行为上升到文化价值理念的融合和互动，从而满足消费者的文化需求，提高企业的经营业绩和竞争优势。利用文化营销创造共识和一致性，对外可以充分展示企业的文化品位和经营风尚，树立企业的良好形

象，达成与目标消费者的有效沟通；对内可以使企业成员更加明确个人的位置、责任、义务及权力，激发主观意识和创造潜能，为企业提供强大的凝聚力和向心力。四川长虹集团宣传“以振兴民族工业为己任”，以爱国主义来激发广大消费者的民族自豪感和认同感；联想标识中“科技创造自由”这句话，既体现了联想的企业价值观，即以科技为基础，注重创造性，又让消费者领会到其创造的巨大价值——“自由”，这句话对企业自身及消费者都有着深刻的、耐人寻味的意义。文化营销注重的是价值观念的传递和产品价值的实现，获得消费者认同感，强调通过顺应和创造某种价值观来达到与消费者的沟通和共鸣，更容易获得消费者的满意，更容易使消费者接受企业的产品，提高消费者忠诚度。

（三）构筑企业核心竞争力

寻找、创造和积累企业独有的核心竞争力，是营销决策者们永远都需要关心的课题。因为一个企业竞争力的强弱主要取决于企业有无能力建立其独有的核心竞争力。文化营销的兴起为企业构筑自身的核心能力提供了新途径。所谓企业的核心竞争力，就是企业在长期生产、经营、服务管理等一系列过程中形成的，而其他企业不具备的技术、服务、管理等方面的能力。有了这些关键的技术、机制和理念，就能使得企业在竞争环境中取得主动。强大的R&D梯队、有号召力的品牌、提供高附加值的服务以及内部激发团队精神的管理模式等，都可以成为企业的核心能力，而文化营销的兴起为企业构筑核心竞争力提供了新的途径。文化营销的核心概念在于借助塑造一种为企业内部和外部所共同认同的价值观或价值观念群来推动企业营销的成功。价值观对外可以充分表达企业对目标消费者、社会所负的责任，从而树立起企业良好的外部形象，形成与消费者的有效沟通；对内则可以协调各部门的关系，优化生产要素，激发创造潜能。

一个优秀的企业的竞争力优势的源泉就是它的价值观念体系。企业的价值观念体系具有专属性、群体性和模糊性等特点。

（1）专属性。专属性是指在企业长期发展过程中逐渐形成的，与企业的历史、经验、人员、组织、文化、管理制度等具体环节紧密结合，且不易转移和分割，如此才能确保核心专长为本企业所有。

（2）群体性。群体性是指企业全体成员共同肯定和接纳的，具有群体文化的特征，它作为核心专长发挥作用，也以全员的相互配合协调为前提。这种群体性使得员工跳槽所带来的风险最低，任何人都没有办法复制企业内部环境与长期历史积淀形成的思维方式，从而也无法移植一种优秀的价值观念体系。

（3）模糊性。模糊性表现在具体的竞争优势的建构过程与价值观念体系之间因果关系的不清晰。企业的价值观念通常被概括为言简意赅的话，提炼的结果带有抽象性，竞争者即使使用“逆向工程”的技术也无法分析和模仿。

（四）深化“社会营销”内涵，促进社会健康发展

文化营销采用整体规划和行动框架，集传统社会变革之精华，并利用最先进的通信技术和营销手段，实现修正整个社会的认知、行动、行为和价值观念的变革。企业作为社会

的一份子，需要不断地和外界进行物质、资金、信息、人才等的交流。因此，在满足企业的个体价值的基础上，还得体现出社会价值，也就是必须投身到社会的发展和进步中去。文化营销所利用的文化因素可以从价值观上对人进行教育、培育和塑造，文化营销也延续着文化的育人功能，表现为通过文化理念的构建，对真善美的价值追求，对消费者进行思想、观念、情感和道德等的引导教育。文化营销效果的逐渐实现有助于完成对人的变革：首先，文化营销通过发动认知变革，使人们掌握新的信息，增加他们对某个既定目标的理解程度；其次，文化营销是要改变那些根深蒂固的消极信仰和价值观；最后，文化营销者除宣传社会观念外，还宣传促进行动变革，改变人们的行为。企业采用文化营销，不但能提高自身的文化品位和经营层次，还能用最先进的文化来指引消费者的行为，使社会向更积极的方面发展。

文化营销波及范围之广，对消费者影响之深，在社会中所形成的意义之深远，是一般的促销活动及单一的品牌推广所不能比的，它是促销活动和品牌活动的终极完美体现。文化营销在实施过程中要整合各方有效资源并有机契合，从而达到营销效果。它是企业通向高层次发展的必然选择，是企业自我升华的需要。

第四节 体验营销

一、体验营销的含义

人与人以及人与环境的互动可以在心理上产生一种感觉，一种情绪，这就是体验。由于体验是一种客观存在的需要，每个人或多或少、或明或暗地都存在着这种体验的需要。企业通过观摩、聆听、尝试、试用等方式的营销活动，使目标消费者亲身体验企业提供的产品，让消费者实际感知产品的品质和性能，从而满足消费者的心理需求，促使消费者认知、喜欢并购买这种产品，最终创造满意交换，实现双赢的目的。所谓体验营销，其实是通过一些特殊的有趣的体验，让消费者对所要购买的品牌有一个最直观也最深刻的印象。

哥伦比亚大学教授伯恩 H. 施密特在《体验式营销》一书中指出，体验是指个体对某些刺激产生回应的个别化感受。这里的体验包含心理学和行为学两方面的含义。从心理学的角度来理解，体验是一种心理活动，是指由主体身体活动与直接经验而产生的感情和意识；从行为学来看，体验是一种实践活动。对于体验如何才能产生经济效果，体验经济学家 B. 约瑟夫·派恩（B Joseph Pine）和詹姆斯 H. 吉尔摩（James H gilmore）也给出了答案：只有当企业以商品为道具，以服务为舞台引来客户的时候，体验才得以产生，并且只有当客户愿意为这类体验付费时，体验本身才可以看成某种经济上的给予。

二、体验营销的特征

（一）互动性

一种体验是消费者对一定的刺激物所产生的个人心理感受，因此，体验并不是自发的，而是诱发的。所以，要让消费者对企业提供的商品和服务产生美妙的体验，作为体验提供者，企业必须深入分析和把握能激发消费者美妙感受的体验提供物。体验营销的核心就是消费者参与，把消费者作为价值创造的主体，及时回应消费者的感情诉求，满足消费者体验消费的需要，使体验营销的消费者通过创造性的消费来体现独特的个性和价值，获得更大的满足感。

（二）高附加性

消费者研究员瑞瑟·贝克（Russel Belk）、米拉尼·沃伦道夫（Melanie Wallendort）和约翰·舍瑞（John Sherry）曾经说过："如今的消费者把某种产品或消费体验看做是代表着某种意义，而这种意义完全超越了普通产品本身。"他们进一步解释说，消费者可能会把"尊贵的身份"和各种能够代表价值的产品相联系。也就是说，这种意义同样为产品带来了高附加值。同样是喝一瓶600mL的可乐，从一般超市里买，大概只要2.5元人民币；而到街头的小餐馆消费，可能要卖5元钱；但是如果在星级酒店里点上一瓶，就要花上十几元了。人们的花费或乐意支付的价格随着更接近其消费欲望有一个明显递增的过程。这种在消费商品的过程中被"提升"的部分，就是"体验"。而企业正是要抓住人们的内心需求，提供最符合其目标的"舞台"，让人们放松体验。

（三）协同性

一方面，提供体验对企业来说是促进销售、增强品牌竞争力的有力手段。另一方面，体验也为企业带去消费者对产品、服务的反馈，帮助企业改进其产品和服务，增进企业和消费者之间的沟通交流。为了使体验营销能够产生最大效应，需要综合考虑企业需要与消费者体验需要，使它们相互协调，互相促进。

（四）非生产性

体验不能完全以"清点"的方式来量化，也不能像其他工作那样创造出可以触摸的物品，它具有非生产性。体验是一个人达到情绪、体力、精神的某一特定水平时，在意识中产生的一种美好感觉，属于心理学的范畴。例如，对一次旅游的体验，我们无法说出和亲人或朋友共度欢乐时光的快乐度有多少，也无法说出看到美丽风景的愉悦度有多少。

（五）持久性

由于体验是消费者对一定的刺激物所产生的个人心理感受，而这种心理感受是自己通过体验获得的，这种刺激所带来的感受会给体验者打上较为深刻的烙印，这种烙印时间的长短来源于消费者对体验的难忘程度。消费者所获得的体验越深刻，体验在消费者心目中所留存的记忆也就越持久。一次航海远行、一次极地探险、一次峡谷漂流、一次乘筏冲浪、一次高空蹦极，所有这些都会让体验者对体验的回忆超越体验本身。正是体验经济的持久性特点，才使得它相比以前的经济提供物具有更高的价值。一次体验营销的持久效果可以深刻影响到消费者下次的光顾。迪斯尼就是通过体验营销的持久性，吸引了超过

70%的游客在此光顾。一次良好体验本身就是最好的广告，它能长久地印在体验者的心里。

（六）多样性

体验是非常复杂的，其需求要素是突出感受。这种感受是个性化的，在人与人之间、体验与体验之间有着本质的区别，因为没有任何两个人能够得到完全相同的体验经历。为了满足消费者心理、精神及情感的需求，让目标人群获得比较深刻的体验经历，企业经营者必须有良好的创意，能把产品概念通过某种个性的表达方式诉之于目标消费群，体验营销采用的方法和工具，不应局限于单一的方法。企业要善于寻找和开发适合自己的营销方法和工具，并且不断地推陈出新。

（七）两重性

经济学上假定人们都是理性消费者，把消费者购买过程视为一个非常理性的分析、评价、决策过程。但不断演进的消费实践表明，消费者往往并不是完全理性的。在对当代的都市居民消费行为观察中，消费作为一种主观意愿，越来越多的人受消费体验的影响，而不是基于对产品特点和价值的理性认知。体验营销则认为消费者既是理性的又是感性的，消费者的购买行为既可能是理性的过程，也可能是在情景刺激下而产生的冲动型行为。

三、体验营销的形式

体验虽然复杂多样，但可以分成不同的形式，且各自都有自己所固有而又独特的结构和过程。这些体验形式是经由特定的体验媒介所创造出来的，能达到有效的营销目的。哥伦比亚大学的伯恩德·施密特在他所写的《体验式营销》一书中将这些不同的体验形式定义为感官（Sense）、情感（Feel）、思考（Think）、行动（Act）、关联（Relate）五个方面，称之为战略体验模块（Strategic Experiential Modules，SEMs），以此来形成体验式营销的构架。体验营销的关键就在“体验”二字，企业找准消费者的切入点，采取不同的体验方式，这在体验营销过程中是最重要的。

（一）感官体验营销

感官体验营销是利用视觉、味觉、嗅觉、听觉和触觉等各种感觉来创造感官体验。感官体验营销的目标是向消费者创造知觉体验的感受，以引发其愉快、兴奋、美感以及满意，从而增强消费者对公司和产品的识别能力，增加产品的附加值，获得更高的消费者回报。

在新经济时代，竞争越来越白热化，商家的营销手段都很相似，消费者已经麻木了，所以企业需要设计更新颖的方法，才能刺激消费者购买。企业可以通过感官营销的方法实现自身和其产品的差异化，要与现有的产品传播、设计、销售环境的标准模式不同。为了管理好感官体验，营销者们就需要借助一些规划工具，包括基本要素、风格、主题和整体形象，给消费者留下一个良好的印象。

研究发现，80%以上的信息来自人的视觉。这一研究被许多企业用于产品营销，理查特公司就是其中一个。该公司的巧克力被英国版《时尚》杂志称之为“世界上最漂亮的巧克力”。理查特巧克力在一个精致的珠宝商展示厅销售，其包装非常优雅，盒子表面是有光泽的白色，并附着金色与银色的浮雕字。对视觉感而言，巧克力本身就是个盛宴，它们有漂亮的形状，并且以不同的花样与彩饰装饰，还可以根据消费者的要求制造特别的巧克力徽章。

（二）情感体验营销

感觉的刺激还只是第一步，最重要的是通过感官刺激，进一步调动他们的情感，这就得通过情感体验营销。与感觉相对比的是情感特征，它不是五种感觉器官的单独活动，而是复合了多个感官信息和记忆。情感体验营销通过心理的沟通和情感的交流，赢得消费者的信赖和偏爱，进而扩大市场份额，取得竞争优势。其范围可以是一个温和、柔情的正面心情，也可以是欢乐、自豪甚至是激情的、强烈的激动情绪。

情感营销策略的关键是真正了解什么是消费者所需要的情感，以及通过何种方式的刺激可以引起某种情感，使消费者能切身感受到，并融入这种体验中来。实际上就是要把消费者的个人情感差异和需求作为企业品牌营销战略的核心，在产品开发、商标制作、价格制定和促销手段的选择上都考虑到消费者的情感需求，通过借助情感设计、情感包装、情感广告、情感促销等策略来实现企业的经营目标，并且要比竞争者做得更好。

纳爱斯洗衣粉广告《懂事篇》就是一个情感广告的典范，它描绘了这样一个场景：妈妈下岗，为找工作而四处奔波。女儿心疼妈妈，帮妈妈洗衣服，妈妈说：“雕牌洗衣粉只要一点点，就能洗好多好多的衣服，可省钱了！”门帘轻动，妈妈无果而回，正想亲吻熟睡中的女儿，看见女儿的留言——妈妈，我能帮你干活了！妈妈热泪盈眶。这种母女之间的亲情感动了广大的中国消费者。用朴素的情感传递品牌内涵，不但跳出了宣传同质化的怪圈，而且让品牌深入人心。雕牌的巨大成功让人不能不相信：情感营销带来的是丰硕的回报。

一件能触动情感的产品才是能让人记住的产品。让产品与情感挂起钩来，就会成为市场上的成功者。商家的经营符合消费者的需要，就会产生积极的情感，进而顺利地促进消费者实施购买行为。

（三）思考体验营销

思考体验营销就是通过鼓励消费者创造性地思考公司及其品牌，从而激发消费者一致认知的营销形式。思考体验营销的目的是促使消费者进行创造性思维。这个过程既包括发散性思维，又包括收敛性思维。

思考体验营销可以通过有创意的宣传、产品展示、联合品牌塑造以及其他的思考体验媒介来构建。在许多其他产业中，思考体验营销已经使用于产品的设计、促销以及与消费者的沟通中。例如，现在国内比较流行的自制手工香皂的体验店，消费者可以按照自己的想法创意来制作各种形状的香皂。

思考体验媒介的运用还需要达到这样一些效果：

首先，思考体验应该出乎消费者的意料。出乎意料的体验能刺激消费者对产品和品牌进行更多的思考，留下更深刻的印象。出乎意料就是让消费者得到的东西比期望中的更多更好，甚至是一种完全没有想到的东西，给他们惊喜。

例如，法德拉克餐饮业的创始人罗曼诺开了这样一家意大利餐馆，在每月的某个周一或周二将会提供一次完全随机产生的免费用餐。这样的免单是建立在消费者享受完精美的饮食和完善的服务之后，这时消费者想的只是结好账离开，这样的免费惊喜完全出乎客人的意料。这样一次难以忘记的体验使消费者产生了不断去罗曼诺餐厅就餐的念头，营销效果远远好于传统的打折策略。

其次，思考体验应该激发兴趣。激发兴趣比出乎意料更进一步。出乎意料仅仅是对期望的偏离，一种局限于事物本身结果的思考，而激发兴趣不局限于事物本身，它能引起消费者的好奇心，是对已有认识的一种挑战，它让消费者感到迷惑但同时也为之着迷。

比如，美国大陆航空公司（Aero Continente）每年会为其金牌乘客提供一个礼品盒，内容包括常客飞行指南、升级礼券、一个行李箱标签及一些参考资料。当客户第一次收到礼物时，他们会感到惊奇。但如果第二年又收到同样的礼品盒，惊喜就会消减了。如果他们能根据客户的个人情况改变每一年的礼品内容，如第一年是经常到的目的地的免费午餐，第二年是董事会主席的来信，下一份礼物是一瓶好酒，再下一份礼物是一个新的旅行箱……那么金牌乘客们就将欣喜地期待下一份礼物，而且一旦看到送来的礼物或想到某次赠送的免费体验，就会想到该航空公司。

最后，思考体验可以加入一些对消费者特别的刺激，一些小小的挑衅，不过这会引起讨论、争论甚至震惊，所以需要把握好一个度，不要产生负面效果。

（四）行动体验营销

行动营销战略就是为消费者创造各种各样的体验机会，包括身体体验、长期行为模式体验、生活方式体验以及与人互动体验等，通过引导消费者去思考、去行动，让消费者从中体会到个性的自由和过程的快乐，以此来鼓励和刺激消费者积极采取行动购买企业的产品，进而接受品牌。

阿迪达斯有一项极为成功的行动营销活动——街头篮球挑战赛，这是在城市里的露天场所进行的一种 3 人篮球联赛。找一个周末，在各大城市的中心广场上放上篮球架子，一场扣篮或远投比赛就开始了，还有街舞、技巧和极限运动表演，所有的活动都有说唱乐队现场伴奏。比赛现场没有裁判，参赛的队伍戴着阿迪达斯的各种帽子，穿着阿迪达斯的运动裤、夹克和运动鞋。精心设计的街头装饰也营造了一个很有感染力的使用公司产品的情境。街头挑战赛强调的是重在参与，不但欢迎人们参加比赛，也欢迎人们来观看比赛。这样的比赛战略性地让人们感受到了阿迪达斯的品牌精神，所有与街头挑战赛相关的联想和体验都会涉及阿迪达斯。通过这样的活动，阿迪达斯的品牌形象潜移默化地传达到消费者心里，阿迪达斯就是比赛名称的一部分。阿迪达斯以行动营销的形式迅速增强了其品牌的影响力。

行动营销向消费者描述全身心的体验，通过指出做事替代的方法、替代的生活方式，丰富消费者的生活，从而激发消费者的购买愿望。

（五）关联体验营销

关联体验营销是通过个人体验，建立个人与理想自我、他人或是文化之间的关系。关联体验营销包含感官、情感、思考与行动营销等多个层面，它超出了个人感官情感、认知和行动的范畴。关联体验的诉求是满足自我改进的个人渴望，即要别人对自己产生认同与好感，让人和一个较广泛的社会系统（一种企业文化、一个群体等）产生关联，从而建立个人对某种品牌的偏好，同时让使用该品牌的人们进而形成一个群体。

关联体验营销已经在许多不同的产业中使用，范围涉及化妆品、日用品、私人交通工具等。美国哈雷机车是个杰出的关联体验营销品牌。哈雷就是一种生活形态，从机车本身、与哈雷有关的商品，到狂热者身体上的哈雷纹身，消费者视哈雷为他们自身识别的一部分。消费者以这种特别的方式感受到了哈雷带给他们的自由。

国内也有学者将关联体验营销解释为生活方式营销，就是指企业通过关注消费者所追求的生活方式，将公司的产品或品牌演化塑造成某一生活方式的象征，甚至是一种身份、地位识别的标志，从而达到吸引消费者、建立起稳固的消费群体的目的。每个人都有自己认同和向往的生活方式。生活日渐富裕的人们渴望有一份与众不同、新鲜刺激的生活体验；而生活在底层的人也许仅仅希望可以衣食无忧；年轻人希望有自己的个性，标新立异，把握时尚与潮流。所以，体验营销的制定应该对生活方式与趋势有敏锐的洞察力，最好成为新生活方式的创造者和推动者。

麦当劳的金色拱门是全世界最著名的商业标志之一，它向人们暗示着麦当劳是一个有“食物、人群和欢乐”的地方。在对麦当劳餐厅进行调查时发现，对小孩子来说，麦当劳大叔、快乐儿童餐和游戏区具有极大的吸引力；对一部分成年人来说，麦当劳是一个心理的避风港，他们可以暂时逃离现代生活的压力和不确定性，像个小孩子一样度过一段无忧无虑的欢乐时光。

快乐的生活方式一直是人类生活的一个理想，特别在现代社会中，由于压力的增大和生活节奏的加快，很多人失去了快乐生活的时光。麦当劳则可以在城市里给人们提供这样一个角落，用一种年轻的心态去生活，在一个个金黄色的餐厅中，去度过一段快乐的时光。

四、体验营销策略分析

企业要善于运用体验营销策略，充分刺激调动消费者的感官、情感等因素，创造体验氛围，以达到最佳推广效果。

（一）产品策略

在这个以消费者为导向的时代，谁为消费者考虑得越多，谁就能获得消费者的青睐。传统营销强调的是产品或服务的特色和功能，而体验营销要求企业为消费者提供多样的、有特色的体验。凡是能为消费者提供值得回忆的感受的事物，都能成为体验产品。因此，如今的产品不仅要有好的功能和质量，还要能满足使用者感官上的要求。

1. 有形产品

企业应通过改进外形设计、提高产品质量、改善产品包装等措施来营造更好的体验效果，唯有独具匠心的产品设计才能在日益激烈的竞争中脱颖而出。针对不同的目标受众群体进行差异化设计，也是把握并满足消费者的个性化需要和心理需求的重要举措。

2. 无形服务

企业应注重的不仅是传统项目的开发和服务水平的提高，还应着重于体验主题的设定，并在该主题范畴内进行服务产品设计。主题是体验的基础，在特定的主题中提供参与性强、独具感受性的体验活动，创造独特的体验氛围，同时也能增加有形产品的体验价值。另外，尤其要注重体验的细微环节，以免因小失大，破坏整个体验的效果。

（二）价格策略

在体验营销中，体验有时作为产品的附加值，有时甚至产品是免费的，而体验成为了收费的主体，且其价格是以消费者的期望价格为依据而制定的。因此，企业在制定价格时可以有更多的选择。

1. 以体验价值定价

如今的信息开放时代，产品技术差异化渐渐消失，低成本战略举步维艰。在竞争日益激烈的市场中，完全根据成本来定价已经是不可行的。企业应该根据消费者所认为的价值来决定产品的价格。甚至有时，涨价也能提高产品的选择率，因为人们会考虑这种价格上的区别。

2. 合理确定定价宽度

对于目标受众群体不单一的企业来说，消费者是多样的，他们处于不同的消费水平，只有他们能够承受并愿意承受的，他们才会选择。因此，企业可提供价格多样的产品来满足不同消费者对价格的需求，从而吸引更多的消费者群体，在更多消费层次中形成口碑效应。

3. 确保消费公平

企业在制定价格策略时，不仅仅要考虑提供不同的价格，还需要保证价格与体验产品或服务相对应，高的价格对应较高的体验，低的价格对应较低的体验。

（三）促销策略

体验营销将各种促销手段融入体验之中，对消费者起引导作用。体验促销以极大的弹性构筑了一个“体验的现实”，这个体验的现实在勾起欲望、潜意识和想象时特别有效，进而提高消费者体验价值。

1. 公共关系

公共关系是体验营销的上佳手段。企业通过参与社会活动，或承担社会责任，将企业品牌同当下热门的事件或慈善活动等联系在一起，树立起良好的品牌形象，以一种令人信服的方式来推荐自己的企业和自己的产品。这种方式抓住了消费者在情感上的体验需要，为自身增添了一种特殊的魅力和保证，吸引了消费者的兴趣。

2. 广告及商业展示

广告从曾经单纯的平面广告渐渐地发展成为一场华丽的商业展示。无论是以媒体为载体的广告，还是销售现场设置的 POP 展示，都是企业帮助客户实现体验的重要途径。雀巢咖啡在各大卖场中搭起红色醒目的试喝促销台，美丽高挑的促销模特动听的声音，以及产品展示台上整整齐齐琳琅满目的产品，无不吸引着消费者的眼球。广告在某种程度上可以触动消费者的动心点，促进本无意购买的逛客消费。

3. 体验中心与展览会

体验中心，顾名思义，便是出售体验的场所。它往往是企业打造自身品牌的一个长期投资。展会和品牌体验中心有一个共同之处：亲身体验得来的经验要比纯粹的广告能留下更深刻的印象。让消费者亲身经历产品的制作、加工过程，以眼见为实的方式解释产品的性能，或者通过舞台布景、表演来阐释产品的意境。

（四）渠道策略

在企业精心设计的直接渠道中，所有接触到消费者的任何人或物都可以成为传递体验价值的载体。

1. 旗舰店、概念店

如今的商店不仅是购物的场所，也是用来进行特别体验的消遣地。旗舰店和概念店作为商家的时尚名片，让消费者在其中购买商品成为一种愉快的享受。

2. 网络

互联网是产生和传递多种体验的平台，也是当今社会大众普遍使用的一种交际方式。它能充分满足人们自由化、个性化的消费需求。从推广企业形象的角度来讲，一个成功的企业，需要发展出具有吸引力且有效的企业网站来推广自己的产品和服务，并且树立企业特有的品牌形象。

（五）人员策略

这里的人员既包括企业内部的员工，也包括产品或服务传递过程中的相关人员以及消费者。尤其是与消费者直接接触的体验终端人员，他们是企业制定人员策略的主体。

1. 注重体验终端人员的素质培养和能力提升

体验终端人员是体验的最终提供者，是传达体验的关键环节。体验终端人员必须要理解体验的主题，明确自身的角色，懂得使用合适的道具，并且要知道如何用适当的表情、语言和肢体动作“表演”好自己的角色。

2. 体验提供者和消费者之间良性的互动

虽然体验提供者的行为非常重要，但是体验的过程却是销售者和消费者的互动过程。销售人员既要积极地吸引消费者参与体验，也要给消费者留下自由体验的空间。

3. 创造具有激励作用的工作体验

一个企业特有的企业文化、企业宗旨、培训模式、员工参与方式、奖惩机制，都直接影响着员工在企业中的工作状态，针对这些方面的特点进行人性化管理，创造具有激励作用的工作体验，是员工为消费者创造更好体验的保证。

（六）过程策略

在服务行业，人员的行为态度固然直接决定着体验效果的好坏，然而有些时候，态度再好的工作人员也不能解决体验过程上存在的不合理。因此，想要为消费者提供最好的服务，要不断地完善服务过程。在体验经济的观点下，服务的过程即体验的过程。整个体系的运作政策、程序方法的采用、服务供应中的器械化程度、雇员在什么情况下使用裁量权、消费者参与服务操作过程的程度、订约等都是经营管理者应特别关注的方面。

1. 过程要讲究简单、方便、快捷

如今高速运转的生活步调让消费者始终青睐便捷迅速的消费方式，再出色的产品和服务，若是需要消耗消费者大量的时间和精力，消费者也不愿意去体验。如何设计体验过程的程序，减少不必要的步骤，缩短过程时间，是企业应优先考虑的。

2. 在过程中用细节强化主题

在这点上，人和过程是密不可分的。体验的主题要通过戏剧化的过程和角色化的人来体现。在既定的“舞台”中，令销售人员和消费者充分地沉浸在自身的“角色表演”中，这才是一种成功的体验。

3. 在过程中及时收集体验者的反馈信息，以完善体验的过程

体验过程的设计和实施直接影响着体验者下一次是否再来体验和消费的决策，因此，要站在体验者的角度来设计体验，以充分满足他们的需求，最重要的是及时收集体验者的反馈信息。一方面可以促进体验过程的不断完善，另一方面收集反馈的过程也是企业责任心和人性化的体现。

五、体验营销的应用与展望

随着体验经济时代的到来，体验营销已经并不限于旅游、时装、化妆品及娱乐等服务行业，也不限于为高消费层设计的时髦奢侈品。注重消费者体验已经渗透到越来越多的行业和领域。在体验经济时代，任何组织，无论属于什么行业，面对哪一类消费者群；无论是营利组织还是非营利组织；无论是消费品行业、工业品行业，还是服务行业，都可能利用体验营销而获益。

随着体验经济的不断发展，体验营销将在未来很长的一段时期发挥重要作用。而各个企业想在体验经济时代占有自己的一席之地，不但需要对体验营销的形式、实施策略等理论有着充分的理解，在具体实践中还需要“舞台提供者”的无限创意。因为通过创意能给消费者带来惊喜，而不仅仅是满足，这是一种更美妙的体验。另一方面，在“分析需求——推出体验——跟进实施”这一体验营销过程中，每一个环节都需要“舞台提供者”准确把握。“细节决定成败”这句话在体验营销中极为适用，往往是一个小细节使你的“舞台”更贴近消费者的需求，而这就是你的核心竞争力，是你战胜竞争对手的法宝。

第五节 植入式营销

一、植入式营销的概念及其特点

植入式营销（Product Placement Marketing）又称植入式广告（Product Placement），是指将产品、品牌及其代表性的视觉符号、服务内容，策略性地融入（即“植入”）影视剧、网络等媒介的各种内容之中，通过场景、故事情节的再现，让观众在接受自己感兴趣的信息内容的同时，不知不觉中留下对产品及品牌的印象，以达到营销产品的目的。植入式营销对企业以及电影、电视、网络游戏等文化传媒业而言，是一件双赢的好事。一方面，普通消费者对于直白的产品广告已经开始产生排斥心理，广告的边际效益在减小，而植入式营销能在将故事娓娓道来的同时，让消费者不知不觉地接受一种产品或者消费理念；另一方面，随着电影、电视节目制作成本的提高，如果能在不影响影片或节目质量的前提下，适当地为企业提供植入式营销的机会，可以节约成本甚至带来收益。

首先，与传统硬广告的费用昂贵、“说教性”高、受众接受程度低等特点相比，植入式营销的低成本、高效、生命周期长的特点就凸现了其优势所在。正如马克·博内特在《推动植入式广告规范化》一文中阐释的“以一抵五”规则，即一美元的植入式营销效果等同于五美元传统的普通商业广告的营销效果。

其次，植入式营销传递信息的过程具有隐蔽性，这是植入式营销最为突出的优于传统广告的特征和优势。与传统广告“暴风骤雨”式的显性信息传递方式不同，植入式营销采取的是“润物细无声”的信息传递方式，这种方式也大大降低了营销的成本。

再次，信息接受到达率较高，即观众接受程度高、接收效果好。产品的信息隐蔽地融入电影电视、网络游戏、手机程序甚至流行歌曲的歌词中，观众在主动接收媒体信息的同时，不知不觉地接受了植入产品的信息。

最后，信息持续时间长而且影响广泛。影视媒体具有极强的生命力，可以通过影院、DVD 等形式放映，增强了观众对产品的记忆。许多经典电影、电视剧情节多少年后还为观众们所津津乐道。不仅限于影视作品，随着网络时代的来临和网络科技的蓬勃发展，企业借助网络广泛的覆盖率和使用频率，加深了消费者的记忆程度。

二、植入式营销的分类和植入方式

按照媒体种类分，植入式营销主要可以分为影视广播类媒体植入、平面类媒体植入、户外媒体植入以及网络媒体植入。

（一）影视广播类媒体植入

影视广播类媒体植入最受研究者关注，它植入的媒介包括电影、电视剧、电视节目、体育赛事、MTV 和广播节目。这类植入的主要方式有以下几种：

1. 普通道具植入

这种形式是把产品直接作为演员的道具或服饰，借助演员及其所饰演的角色的身份、地位等来突出产品功能或品牌个性。也就是说，演员在剧中穿的、戴的、用的都是植入的产品。如2010年《杜拉拉升职记》的热映带动了植入式营销的新一轮热潮，看过此片的观众一定会注意到剧中频频出现的马自达汽车、立顿红茶、诺基亚手机、联想idea笔记本电脑、德芙巧克力；又如2007年暑假电影强档《变形金刚》中的雪佛兰汽车、诺基亚手机、汉堡王玩具，《欲望都市》中的烈酒、服饰、珠宝、鞋子等。

2. 背景场景植入

这种形式是把品牌符号植入角色活动的场景之中，如2010年春晚中刘谦变魔术伊始就给了汇源果汁一个大大的特写，并且对观众们清楚地介绍了"这是汇源果汁"，并且将包装盒放在桌子比较显眼的位置上，成为魔术的场景物品之一；再如《天下无贼》影片中男女主角互发短信时，特写镜头手机屏幕上滚过中国移动"全球通"的大Logo、张贴在火车车厢内的《北京晨报》，随着剧情的展开，不时地进入宝马汽车、惠普计算机、淘宝网、长城润滑油的镜头，这些品牌便是作为电影场景的一部分出现的。

3. 声音植入

这种形式是产品或品牌通过主持人和演员的台词、MTV的歌词或者广播节目的方式出现，以提升产品或品牌的知名度，突出产品功能或品牌个性。如《超级女生》每次节目一开始，主持人总报一下蒙牛"酸酸乳"；在《奋斗》中，几次借由演员之口大赞奥迪轿车系列，均是声音植入；又如，2010年春晚，赵本山在其小品《捐款》中对搜狗输入法的搞笑诠释也是声音植入的例子。目前，众多的健康咨询类广播节目是医药品牌进行植入式营销的主要阵地。

4. 冠名/赞助/特约播出植入

冠名赞助是一种常用在电视节目中的植入式营销活动，通常在节目的名称之前加入赞助企业的品牌名称，如东方卫视"雪碧我型我秀"，在冠名后，雪碧的名称出现在该节目的各类宣传片片头中；2009年东方卫视的名牌栏目"舞林大会"，由悦活冠名后改名为"悦活舞林大会"。

5. 文化植入

这是影视剧植入中的最高境界，它植入的不是产品和品牌，而是一种文化，通过文化的渗透，宣扬在其文化背景下的产品或服务。美国电视剧《欲望都市》、《英雄》等影片受到我国年轻人的追捧和青睐。该剧充斥着美国式的思想文化，如开拓和竞争，还有欧美服饰、建筑、西式餐饮，这些美国文化潜移默化地留在了观众心中。近几年大量的欧美、日韩电视剧和电影涌入中国市场，这种文化植入的经济效果是非常明显的，甚至出现了相应的新词汇，譬如"欧美风"、"韩流"等。美剧、韩剧风靡华人市场的同时，也掀起了欧美、韩国餐饮文化、服饰文化的热潮，随之而来的是相关产品在国内热销。加之英语学习的全民普及，韩语学习的热捧，欧美日韩文化正影响着受众的消费观念，从而对改变他们的消费行为，最终达到植入企业的经济目的有着长远的影响。

（二）平面类媒体植入

企业委托商家在撰写文章、小说时，将其品牌产品信息植入其中，一般要求作者设法在文章中多次提到该企业的产品或品牌。

1. 书籍类

法国作家保尔·鲁普·苏里泽曾与马蒂尼葡萄酒公司签订合同，对方付给其8万法郎的报酬，条件是他在创作小说《绿色国王》时（出版于1985年），作品中提到马蒂尼牌葡萄酒不得少于三次。后来他又在另一部小说里让密探马尔戈喝名牌香槟酒，佩戴瑞士名表，用著名的镀银打火机……

另一种形式是文章本身就是叙写某个品牌的，如2001年英国畅销书女作家费伊·韦尔顿与意大利著名品牌宝格丽珠宝行的“联姻”。宝格丽资助韦尔顿写一本宣传其产品的小说《宝格丽关系》，书中提到宝格丽这个品牌不得少于12次，宝格丽在伦敦分店开业时将该书作为礼物送给其重要客户。

但书籍类的植入要求作家运用更加巧妙、更加隐蔽的书写手段，在不影响读者思路和兴致的前提下做品牌的渗透。

2. 报纸、杂志类

如汽车类杂志是各种汽车品牌的植入地，读者可以了解到汽车行业的最新资讯、测评、导购建议等；又如财经类杂志《第一财经周刊》的专栏——“Advertorial”，文章配以大量的图片及说明来叙述某一品牌的优点、特性、功能或者品牌故事。

（三）户外媒体植入

企业将品牌广告植入户外媒体，作为户外的一种景观。常见的户外媒体有公共汽车车身广告、候车亭广告牌、地铁站广告牌、飞机场的立体广告牌等。植入户外媒体的广告渗入人们的生活圈，用具有创意的视觉符号唤起人们内心的审美情趣，从而构建受众主动接收品牌信息的平台，拉近产品与受众的距离，有效提升产品的品牌形象。其植入方式主要包括以下几种：

1. 情景植入

在候车亭广告中，涌现出一大批把产品的特点和特定的情景结合起来的好作品，如太平梳打的一则候车亭广告的内容：“车太挤，上不上？干脆点！”候车的人们看到这则广告会会心一笑，和广告产生心理共鸣。产品信息便在这特定的情景中传达给了消费者。

2. 景观植入

随着城市的可持续发展，为了解决户外广告与城市景观的冲突，把户外广告植入到城市的景观中成为一个很好的办法，在减少图像污染和冲突的同时，增加了美感与和谐感，使品牌和产品的形象深入人心，又为其取得了道义资本，是商业利益和社会利益的统一。例如，喜力啤酒在上海徐家汇的大型户外广告上形成了一条长长的伦敦塔桥，令人叹为观止；2010年世博会在上海如火如荼地举行时，它的吉祥物“海宝”和主题歌的MV不断地在滚动屏幕上出现，成为城市景观重要的组成部分，而与此相连的世博精神——城市，让生活更美好——也被很好地宣传了。

（四）网络媒体植入

随着网络媒体的迅速发展，网络植入模式表现出其综合性、多元化特征，基本上是整合了以上三种媒体的植入方式。网络植入的媒介包括网站、网络游戏、网络视频、电子地图、手机等，植入形式也多种多样。我国互联网植入式营销虽属新兴产业，但是已经初步形成了自己的产业链。

互联网植入式营销的产业链主要由企业、植入式广告代理商、网络运营商以及调查公司组成。企业通过制定植入营销的策略，把具体的互联网植入式营销移交给广告代理商或者植入网站的运营商，咨询调查公司再跟踪调查目标客户对植入式营销的反馈。不同媒介有着不同的植入方式，具体植入方式如表 14-3 所示。

表 14-3　植入式营销的分类和植入方式

媒体分类	媒介	植入方式
影视广播类	电影	赞助
		品牌植入
		背景场景植入
		产品植入
		文化植入
	电视剧	品牌植入
		背景场景植入
		产品植入
		文化植入
		冠名赞助/特约播映
		有奖收视
	体育赛事	赞助
		产品植入
	电视节目	名牌/专题/栏目
		选秀类/综艺类节目及颁奖盛典
	广播节目	冠名赞助广播栏目
		在节目中提及和介绍产品
	广告歌	为品牌谱曲作词
		把现有歌曲进行改编,以符合品牌宣传的要求
	MTV	将专门为品牌设计制作的广告歌曲拍摄成 MTV
		将产品和品牌标识植入明星的 MTV 中
平面类	报纸/专栏等	通过发表文章来宣传品牌
	印刷出版物	为宣传品牌进行编写和出版
	图片	将品牌标识设计进漂亮的图片当中,为用户提供无偿使用
户外媒体类	广告牌	情景植入
		景观植入

（续）

媒体分类	媒介	植入方式
网络类	网站	无链接的文中植入
		游戏人物服饰、道具植入
		赞助植入
	网络游戏	游戏场景植入
		游戏冠名与合作推广
		游戏内视频和音频植入
		游戏关卡植入
	网络视频	拍摄视频广告短片
		举办视频大赛
	电子地图	电子地图被制作成三维立体模型，品牌的标识物（如店面、广告牌等）可以设置在建筑物的周围
	手机	手机游戏植入
		图像铃声植入

三、植入式营销模式及策略

（一）植入式营销的运作模式

植入式营销作为一种新型的传播营销手段，其运作模式有着新颖性与独特性的特点。根据现有的案例资料，我们可以将其归结为四方面的运作模式，分别为边缘植入、部分植入、深度植入和反向植入。

1. 边缘植入

通过冠名、赞助等营销方式进行植入，具体的运作结合了娱乐、体育等进行事件营销。其主要形式有以下几种：

（1）娱乐营销（如冠名、特约赞助）。如2006年的“蒙牛酸酸乳超级女声”活动，其火爆带给蒙牛的成功也充分显示了娱乐营销的力量。

（2）体育营销。植入性广告在体育营销中最重要的方式就是体育赞助。体育赞助的效果自然、易于被接受，如“××杯足球赛”是我们最为常见的体育营销的植入形式。

2. 部分植入

部分植入是将品牌融入为电影、节目或事件的一部分的植入式营销模式。其主要形式有两种：事件营销和富媒体营销。

（1）事件营销。企业利用这些事件，植入与企业或产品相关的广告。在北京奥运会前期，民营企业王老吉在美国许多地方向美国人进行奥运宣传，这也是一种植入式营销，在宣传北京奥运盛事的同时增加了自己品牌的知名度，让外国人知道中国的茶饮料；再如世博会吉祥物海宝，自横空出世以来，铺天盖地地出现在了大街小巷，海宝挂件、海宝钥匙圈、海宝娃娃、海宝文具等都出现在了市场上，得到了很好的反响。由此可见，一次重大的公共事件会引来公众的广泛关注，营销者应该认真关注这些事件，从而与之相结合，制定营销策略。

（2）富媒体营销。随着植入式营销的成熟，如汽车企业也逐渐抛弃了以往只在电影荧幕上露面的单调手段，更多互动性、参与性强的外围行动也随之展开。2009 年，互动通与通用合作，为雪佛兰“大黄蜂”成功在校内网投放了一款 SNS 富媒体植入式广告，这例广告也是中国网络广告行业内的首次尝试。

3. 深度植入

将品牌作为植入式营销的主体，通过电影或事件的外部包装，从而达到营销的目的。其主要方式有三种：定制营销、生活方式营销以及公益营销。

（1）定制营销。联合利华对《丑女无敌》的植入式营销投资是迄今为止中国电视剧中最大手笔的植入式营销之一。在《丑女无敌》电视剧中联合利华将多芬、清扬及立顿三个品牌分别从不同角度有机而自然地融入故事，同时也在线下出击，通过各种渠道共同传播，可以说是一次成功的整合营销传播。

（2）生活方式营销。企业通过产品向消费者提供一种生活方式，而消费者则通过购买进行体验。如海尔推出的新品牌卡萨帝，就是通过宣扬一种科学与艺术相结合的生活方式来将其推向消费者。

（3）公益营销。公益营销能体现企业的社会责任感，有利于在消费者心中树立起企业的正面形象。在这方面，蒙牛董事长牛根生组建了“老牛基金”，以用于公益事业，堪称典型。

4. 反向植入

反向植入营销模式是植入式营销（Product Placement Marketing）的逆向操作，与前者将产品或品牌及其代表性的视觉符号甚至服务内容策略性融入媒介内容中的做法相反，反向植入是把虚拟世界中的品牌搬到现实世界。

著名的 7-11 便利店和辛普森动画片的反向营销就是著名的反向植入的典型案例。两家公司联合，生产了动画片中的“KrustyO's 冰冻麦片”以及“巴斯可乐”。而此次的反向植入式的营销活动为 7-11 位于加州的改装店带来了高出平时收入 3～4 倍的营业额。

其他的著名反向植入营销还有《哈利·波特》一书和电影中所描述的一种变形糖豆，它出现在了现实的哈利·波特专卖店里；奥斯卡电影《阿甘正传》里捕虾船的故事，也在洛杉矶的圣莫妮卡海滩成为了现实，出现了一家电影中的“Bubba 阿甘虾”餐馆。

（二）植入式营销的实施策略

1. 一致性策略

这是植入式营销中尤为重要的一项策略。一致性策略要求植入产品的受众与植入媒介的受众一致、产品的品牌形象与植入母体形象一致。

首先，植入产品的目标受众与植入媒介的受众一致性。产品的目标消费群体应与观看、使用植入媒介的消费群体之间高度重合，交集越大，传播效果越佳。如果产品的消费群体是年轻人，选择青春偶像电视剧、网游、竞技选秀节目等作为植入媒介则更为适合。如在《女人我最大》、《美丽课堂》等栏目中植入的广告就多为美容院、化妆品牌、时装品牌等，因为这些节目的观众主要是关注时尚、追求美丽的白领女性，节目的观众与产品的目标群体契合；又如，电视剧《金婚》针对30～50岁的观众群植入了保健品、羽绒服等品牌。

其次，产品形象和植入母体形象的一致性。要预估节目的前景、影响力、收视率等对品牌传播的形象塑造的助益作用。联合利华主要生产快速消费品，其整个品牌形象较为时尚和现代，选择了以现代化大都市和时尚环境为背景的《丑女无敌》作为植入媒介，两者形象和观众诉求一致。

2. 贴合性策略

植入式营销的一大特点就是隐蔽性、戏剧性，不易为人所察觉，而贴合性策略则正是针对这一特点作进一步详细的考量。植入式营销的宣传必须巧妙、含蓄，与被植入的对象浑然一体，与情节高度关联，在传播目的和娱乐之间找到平衡点，发挥植入式营销的效力，做到“润物细无声”，这样才能更有效率地被广大受众所记住。少儿节目《小鬼当家》是将上海外滩观光隧道景点和节目结合的经典案例。这档以素质教育为特色的少儿节目，采用纪实跟拍方式，每期节目设置一项任务，由小鬼们独自面对生活各方面的挑战。节目设置了这样一个情节：外滩观光隧道为了把江底美景介绍给广大游客，对外招聘一批业余小导游，小鬼们踊跃应聘，节目围绕他们的表现逐步展开。通过小导游们的介绍展示、观光感受以及他们的广告语创意，外滩观光隧道的景点贯穿整个节目，即刻展现在观众面前，达到了非常好的推广效果。

3. 持续性策略

植入式营销是在“功夫在诗外，润物细无声”的植入模式下，作为一种辅助形式而存在的，必须要有持续不断的线上线下的配合，这样才能够得到令人满意的营销效果。如在《电子情书》、《荒岛余生》等电影中，都可以看到星巴克的形象，它就是利用持续不断的植入，反复地出现在公众面前，成为如今广受年轻人喜爱的品牌。作为一种比较隐蔽的营销方式，反复和持续是必不可少的，只有这样，才能保证其达到理想的效果。

4. 非单一性策略

植入时要保证顺理成章、合情合理。如当人们观看一部影视剧时，剧情人物不能都用同一品牌的手机，更不能用的都是同一款型号。不然，人们一看就知道太假，而对于不合理的东西，消费者是不会接受的。所以要正确看待评估植入营销的效果，做好与剧组人员的沟通，将企业、产品文化与剧情和人物等元素充分而合理地结合起来，这样才能让观众看得舒心，有利于提高企业和产品的美誉度与市场销量。

总之，植入式营销在今天越来越受到企业的重视，人们也越来越受其影响，“韩流”就是植入式营销的一个典型例子，所以，只要运用恰当，植入式营销必将为企业取得事半功倍的效果。

关 键 词

关系营销；文化营销；品牌文化营销；体验营销；体验销售策略；体验营销形式；植入营销；植入营销策略；植入营销方式；植入营销运作模式

思 考 题

1. 结合自己的理解，阐述关系营销兴起的原因有哪些。
2. 请对现有行业进行分类，并指出哪些行业中的企业更适合使用关系营销理论，哪些行业中的企业更适合使用交易导向营销理论，请简要说明。
3. 在同一行业中，中小企业与大企业在实施关系营销上会有哪些不同？
4. 对于中国不同性质的企业（外企、国企、私企、混合所有制企业），在实施关系营销上会有哪些相同点与不同点？
5. 企业在实施关系营销的过程中应该综合考虑哪些因素？
6. 绿色营销与可持续发展有什么联系？如何实现绿色营销与可持续发展的结合？
7. 绿色营销的观念对于企业制定目标有什么影响？
8. 传统定价策略与绿色产品定价策略有什么不同？绿色产品定价策略对企业有什么影响？
9. 绿色营销给营销革命带来了哪些新的变量？对你有什么启示？
10. 绿色产品渠道策略对传统渠道的选择带来了什么挑战？
11. 如何理解文化营销的内涵？
12. 文化营销五个特征之间的联系是什么？
13. 如何看待文化营销的三个层次？
14. 文化营销在市场营销中的作用是什么？
15. 结合文中内容，并收集素材，谈一谈体验营销与传统营销的区别。
16. 结合自己的理解，谈一谈体验营销是否能够成为当今营销的主流？为什么？
17. 结合文中内容，讨论影响企业实施体验营销策略的因素有哪些。
18. 如果你被任命为可口可乐新的品牌经理，你将如何转变企业新的营销策略？请结合一个具体案例说明。
19. 简述植入式营销的概念和特点各是什么。
20. 概括植入式营销的分类与植入方式。
21. 四种植入营销的利弊分别是什么？
22. 四种植入营销运作模式之间的差异是什么？
23. 试用例子说明不当运用植入式营销的弊端。

【案例分析讨论】

星巴克诞生于1971年，当时只是美国西雅图的一家咖啡小店，现在星巴克已经发展成为全球最大的咖啡连锁店品牌。然而，星巴克的成功却有着不同寻常的路径，没有铺天盖地的广告宣传，没有花样百出的促销活动，星巴克却成功地将咖啡这种世界上最古老的商品赋予了极高的品牌附加值。

星巴克于1999年进入中国，在北京开了第一家店。在过去的十多年时间，星巴克将自己的品牌文化深深地注入到中国消费者的脑中，并将自己的品牌名称变成了一个时尚的代名词，同时也成为我国国内咖啡行业的第一品牌。星巴克成功地突破了价格障碍，星巴克品牌似乎成了咖啡的代名词，星巴克咖啡的利润约等于行业平均利润的5倍。而这所有的成功都源于星巴克的努力。

首先，它们对于产品的要求极高。无论是原料豆运输、烘焙，以及配制、配料的添加、水的滤除，还是最后把咖啡端给顾客，一切都必须符合严格的标准，且恰到好处。

其次，将产品本身的功能提升，让它与品尝它的人达到一种情感上的默契。从起居室风格的装修，到仔细挑选的装饰物和灯具，煮咖啡时的嘶嘶声，将咖啡粉末从过滤器敲击下来时发出的啪啪声，用金属勺子铲出咖啡豆时的沙沙声，都是顾客熟悉的、感到舒服的声音、这一切都烘托出一种“星巴克情调”。

再次，它们提供其他的额外服务。在星巴克咖啡店，顾客除了品尝咖啡以外，还可以听到数码唱片，或者在商店计算机数据库中选择自己喜欢的音乐，做成自己的个性CD带回家。星巴克咖啡店逐渐变成当代人尤其是年轻朋友谈心、情侣约会、个人享受的优雅场所。可以说，星巴克通过其独特的方式，改变了咖啡，改变了人们对咖啡的看法，改变了咖啡的消费习惯，改变了咖啡的盈利模式，改变了咖啡的经营方式。

（资料来源于网络，编者有所改动）

分析讨论题：

1. 结合所学理论，论述星巴克成功的原因是什么？
2. 在当今竞争日益激烈的社会，你认为星巴克的竞争优势能否长久地保持下去？
3. 结合星巴克的经营方式及盈利模式，请为星巴克量身定做一套营销策略。